사회복지총서

사회복지조사론

이선우 · 이채원 · 유조안 · 노법래 · 조상은 공저

SOCIAL WELFARE
RESEARCH
METHODS

학지사

머리말

사회복지조사론을 30년 가까이 가르쳐 오면서 사회복지조사론이 매우 중요하고 기초적인 과목이라는 것을 알게 되었다. 내가 이 과목을 처음 수강했을 때는 학부 2학년이었다. 그 당시에는 조사론이 무엇인지 전혀 이해하지 못했고 배웠던 내용도 그다지 많지 않았다. 다시 조사론을 수강했을 때는 U.C. Berkeley의 School of Social Welfare의 박사과정에서였는데, 당시 사회복지조사론을 강의하던 교수님이 잠시 휴직하시던 때여서 시간강사가 대신 강의를 했다. 학부 때보다 훨씬 더 많은 내용을 배우기는 했지만 여전히 조사론이 얼마나 중요한 과목인지 제대로 이해하지 못했다. 박사 논문을 마치고 국내에 돌아온 후 루빈과 바비(Rubin & Babbie, 2006)의 『Research Methods for Social Work』를 동료 연구자 두 분과 번역하게 되었는데, 처음으로 조사론의 내용을 제대로 접하면서 그 중요성을 알게 되었다. 이를 시작으로 조사론의 전체적인 내용과 의미에 대해서 조금씩 이해하게 되었다.

사회복지조사론은 지식을 얻는 방법에 대한 과목이다. 대부분의 학문은 나름대로의 방법론을 추구하겠지만 과학적 방법론을 추구한다는 면에서는 대부분 유사하다. 사회과학 역시 과학의 한 분야가 되기 위해서 가장 중요한 것 중 하나는 방법론이다. 그런 면에서 사회복지조사론은 매우 중요한 과목이지만 그만큼 어려운 과목으로 인식되어 왔다.

사회복지조사론이 어떤 과목인지 학생들에게 처음 소개할 때 사회복지현상에 대한 이야기로 시작한다. 조사론은 사회복지현상에 대한 지식, 즉 그 현상이 얼마나 많이 발생하고 원인은 무엇인지 등의 지식을 얻는 방법에 대한 과목이다. 그렇기 때문에 사회복지조사론은 이미 다른 사람들이 만들어 놓은 익숙한 지식을 배우는 다른 사회복지 과목들과 내용이 상당히 다르고 지금까지 접해 보지 않았기 때문에 학생들에게는 상당히 당혹스러운 과목일 수밖에 없다. 학부생에게 가르칠 때는 교과목의 중요성을 설명하는 것조차 쉽지 않다. 사회복지사 1급 시험 과목이라는 것이 가장 설득력 있는 설명이다. 그나마 대학원에서 가르칠 때는 학위 논문을 쓰는 과정이 사회복지현상에 대한 지식을 만드는 과정이기 때문에 논문을 쓸 때 반드시 필요한 과목이라는 사실을 알려 줌으로써 사회복지조사론의 중요성을 전달하는 데 큰 어려움이 없다. 물론 그 경우에도 각각의 내용이 어떻게 중요한지를 전달하는 것은 쉽지 않은 과업이다.

사회복지조사론에서 배우는 과학적 방법은 논문을 쓰지 않는다 하더라도 합리적으로 사고하고자 하는 사람들에게 매우 유용한 과목이다. 사회복지사가 되고자 하는 학생에게도, 사회복지사에게도 논리적 사고와 보고서 작성에 도움이 되는 기초적인 과목이다.

사회복지사 1급 시험 과목이어서 지금까지 많은 사회복지조사론 교재가 출간되었음에도 조사론은 여전히 학생들이 이해하기에 어려운 과목이어서, 사회복지조사론 교재의 집필 책임을 맡아 달라는 제안을 받았을 때 망설였다. 사회복지조사론 교재를 집필하기 위해서는 사회복지와 관련된 폭넓은, 그리고 세부적인 지식이 있어야 가능하다는 것을 잘 알고 있었기 때문이다.

다행히도 네 명의 훌륭한 집필진을 구성했고, 같이 모이기도 쉽지 않았던 COVID-19 시기에 온라인 회의를 진행하면서 각자 어떤 내용을 담을 것인지 논의를 거쳐서 집필을 시작했다. 하지만 제때 집필이 끝나지 않고 훨씬 더 오랜 시간이 걸렸다. 중요한 내용을 빠트리지 않고 쉽게 쓰고, 예도 많이 넣어 학생들이 쉽게 조사론을 배울 수 있게 되기를 원했지만 그렇게 되었는지는 의문이다. 특히 우리나라 사회복지현장의 예를 많이 사용하는 사회복지조사론 교재를 만들려고 하였으나 그 의도를 완전히 살리지는 못한 것 같아 아쉬움이 있다.

이 책은 2018년 발간된 「사회복지조사론 교과목 지침서 개발 연구」의 내용을 충분히 반영하고자 하였다. 당시 교과목 지침서를 작성할 때 사회복지조사론을 강의하는 많은 교수님의 의견을 수렴하여 진행했지만, 몇 가지 쟁점이 있었다. 첫째는 질적

연구의 분량이다. 질적연구방법은 양적연구방법과 함께 두 축을 이루지만, 두 가지 내용을 모두 다룰 때 교재의 분량이 너무 많아져서 학생들의 부담은 매우 커질 수밖에 없었다. 따라서 질적연구방법의 중요성에도 불구하고 기본적인 내용만 담게 되었으며, 나머지 구체적인 부분은 필요한 경우에 별도의 질적연구방법 교재를 참고하기를 바란다. 둘째는 자료분석인데, 학교에 따라 자료분석 과목이 따로 개설되는 곳과 그렇지 않은 곳이 있어서 그에 대한 결정을 하는 것 역시 쉽지 않았다. 따라서 이 교재에서는 기초적인 자료분석의 내용만을 담았다.

이 책의 구성을 간단히 살펴보면, 제1장은 과학적 방법과 인식론으로 과학적 방법의 정의와 특성, 그리고 양적연구방법과 질적연구방법에 대해서 다루었다. 제2장은 사회복지조사의 사회적 맥락과 윤리적 책임으로 사회복지의 역사, 사회복지조사의 윤리, 그리고 최근 많은 논의가 이루어지고 있는 기관윤리심의위원회(IRB)에 대해서 다루었다. 제3장은 사회복지조사의 과정과 윤리로 사회복지조사의 개관, 문제 형성 그리고 문헌고찰을 실행하는 방법 및 사회복지조사의 윤리에 대해서 다루었다. 제4장은 변수와 측정으로 개념화와 조작적 정의, 측정오류, 신뢰도와 타당도에 대한 내용을 다루었다. 제5장은 측정도구의 개발로 측정수준, 척도 구성과 절차, 복합척도의 개발 등을 다루었다. 제6장은 인과관계 추론 및 연구설계로 인과적 추론의 기준과 내적타당도, 내적타당도 위협 요인, 집단설계, 단일사례설계 그리고 외적타당도에 대한 내용을 담았다. 제7장은 평가조사로 양적평가와 질적평가, 욕구조사 등의 내용을 담았다. 제8장은 표본추출로 표본추출의 원리를 설명하고, 확률 표본추출과 비확률 표본추출에 대해 다루었다. 제9장은 설문조사로 설문조사의 유형과 다양한 설문조사의 비교를 담았다. 제10장은 2차 자료분석으로 2차 자료분석, 내용분석, 역사비교분석에 대한 내용을 담았다. 제11장은 질적연구방법으로 질적자료수집의 방법과 함께 문화기술지, 근거이론, 현상학적 연구, 사례연구, 내러티브 연구 등 질적연구의 유형을 담았다. 제12장은 양적자료분석으로 통계의 개념, 빈도분석, 중앙집중경향과 산포도 등 기초적인 자료분석 내용을 담았다. 제13장은 조사보고서 작성으로 사회복지 지식을 최종적으로 글로 정리하는 방법을 담았다.

이 교재가 학생들이 새로운 지식을 얻고자 할 때 활용될 뿐 아니라 논리적으로 사고하는 방법을 얻는 데도 도움이 되기를 바란다. 마지막으로, 이 책의 출판을 결정해 주신 학지사의 김진환 사장님과 편집을 맡아서 수고해 주신 유가현 과장님께 감사드린다.

저자 일동

차례

머리말 _ 3

제1장 : 과학적 방법과 인식론 · 11
1. 사회복지 실재와 인식론 _ 12
2. 과학적 방법의 정의와 특성 _ 14
3. 과학적 방법과 증거기반실천 _ 16
4. 일상적 지식탐구방법 _ 18
5. 사회과학 패러다임: 실증주의, 해석주의, 비판이론 _ 24
6. 이론의 유용성과 구성 요소 _ 30
7. 논리체계: 연역과 귀납 _ 32
8. 양적연구방법, 질적연구방법, 혼합연구방법 _ 34

제2장 : 사회복지조사의 사회적 맥락과 윤리적 책임 · 41
1. 사회복지조사에서 연구자의 책임 _ 42
2. 사회복지조사와 연구윤리 _ 48
3. 기관생명윤리위원회(IRB) _ 59

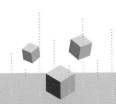

제3장 · **사회복지조사의 과정과 윤리** · 71

1. 사회복지조사의 과정 _ 72
2. 사회복지조사의 윤리 _ 84

제4장 · **변수와 측정** · 93

1. 개념화와 조작화 _ 94
2. 측정오류의 유형 _ 102
3. 신뢰도와 타당도의 개념과 주요 유형 _ 106
4. 신뢰도와 타당도 사이의 관계 _ 117

제5장 · **측정도구의 개발** · 121

1. 척도의 개념 _ 122
2. 척도의 유형 _ 130
3. 척도 개발과정과 핵심 전략 _ 136

제6장 · **인과관계 추론 및 연구설계** · 143

1. 연구설계의 기초 _ 144
2. 연구의 타당도 _ 148
3. 집단수준 연구설계 _ 156
4. 개인수준 연구설계(단일사례설계) _ 168

제7장 평가조사 · 187

1. 평가조사의 개념 _ 188

2. 평가조사의 목적 _ 190

3. 평가조사와 일반적인 사회복지연구의 차이점 및 공통점 _ 192

4. 평가조사의 종류 _ 195

5. 평가조사방법 _ 209

6. 평가조사 시 유의점 _ 210

제8장 표본추출 · 217

1. 표본추출의 개념 _ 219

2. 표본의 대표성 _ 224

3. 표본추출의 유형 _ 228

제9장 설문조사 · 247

1. 설문지 문항의 작성과 구성 _ 248

2. 설문조사의 유형 _ 256

3. 다양한 설문조사방법의 비교 _ 271

4. 설문조사의 장점과 단점 _ 273

제10장 2차 자료분석 · 277

1. 2차 자료의 개념 _ 278

2. 2차 자료 활용 시 주의점 _ 280

3. 대표적인 2차 자료(패널 자료) _ 284

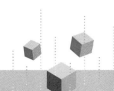

제11장 **질적연구방법** · **289**

1. 질적연구방법의 개념 _ 290
2. 질적연구의 접근유형 _ 294
3. 질적연구의 과정 _ 311
4. 질적연구의 평가 _ 328

제12장 **양적자료분석** · **339**

1. 양적자료분석의 개념 _ 340
2. 시각화 _ 355
3. 통계와 거짓말 _ 362

제13장 **조사보고서 작성** · **371**

1. 조사보고서 작성의 목적과 기본 원칙 _ 372
2. 조사보고서의 구성 _ 374
3. 연구윤리 _ 381
4. 학습윤리 _ 387
5. 논문유사도 검사도구 _ 392

찾아보기 _ 397

제**1**장

과학적 방법과 인식론

학습목표

- 과학적 방법의 특성으로 개방성, 재현, 관찰, 객관성을 이해한다.
- 일상적 지식탐구방법의 유형으로 전통, 권위, 상식, 대중매체에 대해 배우고, 일상적 지식탐구 방법의 오류로서 부정확한 관찰, 과도한 일반화, 선별적 관찰, 섣부른 탐구 종료, 사후소급가설, 자아가 개입된 이해, 비논리적 추론을 이해한다.
- 패러다임이 무엇인지 배우고, 사회과학의 패러다임으로 실증주의, 해석주의, 비판이론에 대해서 익힌다.
- 이론과 이론의 구성 요소에 대해서 배운다.
- 연역과 귀납의 두 가지 논리체계를 이해한다.
- 양적연구방법과 질적연구방법에 대해서 익힌다.

사회복지 현실에 대한 정확한 지식을 얻는 것은 사회복지연구자뿐 아니라 사회복지실천가에게도 중요한 일이다. 사회복지 현실에 정확한 지식이 있어야 문제를 정확히 판단하고, 개입방법을 적절히 선택할 수 있다. 예를 들어, COVID-19로 인해 청년층의 우울증이 악화되었다는 주장을 언론에서 언급하면서 그 현상을 '코비드 블루(COVID blue)'로 명명하였는데, 실제로 청년층의 우울증이 과거보다 더 악화되었는지, 실제로 악화되었다면 얼마나 심각한 것인지 정확히 파악해야 그 문제에 대처하는 사회복지 개입을 실시할 수 있다. 따라서 사회복지실천과 사회복지정책은 사회복지 현실에 대한 정확한 파악에서 시작한다고 할 수 있다.

사회복지 현실에 대한 전문지식은 과학적 탐구방법을 사용하는 조사연구를 통해 가장 잘 구축할 수 있다. 사회복지전문가는 과학적 탐구방법을 사용하는 조사연구를 신뢰하고, 전문가로서 조사연구를 통해 타당한 실천적 함의가 어떻게 만들어지는지 이해해야 하는 의무가 있다. 사회복지실천가가 대답하고자 하는 대부분의 실천 관련 질문은 과학적 탐구방법을 사용하여 가장 잘 해결될 가능성이 높다.

1. 사회복지 실재와 인식론

COVID-19로 인해 전 세계가 혼란에 빠진 상황에서도 여전히 어떤 사람들은 COVID-19가 실제로 존재하는 것이 아니라 거짓이라고 믿는다. 이처럼 전염병 전문가들이 모두 실제로 존재하는 과학적 현상으로 인정하는 COVID-19조차 믿지 않는 사람들이 있어서 실재에 대한 합의는 쉽지 않다. 사회적 현상 또는 사회적 실재는 과학적 현상에 비해 그것이 실제로 존재하지, 즉 실재인지에 대한 합의에 이르기가 더 어렵다. 예를 들어, '우리 사회의 다양한 영역에서 여성에 대한 차별을 경험하고 있다.'라는 주장은 여성에 대한 차별이 실제로 존재하는 사회적 실재인가라는 의문을 던지게 한다. 그에 대해서 어떤 사람들은 여성에 대한 차별이 있다고 주장하고, 어떤 사람들은 없다고 주장한다. 이러한 예는 사회적 실재에 대한 합의가 어렵다는 사실을 보여 준다.

사회복지학은 사회문제에 대한 개입에 관심을 두는 학문이다. 사회복지는 다양한 사회문제에 개별상담, 사회복지 프로그램, 사회서비스, 사회복지정책 등 다양한 개입을 통해서 사회문제를 완화시키고자 한다. 하지만 효과적으로 개입하여 사회문제를 해결하거나 완화시키기 위해서는 그 사회문제의 현황에 대해서 알아야 하고, 원인을 파악해야 한다. 이렇게 알아낸 사회문제의 원인에 그에 맞는 사회복지 개입을 함으로써 사회문제를 해결하거나 완화시키게 된다. 여기에서 사회문제가 실제로 존재한다면 이러한 사회문제 역시 사회적 실재라고 할 수 있다. 사회복지조사는 사회복지학의 관심 대상인 다양한 사회복지현상 또는 사회복지실재에 대한 지식을 얻는 방법을 다루는 과목으로, 앎 또는 지식의 본성과 범위를 연구하는 철학의 한 분과인 인식론(epistemology)에 해당한다.

사회과학 연구자들은 사회문제에 대해 명확한 해답을 찾을 수 없는 것으로 보이거나 이미 해답을 찾았다고 생각할 때도 계속 열린 질문을 하는데, 목적은 그 사회문제에 대한 탐구의 가능성을 계속 열어 두려는 것이다. 개구리를 뜨거운 물에 넣으면 개구리는 물에서 뛰쳐나오는데, 차가운 물에 개구리를 넣은 채 서서히 물을 데우면 개구리는 미처 인식하지 못하고 결국 뜨거운 물에 죽는다는 이야기가 널리 퍼져 있다. 매우 그럴 듯해서 사람들은 그 얘기에 대해 의심을 품지 않는다. 하지만 조직심리학자 아담 그랜트(Adam Grant)는 〈팟캐스트〉에 출연해 재고(rethinking, 다시 생각하기)의 중요성을 이야기하면서, 실제로는 서서히 물을 데워도 개구리는 너무 뜨거워지면 물에서 뛰쳐나온다고 말한다. 일반적으로 사람들이 당연하다고 받아들이는 실재에 대해서도 과학자들은 의문을 던져서 실제로 확인해 봐야 한다.

사회적 실재를 객관적으로 파악할 수 있는가라는 질문에 대해 어떤 연구자들은 연구자 자신도 객관적이 될 수 있는지에 의문을 던지면서 사회적 현상에 객관적 진실이 존재하는지 의문을 제기한다. 그럼에도 불구하고 사회적 실재의 존재를 완전히 무시하기는 어렵다. 우리 사회에는 다양한 편견이 있다는 데 어느 정도는 합의에 이를 수 있다. 예를 들어, '우리 사회에 정신질환자에 대한 편견이 있는가?'라는 질문에 대해 많은 사람이 '그렇다'고 인정할 것이다. 그렇다면 사회복지 연구자들은 정신질환자에 대한 편견이 존재한다는 것을 어떻게 알 수 있는지, 있다면 얼마나 있는지, 편견의 원인은 무엇인지 등과 같은 의문에 답을 구하고자 할 것이다. 정신질환자에 대한 편견 외에도 다문화가정 아동의 자존감, 독거노인의 빈곤, 청소년 비행 등은 사회복지 연구자들이 관심 있는 사회적 실재이다.

사회적 실재의 예: 칼 세이건의 '차고의 용'

〈코스모스(Cosmos)〉라는 다큐멘터리로 잘 알려진 천문학자 칼 세이건(Carl Sagan)은 차고에 사는 불을 뿜는 용에 대한 이야기를 들려준다. 세이건이 찾아온 손님에게 용을 만나라고 하자 손님은 용을 볼 수 없다고 하고, 세이건은 용이 투명하다고 대답한다. 손님은 그러면 용의 발자국을 볼 수 있도록 바닥에 밀가루를 뿌리자고 하는데, 세이건은 좋은 생각이라고 하면서도 용이 떠다닌다고 말한다. 손님이 보이지 않는 불을 보기 위해 적외선 카메라를 사용하자고 하자 세이건은 용의 불이 뜨겁지 않다고 설명한다. 그렇다면 '뜨겁지 않은 불을 뿜고 보이지 않는 떠 다니는 용' 그리고 '용이 전혀 없다'는 것이 다른 점은 무엇인가?

칼 세이건의 용에 대한 설명은 매우 논리적인 것으로 보이지만, 결국 차고의 용은 우리가 실제 과학적 관찰을 통해 입증할 수 없는 현상이다. 그렇다면 우리는 용이 실제로 존재한다고 할 수 없다. 즉, 칼 세이건의 용은 실재라고 할 수 있는 증거가 없다.

2. 과학적 방법의 정의와 특성

사회복지현상(또는 실재)에 대한 지식을 탐구하기 위한 가장 좋은 방법은 과학적 방법이다. 과학적 방법의 사전적 정의를 보면, "객관적인 결과를 얻기 위한 사회적 · 물리적 조사에 사용되는, 일련의 엄밀한 절차이며, 이러한 절차는 개념 규정, 측정 방법의 진술, 가설 검증 기준 설정, 모든 사례 · 표본의 관찰, 사실 발견을 통한 결론의 도출 따위를 포함"한다. 『메리엄–웹스터 사전』(merriam-webster.com/dictionary/scientific%20method)은 과학적 방법을 지식의 체계적인 추구를 위한 원칙과 과정으로, 문제의 인식과 형성, 관찰과 실험을 통한 자료의 수집, 가설의 형성과 가설 검증을 포함한다고 정의한다. 이 책에서는 과학적 방법의 정의에 포함되는 전체 과정에 대해서 배운다.

그렇다면 과학적 방법에는 어떤 특성이 있을까? 과학적 방법은 개방성, 관찰, 재현, 객관성의 특성을 갖는다. 첫째, 과학적 방법은 모든 것이 의문에 열려 있다는 개방성이 있다. 우리가 알고 있다고 생각하는 모든 것, 믿고자 원하는 모든 것에 대해 열린 마음을 가져야 한다. 과학적 방법을 사용할 때 모든 지식은 임시적이며, 반박의 대상이 되어야 한다. 그런 면에서 과학적 지식은 잠정적이며 반증될 수 있고 수정이 가능하다. 과학적 방법을 적용하는 사회복지 연구자라면 앞에서 들었던 개구리에 대한 이야기를 들은 후에 '실제로 그럴까?' 하는 의문을 가져야 한다.

둘째, 과학적 방법을 사용할 때 지식의 근거로서 관찰에 기초를 둔 증거를 찾아야 한다. 이때 과학적 관찰은 체계적이며, 포괄적이며, 가능하면 객관적이어야 한다. 체계적 관찰은 관찰하기 전에 미리 계획을 세워서 관찰대상자를 선정하여 일부 대상자가 관찰대상이 될 기회가 중복되거나 배제되지 않도록 하는 관찰로, 관찰을 재현할 수 있게 해 주는 명확한 규정이 포함된다. 포괄적 관찰은 관찰대상의 하위 범주에 포함되는 대상자들을 모두 포함하는 관찰을 의미한다. 객관적 관찰은 이해관계가 다른 여러 관찰자들이 관찰 내용에 동의할 수 있는 관찰을 의미한다.

셋째, 과학은 동일한 과정을 거쳐서 동일한 결과가 나타나는지 확인하기 위해 재현이 가능해야 한다. 따라서 과학적 방법은 어떤 과정을 거쳐서 연구를 했는지 다른 사람이 그대로 따라 할 수 있도록 투명하게 구체적으로 제시한다.

넷째, 과학은 선입견, 편견, 이해관계의 영향을 최소화할 수 있도록 객관성을 추구한다. 하지만 과학자도 인간이며 자신의 성장 과정과 생활하는 과정에서 갖게 된 가치관 등에 근거를 둔 선입견, 편견, 이해관계의 영향에서 완전히 벗어날 수 없다. 다만 과학자는 자신의 선입견, 편견, 이해관계 등을 이해함으로써 가능한 객관적이고자 노력한다.

그런데 칼 포퍼(Karl Popper)는 과학이론을 수용하거나 거부하는 기준으로 반증(falsification)을 제시하는데, 반증이란 경험적 증거를 통해 이론이 틀렸다는 것을 보여 주는 것이다. 포퍼는 어떤 이론이 관찰을 통해 반증을 할 수 있을 경우만 경험적 이론이라고 할 수 있으며, 과학이론은 단 하나의 반증 사례만 제시되어도 거부되어야 한다고 주장했다. 또한 어떤 이론이 과학적이려면 원칙적으로 반증이 가능해야 하지만 프로이트의 정신분석론은 반증이 불가능하기 때문에 과학일 수 없다고 주장했다.

과학처럼 보이지만 실제로 과학이 아닌 체계를 유사과학(pseudoscience, 의사과학 또는 사이비과학)이라고 한다. 유사과학이란 특정한 이론이나 지식에 대해 "그것이 과학적 방법으로 구성되어 있으며, 또한 과학적인 진리라고 간주하는 믿음 체계를 가진 입장"이지만 "실상은 이러한 믿음이 과학적 방법과 정당성을 확보하지 못하고"(두산백과사전) 있다. 연금술이 대표적인 유사과학이며, 이 외에도 창조과학, 신비주의, 점성학, MBTI 등이 많이 언급되는 유사과학이다. 유사과학이 과학과 비과학의 경계에 있어서 어느 쪽에 포함되는지 명확하지 않지만, 때로는 기후변화에 대한 부정이나 일부 대체의학, 백신에 대한 반대이론 등의 유사과학처럼 사람들에게 혼란을 일으켜 부정적 결과를 야기하여 건강에 심각한 문제를 가져와 사망에 이르게 할 수도 있다. 또한 인종, 장애인 등에 대한 유사과학이론은 인종차별, 장애인의 대량 살인 등으로 이어지기도 하였다.

3. 과학적 방법과 증거기반실천

사회복지전문직은 자신들이 제공하는 사회복지서비스가 서비스 이용자에게 도움이 될 것으로 기대한다. 다시 말해서, 사회복지서비스가 이용자의 문제를 완화시키는 데 효과가 있을 것으로 기대하지만 사회복지서비스의 효과성은 입증하기가 쉽지 않다. 증거기반실천(Evidence-Based Practice: EBP)은 가능한 한 모든 과학적 조사연구를 활용하여 효과성이 가장 높을 것으로 예상되는 사회복지 개입방법을 선택하여 적용하는 것을 말한다. 미국에서 증거기반실천은 서비스 비용을 줄이면서 동시에 서비스의 질은 높은 수준으로 유지하는 방법으로 강조되었다.

미국의 사회복지사들은 증거기반실천이 광범위하게 받아들여지기 전에, 그리고 우리나라의 사회복지사들은 아직도 자신들의 실천을 과학적 증거에 근거를 두기보다는 기관의 전통, 전문가의 권위 등에 의존하는 경향이 강했다. 게다가 과중한 업무와 그로 인한 연구에 대한 무관심, 통계에 대한 지식 부족으로 인해 증거기반실천을 하는 데 제약이 있었다(이현주, 2014).

길건(Gilgun, 2005: 59)은 사회복지분야에서 증거기반실천의 4가지 토대로 조사연구와 이론, 사회복지전문직의 실천지혜와 전문적 가치관, 사회복지사의 개인적 가치, 편견과 세계관, 그리고 클라이언트의 실천상황 관련 특성을 제시했다. 또한 깁스(Gibbs, 2003)는 증거기반실천을 하는 사회복지사는 "클라이언트의 이익을 최우선에 두고, 클라이언트에게 직접 실용적으로 중요한 질문을 지속적으로 제기하며, 각 질문에 관련 있는 가장 좋은 최근의 증거를 객관적이며 효율적으로 찾고, 증거에 의해 안내된 적절한 조치를 취하는 것을 포함하는 평생학습의 과정을 채용한다(공계순, 서인해, 2006: 81 재인용)."라고 하였다.

일반적으로 사회복지학계에서 과학적 방법을 적극적으로 도입하게 된 중요한 계기로 증거기반실천을 인식하는 반면에, 증거기반실천이 후기실증주의에 대한 지지를 재강화했다는 비판도 있다(Denzin & Lincoln, 2018). 증거기반실천에 대한 비판은 그 인식론적 기초가 실증주의와 행동주의라는 것인데, 현상학적 접근을 강조하는 사회복지실천의 전통에서 본다면 한계라고 인식할 수 있다. 또한 증거기반실천에서 조사연구의 질을 평가하는 기준과 증거의 서열을 보면, 신뢰도와 타당도를 주요 평가기준으로 보고, 적합성이나 실현가능성을 그다지 고려하지 않는다는 비판도 있다. 또 다른 비판은 집합적 정보나 일반화된 지식을 개별 클라이언트에 적용할 때 도움이 되지 못하는 경우가 있다는 것이다(공계순, 서인해, 2006: 87-88). 예를 들어, 자아존중감을 향상시키려는 목적의 사회복지 프로그램의 효과성에 대한 실험설계에서 실험집단과 통제집단의 효과성을 비교한 결과, 실험집단의 평균 점수가 통제집단보다 높게 나타난다고 해도 실험집단의 어떤 참여자는 통제집단의 어떤 참여자보다 오히려 점수가 낮게 나타날 수도 있다. 다시 말해서, 해당 사회복지 프로그램이 전반적으로 효과가 있다고 하더라도 어떤 클라이언트에게는 효과가 없거나 때로는 역효과가 나타날 수도 있다. 이러한 클라이언트에게는 결과적으로 일반화된 지식이 적용되지 않는다는 것이다.

4. 일상적 지식탐구방법

사회복지실천을 통해 사회복지대상자를 돕는 데 사용되는 지식은 과학적 방법 외에도 권위, 전통, 믿음, 직관 등의 일상적 지식탐구방법을 통해 습득하게 된다. 사회복지사가 일상생활의 경험에서 얻을 수 있는 다양한 지식은 한편으로 사회복지대상자를 이해하고 지원하는 데 도움이 될 수 있지만, 다른 한편으로 일상적 지식탐구의 방법은 사회복지현상에 대한 지식을 탐구하는 과정에서 다양한 오류를 발생시킬 위험이 있다.

1) 일상적 지식탐구방법의 유형

대표적인 일상적 지식탐구방법에는 전통, 권위, 상식(직관), 대중매체가 있다. 사회복지사는 자신이 실천하는 방법을 선택하면서 기관의 전통, 전문가의 권위, 동료의 판단 등에서 얻게 된 상식 등에 의존하기도 한다.

첫째, 전통은 과거부터 내려오는 지식을 말한다. 우리는 많은 지식을 과거 세대로부터 배운다. 김치가 좋은 음식이라는 것을 우리는 이전 세대로부터 배웠으며, 최근에는 실제로 김치가 좋은 음식이라는 것이 과학적으로 증명되었다. 하지만 전통에 의한 지식이 언제나 정확한 것은 아니다. 전통에 따르면 달에는 토끼가 살았지만 실제로 아폴로 11호가 달에 착륙한 이후에 달에는 토끼가 없는 것으로 확인되었다. 사회복지사가 사용하는 많은 지식은 기관에서 이전부터 일하던 사회복지사들이 오랜 기간 쌓아 온 전통적인 지식이다. 전통에 의한 사회복지 지식은 많은 경우 신입 사회복지사가 실천을 하는 데 도움이 되지만 때로 어떤 사회복지 지식은 오히려 사회복지사의 적절한 개입을 방해함으로써 올바르지 않은 지식으로 판명이 나기도 한다.

둘째, 권위는 해당 분야의 전문가 또는 사회적으로 잘 알려진 사람으로부터 얻은 지식을 말한다. 예를 들어, 우리는 아침 방송에 나온 의료전문가가 설명한 저탄수화물 고지방 식단이 건강에 좋다는 지식을 얻는다. 그러나 전문가가 언제나 정확한 지식을 제공하는 것은 아니어서, 줄기세포 연구로 유명했던 황우석 교수는 『사이언스 매거진(Science Magazine)』의 논문에 조작된 사진을 실어 정확하지 않은 지식을 제공하였다. 사회복지사도 권위 있는 전문가로부터 지식을 많이 얻는데, 그들은 연구를 수행하고 연구 결과가 사실이라고 말하는 존경받는 연구자들의 진술을 신뢰할 가능성이 높다. 하지만 전문가들도 동성애를 정신질환으로 포함시켰던 것 같은 오류를 범할 가능성이 있고, 그렇게 하는 경우 심각한 문제를 발생시킬 수 있다(Grinnell, Richard, & Unrau, 2018: 7).

셋째, 직관 또는 상식은 누구나 다 알고 있는 지식이다. 내일 아침에 해가 뜬다는 것은 누구나 알고 있는 지식이다. 그런데 직관 또는 상식이 언제나 옳은 것은 아니다. 과거에 지구가 평평하다는 지식은 누구나 알고 있는 상식이었으나 그 상식은 올바르지 않은 것으로 판명이 났다. 또한 20~30년 전까지만 해도 "남자가 여자보다 우월하다."는 것은 상식이었으나 더 이상 그렇지 않다. 또한 우리나라의 장애인복지관에서는 발달장애인은 자신이 필요한 것이 무엇인지 잘 몰라서 부모가 더 잘 안다는 것을 상식이라고 받아들이지만, 개인의 선택을 존중하는 서구의 복지기관에서 그것은 상식이 아니다.

넷째, 대중매체는 우리가 지식을 얻는 중요한 방법이다. 2021년 나사의 화성 표본 수집 우주선 퍼서비어런스(Perserverance Rover)가 화성에 도착했다는 지식을 알려 준 것은 신문, 방송이었다. 그런데 대중매체가 전달하는 정보가 언제나 정확한 지식은 아니다. 2021년 우리나라의 한 언론사는 가나 여성이 8년간 인육으로 케밥을 만들어 판매해 150억 원을 벌었다고 보도했지만 사실이 아니었다. 또한 2000년 대 초반까지만 해도 여름이면 선풍기를 틀어 놓고 자던 사람이 사망했다는 기사에는 선풍기를 틀고 자는 것이 매우 위험하다는 내용이 있었다. 하지만 선풍기가 사람을 사망하게 만든다는 것은 사실이 아니었다.

2) 일상적 지식탐구방법의 오류

우리가 일상적으로 지식을 탐구하는 방법은 정확한 지식을 만드는 경우도 있지만 정확하지 않은 지식을 만들어 낼 위험도 있다. 일상적 지식탐구방법은 부정확한 관찰, 과도한 일반화, 선별적 관찰, 섣부른 탐구 종료, 사후소급가설, 자아가 개입된 이해, 비논리적 추론 등 여러 가지 오류로 인해 사회적 실재에 대한 정확한 지식을 이끌어 내지 못하는 경우가 많다.

(1) 부정확한 관찰

일상적 지식탐구에서 관찰은 정확하지 못할 때가 많다. 미국에서는 범죄 목격자들이 범죄자의 인종을 혼동하여 백인인지 흑인인지조차 혼동할 때가 종종 있을 정도로 일상적 관찰은 정확하지 않다. 또한 우리는 아침에 학교를 가면서 만났던 많은 사람이 어떤 옷을 입고 어떤 신발을 신었는지 정확하게 기억하지 못하는 경우가 많다. 장애인 대상의 일상생활지원 프로그램을 실시하는 사회복지사가 프로그램에 참여하는 장애인의 일상생활 수준이 향상되었다고 하면서도 구체적으로 무엇이 변화되었는지 기억하지 못하는 것도 부정확한 관찰(inaccurate observation)의 일종이다.

반면에 과학적 방법은 관찰을 정확히 하기 위해 여러 방법을 활용하여 관찰을 기록한다. 많은 경우 관찰 기록은 종이와 펜을 사용하지만, 사진이나 동영상을 찍거나 녹음을 하는 것, 컴퓨터 파일로 만드는 것 역시 자주 활용하는 관찰을 기록하는 방법이다. 무엇보다도 과학적 방법은 의식적 행위여서, 관찰을 하겠다는 의도를 갖고 있는 것만으로도 관찰의 정확성을 더 높일 수 있다.

(2) 과도한 일반화

과도한 일반화(overgeneralization)는 목표 대상의 일부에 대한 관찰을 근거로 전체에 대한 결론을 내리는 오류이다. 예를 들어, TV에서 근본주의 회교도 테러리스트가 자살 폭탄 테러를 했다는 뉴스를 시청한 후 회교도들 모두가 테러리스트라고 생각하는 것이 과도한 일반화라고 할 수 있다. 또한 신문에서 정신장애인이 범죄를 저질렀다는 기사를 읽은 후에 모든 정신장애인이 위험하다고 판단을 내리는 것도 마찬가지이다. 우리나라의 정신장애인은 10만 명이 넘는데, 범죄를 저지른 2~3명의 정신장애인을 보고 정신장애인이 위험하다는 것은 과도한 일반화이다.

반면에 과학적 방법은 체계적·포괄적 관찰을 활용하여 과도한 일반화를 피하려고 한다. 따라서 과학적 방법은 전체에 대한 관찰을 하거나 전체를 관찰할 수 없다면 대표성을 확보할 수 있는 체계적·포괄적 관찰을 실시한다. 예를 들어, 2017년 대검찰청의 범죄분석 통계에 따르면 정신질환자의 범죄율은 0.136%로 전체 인구 범죄율 3.93%의 100분의 3에 불과하며, 강력범죄율 역시 0.014%로 전체 인구의 강력범죄율 0.065%의 5분의 1에 불과하다. 따라서 2017년의 전체 범죄에 대한 관찰을 통해서 정신장애인이 전체 인구보다 덜 위험하다고 판단할 수 있다. 또는 전체 인구를 대표할 수 있는 표본을 추출하여 예정했던 관찰을 모두 실시한 후, 정신장애인과 비정신장애인의 범죄 성향을 비교하여 과도한 일반화의 오류를 피하고자 할 수 있을 것이다.

(3) 선별적 관찰

선별적 관찰(selective observation)은 목표 대상의 일부에 대한 관찰을 한 후 관찰자가 결론을 내리고, 그 후에는 자신의 결론에 맞는 대상만을 선택적으로 관찰하는 것을 말한다. 예를 들어, 사회복지관에서 부모의 양육 스트레스 완화 프로그램을 실시한 후에 양육 스트레스가 감소한 효과를 나타내는 참가자에게만 집중하여 관찰하고 효과가 없는 참가자에는 무관심해서 관찰에서 배제하는 경우이다. 사회복지 프로그램을 실행하는 사회복지사는 자신의 개입이 효과가 있기를 기대하기 때문에 선별적 관찰의 오류를 범할 가능성이 높다. 또한 일상적으로 사람들이 자신이 갖고 있는 편견을 지지하는 관찰을 하고, 편견과 반대되는 관찰에는 관심을 기울이지 않을 수 있다. 회교도에 대한 부정적인 편견이 있는 사람은 회교도의 테러 뉴스에만 관심을 갖고, 회교도의 선행에 대한 뉴스에는 관심이 없는 것이 또 다른 선별적 관찰의 예이다. 언론이 선별적 관찰을 강화할 수도 있는데, 언론은 긍정적 뉴스보다는 부정적 뉴스를 더 많이 전달하는 경향이 있어서 정신장애인이 사회에 잘 통합하려고 노력하는 뉴스보다는 정신장애인의 범죄 뉴스를 훨씬 더 많이 보도하는 경향이 있다. 또한 유튜브, 페이스북의 알고리듬은 이용자가 선호하는 관점과 관련된 정보를 훨씬 더 많이 노출함으로써 이용자의 선별적 관찰을 강화시키는 경향이 매우 높다.

이에 대해 과학적 방법은 체계적·포괄적 관찰을 실시하려고 한다. 사회복지관에서 부모의 양육 스트레스 완화 프로그램의 효과를 살펴본다면 프로그램에 참여한 모든 부모의 양육 스트레스 변화를 살펴보고자 한다. 회교도에 대해서도 부정적인 일부 뉴스뿐만 아니라 전체 회교도 관련 뉴스를 대표하는 표본을 추출하고, 추출된 전체 표본에 대해서 예정했던 관찰을 모두 실시하여 선별적 관찰을 피하고자 한다.

(4) 섣부른 탐구 종료

선별적 관찰은 탐구를 충분히 하지 않은 상태에서 탐구를 너무 이르게 끝낼 가능성을 높게 만든다. 예를 들어, 특정한 상담이론이 가족 간 갈등에 효과가 있다는 편견이 있는 연구자는 해당 이론에 따른 개입의 효과성을 평가하면서 가족 간 갈등이 줄어든 가족들만 관찰하고 너무 조급하게 해당 상담이론이 가족 간 갈등 해소에 효과가 있다는 결론을 내리고 섣부르게 탐구를 종료할 가능성이 높다.

과학적 방법은 가족 간 갈등 개입 프로그램에 참여한 모든 표본에 대해 예정했던 관찰을 모두 실시하며 섣부르게 탐구를 종료하지 않는다. 뿐만 아니라 과학적 탐구는 완전히 종료되는 것이 아니며, 언제라도 새로운 관찰에 따라 이전 탐구에서 내렸던 결론을 수정하는 개방성을 갖는다.

(5) 사후소급가설

사후소급가설은 가설을 세운 후 가설을 검증하기 위한 자료를 수집하려고 관찰을 실시한 후 관찰 결과가 원래의 가설을 지지하지 않는 경우에 원래의 가설을 관찰에 맞게 바꿔서 새로운 가설을 설정하는 것을 말한다. 예를 들어, 가정폭력피해여성 지지 프로그램을 시행한 후에 참여자의 자아존중감이 향상될 것으로 가설을 설정했는데, 대부분 참여자의 자아존중감이 낮아진 관찰 결과가 나타났다고 하자. 이에 대해 프로그램 시행 사후에 자아존중감이 낮아진 것을 긍정적인 결과로 받아들이는 새로운 가설을 설정하는 것이 사후소급가설이다.

과학적 방법도 가설을 설정한 후 관찰이 가설을 지지하지 않는 경우에 새로운 가설을 설정할 수 있다. 그러나 과학적 방법은 새로운 가설을 설정하는 것으로 그치지 않고, 새로운 가설을 검증하기 위한 새로운 관찰을 다시 실시한다. 일상적 지식탐구와 과학적 방법의 가장 큰 차이는 새로운 가설을 설정하는 것에 그치는가, 아니면 그 가설을 검증하기 위해 새로운 체계적 · 포괄적 관찰을 하는가이다.

(6) 자아가 개입된 이해

일상생활에서 사람들은 자신의 명예, 권위 등을 손상하는 사실을 이해하고자 할 때 감정, 이해관계 등 자아가 개입될 가능성이 높다. 실제로 과학자들도 자아가 개입된 이해의 위험에 빠질 가능성을 배제할 수 없는데, 예를 들어 과거에 황우석 교수가 줄기세포 연구를 수행하면서 연구 결과를 조작했던 것은 당시 자신의 전 국민적 명성을 손상시키지 않으려고 했기 때문인 것으로 보인다. 또한 예상했던 것보다 시험 성적이 낮게 나온 학생이 자신의 명예를 손상시키지 않으려고, "이번 시험 문제는 중요한 문제들이 아니었어."라고 설명하는 것도 자아가 개입된 이해에 해당한다.

과학적 방법에서는 자아가 개입된 이해를 가능한 한 줄이기 위해 해당 연구 분야의 동료 연구자들의 도움을 받는다. 실제로 앞에서 언급한 교수 사건도 과학 연구자들이 인터넷 게시판에 해당 교수의 연구 결과에 문제를 제기하기 시작하여 연구가 조작되었다는 것이 밝혀지게 되었다. 사회복지 연구자도 자아가 개입된 이해를 줄이기 위해 동료 연구자들에게 자신의 연구 결과를 보여 주고, 그들이 객관적으로 연구 결과를 검토하도록 한다.

(7) 비논리적 추론

비논리적 추론(illogical reasoning)은 논리적 근거가 없는 추론이나 근거 없는 믿음을 의미한다. 예를 들어, 야구팀 감독이 중요한 경기를 앞두고 경기에 승리하기 위해 수염을 깎지 않는 것은 그 행위가 경기를 승리하는 것과는 아무 논리적 관계가 없기 때문에 비논리적 추론이라고 할 수 있다. 또한 과거 우리나라에서는 빨간색 펜으로 이름을 쓰면 그 사람이 죽을 수 있다고 생각하여 쓰지 않으려고 했는데, 이 또한 빨간색 펜으로 이름 쓰는 것과 그 사람의 사망과는 논리적 관계가 없기 때문에 비논리적 추론이라고 할 수 있다. 비논리적 추론은 과학이 발달하면서 많이 줄어들었으나 여전히 많이 남아 있는데, 별자리로 사람의 인생을 점치는 점성술, 태어난 연월일시로 사람의 인생을 예측하는 사주팔자, 혈액형으로 그 사람의 성격을 판단하는 혈액형 심리학, 많은 사람의 성격을 16개 유형으로 나누는 MBTI 등은 과학적 방법으로 입증되지 않은 비논리적 추론이라고 할 수 있다.

비논리적 추론에는 허수아비 논쟁과 같이 어떤 사람의 입장을 비판하면서 실제 그 사람의 입장이 아니라 자신이 비판하기 쉬운 입장으로 변경하여 비판하는 방식도 있다. 예를 들어, 기본소득을 둘러싸고 많은 논쟁이 있는데, 어떤 사람의 기본소득을 비판하면서 그 사람의 주장을 비판하는 것이 아니라, 실제로는 모든 사회복지제도를 없애고 기본소득을 시행하려고 한다고 비판하는 등 비판하기 쉬운 내용으로 바꿔서 비판하는 것을 말한다. 또한 「사회적경제기본법」 제정을 둘러싸고 그 지지자들을 사회주의자로 공격하는 것 역시 비논리적 추론이라고 할 수 있다.

5. 사회과학 패러다임: 실증주의, 해석주의, 비판이론

토마스 쿤(Thomas Kuhn)은 과학이 이론과는 무관한 사실이 축적되어 선형적으로 발전한다는 관점을 공격한다. 쿤은 과학의 역사를 살펴보면서 과학이 단순히 중립적인 관찰에 기초하여 단계별로 발전(예: 실증주의)하는 것이 아니라고 주장했다.

쿤에게 과학의 역사는 과학적 관점의 혁명으로 특징지을 수 있다. 과학자들은 패러다임이라고 하는 세계관을 갖고 있다. 패러다임은 보편적으로 인지할 수 있는 과학적 업적으로, 한 시기에 문제와 해결책에 대한 모델을 제공한다. 쿤에 따르면, 과학자들은 지배적인 패러다임과 잘 맞지 않는 이상한 관찰들이 너무 많이 나타날 때까지 지배적인 패러다임을 받아들인다. 그러다가 패러다임 자체의 기반에 의문을 제기하기 시작하고, 지배적 패러다임에 도전하는 새로운 이론들이 등장하며, 결국 이러한 새로운 이론 중 하나를 새로운 패러다임으로 받아들인다.

쿤이 패러다임이라는 용어를 만들어 낸 이후에 여러 학자들이 그 용어를 활용해 왔는데, 패러다임을 거대이론, 일반적 틀 또는 접근으로 사용하기도 한다. 덴젠과 링컨

(Denzin & Lincoln, 2018: 56)은 패러다임을 관점과 비교하면서 관점은 덜 개발된 체계이며, 한 관점에서 다른 관점으로의 전환이 더 쉽다고 하였다. 패러다임은 조사연구자의 인식론적·존재론적·방법론적 전제를 포함하는 망으로, 특정한 세계관에 연결시켜서 조사연구자의 해석적[1] 틀, 행동을 안내하는 기본 신념체계라고 할 수 있다.

　역사적으로 보면, 양적연구만을 과학으로 본 접근에서 양적방법과 질적방법을 모두 과학적 접근으로 보는 후기실증주의를 거쳐 질적방법인 해석학(hermeneutics), 현상학, 페미니즘으로 이어졌다. 또한 덴젠과 링컨(2008)은 패러다임을 실증주의, 후기실증주의(postpositivist), 구조주의(constructivist), 비판이론(critical theory)으로 구분한다.

　여기에서는 후기실증주의가 실증주의와 본질적으로 다르지 않다고 보고, 실증주의, 해석주의, 비판이론의 세 가지로 분류해서 설명한다. 이들의 주장을 간략하게 요약하면, 실증주의자는 객관적이고 알 수 있는 진실이 있다고 주장하고, 해석주의자는 진실은 보는 이의 눈에 있다고 주장하며, 비판적 패러다임 연구자는 권력, 불평등, 변화가 실재와 진실을 형성한다고 주장한다.

1) 실증주의

　근대주의 세계관은 르네상스, 종교개혁, 과학혁명, 계몽주의의 네 가지 사상에 근거를 두고, 확실성과 경험적 지식만이 타당하며, 합리성을 직관과 같은 다른 앎의 방법보다 가치가 있다고 보는 특징이 있다. 그리고 인간의 경험을 복잡한 총체적인 것으로 보기보다는 세분화하는 경향이 있다.

　경험을 강조하는 실증주의는 근대주의 세계관에 근거를 두고 있는 사회과학 패러다임으로, 그것을 특징짓는 요소는 가지성(可知性, knowability), 객관성, 연역적 논리이다(DeCarlo, 2018). 실증주의의 틀은 사회를 경험적·과학적으로 연구할 수 있으며, 그렇게 연구해야 한다는 가정하에 작동한다. 실증주의는 또한 객관성, 가치중립

---

1) 세계를 어떻게 이해해야 하고 연구해야 하는가에 대한 신념과 감정을 안내한다는 의미이다.

(value-free)의 과학을 요구하며, 과학은 연구자들이 객관적이고 경험적이며 알 수 없는 진리를 추구하기 위해 그들의 편견과 가치를 버릴 것을 목표로 한다. 실증주의는 인간의 경험을 탐구하기 위해 과학적 방법과 용어를 사용하는 것은 연구자의 가치관, 열정, 정치, 이념과 같은 과학의 객관성을 저해할 수 있는 요소로부터 조사연구를 자유롭게 하려는 것이라고 보았다. 특히 초기 실증주의 입장에서는 사회조사연구가 적절히 수행된다면 자연과학의 모형을 따를 것으로 기대되었다. 이에 따라 실증주의가 사회현상 또는 심리현상의 원인으로 향하는 명확하고 분명한 길을 제공할 것으로 가정하게 되었다.

실증주의의 지식에서 중요한 것은 지식에 도달하도록 한 수단(방법론)이며, 그 수단은 객관적·경험적·과학적이어야 한다. 실증주의에서 지식은 연구자로부터 분리된 것으로 간주하며, 지식 구성에서 대체로 연구자와 지식은 관계가 없는 것으로 간주된다. 실증주의는 객관적 사회과학의 경험적 방법으로 연구할 수 있는, 안정되고 변하지 않는 실재를 가정한다.

대표적인 실증주의이론으로는 사회는 유기체이며, 사회체계는 부분으로 구성되어 있다고 보는 구조기능주의가 있다. 사람들은 기본적으로 합리적이어서 행동의 비용과 혜택을 계산하고, 그에 따라 행동한다고 보는 합리적 선택이론(rational choice theory)도 실증주의이론이라고 할 수 있다.

실증주의 비판자들은 실증주의가 사회조사연구를 하는 유일한 방법이 과학적 모델을 따르는 것이라고 여기게 하여, 조사연구가 풍부한 사회생활의 복잡성을 이해하는 데 가치 있는 도구가 되지 못하도록 만들었다고 지적한다(Ryan, 2006: 13-14). 또한 실증주의 비판자들은 중립적인 지식이란 없다는 것을 강조하며, 조사연구의 윤리적 측면을 강조했다. 비판자들은 객관성과 주관성 간의 구분, 공적 지식과 사적 지식 간의 구분 또는 과학적 지식과 감정적 지식 간의 구분이라는 이분법적 사고는 부적절하며, 사회적으로 구성된 것이라고 주장했다.

후기실증주의(post-positivism)가 실증주의에 바탕을 두고 발전해 온 것은 분명하지만 후기실증주의와 실증주의를 서로 다른 패러다임이라고 볼 것인지에 대해서는 이견이 있다. 하지만 대체로 후기실증주의를 실증주의를 대체하려는 패러다임으로 간주하기보다는 실증주의가 갖고 있는 취약성을 보완하려는 노력으로 본다고 할 수 있다.

실증주의와 후기실증주의는 구체적 측면에서 차이를 보이는데, 실증주의가 연구자와 연구대상 간 독립을 강조한 반면에, 후기실증주의는 연구자의 이론, 가설, 배경지식과 가치관이 무엇을 관찰할 것인지에 영향을 미친다고 주장한다. 또한 실증주의가 양적방법을 강조했다면, 후기실증주의는 양적방법과 질적방법을 모두 타당한 접근으로 인정했다.

실증주의자들이 연구자의 객관성을 절대적으로 주장한 반면에, 후기실증주의자들은 연구자의 편견이 가져올 수 있는 효과를 인식하면서 객관성을 추구한다는 차이를 보인다. 후기실증주의는 주관적이냐 객관적이냐, 또는 객관성에 비해 주관성을 선호하느냐와 같이 일방적인 것이 아니라 인간성의 특징으로 다중성(multiplicity)과 복잡성(complexity)을 강조한다. 예를 들어, 한 여성은 직장 동료로서, 아내로서, 어머니로서, 딸로서 다중의 경험을 하게 된다. 또한 그 여성이 친구를 사귈 때 때로는 같은 취미생활을 해서, 때로는 직장에서 도움이 되어서, 때로는 비슷한 집안 배경이어서 사귀는 것처럼 사람이 항상 일관성이 있는 것은 아니라고 지적한다. 그런 의미에서 후기실증주의는 사람의 경험과 지식을 다중적이고 관계적이며, 합리에 의해 제한되지 않는 것으로 강조한다.

2) 해석주의

해석주의 패러다임은 연구참여자의 일상 경험을 탐구하고, 그 경험의 의미와 그와 관련된 감정, 특정한 행위에 대한 독특한 개인적 이유를 참여자의 시각에서 감정이입을 통해 이해하려는 포괄적 연구 경향을 의미한다. 해석주의 연구의 목적은 연구참여자의 관점에서 그들의 경험 혹은 사회현상의 의미를 파악하고 이해하는 데 있다. 해석주의 연구자들은 연구참여자들의 관점에서 현실을 이해하려 하고, 그들의 경험과 현실을 보다 심층적이고 풍부하게 드러내 보여 주려 한다(김인숙, 2007). 해석주의 패러다임은 접근법이 유연하고 주관적이어서 연구참여자의 세계가 참여자 자신의 눈을 통해 보일 수 있는 것이어야 한다는 관점을 갖고 있으며, 그래서 연구참여자가 자신을 드러낼 수 있는 자연스러운 상황에서 관찰이 이루어지는 것이 일반적이다.

여러 이론들이 해석주의 패러다임의 전통에 포함된 것으로 볼 수 있는데, 가장 대표적인 해석주의 패러다임의 이론은 사회구성주의이며, 인간의 행동은 상황의 의미, 정체성, 정의의 구성에 기초한다고 보는 상징적 상호작용 이론(symbolic interaction theory)도 해석주의 패러다임에 포함된다.

사회구성주의는 우리가 속한 모든 사회 세계는 우리가 타인들과 함께 만든 사회적 과정의 산물이라고 본다. 사회 세계는 이미 존재하고 있는 것이 아니라 인간의 상호작용과 언어를 통해 사회적으로 만들어진다. 사회구성주의는 객관적인 현실의 존재를 부인하면서, 현실은 사회적 상호작용이나 사회적 맥락에 따라 달라진다고 본다. 사회구성주의자들은 사회를 역사적이고 문화적이며 상황 구속적이라고 보고, 사회 세계의 상대적이고 주관적인 특성에 주목하며, 사회에서 벌어지는 사건은 의미를 발생시키는 맥락에 기인한다고 본다(우아영, 김기덕, 2013: 470).

사회구성주의는 하나의 '진실'을 추구하는 실증주의자들과 달리 서로 다른 '진실'이 있다는 것을 주장한다. 진실은 누구에게 묻느냐에 따라 다르며, 사람들은 항상 다른 사람들과의 상호작용에 따라 진실에 대한 정의를 바꾼다. 실증주의가 객관적인 실재를 찾으려는 것과 반대로 사회구성주의 관점의 핵심은 사회적 맥락과 상호작용과 그에 대한 해석을 통해 사회적 실재를 만든다는 것이다.

사회구성주의 관점의 연구자들은 사회적 실재 그 자체가 아니라 사람들이 사회적 실재가 무엇인지에 대해 사회적으로 동의하거나 동의하지 않는 방식에 대해 깊은 관심을 가지고 있다. 예를 들어, 미국에서 가운뎃손가락을 드는 행동은 그 행동을 하는 사람이나 당하는 사람 모두가 만족스럽지 않은 상태라는 것을 알 수 있다. 그런데 엄지손가락을 드는 행동은 미국에서는 '잘했다'라는 특정한 의미를 갖지만 다른 문화에서는 다른 의미를 가질 수 있다. 사회구성주의 관점에서 가운뎃손가락이나 엄지손가락의 '실재'는 그 행동의 의도된 의미, 행동의 해석, 행동이 발생하는 사회적 맥락에 따라 달라진다.

그렇지만 사회구성주의를 개인주의적이라고만 할 수는 없다. 개인들이 자신의 현실을 구성할 수 있지만 결혼한 부부에서 국가에 이르기까지 집단들은 실재의 개념에 동의한다. 사람들이 구성하는 의미는 그 의미를 만들어 낸 개인을 넘어서는 힘이 있다(DeCarlo, 2018).

3) 비판이론

비판이론에서 비판은 사회 내에서의 부정의에 대면한다는 의미로, '정치적 · 해방적' 의식과 맞닿아 있다. 전통적 연구자가 중립성에 몰두하는 반면에, 비판적 연구자는 더 나은 세계를 위한 투쟁에서 파트너십을 추구한다. 전통적 연구자가 현실을 묘사하고 해석하고 부활시키는 것을 자신의 과업이라고 보는 반면에, 비판적 연구자는 부정의를 해소할 수 있는 정치적 행동을 과업으로 본다(Denzin & Lincoln, 2008). 비판적 연구는 인간의 삶에서 불평등한 사회적 힘과 권력의 작용을 연구참여자들의 경험과 목소리를 통해 드러내 보여 주는 것을 목적으로 한다(김인숙, 2007).

비판이론 패러다임에 속하는 지적 전통으로는 마르크시즘, 페미니즘 등이 대표적이다. 비판이론 패러다임은 권력, 불평등, 사회 변화에 집중하여 억압받는 집단의 권력을 강화할 수 있는 연구절차를 사용하고자 한다. 실증주의와 달리 비판적 패러다임은 사회과학이 진정으로 객관적이거나 가치 중립이 될 수 없다고 주장한다. 이 패러다임은 사회 변화의 명확한 목표를 염두에 두고 과학적 연구를 실시해야 한다는 관점을 갖고 있다. 비판적 패러다임 연구자들은 사회체계가 여성이나 소수 민족과 같은 소외된 집단에 대해 편향되어 있다는 데서 시작할 수 있다. 이때 그들의 연구는 중요한 데이터를 수집할 뿐 아니라 연구 참가자와 연구 중인 사회체계의 긍정적 변화를 촉진하는 것을 목표로 한다. 비판적 패러다임은 권력 불균형을 연구할 뿐만 아니라 권력 불균형을 바꾸려고 한다(DeCarlo, 2018).

6. 이론의 유용성과 구성 요소

1) 이론의 정의와 유용성

이론은 변수들 간의 예상되는 관계에 대한 서술문이라는 간단한 정의에서부터 학문에서 설명을 구성하는 논리적으로 정리된 일련의 법칙 또는 관계라는 정의, 이론은 인과관계를 서술하며, 왜 관계가 존재하는가뿐 아니라 그 관계에서 사건들의 순서와 시간을 설명한다는 비교적 복잡한 현상까지 정의할 수 있다. 게이와 위버(Gay & Weaver, 2011: 25-26)는 이론이 현상을 설명하고 예측하는 목적으로 변수들 사이의 관계를 구체화하는 상호 관련된 구성물(개념), 정의, 명제의 모음이라고 정의 내린다. 사회과학이론은 사람들이 일상의 삶에서 어떻게 행동하는지, 그렇게 행동하는 의미는 무엇인지 찾고 이해하게 하는 상호 연관된 진술이라고 할 수 있다. 사회과학이론은 여러 가지 다양한 개별 관찰에서 유형을 발견할 수 있도록 해 주며, 관찰 중에서 우연히 발생한 관찰과 미래에도 발생할 것으로 기대되는 관찰을 구별하게 해준다(Rubin & Babbie, 2016).

또한 페인(Payne, 2014: 3-4)에 따르면, 이론은 세상에 대한 지식을 정리된(organized) 방법으로 기술하고 설명하는 일반화된 일련의 아이디어로, 과학적 과정을 통해 도달한 어떤 현상을 설명하는 일반적 원칙 또는 일련의 지식이다. 이론은 우리가 우리를 둘러싼 세계를 이해하도록 돕고, 실천을 위한 틀을 제공하며, 우리가 책임성이 있는 전문가가 되도록 돕는다.

페인(2014: 6)은 사회복지실천의 이론을 3가지 유형으로 제시하는데, 사회복지실천(social work)이 무엇인지에 대한 이론, 사회복지실천을 어떻게 하는지에 대한 이론, 클라이언트 세계에 대한 이론이다. 사회복지실천에 대한 이론은 사회복지실천의 의미에 대한 논쟁에 해당하는 것으로, 사회복지실천의 특성과 목적을 정의하는 설명이다. 사회복지실천에 대한 이론이 사회복지실천이 무엇이고 목적이 무엇인지 밝혔다면, 사회복지실천의 방법에 대한 이론은 어떻게 사회복지실천을 하고 사회복지실천의 목적을 달성하는지에 대한 이론으로서 개별 사회복지실천, 가족치료, 집단 사회복지실천 등에 대한 이론이다. 클라이언트 세계에 대한 이론은 사회복지전문가가 다루는 사회적 실재에 대한 것으로, 예컨대 아동발달에 대한 이론, 가족과 조직에 대한 이론 등이다.

사회복지실천이론을 사회복지실천모델이라고도 부르는데, 사회복지의 실천과 정책에서 상당히 의미 있는 함의를 제공한다. 예를 들어, 자녀를 학대할 위험성이 높은 부모에 대해서 인지행동이론에서는 부모가 자녀의 아동발달단계에 대한 이해가 부족하여 학대하는 경향이 있기 때문에 부모교육을 통해서 학대 위험성을 낮출 수 있다고 보는 반면, 심리사회적모델에서는 부모가 자신들이 어렸을 때 학대를 당했던 것 때문에 자신의 자녀를 학대하는 경향이 있기 때문에 그 문제를 해결하기 위해서는 부모에 대한 오랜 기간의 상담이 필요하다고 본다(Rubin & Babbie, 2016).

2) 이론의 구성 요소: 개념, 변수, 속성, 가설

이론은 개념으로 구성되며, 개념은 과학이 이해하고자 하는 대상을 지정하는 용어이다. 개념은 일련의 유사한 관찰을 요약하는 정신의 상으로, 관찰된 특정한 행위 또는 특성의 집합을 요약하고, 더 높은 수준의 추상으로 만드는 방법이다. 예를 들어, 자존감, 사회적 계급, 편견, 전달체계 등이 개념에 해당한다.

개념이 2가지 이상의 하위 개념으로 구성될 때 그 개념을 변수라고 하며, 변수를 구성하는 하위 개념들을 속성이라고 한다. 가설은 경험적으로 검증할 수 있는 방식으로 서술된 명제이다. 가설은 독립변수와 종속변수를 포함하며, 두 변수들 사이에 측정할 수 있는 관계를 예측한다. 가설은 어떻게 변수와 관계를 조작화하는지 설명하는 이론과 데이터 간의 중요한 다리로서 기능한다. 가설은 발생할 것으로 예측되는 것에 대한 간결한 진술문들이며, 이론은 그것이 발생할 것으로 기대되는 이유의 인과적 논리를 제시하는 것이다(Gay & Weaver, 2011: 26).

이론은 아이디어를 이해하고 주장하도록 돕는다. 이론은 설명과 이해를 제공한다. 사회복지사는 복잡한 인간 행동과 사회현상을 다루고, 행동을 취할 때 무엇에 초점을 둘 것인지 생각할 필요가 있다. 이론은 실천 프레임워크를 제공하여, 책임성 있는 전문가가 되도록 돕는다(Payne, 2014: 12).

7. 논리체계: 연역과 귀납

과학이 사회현상을 이해하기 위한 이론을 발전시키는 대표적인 논리체계가 귀납과 연역이다. 귀납은 현실의 관찰을 통해 일정한 유형을 찾아내고, 그 유형에서 잠정적 이론을 끌어내는 논리체계이다. 귀납은 개별적인 사실로부터 일정한 유형을 찾아내고 잠정적 이론으로 발전시키는 논리체계이다. 예를 들어, 말기 암으로 죽어 가고 있는 사람들이 죽음에 대해 나타내는 감정을 살펴보려고 한다고 하자. 말기 암으로 죽어 가는 몇 사람을 만났는데 그 사람들이 처음에는 화가 났다가, 다음에는 우울해졌다가, 그다음에는 다가오는 죽음을 수용하게 되었다고 하자. 귀납에서는 경험을 활용하여 죽음에 임박한 정서적 반응의 변화에 대한 잠정적 모델을 만들 것이다.

귀납의 모형에는 근거이론, 사회구성주의이론, 해석이론 등이 포함된다. 귀납의 모형에 개별 사례적 특징이 있다고 하는데, 개인의 행동을 각 개인에게 독특한 이유로 상세히 열거해서 설명하려고 하기 때문이다. 또한 최근에 많은 관심을 받고 있는 귀납적 논리의 새로운 사례를 볼 수 있다. 빅데이터는 다양한 정보와 대규모 사례의 데이터를 분석함으로써 관찰 가능한 부분을 파악하며, 다양한 사례와 사례의 특징들을 분석하고, 현상의 원인이 아니라 현상 그 자체를 파악하는 귀납적 접근을 취한다고 할 수 있다(조남경, 2019: 18-19).

연역은 이론에 근거하여 가설을 끌어내고 현실의 관찰을 통해 가설을 검증하여 이론의 타당성을 살펴보는 논리체계이다. 앞에서 살펴본 죽음에 대한 감정의 예를 살펴본다면 연역은 일반이론을 활용한다. 퀴블러-로스(Kübler-Ross)는 죽어 가는 사람에 대한 연구에서 충격과 부인 단계, 분노 단계, 협상 단계, 우울 단계, 운명 수용 단계의 5단계를 거친다는 이론을 제시했다. 연역에서는 이 이론을 활용하여 어떤 죽어 가는 사람이 화가 나 있다면(분노 단계), 다음에는 협상 행동을 가정할 수 있을 것이다(Payne, 2014: 7). 연역은 검토하고자 하는 사회현상에 대한 이론을 찾고, 이론에 근거를 둔 가설을 설정한다. 사회현상에 대한 가설을 검증하기 위해 실제 현상을 관찰하고, 가설과 일치하는지 검증하게 된다.

연역의 모형은 실증주의, 후기실증주의 등이 포함되고, 경험적·분석적 또는 보편법칙적이라고도 불리는데, 폭넓은 상황, 개인, 행동을 설명하고자 하기 때문이며, 이렇게 보편법칙적으로 설명하기 때문에 설명력이 더 크다고 할 수 있다. 이 관점에서는 이론이 어떤 유형의 데이터를 수집할 것인지 명확하게 명시한다. 연역에서 주된 목적은 가설이 관찰을 통해 경험적 지지를 확보했는지, 이론이 특정한 상관계수 등의 기준을 통해 반증될 수 있는지를 확인하는 것이다(Gay & Weaver, 2011: 27).

그러나 귀납과 연역은 별개의 것이 아니라 서로 연결되어 있는데, 귀납을 통해 사회현상에 대한 잠정적 이론을 만든 후에는 연역을 통해 잠정적 이론을 검증하여 좀 더 믿을 만한 이론이 된다.

한편, 칼 포퍼는 귀납이 제한적이라고 하면서 반증주의(falsificationism)로 대체하고자 하였다. 포퍼에 따르면, 이론이 과학적인 것으로 인정되기 위해서는 검증될 수 있어야 하며, 따라서 반증이 고전적인 관찰주의-귀납주의 설명을 대체했다. 그는 귀납적 증거는 제한되어 있어서 언제나, 모든 장소에서 전체를 관찰하는 것은 아니라고 주장했다. 포퍼가 반증의 예로 들었던 것이 백조이다. 수천 년 동안 유럽인들은 수백만 마리의 흰 백조를 관찰하고, 귀납적 증거를 이용하여 모든 백조가 희다는 이론을 도출했다. 하지만 오스트레일리아와 아시아를 탐험하면서 유럽인들은 검은 백조가 있다는 것을 알게 되었다. 포퍼가 주장하는 요점은 이론을 확인하는 관찰을 아무리 많이 해도 미래에 하게 되는 관찰이 이론을 반박할 가능성이 항상 있다는 것이다. 따라서 귀납은 확실성을 줄 수 없다. 또한 포퍼는 어떤 이론이 거짓이라는 것을 증명할 수 없다면 그 이론은 과학이 아니라 유사과학이라고 하였는데, 그 예로 점성학과 정신분석학을 들었다.

칼 포퍼의 영향을 받은 라카토스(Lakatos)도 반증의 중요성을 주장했지만, 연역적 논리 과정에 의존하는 반증을 주장한 포퍼와 달리 라카토스는 조사연구 프로그램 또는 일련의 이론의 개념에 의존하는 반증을 주장했다. 그는 과학적 활동을 안내하고,

과학적 지식 구축의 기반을 만드는 총합적 형이상학적 귀납적 원칙을 제안했다. 이 원칙은 과학자가 어떻게 세상이 움직이는가에 대한 아이디어 또는 법칙(형이상학적 아이디어)으로 시작하고, 아이디어 또는 법칙을 이론으로 형성하고, 경험적으로 검증하도록 지시한다. 라카토스에게는 이론이 이전의 이론 또는 반대 이론을 넘어서는 정도로 경험적 내용을 확증하면 과학적으로 수용할 만하다.

8. 양적연구방법, 질적연구방법, 혼합연구방법

양적연구는 숫자에 관심을 갖고, 관심대상 집단의 특성을 숫자화하는 데 초점을 둔다. 예를 들어, 노인의 우울증 정도, 노인의 빈곤 정도 등 숫자화한 특성을 강조하여, 노인 집단이 전반적으로 어떤 특성을 보이는지 관심을 둔다. 양적연구는 전체적인 경향에 초점을 두기 때문에 보편법칙적(nomothetic) 탐구의 경향을 나타낸다.

양적연구는 일반적으로 측정할 수 있을 정도로 알려진 구체적인 현상들을 대상으로 선행연구에 기초해서 이론 검증을 연구의 주요 목적으로 하는 경향이 있어서, 연역적·객관적·경험적 접근을 지향하며, 개념의 내용을 계량화하고 계량화된 측정 결과를 해석하는 기술이 요구된다.

반면에 질적연구는 개별 사례들의 경험, 경험의 의미 등에 관심을 갖고, 개별 사례들이 어떤 맥락에서 특정한 경험을 하고, 그 경험에 어떤 의미를 두고 있는지를 탐구하면서 그 결과를 일반화하기보다는 개별 사례에 관심을 두는 개별 사례(idiographic) 모형의 경향을 나타낸다. 연구대상자 또는 개인은 자신들의 행동이나 의도에 대해 대체로 완전히 설명하지 못하며, 자신들이 무엇을 했는지, 왜 했는지에 대한 설명이나 이야기를 하게 된다.

질적연구는 세상에서 관찰자를 찾아내는 상황 속에 있는 활동(situated activity)이다. 질적연구는 세상을 보이게 만드는 일련의 해석적(interpretive)이고 물질적인 실천으로 구성되어 있다. 이러한 실천이 세상을 전환시킨다. 실천은 세상을 현장 노트, 면접, 대화, 사진, 녹음, 자기 자신에 대한 메모 등을 포함하는 일련의 표상

(representations)으로 바꾼다. 질적연구자는 자연스러운 세팅에서 현상을 사람들이 연구자들에게 가져오는 의미라는 관점에서 이해되게 하거나 해석하려고 시도하면서 연구한다. 질적연구는 개인의 삶에서 일상적이고 문제가 있는 순간과 의미를 설명하는 다양한 경험적 자료(사례 연구, 개인 경험, 자기성찰, 인생 이야기, 인터뷰, 공예품, 문화 텍스트 및 제작, 관찰과 역사와 상호작용 및 시각의 텍스트)의 연구 및 수집을 포함한다(Denzin & Lincoln, 2008: 4).

질적연구는 현상에 대한 이해와 발견을 주요 목적으로 하며, 귀납적ㆍ주관적ㆍ총체적 접근을 지향하는 경향이 있어서, 현상을 개념적으로 사고하는 기술, 사고의 결과를 글로써 표현하는 기술이 요구된다. 질적연구는 상대적으로 덜 알려진 연구주제들에 초점을 두면서 인간 행동과 사회현상에 대한 이해 제고 및 이론 개발을 강조한다. 질적연구는 현상에 대한 심도 있는 묘사, 풍부한 진술을 통해서 연구대상의 복잡한 세계를 총체적(holistic) 관점에서 알리는 것에 관심이 있다. 따라서 질적연구는 결과의 일반화가 아니라 연구를 위해 선택된 참여자의 경험과 그의 관점을 더 깊이 이해하고자 있는 그대로의 환경, 자연스러운 환경에서 자료를 수집하면서, 맥락 안에서 사람들의 경험을 이해하고자 한다.

지금까지 질적연구는 소수의 개별 사례를 대상으로 정보를 수집했다. 그런데 최근 발전하고 있는 빅데이터는 주로 질적연구의 대상으로 여겨지던 현상과 직접적으로 관련된 방대한 규모의 정보를 수집한다(조남경, 2019: 11). "현상의 '존재' 자체는 인정하되, 이는 조작화되어 계량적으로 측정될 수 있는 측면만으로는 파악할 수 없는 다차원적이고 다면적인 부분이기에 실증주의적 접근과 해석주의적 접근 모두가 유효할 수 있으며, 끊임없이 새로운 관점에서의 발견과 추론과 성찰을 통해 우리는 계속 그 실체의 파악에 조금씩 더 다가갈 수 있다는 실재론의 입장이 빅데이터를 바라보는 철학적 토대로서는 가장 적합"하다(조남경, 2019: 14). "더 많은 사례에 대해 더 다양한 변수들을 분석함으로써 새롭고 다양한 상관성들을 발견해 내는 것 자체를 목적으로 하고, 그 결과들을 적극적으로 평가하는 새로운 관점이 필요하며, 이에 근거하는 분석의 방법"들을 발전시킬 필요가 있다(조남경, 2019: 17).

혼합연구방법은 양적(보편법칙적 탐구)인식론과 질적(개별사례적 탐구)인식론 양자의 독특한 방법론(철학적 틀과 근본 가정)과 방법(자료 수집과 분석의 구체적 기법)을 결합하는 탐구에 대한 접근이다. 조사연구의 목표는 설명(양적 특징)과 탐색(질적 특징)을 모두 하려고 하며, 가설화하고(이론 검증) 다른 집단에 일반화할 수 있고(양적), 관련된 이해관계자들의 역동적인 상호작용과 인식을 더 정확히 이해할 수 있는 것이다(질적).

요약

1. 사회복지조사는 다양한 사회복지현상 또는 사회복지실재에 대한 지식을 얻는 방법을 다루는 과목으로, 앎 또는 지식의 본성과 범위를 연구하는 철학의 한 분과인 인식론에 해당한다.
2. 과학적 방법은 모든 것이 의문에 열려 있다는 개방성이 있다.
3. 과학적 관찰은 체계적이며, 포괄적이며, 가능하면 객관적이어야 한다.
4. 과학은 재현이 가능해야 한다.
5. 과학은 객관성을 추구한다.
6. 증거기반실천은 가능한 모든 과학적 조사연구를 활용하여 효과성이 가장 높을 것으로 예상되는 사회복지 개입방법을 선택하여 적용하는 것을 말한다.
7. 일상적 지식탐구방법에는 전통, 권위, 상식(직관), 대중매체가 있다.
8. 과도한 일반화는 목표 대상의 일부에 대한 관찰을 근거로 전체에 대한 결론을 내리는 오류이다.
9. 선별적 관찰은 목표 대상의 일부에 대한 관찰을 한 후 관찰자가 결론을 내리고 그 후에는 자신의 결론에 맞는 대상만을 선택적으로 하는 관찰을 말한다.
10. 사후소급가설은 가설을 세운 후 가설을 검증하기 위한 자료를 수집하려고 관찰을 실시한 후 관찰 결과가 원래의 가설을 지지하지 않는 경우에 원래의 가설을 관찰에 맞게 바꿔서 새로운 가설을 설정하는 것을 말한다.
11. 비논리적 추론은 논리적 근거가 없는 추론, 근거 없는 믿음을 의미한다.

12. 패러다임은 조사연구자의 인식론적 · 존재론적 · 방법론적 전제를 포함하는 망으로, 특정한 세계관에 연결시켜서 조사연구자의 해석적 틀, 행동을 안내하는 기본 신념체계이다.

13. 실증주의는 객관적 사회과학의 경험적 방법으로 연구할 수 있는 안정되고, 변하지 않는 실재를 가정한다.

14. 해석주의 패러다임은 연구참여자의 일상 경험을 탐구하고, 그 경험의 의미와 그와 관련된 감정, 특정한 행위에 대한 독특한 개인적 이유를 참여자의 시각에서 감정이입을 통해 이해하려는 포괄적 연구 경향을 의미한다.

15. 비판적 연구는 인간의 삶에서 불평등한 사회적 힘과 권력의 작용을 연구참여자들의 경험과 목소리를 통해 드러내 보여 주는 것을 목적으로 한다.

16. 사회과학이론은 사람들이 일상의 삶에서 어떻게 행동하는지, 그렇게 행동하는 의미는 무엇인지 찾고 이해하게 하는 상호 연관된 진술이다.

17. 개념이 2가지 이상의 하위 개념으로 구성될 때 그 개념을 변수라고 하며, 변수를 구성하는 하위 개념들을 속성이라고 한다.

18. 가설은 발생할 것으로 예측되는 것에 대한 간결한 진술문이다.

19. 귀납은 현실의 관찰을 통해 일정한 유형을 찾아내고, 그 유형에서 잠정적 이론을 끌어내는 논리체계이다.

20. 연역은 이론에 근거하여 가설을 끌어내고 현실의 관찰을 통해 가설을 검증하여 이론의 타당성을 살펴보는 논리체계이다.

🙌 토의 주제

1. 일상적 지식탐구를 하는 경우에 대해서 논의해 보자.

2. 일상적 지식탐구를 과학적 방법을 사용하여 어떻게 할 수 있을지 논의해 보자.

3. 일상생활에서 경험을 통해 얻은 지식에 어떤 것이 있는지, 그리고 그 지식은 귀납에 의한 것인지 연역에 의한 것인지 논의해 보자.

참고문헌

공계순, 서인해(2006). 증거기반 사회복지실천에 대한 이해와 한국에서의 적용가능성에 관한 연구. 사회복지연구, 31, 77-102.

김인숙(2007). 한국 사회복지 질적 연구: 동향과 의미. 한국사회복지학, 59(1), 275-300.

우아영, 김기덕(2013). 사회복지 패러다임(paradigm)으로서 비판적 실재론의 가능성에 대한 탐색적 연구. 사회복지연구, 44(2), 461-493.

이현주(2014). 증거기반사회복지실천을 위한 정신보건 프로그램의 효과성에 대한 메타분석: 정신장애인을 중심으로. 정신보건과 사회사업, 42(1), 171-200.

조남경(2019). 질적, 양적 연구를 넘어? : 사회복지 빅데이터 연구방법의 모색. 한국사회복지학, 71(1), 7-25.

DeCarlo, M. (2018). *Scientific Inquiry in Social Work*. Open Social Work Education.

Denzin, N. K., & Lincoln, Y. S. (2008a). *The Landscape of Qualitative Research*. Sage Publications.

Denzin, N. K., & Lincoln, Y. S. (2008b). *Introduction: The discipline and practice of qualitative research*.

Denzin, N. K., & Lincoln, Y. S. (2018). The SAGE handbook of Qualitative Research (5th ed.). Sage.

Gay, B., & Weaver, S. (2011). Theory building and paradigms: A primer on the nuances of theory construction. *American International Journal of Contemporary Research, 1*(2), 24-32.

Gilgun, J. F. (2005). The four cornerstones of evidence-based practice in social work. *Research on Social Work Practice, 15*(1), 52-61.

Grinnell, Jr., Richard, M., & Unrau, Y. A. (Eds.) (2018). *Social Work Research and Evaluation: Foundations of Evidence-Based Practice* (11th ed.). Oxford University Press.

Payne, M. (2014). *Modern Social Work Theory* (4th ed.). Oxford University Press.

Rubin, A., & Babbie, E. R. (2016). 김기덕, 김용석, 유태균, 이기영, 이선우, 정슬기 역. 사회복지조사방법론. Cengage Learning.

Ryan, A. B. (2006). Post-positivist approaches to research. In *Researching and Writing your thesis: A guide for postgraduate students* (pp. 12-16). Maynooth Adult and Community Education(MACE).

두산백과사전. https://doopedia.co.kr/search/encyber/new_tototalsearch.jsp

제2장
사회복지조사의 사회적 맥락과 윤리적 책임

🔖 학습목표

- 사회적 맥락 안에서 사회복지조사를 수행할 때 연구자가 가지는 책임을 이해한다.
- 문화적 역량을 갖춘 연구를 수행하기 위해 고려해야 할 점을 안다.
- 사회복지조사 과정에서 유의해야 할 연구윤리를 이해한다.
- 기관생명윤리위원회의 심의에 필요한 사항을 이해한다.

　　사회복지학은 학문의 성격상 현대사회에서 발생되는 다양한 문제를 파악하고 이에 잘 대처하게 하는 데에 관심을 두며, 어떤 문제에 대한 해결책을 찾기 위해 혹은 적용방법을 모색하기 위해 수행되는 경우가 많다. 이런 점에서 사회복지학과 같은 응용학문은 조사가 개인이나 사회에 직접적인 영향을 줄 수 있기 때문에 연구자는 조사가 이루어지는 사회적 맥락을 이해하고 연구의 목적, 과정 및 결과에 대하여 책임의식을 가져야 한다. 이 장에서는 사회복지조사의 사회적 맥락과 관련된 연구자의 사회적 책임을 고찰하고, 사회복지조사의 수행과정과 관련된 윤리적 이슈들을 살펴본 후, 기관생명윤리위원회 심의를 위한 고려사항에 대해 알아보고자 한다.

1. 사회복지조사에서 연구자의 책임

연구자는 상당 기간 축적된 전문적 지식에 기반하여 특정 분야에 대한 전문가로서 독점적인 지위를 점하며, 조사대상을 선정하거나 조사방법을 스스로 결정하여 조사결과를 도출할 수 있다는 점에서 높은 수준의 전문적 권위와 자율성을 가진다. 연구자가 가지는 이러한 전문적 권위와 지위 때문에 연구자는 조사의 수행에 있어 도덕성을 요구받게 된다. 연구자는 조사의 방향과 목표를 설정하고 사회적으로 바람직한 조사결과를 얻을 수 있도록 하기 위해 조사 과정 전반에서 정직성, 정확성, 객관성 등의 가치가 지켜지도록 유의해야 하며, 조사관련 윤리적 규칙과 규범을 준수하여 책임 있는 조사를 수행해야 한다(이인재, 2015).

연구자의 윤리적 책임은 크게 협의와 광의로 나누어 볼 수 있다. 좁은 의미에서의 윤리적 책임은 조사를 수행하는 과정에서 각 단계별로 윤리적 규범이 제대로 지켜질 수 있게 하는 책임을 의미한다. 예를 들어, 조사대상자의 권리를 존중하고 조사과정에서 피해를 입지 않도록 하는 것, 비밀을 보장하는 것, 실험조사의 대상자를 속이지 않는 것, 자료분석을 객관적이고 타당하게 수행하는 것, 조사결과를 왜곡하거나 과장하지 않는 것 등을 말한다. 반면, 넓은 의미에서 말하는 연구자의 윤리적 책임은 전문가로서 사회에서 주어지는 기대와 역할, 의무에 상응하는 책임의식을 가지고 조사결과가 가져올 수 있는 장기적이고 사회적인 영향력에 대해 도덕적 책임을 지는 것을 의미하는 것으로, 연구자의 사회적 책임이라고 하기도 한다(이인재, 2015). 연구자는 자신의 연구내용을 일반 국민들이 이해하기 쉽게 알려 주어야 하고, 자신의 전문 분야와 관련된 사회문제에 대해서도 공정하고 정확한 해결책을 제시해 주어야 할 책임을 지닌다(한국연구재단, 2023).

연구자에게 이러한 사회적 책임이 요구되는 이유는, 첫째, 연구자가 가지는 해당 분야에 대한 전문적 권위 때문이다. 조사결과에 기반한 연구자의 견해는 그 자체로 기존에 축적되어 온 학문적 지식, 그리고 과학적 절차로 얻어진 지식으로서 지배적 권위와 힘을 지닌다. 이렇게 전문지식에 대한 독점적 접근성을 가지는 연구자는 자신의 전문성을 이용하여 타인이나 사회에 일방적 영향력을 행사할 수 있는 힘을 가질 수 있게 되므로 사회로부터 윤리적 책임을 요구받게 되는 것이다.

둘째, 조사결과가 때로는 인류에게 의도하지 않은 영향을 미칠 수 있기 때문이다. 연구자는 조사를 수행할 때 조사결과가 미칠 영향에 대해 깊이 생각하고 책임의식을 가져야 한다. 많은 연구자가 인류사회에 도움이 되고 더 나은 세상을 만드는 데 기여하고자 조사를 수행한다. 특히 오늘날 조사는 대부분 공공의 연구비 지원에 의해 수행되는 경우가 많기 때문에 조사가 사회에 이익이 되도록 하고 공동체나 사회에 피해가 가지 않도록 하는 것이 더욱더 중요해졌다. 그러나 연구자의 목적과 별개로 조사결과가 때로 부정적인 영향을 미칠 수도 있기 때문에, 연구자는 자신의 조사가 이러한 가능성이 없는지에 대해서 조사설계과정에서 미리 검토하고, 조사결과의 해석이나 함의에 대해서도 주의를 기울여야 할 책임이 있다.

1) 사회복지조사의 사회적 맥락과 연구자의 책임

사회복지학은 응용학문으로서 많은 경우 그 조사의 결과가 실제 현장이나 사회정책에 반영되기 위하여 이루어진다. 이러한 특성 때문에 어떠한 목적을 가지고 사회복지조사를 수행하는가, 또한 어떠한 결과를 도출하는가는 사회적 · 정치적으로 중요한 의미를 가진다.

사회복지연구자의 연구질문은 다양한 수준에서 나타날 수 있다. 예를 들어, "내가 실행한 개입이 내가 만난 클라이언트에게 정말 도움이 되었는가?" "특정 문제에 대해 어떤 개입 유형이 보다 효과적인가?" "수급자격을 가지고 있음에도 사회복지서비스를 받지 못하고 있는 사람들은 누구이며, 왜 서비스를 받지 못하는가?" "어떤 개입이 가장 비용효과성이 높은가?" 또는 "정책입안자들에게 어떤 정보를 제공해야 지역사회 주민을 위한 변화를 촉진시킬 수 있을까?"(Krysik & Finn, 2010)와 같은 것들이다. 이러한 다양한 질문에 대한 답을 얻기 위하여 사회복지조사가 이루어지게 된다. 그런데 이러한 질문들의 내용을 잘 살펴보면 모두 사회복지의 실천적 · 정책적 개입이 어떠한 효과를 가져오는지, 그리고 어떠한 방향으로 사회복지 개입을 설계할 것인지와 관련되어 있다. 따라서 사회복지조사의 결과는 앞으로 이루어질 사회복지 개입의 방향에 영향을 줄 수 있다.

사회복지조사는 대인서비스의 전달체계를 조직화하거나 재정지원과 관련한 의사결정에 중요한 역할을 하기도 한다. 특히 사회복지연구자의 역할은 조사결과들이 이러한 의사결정에 영향을 미치도록 하는 역할까지 포함한다고 할 수 있다. 이러한 연구자의 역할을 염두에 둘 때, 사회복지연구자는 자신이 하는 조사의 궁극적 목적이 무엇인가에 대하여 깊이 고려해야 하며, 클라이언트나 동료 전문가, 나아가 지역사회에 대해 자신이 가지는 윤리적 책임에 대해서도 인식하고 있어야 한다(Krysik & Finn, 2010).

(1) 사회정의와 사회복지조사

어떤 연구자들은 사회복지조사가 사회복지의 핵심가치인 사회정의에 이바지할 수 있는 중요한 수단이라고 주장한다. 사회정의를 '모든 개인과 집단이 기본적인 사회적 재화에 대한 접근성을 가질 수 있도록 보장하는 것' 혹은 더 나아가 '각자가 자신의 능력을 개발하고, 자신의 행동과 행동의 조건을 결정하는 과정에 동등한 자격으로 참여할 수 있도록 하는 것'(Young, 1990: 윤인지, 송영호, 2018, p. 99-100 재인용)이라고 정의한다면, 사회정의를 실현하기 위한 노력은 필연적으로 기존 사회구조의 변화를 염두에 둘 수밖에 없다. 예를 들어, 개인의 빈곤 문제를 개인의 능력이나 사회적 기능의 문제로 보지 않고 자원배분의 형평성이나 개인의 특성을 고려하지 않는 환경적 맥락의 문제로 보는 사회구조적 시각과 같은 것이다.

이러한 사회정의의 실현을 위해서는 개개인에 대한 개별적 개입을 하는 미시적 실천뿐만 아니라 우리 사회 전반의 제도나 정책에 대한 거시 정책적 개입에도 영향을 미쳐야 한다. 사회정의로 나아가기 원한다면 사회복지사들은 개인이나 가족, 지역사회에 대한 직접적 개입뿐만 아니라 사회정책을 개발하고 기존의 정책들을 수정·보완하는 데에 좀 더 적극적이고 직접적으로 관여할 필요가 있다. 이러한 역할을 수행하기 위해서 정책입안자와 대중에게 영향을 주는 연구를 수행함으로써 정책을 변화시킬 수 있다. 예를 들면, 지역사회 내에 새롭게 출현하는 문제나 욕구를 조

사하여 제시함으로써 새로운 제도나 프로그램의 필요성을 주장한다든가, 기존 사회
복지 서비스 전달체계의 사각지대를 발굴하고 잠재적 클라이언트나 실천가들을 대
상으로 소외되어 왔던 클라이언트 집단의 특성이나 능력개발을 지원하기 위해 필요
한 사회적 변화에 대해 조사함으로써 해결방안을 제시하는 것과 같은 것이다.

사회복지조사의 이러한 특성 때문에 사회복지 조사 및 연구에서는 특히 연구의
함의가 매우 중요하다. 사회복지조사를 수행하는 연구자는 자신의 연구가 어떠한
문제의식에 의거해서 수행되며, 그 결과가 실천현장이나 클라이언트, 나아가 우리
사회에 어떤 영향을 미칠지에 대해서 깊이 숙고하여야 한다.

(2) 연구비 지원과 사회복지조사

한 사회의 정치경제적 관심이나 사회문화적, 종교적 가치는 연구의 목표나 연구비
의 분배에 영향을 미치게 된다. 사회복지조사에는 많은 비용이 소요되며, 대부분의
대학이나 연구기관에서 수행하고 있는 조사는 정부 혹은 민간부문에서 연구비 지원
을 받아서 이루어진다. 수많은 연구자가 연구계획서를 제출하는 경쟁적 상황일 때
어떠한 연구가 재정적 지원을 받게 될까? 연구자의 자격요건이나 연구계획의 엄정
성 외에도, 재정지원을 받을 가능성을 높이는 핵심적 요인은 아마도 연구계획서가
현재 재정지원자의 우선순위와 얼마나 잘 부합하는가 하는 점일 것이다.

우리나라의 경우 연구비 지원은 한국연구재단에서 많이 이루어지며, 이 밖에도 연
구비 지원을 하는 민간조직도 있다(예: 아산재단 등). 한국연구재단의 경우 연구자들
로부터 자유 주제로 연구비 신청을 받아서 심의 후 지원하는 경우가 있고, 일부는 우
리 사회에서 중요하다고 생각하는 연구를 미리 정하고 조사계획서를 제출하도록 하
는 경우도 있다. 이로 인하여 사회적으로 유행하는 주제 혹은 정책적으로 특정 주제
에 대한 연구들이 집중적으로 많이 이루어지는 결과가 나오기도 한다. 예를 들어, 제
도적 변화나 사회구조의 변화보다는 개인의 변화에 초점을 둔 연구들이 더 많이 이
루어지는 것을 볼 수 있다. 이는 근본적인 제도와 구조의 변화보다는 사회구성원 개
개인을 변화시키는 것이 상대적으로 덜 위협적이고 실천에 용이하기 때문이라고 해
석할 수 있다. 따라서 사회복지조사를 수행하는 연구자는 이러한 점에 대해 인지하

고 있어야 하며 연구동향을 파악할 때에 이를 염두에 둘 필요가 있다.

2) 문화적 역량을 갖춘 사회복지조사를 위한 연구자의 책임

사회복지학은 사회 내에서 억압을 당하거나 소수자적 위치를 점하는 취약계층 집단을 대상으로 하는 경우가 많다. 이와 관련하여 사회복지교육에서도 문화다양성에 대한 교육을 중시하고 문화적 역량을 갖춘 사회복지 실천가를 양성하는 데 관심을 둔다. 문화적 역량, 즉 문화적 배경이 다른 집단과 만나서 그 집단의 문화에 적절한 방식으로 상호작용하고 소통할 수 있는 능력은 사회복지실천에서뿐만 아니라 사회복지조사 연구에서도 중요하다. 왜냐하면 문화적 요소가 연구과정 전반에 영향을 미칠 수 있기 때문이다. 예컨대, 조사에 대한 인식에 차이가 있어서 조사 참여율에 영향을 미친다든가, 이주민의 언어소통능력이 좋다 하더라도 특정 단어에 대한 문해력이 낮거나 개인의 생각이나 감정 표현에 대한 문화적 가치가 다르기 때문에 설문조사에 대한 응답이 왜곡되어 나타날 수 있는 것을 예로 들 수 있다. 또한 연구자가 소수집단 당사자들로부터 소수집단을 위한 실천이나 정책을 형성하고 발전시키는 데 유용한 정보를 얻을 수 있도록 해 주는 데에도 문화적 역량이 크게 작용할 수 있다.

조사에 있어서 문화적 역량이란 문화적 요인과 문화적 차이가 조사대상, 조사방법, 조사결과 해석방법에 어떤 영향을 어떻게 미치는지를 인식하고, 그러한 영향에 적절히 대처하는 것을 말한다. 예를 들어, 문화적 역량을 갖춘 연구자는 조사를 설계할 때 소수집단과 억압받는 집단을 대표할 수 있는 충분한 수의 연구참여자가 조사 표본에 포함되도록 노력한다. 이때 이러한 소수집단의 연구참여자들을 충분히 모집하고 조사과정 동안 유지하기 위해서는 문화적으로 민감한 지식과 노력이 필요하다.

특히 문화적 배경의 차이로 인해 사회 내에서 소수집단을 점하는 이주민 집단 등은 조사에서 사용하는 용어나 설문조사의 맥락을 이해하는 측면에서 주류집단과 다를 수 있으므로 이로 인하여 측정이나 자료수집과정 등에서 오류가 발생할 수 있다. 따라서 소수집단이나 억압받는 집단을 조사하려는 연구자는 조사를 시작하기에 앞서 해당 문화에 관한 문헌을 고찰하고 문화적 역량을 갖추는 것이 중요하다. 문화적 역량과 민감성을 갖춘 연구를 수행하기 위해 고려해야 할 점을 몇 가지 들면 다음과 같다(Grinnell, 2011).

첫째, 특정 소수집단과 억압집단을 적절히 대표할 수 없는 표본을 바탕으로 한 조사는 조사결과를 해당집단에 대해 일반화할 수 없다. 연구자는 자신이 조사하려는 소수집단의 문화를 대표할 수 있는 사람들을 연구문제를 형성하는 단계 및 그 이후의 모든 조사단계에 포함시켜야 한다.

둘째, 문화적 역량을 갖춘 연구자는 소수집단과 다수집단 간의 차이를 연구할 때 사회경제적 요인들을 중요시하며 이를 조사설계에 반영한다. 또한 소수집단과 다수집단 간의 차이를 연구하면서 이민 경험과 문화동화를 중요한 요인으로 고려해야 한다.

셋째, 측정과정에서 언어 구사력이나 문화적 편향 등과 같이 타당도를 위협하는 요인들을 고려한다. 개인적 특성이나 면접방식이 소수집단의 응답자를 불편하게 만들거나 응답자들이 중요한 정보를 드러내는 것을 꺼리게 만드는 면접자를 이용하는 경우 자료수집이 정확하게 이루어지기 어렵다. 또한 소수집단 응답자가 이해하지 못하는 언어를 사용하거나, 문화적 편견에 기반한 설문이나 면접 등도 측정을 위협하는 요소가 될 수 있다.

일부 연구참여자들이 다수집단의 언어를 사용하는 데 어려움이 있다면 연구자는 이중언어 면접자를 활용하거나, 측정도구를 응답자의 언어로 번역하거나, 연구참여자들이 측정도구를 연구자가 의도한 바대로 이해하는지 알아보기 위해서 측정도구를 사전에 검사해야 한다. 역번역은 번역 타당도를 얻기 위한 한 가지 방법으로서, 이중언어 사용자로 하여금 측정도구와 측정지침을 대상언어로 번역하게 하고, 다른 이중언어 사용자로 하여금 대상언어에서 원래 언어로 다시 번역하게 하는 것이다. 그런 다음 원래 도구와 역번역된 도구를 비교하여 차이가 있는 항목들을 수정함으로써 측정도구에 대한 언어적 장벽을 낮출 수 있다.

넷째, 자료 분석 및 해석 과정에서 민족차이에 관한 조사결과를 소수집단이 가진 결점에 지나치게 초점을 맞추고 장점에는 관심을 두지 않는 편향된 방식으로 조사결

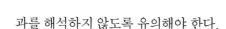

과를 해석하지 않도록 유의해야 한다.

특히 문화적 배경이 다른 집단을 대상으로 조사를 수행할 때에는 고려해야 할 이 슈가 많다. 따라서 사회조사에 대해서 문화나 인종, 민족 등 소수집단별로 어떠한 관 점을 가지는지 유의해야 하고, 조사결과의 활용에 대해서도 주의할 필요가 있다. 인 종이나 문화, 성별, 성적지향, 장애 등 다양한 소수집단 대상의 조사들이 이루어지고 있지만, 이러한 조사의 결과가 연구참여자들의 삶의 질 향상을 위해 활용되고 있는 가에 대해서는 반성할 여지가 많다.

이상에서 살펴본 바와 같이 연구자의 윤리적 책임은 단지 조사과정에서 준수해야 하는 가치나 규범에 국한되지 않고 해당 조사로 인해 파생될 수 있는 위험 및 사회적 영향에 대한 책임, 그리고 전문가에게 요구되는 사회적 역할과 관련된 사회적 책임 으로까지 확장됨을 알 수 있다. 연구자는 특정 조사가 이루어지는 사회환경적 맥락 을 이해하고 연구주제를 선정할 때 기존 사회구조의 우선순위와 사회복지의 주요 클 라이언트 집단의 욕구나 복지를 위한 우선순위 등을 고려해야 한다. 또한 연구자 개 인 혹은 그가 속한 공동체의 문화적 편향이 조사에 미치는 영향을 최소화하고 사회 문화적 소수자들의 목소리가 조사결과에 잘 반영될 수 있도록 노력해야 한다.

2. 사회복지조사와 연구윤리

연구윤리란 연구자가 조사를 수행하면서 지켜야 할 원칙이나 행동양식을 말한다. 즉, 연구윤리는 연구자가 정직하고 정확하며 책임 있는 연구수행을 위해 성실한 태 도로 지켜야 할 윤리적 원칙 또는 행동양식이라고 할 수 있다(이인재, 2015).

연구자가 지켜야 할 규범은 크게 사회윤리 규범과 내부윤리 규범으로 나눌 수 있 다. 전자는 법률 등의 형태로 연구의 주제와 대상을 규제하는 것(예: 생명윤리 및 안전 에 관한 법률 등)이고, 후자는 연구공동체 내부의 필요성 혹은 사회적 요구에 따라 자 체적으로 규정한 윤리기준으로, 연구자가 절차적 투명성과 내용적 정직성을 확보하

2. 사회복지조사와 연구윤리 **49**

는 것, 즉 조사의 수행 및 결과보고에 있어 지적인 정직성과 세밀한 기술 그리고 기
만이나 날조 등의 연구부정행위를 하지 않는 것을 의미한다(김도우, 2015).

1) 해외 연구윤리 지침의 발달

첨단과학과 기술의 발전으로 인해 인간의 삶의 방식이나 질이 변화하고 있으며,
과학적 연구가 인간에게 미치는 영향도 커지고 있다. 또한 연구에 대한 공공의 지원
이 증가함에 따라 조사수행 과정이나 절차에서의 윤리적 책임에 대한 사회적 관심도
늘어나게 되었다. 이렇게 자연과학 및 생명과학 분야를 중심으로 조사가 사회에 미
치는 영향력이 커지면서 연구자들이 조사를 수행하는 과정에서 윤리적 절차를 준수
하고, 정확하고 공정하게 조사결과를 발표하며, 연구성과를 공평하게 배분하고 조사
결과가 사회에 미치는 영향을 숙고할 책임이 더욱 강조되게 되었다(이인재, 2015).

연구에서의 높은 진실성의 요구 때문에 연구자들의 정직하고 책임 있는 연구태도
에 대한 원칙과 실천방안이 마련되어야 한다는 점에서, 세계 여러 나라에서는 연구
부정행위를 규제할 규정을 마련하고 연구자들을 대상으로 지속적인 연구윤리교육
을 하는 등 연구윤리의 확립을 위해 노력해 왔다. 특히 20세기 중반 이후 과학기술의
산업화 및 연구환경의 경쟁심화 등에 따른 연구부정행위 증가 등 각종 문제점들이
발생하면서 연구자의 책임성 및 연구진실성 확보에 대한 논의가 활발해지게 되었고,
그 결과 연구윤리가 등장하게 되었다.

연구윤리와 관련한 역사에서 크게 이정표가 되어 온 것으로 「뉘른베르크 강령」과
「헬싱키 선언」 그리고 미국의 「벨몬트 보고서」를 꼽을 수 있다.

(1) 「뉘른베르크 강령」

「뉘른베르크 강령(Nuremberg Code)」은 2차 세계대전이 끝나고 뉘른베르크 국제군
사재판부가 독일 나치에 의해 자행된 인체실험에 대한 최종판결문에서 언급한 인간
대상연구의 윤리적 원칙이다. 2차 세계대전이 끝날 무렵 의학연구라는 명목으로 강
제수용소 수감자들을 대상으로 반인륜적인 인체실험을 자행했던 의사 및 과학자들

이 전범 재판에 기소되었고, 기소된 23명 중 15명이 유죄판결을 받았다. 1947년 뉘른베르크 재판부는 최종판결문에서 인간대상연구를 수행할 때 지켜져야 할 10가지 원칙을 제시하였는데, 이것이 이후 「뉘른베르크 강령」이라고 불리게 되었다. 그 핵심내용은 다음과 같다(조백현, 2014, p. 13-14).

① 인체실험 대상자의 자발적 동의는 절대 필수적이다.
② 본질적으로 실험은 사회에 유익한 결과를 가져오는 것이어야 하며 다른 방법이나 수단으로 얻을 수 없는 것이어야 하고, 임의적이거나 불필요한 것이어서는 안 된다.
③ 실험은 동물실험결과에 근거하여 고안되어, 실험의 예상결과가 실험의 실행을 정당화할 수 있어야 한다.
④ 불필요한 육체적 · 정신적 고통을 피하도록 수행되어야 한다.
⑤ 실험을 수행하는 연구자가 피험자로 동참하는 경우를 제외하고, 사망이나 장애의 위험이 예상되는 실험은 금지한다.
⑥ 감수해야 할 위험의 정도가 그 실험을 통해 해결될 문제의 인도주의적 중요성보다 커서는 안 된다.
⑦ 손상/장애/사망의 가능성이 희박할지라도 이에 대한 피험자 보호대책과 적절한 시설이 갖추어져야 한다.
⑧ 실험은 과학적으로 자격을 갖춘 사람만 수행해야 한다. 실험의 모든 단계에서 최고도의 기술과 주의가 요구되어야 한다.
⑨ 실험 과정 중에 피험자는 자신의 육체적 정신적 상태가 실험을 지속하기 불가능한 상태에 이르렀다고 생각되면 자유롭게 실험을 중단할 수 있어야 한다.
⑩ 실험 과정 중에 책임연구자는 그에게 요구되는 선의, 기술의 우월성, 신중한 판단을 수행함에 있어 실험의 지속이 피험자에게 손상, 장애 또는 죽음을 초래할 수 있다고 믿을 만한 상당한 근거에 직면하면 어떤 단계에서든 실험을 중단할 수 있도록 준비되어 있어야 한다.

이는 세계 최초의 의학실험 연구윤리 강령으로서 의의를 가지며, 특히 의학연구에서 피험자를 보호해야 하는 중요한 윤리적 원칙으로 자리 잡고 있다.

(2) 「헬싱키 선언」

「헬싱키 선언(Declaration of Helsinki)」은 「뉘른베르크 강령」을 수정·보완하여 만든 규범으로, 1964년 핀란드 헬싱키에서 열린 세계의사회 총회에서 채택된 의료연구윤리 선언이다. 최초 선언 이후에도 여러 차례의 개정을 거쳤으며, 2013년 제64회 세계의사회 총회에서 7차 개정본이 채택되었다. 서문과 일반원칙, 위험 부담 및 이익에 대한 사항, 연구의 과학적 요건과 연구계획서에 대한 사항, 연구윤리위원회에 대한 사항, 사생활과 비밀 유지, 충분한 설명에 의한 동의, 위약의 사용, 임상실험 후의 지원, 연구등록 및 결과의 출간·배포에 관한 사항, 그리고 임상 실무에서 입증되지 않은 시술에 대한 사항 등으로 구성되어 37가지의 윤리적 지침을 제시하고 있다(세계의사회, 2014).

이 선언에서는 연구를 수행함에 있어 모든 연구대상자에 대한 존중을 보장하고 이들의 건강과 권리를 보호하는 윤리기준을 따라야 한다는 것을 일반원칙으로 천명하고 있고, 연구의 근본적인 목적이 새로운 지식의 창출이지만 이러한 목적이 결코 연구대상자 개인의 권리와 이익보다 우선할 수 없음을 명확히 하고 있다(김은애, 2015). 또한 건강한 피실험자에 대한 실험에서 지켜야 할 윤리적 원칙을 환자를 대상으로 한 실험에서도 지켜야 한다는 것을 명시하였다(이인재, 2015). 그리고 연구대상자 등의 생명, 건강, 존엄, 완전성, 자기결정권, 사생활 및 개인정보의 비밀을 보호할 의무는 연구자에게 있으며, 연구를 함에 있어 적용가능한 국제규범과 기준뿐 아니라 연구가 수행되는 국가의 윤리적·법적·제도적 규범과 기준을 동시에 고려해야 함을 강조하고 있다(김은애, 2015). 이 선언의 가장 큰 의의는 (1) 환자를 대상으로 한 실험에서 지켜야 할 윤리적 원칙을 천명했다는 점과, (2) 연구계획서에 포함되어야 할 내용을 자세히 제시하고 기관생명윤리위원회(IRB)의 설치 및 심의 등의 기반을 마련한 점이다.

(3) 「벨몬트 보고서」

「벨몬트 보고서(Belmont Report)」는 생명의학연구 및 행동연구에서 연구대상자 보호를 위해 미국의 국가위원회가 작성한 문건으로, 미국이 1979년에 국가 차원에서 연구윤리와 생명윤리의 기본원칙을 선언한 것이다. 이 보고서는 이후 여러 나라에서 연구대상자 보호와 관련한 법과 정책 수립에 중요한 역할을 하였다.

이러한 문건이 나오게 된 배경을 보면, 미국에서 수행되었던 비윤리적 연구의 대표적 사례로 꼽히는 터스키기 매독연구에 대한 반응으로 나왔다고 할 수 있다. 터스키기 매독연구는 미국의 터스키기 지역에서 40년간 정부 주도하에 이루어진 의학연구로, 매독의 진행과정에 따른 인체 영향을 관찰하기 위해 흑인 매독 환자들을 대상으로 위약만을 제공하며 지속적으로 검사를 진행한 실험이다. 특히 매독 치료제가 나온 이후에도 계속적으로 치료를 하지 않고 추적관찰만을 했다는 점에서, 그리고 환자들에게는 병을 치료해 준다고 속였다는 점에서 윤리적 지탄을 받았다. 미국에서 터스키기 매독연구에 대한 대중의 분노가 확산됨에 따라, 연구참여자의 권리를 보호하기 위하여 1974년에 의회에서 「국가연구법」을 통과시키고 '생명의학 및 행동연구의 인간대상 보호를 위한 국가위원회'(1979)를 설립하게 되었다. 이 위원회는 1979년에 인간대상 보호를 위한 윤리원칙과 지침을 정리한 「벨몬트 보고서」를 발표하였다. 「벨몬트 보고서」는 생명의학 및 행동학 연구에서 피험자를 보호하기 위한 원칙을 제시하고 피험자를 대상으로 연구를 수행하는 모든 연구자가 반드시 읽어야 하는 필수 지침서로 제시되었다. 보고서에서 제시한 3가지 기본 윤리원칙은 다음과 같다.

① 인간존중의 원칙: 모든 인간의 자율성을 존중하여 대우해야 하며, 인간을 수단으로 사용해서는 안 된다는 원칙이다. 이에 따라 피험자가 다른 사람으로부터 강요나 부당한 영향 없이 연구참여를 결정할 수 있는 자유를 보장해야 하며, 연구자는 피험자에게 정보에 기초한 동의서를 요구하여야 하고, 피험자의 사생활을 보호할 책임이 있다. 또한 자율성의 침해 위험이 높은 취약한 대상에 대해서는 추가적인 보호장치를 마련해야 한다는 원칙이다.

② 선행의 원칙: 인간에게 해를 끼치지 말아야 한다는 원칙으로, 실험의 위험을 최소화하고 이득을 최대화하여야 함을 의미한다. 이 원칙에 따라 연구자는 위험 대비 이득의 비율이 적절하지 않은 연구를 수행하지 말아야 하며, 연구의 위험을 최소화하고 이득을 최대화하기 위해 가능한 한 최선의 연구계획을 수립해야 한다. 또한 연구를 수행하는 과정에서 위험을 충분히 관리할 수 있는지를 확인해야 한다.

③ 정의의 원칙: 연구에서 파생되는 부담과 이득이 공정하게 분배되어야 한다는 원칙이다. 연구자는 이러한 원칙에 따라 연구참여자들을 공정하게 대우해야 하며, 피험자 선정과정에서 공정성을 유지하고, 취약한 환경의 피험자군이나 이용하기 쉬운 피험자군을 착취하지 말아야 한다.

이 밖에 「벨몬트 보고서」에는 연구대상자를 보호하기 위해 이미 효과성이 어느 정도 입증되어 성공에 대한 합당한 기대를 가질 수 있는 방법과 아직 안정성이나 유효성이 검증되지 않은 새로운 방법을 구분해야 한다는 점과, 연구의 요소가 조금이라도 있는 활동에 대해서는 연구대상자 보호를 위해 그 활동을 검토해야 한다는 것을 강조하고 있다(최경석, 2023).

2) 국내 연구윤리 관련 규정

(1) 「생명윤리 및 안전에 관한 법률」

우리나라에서는 생명과학기술 관련 실험의 위험을 통제하기 위한 목적을 가지고 2004년 1월 29일 「생명윤리 및 안전에 관한 법률」이 제정되었다. 이후 몇 차례 일부 개정을 거쳐 2012년에 피험자의 권리와 건강보호, 생명윤리의 원칙을 선언하고 기관위원회 활성화를 위한 제도적 미비점을 보충하고자 전면개정되어 2013년 3월부터 시행되고 있다. 이 법률은 인간대상연구 및 인체유래물을 연구하는 연구자의 소속 교육기관이나 연구기관, 병원 등에 IRB를 설치하도록 하고 있다. 개정된 법률에서는 연구계획서의 사전심의, 연구대상자 보호를 강화하고 있으며, 인간존엄성과 인간의 정체성 보호, 유전자 차별금지와 유전자치료 및 검사 등을 규율대상에 포함시키고 있다.

법률의 제3조에 나타난 기본원칙들을 살펴보면 다음과 같다.

① 연구대상자의 인권과 복지가 우선적으로 고려되어야 한다.
② 연구대상자의 자율성을 존중하여 충분한 정보에 근거한 자발적 동의를 얻어야 한다.
③ 연구대상자의 사생활을 보호해야 한다.
④ 연구대상자의 안전은 충분히 고려되어야 하며 위험은 최소화되어야 한다.
⑤ 취약한 환경에 있는 개인이나 집단은 특별히 보호되어야 한다.
⑥ 생명윤리와 안전을 확보하기 위해 보편적 국제기준을 수용해야 한다.

이 밖에도 기관생명윤리위원회의 설치와 기능, 운영, 인간대상연구의 심의(서면동의의 구체적 내용, 동의능력이 제한된 경우 대리인의 서면동의, 서면동의의 면제사유, 안전대책, 개인정보의 처리 등에 대한 사항 등)에 관한 사항들도 명시되었다.

사회복지조사는 많은 경우 우리 사회 내에서 취약한 집단에 속한 대상을 포함하게 되므로, '취약한 환경에 있는 연구대상자'에 대해 더욱 유의할 필요가 있다. '취약한 환경에 있는 연구대상자'란 임상연구 참여과정에서 자신의 이익을 온전하게 보호할 수 없는 개인이나 집단을 말하는데, 다양한 상황적 요인으로 인해 취약성을 가지게 된다(식품의약품안전처 리플렛). 첫째, 인지적 능력이나 의사소통 능력의 부족, 긴급한 상황, 언어적 장벽 등으로 연구와 관련해서 제시되는 정보를 충분히 이해하고 결정하기 어려운 사람(예: 미성년자, 정신장애인, 중증 치매환자, 외국인, 문맹인 등)이 있을 수 있다. 둘째, 공식적인 위계구조나 타인과의 관계에서 권위에 종속되어 있기 때문에 연구 참여나 동의 철회에 대해 자발적인 의사결정을 내리기 어려운 상황에 처한 사람(예: 군인, 수감자, 집단시설 수용자, 교수-학생, 상사-부하, 제약회사 직원 등)도 이에 속한다. 셋째, 의약적 취약성, 즉 명확한 치료방법이 존재하지 않는 심각한 질환을 가지고 있는 환자(예: 난치병, 불치병에 걸린 환자) 역시 취약한 연구대상자에 해당된다. 이런 경우 환자는 임상시험에 대한 과도한 희망을 가질 수 있고, 임상시험 참여로 인한 위험과 이익을 객관적으로 평가하기 어려울 수 있기 때문이다. 마지막으로, 소득활동을 하지 못하여 연구참여를 통해서만 소득을 얻을 수 있는 연구참여자(예: 노숙자, 난민, 실업자 등)도 경제적 취약성으로 인해 연구참여 여부에 대한 의사결정에 부당한 영향을 받을 수 있다.

이렇게 취약한 환경에 있는 참여자들은 다른 연구참여자들과 동일한 임상실험 환경에 노출되더라도 취약성으로 인해 더 높은 위험에 처하거나 더 많은 부담을 받을 수 있으므로 특별한 보호가 필요하다.

(2) 「개인정보 보호법」

사회복지조사는 침습적인 약물이나 치료를 적용하는 경우가 별로 없기 때문에 상대적으로 조사대상자에게 직접적인 생명이나 신체적 기능에 대한 위험 부담을 주는 경우는 많지 않다. 반면, 개인으로부터 다양한 정보를 수집하기 때문에 수집된 개인정보의 보호가 매우 중요하다. 이와 관련해서 우리나라에서는 「개인정보 보호법」을 2011년 9월 30일부터 시행하고 있는데, 연구뿐 아니라 개인정보와 관련된 모든 영역에서 개인정보의 처리와 보호에 있어 준수되어야 하는 기준을 제시하고 있다.

법에 제시된 주요 내용을 보면 개인정보의 주체인 연구대상자가 가지는 권리를 보호하는 것, 개인정보 처리 목적을 명확히 하고 그 목적이 필요한 범위 내에서 최소한의 개인정보만을 수집하고 목적 외의 용도로 활용하지 않는 것, 개인정보 수집의 목적과 대상항목에 대해 연구대상자에게 사전에 알리고 동의를 구하는 것, 개인정보를 안전하게 관리하는 것, 사생활 침해를 최소화하는 방법으로 개인정보를 처리하는 것 등이 개인정보처리자의 책임과 의무로 규정되어 있다. 개인정보처리자는 개인정보의 수집과 이용 목적, 수집하려는 개인정보의 항목, 개인정보의 보유 및 이용 기간, 그리고 동의를 거부할 권리가 있다는 사실 및 동의 거부에 따른 불이익이 있을 경우 그 불이익의 내용에 대해 알리고 동의를 받아야 한다. 또한 개인정보 외에 고유식별정보나 민감정보에 대해서는 별도로 수집 및 이용에 대해 동의를 구해야 한다고 명시하고 있다. 이외에도 보유하는 기간이 다했을 때 개인정보의 파기방법에 대해서도 제시하고 있다.

(3) 인문사회분야 연구자를 위한 IRB 연구윤리 가이드라인

기존의 연구윤리 관련 법률이나 지침들이 주로 의약관련 연구에서 출발하였기 때문에 설문조사나 인터뷰, 관찰, 개입 등을 통해서 수행되는 인문사회분야의 연구에는 잘 부합되지 않는 것들도 있었다. 이에 한국연구재단에서는 인문사회분야 연구의 특성을 고려한 가이드라인을 마련하였다. 이 가이드라인은 인문사회계열 연구에서 인간대상연구를 수행할 때 준수해야 할 지침들을 윤리적 연구를 위한 기본적 원칙과 연구자의 책임, IRB 심의에 대한 사항, 연구계획 수립 시 고려해야 할 사항들과 연구 수행과정에서 고려해야 할 사항들로 구성하여 자세히 소개하고 있다(한국연구재단, 2023).

특히 연구윤리와 생명윤리에 대한 교육을 이수할 것과 생명윤리 준수 서약을 하도록 규정하고 있고, 연구대상자로부터 청구받을 경우 정보공개를 해야 한다는 것, 그리고 연구종료시점부터 3년간 연구관련 기록을 보관해야 함을 명시하고 있다. 또한 대부분의 인문사회분야 연구들의 침습성이 상대적으로 높지 않음을 감안하여, 심의면제가 가능한 경우, 동의획득 면제가 가능한 경우, 그리고 동의는 획득하지만 동의서 서면작성이 면제 가능한 경우 등을 제시하고 있다.

그동안 국내에서는 연구윤리 중에서도 연구참여자의 보호 문제보다는 연구진실성 확보에 상대적으로 많은 관심을 기울여 왔다. 그러나 사회복지서비스의 이용자인 아동, 장애인, 정신질환자, 시설수용자 및 수감자 등은 취약한 연구참여자로 간주된다는 점에서, 연구의 위험으로부터 이들을 보호하는 것은 사회복지의 기본가치에 부합될 뿐만 아니라 연구윤리에서도 중요하다(김문근, 2018). 따라서 각종 사회복지조사들이 사회복지 이용자들의 건강과 복지를 훼손할 우려는 없는지, 특히 취약할 것으로 예상되는 연구참여자는 누구인지, 그들을 보호하기 위해 어떤 노력이 필요한지에 대한 논의와 대응이 중요하다.

3) 조사과정에서의 윤리적 의사결정

조사를 수행하는 과정에서 각 단계별로 발생할 수 있는 윤리적 문제와 이에 대한 대응방법을 소개하면 다음과 같다(Creswell & Creswell, 2022).

(1) 조사 시작 단계

첫째, 연구자는 조사를 시작하기 전에 먼저 연구문제가 어떠한 이점을 가지는지 확인해 보아야 한다. 사회복지조사에서는 취약한 조사대상자를 포함하는 경우가 많기 때문에, 조사의 수행이 조사대상자들에게 어떤 이익을 주는지를 확인하는 것이 조사를 정당화하는 데에도 필요하다. 조사의 결과가 조사대상자의 복지와 안녕에 긍정적인 도움이 될 것으로 판단될 때 취약한 조사대상자를 포함한 조사가 정당화될 수 있다.

둘째, 연구자는 조사의 목적을 조사대상자에게 공개해야 한다. 조사의 목적, 조사의 핵심적인 취지나 연구문제 등을 연구계획서에 기술할 때 조사대상자들에게 이를 공개할 것을 염두에 두어야 한다. 만약 연구자가 생각하는 조사목적과 조사대상자들이 알고 있는 조사목적과 다르면 이는 조사대상자에 대한 일종의 기만이 되므로 주의해야 한다.

셋째, 조사대상자들에게 연구참여동의서를 얻을 때 압력을 행사하지 않도록 주의한다. 조사를 수행하기 위해 조사대상자를 확보하는 것은 쉽지 않기 때문에 연구자는 조사 참여를 독려하고자 하는 유혹을 강하게 느낄 수 있다. 그러나 조사대상자의 자발적 의사결정을 존중하기 위해 연구자는 동의서에 대한 안내를 할 때 조사에 참여하지 않는 결정도 할 수 있음을 고지해야 한다.

넷째, 조사현장의 문화를 존중한다. 연구자는 조사대상자의 지역사회에 고유한 문화적·종교적 규준이 존재할 수 있음을 인지하고 그러한 차이를 존중해야 한다. 특히 질적연구자는 조사현장에서 연구참여자와 긴밀한 상호작용을 하기 때문에 더욱더 이러한 점에 유의해야 한다.

마지막으로, 취약한 연구대상자를 포함하는 연구의 경우 적절한 절차를 통해 동의 및 승낙을 얻어야 하며, 이러한 과정에서 연구대상자가 충분히 연구의 내용을 이해하고 동의할 수 있도록 눈높이에 맞추어 자세히 설명해야 한다.

(2) 자료수집 단계

자료수집 과정에서 연구자는 조사현장을 존중하고 가능한 한 혼란스럽게 하지 않도록 유의해야 한다. 특히 질적연구자는 연구참여자의 생활현장에 들어가서 긴밀하게 상호작용하는 경우가 많으므로 더욱 유의해야 한다. 자료수집을 마치고 현장을 떠나 버림으로써 연구참여자를 이용한다는 비난을 받을 수 있으므로 연구참여자가 이를 미리 알 수 있도록 고지해야 하며, 조사참여에 대해 적정한 보상을 제공해야 한다.

실험처치가 포함된 조사의 경우, 조사대상자 선정 기준에 해당하는 모든 조사대상자가 동등한 대우를 받도록 보장해야 한다. 사회복지현장에서 특히 개입연구를 수행하는 경우, 통제집단에 속할 조사대상자에 대한 대기자 규정을 미리 마련해 두는 것이 좋다.

연구자와 조사대상자 간에 잠재적 힘의 불균형이 존재할 수 있다. 따라서 연구자는 조사대상자를 이용하거나 조종하지 않도록 유의해야 한다. 조사대상자의 응답에 영향을 끼칠 수 있는 유도질문을 피하고 연구자 개인의 느낌을 공유하지 않도록 유의한다. 또한 민감한 정보에 대해서는 공개하지 않도록 해야 하며 연구참여자에게 유해한 정보는 수집하지 않는 것이 좋다. 이를 위해 사전에 준비된 면접 지침을 가지고 여기에서 벗어난 질문을 하지 않도록 주의한다.

(3) 자료분석 단계

자료분석 결과 긍정적인 결과만 공개하지 않도록 하고 상반된 결과가 나올 경우 이를 보고해야 한다. 질적연구자의 경우 '원주민이 되는' 현상을 조심해야 하는데, 연구참여자의 편에 서서 그 관점만을 제시하는 것이 아니라 다양한 관점이 존재하는 경우 이를 보고하여야 한다는 것이다.

또한 조사대상자의 개인정보보호를 위해 필요한 조치를 취해야 한다. 양적조사의 경우 응답자를 식별할 수 없도록 개인정보를 분리하고 별도의 ID를 부여하여 자료를 처리하며 수집된 자료의 안전한 보관 및 접근성에 대한 제한규정 등을 미리 설정해 두는 것이 좋다. 질적조사의 경우에도 연구참여자의 익명성이 보장되도록 유의해야 하며, 이를 위해 가명이나 이니셜을 사용할 수 있다. 참여자의 인적사항이 지나치게 구체적으로 드러나지 않도록 종합적인 프로파일을 만드는 것이 좋다.

(4) 결과 보고 단계

연구자는 조사결과를 정직하게 보고해야 하며, 자료나 분석결과를 조작해서는 안된다. 또한 조사결과를 보고할 때 자기 자신의 이전 연구를 포함하여 다른 연구를 표절하지 않도록 하고, 다른 연구를 인용할 때에는 적절한 출처를 제시하여야 한다. 조사결과를 조금씩 쪼개서 분할 발표하는 것도 연구윤리에 위배된다.

조사결과를 보고할 때 연구참여자에게 해를 끼칠 수 있는 정보는 공개하지 않으며, 개인의 신원이 드러나지 않도록 복합적인 이야기를 활용하는 것이 좋다. 또한 수집된 연구의 원자료 및 관련한 자료들은 조사대상자 설명문에 제시한 기간 동안 보관하고 이후 안전하게 폐기해야 한다.

3. 기관생명윤리위원회(IRB)

현재 국내의 연구윤리 관련 위원회는 연구의 윤리성을 제고하거나 심의하는 위원회로서 연구윤리진실성위원회, 기관생명윤리위원회, 동물실험윤리위원회로 구분할수 있다. 이중 사회복지조사와 가장 밀접하게 관련되는 위원회는 기관생명윤리위원회라고 볼 수 있겠다. 인간을 대상으로 하는 연구는 「생명윤리 및 안전에 관한 법률」에 따라 기관생명윤리위원회(Institutional Review Board: IRB)의 심의를 받아야 한다. 이때 「생명윤리법」에 따른 '인간대상연구'란 (1) 사람을 대상으로 물리적으로 개입하는 연구, 즉 물리적 개입을 통해 조사대상자를 직접 조작하거나 환경을 조작하여 얻은 자료를 이용하는 연구, (2) 의사소통, 대인접촉 등의 상호작용을 통하여 수행하는 연구로, 조사대상자 대면을 통한 설문조사나 행동관찰 등 의사소통이나 대인접촉 등의 상호작용을 통해 얻은 자료를 이용하는 연구, (3) 개인을 식별할 수 있는 정보를 이용하는 연구, 즉 조사대상자를 직간접적으로 식별할 수 있는 정보를 포함하고 있는 정보를 이용하는 연구 모두가 해당된다.

IRB는 연구자가 속한 기관에 설립되며, 자료수집이 이루어지기 전에 수집할 자료의 종류와 절차 등을 검토하여 연구참여자를 보호하기 위한 윤리규정이 제대로 준수되고 있는지의 여부 등을 심의하도록 되어 있다. 사회복지조사는 양적조사든 질적조사든 사람에게서 자료를 수집하는 경우가 대부분이어서 대체로 인간대상연구에 해당한다. 따라서 사회복지조사를 수행하는 연구자는 본인이 소속된 기관의 IRB 심의를 받아야 한다. 만약 연구자가 소속된 기관에 IRB가 설치되지 않은 경우, 보건복지부장관이 지정한 공용 IRB의 심의를 받을 수 있다(IRB 정보포털 참조). 오늘날 대부분의 학술지에서 인간대상연구를 출간하고자 할 때 IRB 심의를 거쳤는지를 확인하는 추세이다.

IRB가 심의하는 사항은 다음과 같다. (1) 연구 시작 전에 연구자가 작성한 연구계획서의 윤리적·과학적 타당성을 심의하되, 과학적 타당성도 조사대상자의 보호와 관련된 윤리적 측면에 중점을 두고 심사한다. (2) 조사대상자로부터 적법한 절차에 따라 동의를 받았는지 여부를 심의한다(동의서 양식이 적절한지, 다른 설명문 등을 통해 조사대상자에게 충분한 설명이 이루어질 수 있는지, 대상자 모집과정에서 과도한 대가를 지불하거나 조사참여로 부당한 위험이 초래되는 조사대상자를 참여시키도록 계획되지 않았는지, 위력이나 권위로 피험자를 모집하는지 등). (3) 조사대상자의 안전에 대한 사항을 심의한다(위기 및 돌발 상황 발생 시 대처계획 수립 여부 등). (4) 조사대상자의 개인정보보호 대책(익명화, 암호화 등 개인정보 보호 대책 수립여부, 연구종료 후 개인정보 처리 방안 등) 등을 심의한다.

연구자는 조사를 설계할 때부터 지나치다 싶을 정도로 세심하게 주의를 기울여야 하고, 정규심의든 신속심의든 심의면제든 간에 IRB의 심의를 받을 것을 전제로 조사를 준비해야 한다. 또한 심의면제를 받더라도, 연구자는 조사의 핵심적 윤리를 잊지 말아야 한다. 즉, 조사참여자에게 조사에 대해 상세히 설명하고 자발적으로 참여를 결정할 수 있도록 해야 한다.

IRB의 심의를 위해 준비하는 서류에는 연구계획서, 조사대상으로부터 얻으려고 하는 정보의 목록(설문지 등), 연구책임자의 생명윤리준수서약서 외에 조사대상자 설명문과 참여동의서, 조사대상자 모집 문건(직접 조사대상자를 모집하는 연구의 경우)이 있고, 실험 절차가 포함된 조사의 경우 그에 따른 심의를 위한 서류도 제출되어야 한다. 단, 심의면제를 신청하는 경우에는 연구계획서와 면제 요건을 확인하는 서류만 제출하면 된다.

1) 연구계획서

연구계획서에는 연구의 배경과 목적, 필요성 등을 기존 연구들과 관련하여 상세히 기술한다. 왜 이 주제에 관심을 가지고 조사를 하려고 하는지, 이러한 조사가 가져다 줄 수 있는 이득(개인적 이들이 아니더라도 사회적·학문적 유용성을 설명)을 설명함으로써 조사의 필요성에 대해 피력할 수 있다. 그리고 조사가 학위논문을 위해 진행되는 것이라면 그에 대해 미리 밝혀야 한다. 조사에 참여하는 연구진이 여러 명일 경우 각 연구자의 소속을 밝히고, 연구 수행기관을 기술하며, 연구비 지원을 받는 경우 지원기관도 명시한다.

IRB 심의를 위해 제출되는 연구계획서에는 특히 조사대상자와 관련된 세부적 사항들이 구체적으로 기술되어야 한다. 조사대상자 선정 및 제외 기준에 대해 설명하고 그 이유의 정당성에 대해서 기술한다(이러한 선정 및 제외기준은 조사대상자 설명문, 동의서, 모집 문건에도 동일하게 기술되어야 한다). 조사대상자를 직접 모집하는 경우 예상 조사대상자 수와 산출 근거, 모집 절차와 방법, 조사참여자에게 동의를 획득하는 방법과 절차 등을 설명하고, 동의 철회 및 중도탈락의 처리, 조사대상자의 위험과 이익, 조사참여에 대한 보상과 지급기준, 그리고 조사대상자의 안전을 보장하기 위한 대책과 개인정보 보호 대책을 기술해야 한다.

2) 연구대상자용 설명문과 연구참여동의서

IRB에서 연구자에게 제출을 요구하는 핵심적인 서류가 연구참여동의서이다. 「뉘른베르크 강령」과 「벨몬트 보고서」에도 제시되었듯이, 인간대상연구 윤리 중 핵심적인 원칙은 어떠한 형태의 압력도 없는 상태에서 조사대상자가 자발적으로 참여하는 것이기 때문이다. 이때 조사대상자가 조사참여에 동의하기 위해서는 고지된 동의의 원리에 입각하여 반드시 조사내용을 충분히 이해할 수 있도록 설명을 제공해야 한다. 연구참여동의서의 역할은 조사참여를 고려하는 사람에게 조사내용을 상세히 설명하고 자발적 참여의사를 확인하는 것이다. 따라서 조사대상자에게 조사를 설명하는 연구설명문의 역할은 매우 중요하다. 조사대상자용 설명문에 포함되어야 할 내용으로 권고되는 것은 다음과 같다.

(1) 조사의 배경과 목적

연구계획서에 기술되었던 조사의 배경과 목적을 조사대상자가 이해할 수 있도록 좀 더 쉽게 설명한다. 연구자는 참여를 요청하는 조사에 대해 간단하고 알기 쉬운 용어로 소개해야 한다. 특히 문해력이 낮은 집단을 대상으로 수행되는 연구의 경우 조사참여자가 조사에 대한 내용을 충분히 이해할 수 있도록 용어 사용에 주의하여야 한다.

(2) 참여 대상과 기간

조사참여대상의 특성과 선정기준, 그리고 전체 조사에서 대략 몇 명을 포함하고자 하는지, 조사기간과 조사방법도 설명한다. 조사방법에서 특히 조사참여자에게 어떠한 것들이 요구될 것인지(예: 설문조사를 하는가, 면접을 몇 회 실시하는가 등)를 미리 알 수 있도록 구체적으로 설명하고 어느 정도의 시간이 소요되는지도 기술한다.

(3) 참여로 인해 발생할 수 있는 위험이나 불편, 예상되는 이득 및 보상

사회복지조사에서는 의약학 실험에서와 같은 침습적인 조작을 가하지 않는 경우가 많기 때문에 조사참여로 인해 발생할 수 있는 위험의 정도가 대체로 높지 않은 편이다. 그러나 연구주제에 따라 조사참여자의 고통스러운 경험을 상기시키거나 심리적 불안을 높일 수 있는 위험의 가능성을 고려해야 한다. 연구자는 조사과정에서 불편함을 느낄 수 있음을 알리고, 이러한 경우가 발생하는 것을 최소화하기 위해 노력할 것임을 명확히 해야 한다. 또한 조사참여자의 불편이 큰 경우 조사참여의 중지를 포함하여 대응조치를 마련하고 이에 대해 조사참여자에게도 알려 주어야 한다.

조사참여로 예상되는 이득에 대해서도 기술하는데, 만약 조사대상자에게 이득이 없다면 이를 명시한다. 사회과학조사들은 조사참여로 인한 직접적 이득이 없을 때가 많으므로 이를 기술하고, 조사참여를 통해 '연구주제에 대한 이해를 증진하고 개선 방안을 마련하는 데에 도움이 될 것'이라는 등의 일반적인 사회적 이득을 덧붙여 설명함으로써 조사참여의 필요성을 설득하기도 한다.

조사참여에 동의를 하면 많은 경우 소정의 보상을 제공하는데, 이때 어느 정도의 금액에 상당하는 보상인지를 설명하고, 언제, 어떤 요건을 충족하였을 때 지급되는지를 설명한다. 조사에 끝까지 참여했을 때에만 보상금을 지급한다고 하는 것은 일반적으로 바람직하지 않다고 보는데, 조사참여자가 중도에 조사참여를 중단하고 싶을 때 이러한 결정에 걸림돌이 될 수 있기 때문이다. 만약 조사참여로 제공되는 보상이 없다면 이를 명시한다.

(4) 조사대상자의 권리

연구설명문에는 조사대상자가 가지는 권리에 대해 설명해야 한다. 조사대상자의 권리는 크게 자발적 동의에 의한 참여의 권리, 조사참여를 철회할 권리, 그리고 사생활을 보호받을 권리가 있다.

첫째, 조사대상자는 어떠한 외부적 압력 없이 자발적인 의사로 조사에 참여할 수 있도록 보장받아야 한다. 잠재적 조사대상자가 가지는 가장 기본적인 권리는 조사에 참여하지 않을 권리이다. 조사대상자가 조사에 참여하지 않기로 했을 때 그 선택으로 인해 어떤 형태로든 불이익이 주어져서는 안 된다. 이를 설명하는 과정에서 연구설명문에서는 "조사에 참여하지 않아도 어떠한 불이익도 없다."는 내용의 문구를 포함한다.

이러한 조사대상자의 권리와 연관되어 주의 깊게 고려해야 하는 점은 위계에 의해 종속적 위치에 놓인 사람을 조사대상자로 하는 경우이다. 위계적 지위로 인해 제도적 취약성을 가지는 이러한 사람들은 조사참여의 결정이 완전히 자발적인 의사에 의한 것이라고 하기 어렵기 때문이다. 예를 들어, 지도교수의 실험조사에서 그 연구실에 속한 대학원생들을 조사대상자로 하는 경우와 같은 것이다.

둘째, 조사대상자는 조사에 참여하기로 결정한 뒤에도 조사진행 과정에서 언제든 참여를 철회할 권리를 지닌다. 조사 참여 자체를 중도에 그만두는 경우 외에, 특정 질문에 대해 응답을 거부할 권리도 있으며, 간혹 이미 면접을 통해 응답한 정보에 대해서도 조사자료에 포함시키지 말 것을 요구하는 경우도 있다. 연구자는 조사대상자가 조사를 도중에 철회하는 경우 그때까지 수집된 자료를 어떻게 처리할 것인지도 알려 주어야 한다.

셋째, 조사대상자는 사생활과 익명성을 보호받을 권리가 있다. 양적연구에서는 주로 개인정보의 보호에 대한 내용이 많이 포함되는데, 수집되는 개인정보의 항목과 보유기간, 보관 장소 및 방법, 그리고 연구종료 후 자료의 파기 시점과 방법 등을 설명하여야 한다. 질적연구에서도 개인정보 보호에 대해서 마찬가지의 원칙이 적용되며, 이에 더하여 연구참여자와의 신뢰 형성에 기반한 민감하고 심층적인 정보가 훨씬 더 많이 수집되기 때문에 특히 자료를 분석하고 결과를 보고하는 과정에서 연구참여자의 신분이 드러나지 않도록 노력해야 하고, 그 구체적인 방법을 설명해야 한다. 예를 들어, 실명 대신에 이니셜만 사용하는 방법을 들 수 있다.

(5) 연구자 연락처 및 연구참여동의서 사본 제공

조사대상자에게 이와 같은 조사관련 설명을 마치고 난 후, 조사에 대한 질문이 생기거나 조사 도중에 문제가 생길 경우에 연락할 수 있는 연구진 연락처를 제공하며, 연구자가 속한 기관의 IRB의 연락처도 제공해 주어야 한다.

조사에 대한 모든 설명을 마치고 조사대상자의 질문에 답한 후에 연구참여동의서에 서면동의를 받고 한 부씩 나누어 가진다. 연구참여동의서에는 조사에 대한 설명의 각 항목을 이해했고 동의함을 확인하는 내용이 기술되며 조사대상자와 동의를 취득하는 연구진이 서명하도록 되어 있다. 이때 아동 대상 조사에서는 법정대리인의 서명도 함께 취득하도록 되어 있다.

3) 취약한 연구대상자에 대한 고려

「생명윤리법」에 따르면 취약한 환경에 있는 개인이나 집단은 특별히 보호해야 하며, IRB의 심의를 면제할 수 있는 인간대상연구라 하더라도 '취약한 연구대상자'를 대상으로 수행하는 조사는 심의를 받게 되어 있다. 취약한 연구대상자란 조사대상자의 고유한 특성이나 심리적·물리적 상황, 그리고 해당 연구의 연구자와의 관계 등으로 인해 자발적 연구참여 결정에 부당한 영향을 받을 가능성이 높은 사람을 말한다.

「의약품 등의 안전에 관한 규칙」에 의해 규정된 취약한 연구대상자에는, 참여를 거부할 경우 조직위계상 상급자로부터 받게 될 불이익에 대한 우려가 자발적인 참여 결정에 영향을 줄 가능성이 있는 대상자(의약학, 간호학 관련 대학의 학생, 의료기관이나 연구소 근무자, 제약회사 직원, 군인 등), 불치병에 걸린 사람, 집단시설에 수용되어 있는 사람, 실업자, 빈곤자, 응급 상황에 처한 환자, 소수인종, 부랑인, 노숙자, 난민, 미성년자 및 자유의사에 따른 동의를 할 수 없는 대상자가 포함된다. 일반적으로 취약한 조사대상으로는 아동, 수감자, 임산부, 정신장애인, 경제적·교육적 약자 등이 해당되는데, 사회적 속성에 따라 취약한 조사대상자로 분류할 경우 이들의 절대적 취약성에 대하여 의문이 제기될 수 있어, 조사의 맥락과 조사대상자의 상황에 따라 취약성 여부를 판단하게 된다. 연구자는 취약한 조사대상자가 조사에 참여 시 대상자에게 이익이 있는지, 조사참여의 자율성이 확보되었는지, 예상되는 위험을 최소화할 수 있는지 등을 더욱 세심하게 고려하여 조사를 설계해야 한다.

사회복지조사의 경우 클라이언트가 대체로 사회적 취약집단에 속하는 경우가 많아서 취약한 조사대상자를 포함하는 경우가 많다. 따라서 사회복지연구자는 취약한 조사대상자에 대한 보호 및 특별한 고려에 더욱더 주의를 기울여야 한다. 이미 사회적으로 과중한 부담에 노출되어 있는 취약한 조사대상자를 가장 잘 보호할 수 있는 방법은 자신에게 불필요하고 직접적 이득이 없으며 자발적으로 참여 여부를 결정하기 어려운 연구에 이들을 참여시키지 않는 것이다. 그러나 불가피하게 이들 집단을 대상으로 조사를 수행한다면 그 이유가 적절해야 하며, 취약한 조사대상자 선정 및 제외 기준이 정당한지 심의를 받아야 한다. 취약한 조사대상자가 포함되는 연구가 정당화되는 경우는 덜 취약한 집단을 대상으로 해서는 연구가 제대로 수행되기 어려울 경우, 취약한 집단이 지니고 있는 고유의 문제점을 해결할 수 있는 지식을 얻을 목적으로 연구가 기획되었을 경우, 그리고 조사대상자 및 그가 속한 취약한 집단이 조사의 결과를 통해 이득을 얻을 수 있을 경우이다.

(1) 아동을 대상으로 하는 조사

18세 미만의 아동을 대상으로 조사를 수행하기 전에 연구자가 검토해 보아야 하는 점은, 성인 대상으로는 조사가 그 목적을 달성할 수 없는지, 조사의 목적이 아동의 건강과 삶의 질 향상에 관련된 지식을 획득하는 데 있는지를 잘 살펴보고 이를 IRB에 소명할 수 있어야 한다. 조사대상자가 법적으로 스스로 연구참여 동의를 결정할 수 있는 나이가 아니므로 연구자는 아동의 승낙을 얻기 전에 아동의 부모나 법정대리인에게 조사참여에 대한 동의를 서면으로 받아야 한다. 특히 조사참여에 대한 위험수준이 '최소 이상'이거나 조사참여로 인한 직접적 이득이 거의 없는 경우 반드시 부모 혹은 법정대리인의 승인이 필요하다.

부모나 법정대리인으로부터 아동의 조사참여에 대한 동의를 얻은 다음에, 연구자는 아동의 승낙을 받아야 한다. 승낙(assent)이란 아동이 조사참여를 적극적으로 승낙함을 의미하며, 아동이 반대하지 않았다는 것만으로 조사참여를 허락한 것으로 해석해서는 안 된다. 즉, 아동에게 연구자가 조사에 대해 충분히 설명을 한 뒤 아동이 적극적으로 동의해야 조사를 진행할 수 있다는 것이다. 이를 위해 아동의 연령과 발달수준에 맞도록 쉽게 설명한 아동용 연구설명문과 참여동의서를 별도로 준비하는 것이 좋다.

부모나 법정대리인의 연구참여 동의와 별개로, 아동이 이들의 영향으로부터 독립적으로 조사에 대한 설명을 듣고 자발적으로 참여를 결정할 수 있도록 해야 한다. 비록 부모나 법정대리인이 아동의 조사참여에 동의했다 하더라도 아동이 참여를 승낙하지 않으면 조사를 진행해서는 안 된다.

(2) 동의능력이 제한된 성인 조사대상자에 대한 고려

성인이라 하더라도 다양한 정신적·신체적 질환이나 장애 등으로 인해 동의능력이 제한될 수 있다. 이러한 사람을 조사대상으로 하는 것이 정당화되는 경우는, 동의능력이 제한되지 않은 사람을 대상으로 하면 조사가 그 목적을 달성하기 어렵고, 조사를 통해 동의능력이 제한된 사람들의 건강과 삶의 질 향상을 위한 일반적 지식을 얻을 수 있다고 판단되는 경우이다.

연구자는 조사대상자로부터 직접 동의를 받을지 아니면 가족이나 법정대리인으로부터 대리 동의를 받을지를 결정하기 전에 조사대상자의 동의능력을 평가할 필요가 있다. 이러한 능력의 평가는 조사대상자의 주치의가 하는 것이 좋다. 조사대상자의 동의능력이 제한적이라고 평가될 경우 조사대상자의 승낙과 더불어 대리동의를 취득하여야 한다. 대리동의를 취득했다 하더라도 조사대상자의 거부의사가 분명하다면 그 의사를 존중해야 한다.

이상에서 살펴본 바와 같이 IRB 심의를 받기 위해서 연구자는 조사대상자의 다양한 권리 보호에 대해 고민해야 한다. 연구윤리가 강화됨에 따라 연구자가 조사를 수행하는 데 있어 조사대상자를 확보하는 것이 더욱더 까다롭고 어려워짐을 알 수 있다. 조사참여는 조사대상자의 시간과 심적 에너지를 요하는 과정이기 때문에 특히 취약한 조사대상자의 권리를 보호하기 위해서는 사회복지조사의 필요성과 이들이 참여해서 얻을 수 있는 이득에 대한 충분한 근거가 있는 연구를 수행해야 하는 연구자의 책임이 더욱 커지고 있다.

요약

1. 사회복지연구자의 윤리적 책임은 협의와 광의로 나뉜다.

2. 연구자는 자신의 연구가 가져올 수 있는 장기적·사회적 영향력에 대한 사회적 책임을 가진다.

3. 사회복지학의 응용학문적 성격으로 인해 사회복지조사의 목적이나 결과는 사회적·정치적으로 중요한 의미를 가지므로 연구자는 이를 고려해야 한다.

4. 사회복지조사를 수행할 때 사회의 소수집단이 가지는 문화적 요인으로 인해 조사결과가 왜곡되게 나타나지 않도록 주의해야 한다.

5. 연구윤리 지침의 발달은 주로 조사대상자의 보호와 관련된다.

6. 사회복지조사과정의 각 단계별로 윤리적인 의사결정이 이루어지도록 해야 한다.

7. IRB 심의를 위해서 연구계획서, 연구설명문, 연구참여동의서가 준비되어야 한다.

8. 취약한 연구대상자는 보다 신중한 고려가 필요하며, 덜 취약한 집단을 대상으로 수행할 수 없는 때에 한하여, 그리고 조사의 결과를 통해 이득을 예상할 수 있을 때 조사를 수행하도록 한다.

토의 주제

1. 사회복지연구자의 사회적 책임에 대해서 논의해 보자.

2. 사회복지조사에서 문화적 역량을 갖추지 못했을 때 발생할 수 있는 문제점은 무엇이 있을지 토의해 보자.

3. 사회복지시설 거주자를 대상으로 조사를 수행하는 경우, 이들의 취약성을 고려하여 어떻게 대응해야 할지 논의해 보자.

4. 가상의 연구주제를 정하고 조사대상자에게 제공되는 연구설명문을 함께 작성해 보자.

참고문헌

김도우(2015). 연구수행 및 발표 과정에서의 연구윤리 준수방안. 한국공안행정학회보, 24(1), 10-41.

김문근(2018). 사회복지분야 연구참여자보호 강화방안에 관한 고찰. 비판사회정책, 60, 47-90.

김은애(2015). 생명윤리 및 안전에 관한 법률에 따른 조사에 대한 기관생명윤리위원회(IRB)의 심의면제 근거규정에 대한 고찰. 한양법학, 26(2), 43-73.

기관생명윤리위원회 정보포털. https://irb.or.kr

보건복지부 지정 공용기관생명윤리위원회(2019). 취약한 연구대상자 보호지침. 국가생명윤리정책원 발간자료.

세계의사회(2014). 세계의사회 헬싱키 선언: 인간대상 의학연구 윤리원칙. *Journal of Korean Medical Association*, 57(11), 899-902.

식품의약품안전처(리플렛). 임상시험대상자 권리 및 보호. (2024. 03. 25. 인터넷에서 추출) https://www.mfds.go.kr/brd/m_228/down.do?brd_id=data0019&seq=31482&data_tp=A&file_seq=1

윤인진, 송영호(2018). 사회적 약자와 소수자의 사회정의와 인권에 대한 한국인의 인식. 한국사회, 19(1), 95-131.

이인재(2015). 연구윤리의 이해와 실천. 동문사.

조백현(2014). 뉘른베르크 강령: 생명의학, 국가 그리고 사회적 이념. 의철학연구, 17, 3-36.

최경석(2023). 인문사회분야 연구자를 위한 IRB 연구윤리 가이드라인 개발연구. 한국연구재단.

한국연구재단(2023). 인문사회분야 연구자를 위한 IRB 연구윤리 가이드라인.

한국연구재단(2023). CRE 연구윤리 정보포털.

홍석영(2009). 지식인 개념으로 본 연구윤리: 황우석 사태를 중심으로. 윤리교육연구, 20, 237-256.

Creswell, J. W., & Creswell, J. D. (2022). *Research Design: Qualitative, Quantitative, and Mixed Methods Approaches* (5th ed.). 정종진, 김영숙, 류성림, 박판우, 성용구, 성장환, 유승희, 임남숙, 임청환, 장윤선, 허재복 역. 연구방법: 질적, 양적 및 혼합적 연구의 설계(5판). 시그마프레스. (원저는 2018년에 출판)

Creswell, J. (2016). *Qualitative Inquiry and Research Design: Choosing among Five Approaches.* 고홍식, 정선욱, 김진숙, 권지성 역. 질적연구방법론: 5가지 접근. 조홍식, 정선욱, 김진숙, 권지성 역. 학지사. (원저는 2013년에 출판)

Grinnell, R. M., & Unrau, Y. A. (2011). *Social Work Research and Evaluation: Foundations of evidence-based practice* (9th ed.). Oxford University Press.

Hugman, R. (2010). Social work research and ethics. In I. Shaw, K. Briar-Lawon, J. Orme, & R. Ruchdeschel (Eds.), *The SAGE Handbook of Social Work Research* (pp.149-163).

Krysik, J. L., & Finn, J. (2010). *Research for Effective Social Work Practice*. Routledge.

Rubin, A., & Babbie, E. (2020). *Empowerment Series: Essential Research Methods for Social Work* (4th ed.) 유태균 역. 에센스 사회복지조사방법론(4판). 센게이지러닝. (원저는 2016년에 출판)

Seidman, I. (2022). *Interviewing as Qualitative Research: A Guide for Researchers in Education and the Social Sciences* (5th ed.). 박혜준, 이승연 역. 교육학, 사회과학 분야 연구자들을 위한 질적 연구 방법으로서의 면담(5판). 학지사. (원저는 2019년에 출판)

Soydan, H. (2010). Politics and values in social work research. In I. Shaw, K. Briar-Lawon, J. Orme, & R. Ruchdeschel (Eds.), *The SAGE Handbook of Social Work Research* (pp.131-148). Sage.

Young, I. (1990). *Justice and the Politics of Difference*. Princeton University Press.

제3장

사회복지조사의 과정과 윤리

- 단계별 사회복지조사과정을 살펴본다.
- 조사주제, 조사질문, 조사가설 사이의 관계를 이해한다.
- 문헌고찰의 중요성과 문헌고찰 시 유의해야 할 사항을 학습한다.
- 가설유형과 좋은 가설의 특징을 이해한다.
- 조사설계의 개념을 이해한다.
- 다양한 자료수집방법과 분석방법을 살펴본다.
- 한국사회복지사 윤리강령의 연구윤리 조항을 살펴본다.
- 사회복지조사과정에서 조사자가 유의해야 하는 잠재적 윤리문제를 이해한다.

사회복지현상을 이해하고 설명하고 탐색하고 예측하기 위해 조사자는 조사연구를 수행하게 되는데, 이를 사회복지조사라고 한다. 사회복지조사는 체계적인 절차에 따라 과학적 방법을 통해 이루어지기 때문에 절차별 내용을 이해하는 것이 중요하다. 사회복지조사과정은 절차별 명칭과 절차 수가 4단계, 5단계, 6단계, 7단계 등으로 학자마다 다를 수 있지만, 그 안에 담고 있는 내용은 유사하다. 이 장에서는 사회복지조사과정을 7단계로 구분하여 사회복지조사과정에 대해 상세히 살펴보고자 한다. 7단계는 조사주제 선정 및 조사질문 설정 단계, 문헌고찰 단계, 가설설정 단계, 조사설계 단계, 자료수집 단계, 자료 분석 및 해석 단계, 조사보고서 작성 단계로 구성된다. 어떤 조사를 수행하든 잠재적 윤리문제들이 발생할 수 있다. 따라서 조사자는 조사과정에서 야기될 수 있는 윤리적 문제를 예측하고 예방할 수 있도록 해야 한다.

1. 사회복지조사의 과정

사회복지조사는 사회복지 현상에 대해 객관적으로 또는 주관적으로 이해하거나, 현상과 그 현상에 영향을 미치는 영향요인 사이의 인과관계를 설명하거나, 또는 어떤 현상에 대한 이론을 바탕으로 다른 현상을 예측함으로써 문제해결 또는 더 나은 상태로 발전하기 위한 방안을 제시하기 위해 일반화(논리적 타당성)와 관찰(경험적 증명)이라는 과학적 방법을 동원하는 활동의 틀과 그 과정을 의미한다(최성재, 2008).

조금 더 풀어서 설명하면, 조사자가 사회복지 대상자에 대한 객관적인 정보를 얻거나 욕구를 파악하거나 사회복지서비스에 대한 인식을 파악하고자 할 때, 또는 사회복지현상이 왜 발생하는지 요인들 사이의 관계를 실증적으로 검증하고자 할 때 등 다양한 경우에서 사회복지조사가 수행된다(원석조, 2019).

사회복지조사과정은 4단계(문제제기 → 조사설계 → 자료 수집 및 분석 → 조사보고서 작성), 5단계(문제제기 → 조사설계 → 자료수집 → 자료분석 → 조사보고서 작성), 6단계(조사문제 형성 → 가설형성 → 조사설계 → 자료수집 → 자료 분석 및 해석 → 조사보고서 작성), 7단계(조사주제 선정 및 조사문제 설정 → 문헌고찰 → 가설설정 → 조사설계 → 자료수집 → 자료 분석 및 해석 → 조사보고서 작성, 또는 연구문제의 선정 → 이론적 틀 → 가설설정 → 연구의 구체적 설계 → 표집, 자료수집, 조사실행 → 자료 처리와 분석 → 조사보고서 작성) 등 학자에 따라 여러 단계로 소개되고 있다. 하지만 그 내용을 보면 모두 대동소이함을 알 수 있다.

사회복지조사과정 7단계

따라서 여기에서는 사회복지조사과정을 상세히 이해할 수 있도록 7단계([그림 3-1] 참조), 즉 조사주제 선정 및 조사질문 설정 → 문헌고찰 → 가설설정 → 조사설계 → 자료수집 → 자료 분석 및 해석 → 조사보고서 작성으로 조사과정을 구분하여 설명하고자 한다.

1) 조사주제 선정 및 조사질문 설정

조사과정의 첫 번째 단계인 조사주제 선정과 조사질문 설정에서는 조사의 초점과 조사목적이 뚜렷하게 드러나는 것이 핵심이다. 이를 위해 관련 이론이나 기존 연구의 결과와 같은 배경지식이나 통계수치, 기사, 현장전문가와의 면담 등과 같은 관련 자료를 근거로 활용하여 제시한다.

(1) 조사주제 선정

조사주제 선정 부분은 문제제기라고도 불린다. 말 그대로 조사자가 조사를 통해 알아내고자 하는 문제 또는 주제에 대해 서술한다. '무엇을' 조사하겠다는 것인지, 그것을 조사하는 것이 '왜' 필요한지 혹은 '왜' 중요한지가 주된 내용이다.

조사주제는 몇 가지 특징을 가지는데, 먼저 조사주제는 창의적이고 독창적이어야 한다. 즉, 아직 알려지지 않은 사실이나 요인들 간의 관계가 될 수도 있고, 조사자에게 문득 떠오른 생각일 수도 있다. 조사자가 기존 문헌들을 검토하다가 또는 다른 연구자, 현장전문가 또는 잠재적 조사대상자들과의 대화 속에서 새롭게 발견될 수 있는 것이다. 시의성이 있는 주제를 선정하게 되면 그 의의가 더 커지며 뒤에서 조사에 대한 실천적·제도적·정책적 함의와 연결되는 데 더 유용하다. 조사주제는 조사를 통해 과학적으로 검증되어야 하므로 최대한 구체적일수록 좋고 실현가능해야 한다. 구체성과 실현가능성은 조사설계(조사과정 4단계)에 영향을 미치며 명확한 결론이 도출될 수 있도록 하기 때문이다. 예를 들어, 가치관(예: 무소유의 필요성)이나 철학적 문제(예: 존재의 이유) 등은 과학적 검증이 불가능하므로 조사주제로 적절하지 않다.

또한 특정 조사주제를 선정한 이유와 배경을 객관적 근거를 통해 설득력 있게 기술해야 한다. 즉, 조사주제를 연구하게 된 배경, 왜 조사되어야 하는지에 대한 필요성, 조사의 의의와 목적을 서술해야 하며, 그 근거는 문헌고찰(조사과정 2단계)을 통해 이루어진다. 조사주제가 선정되면 조사목적을 고려해 본다.

(2) 조사질문 설정

조사주제가 정해졌다면 그다음으로는 조사질문을 설정해야 한다. 조사주제와 조사질문은 엄연히 다른데, 아무리 구체적인 조사주제를 정했다고 하더라도 조사주제는 조사질문보다 광범위하며 질문 형태가 아니기 때문이다. 조사질문은 구체적인 질문 형식으로 기술된다. 예를 들어, "고령장애인의 만성질환과 사회참여의 관계에서 사회적 지지의 역할"은 조사주제이며, 이를 조사질문으로 바꾸면 "고령장애인의 만성질환이 사회참여에 미치는 영향을 사회적 지지가 조절하는가?"가 된다.

루빈과 바비(Rubin & Babbie, 2008)는 좋은 조사질문의 특징을 다음과 같이 정리하고 있다.

- 조사질문은 좁고 구체적이어야 한다.
- 조사질문은 관찰가능한 증거로 해답을 얻을 수 있도록 제시해야 한다.
- 조사질문에 대한 답이 잠재적으로 사회복지정책이나 사회복지실천의 방향을 제시하는 것과 관련이 있는 것이어야 한다. 즉, 조사질문은 "그래서 뭐 어떻게 되는데(so what)?"라는 질문에 분명히 답할 수 있어야 한다.
- 조사질문은 실행가능해야 한다. 조사자는 조사의 범위, 조사에 필요한 시간, 재

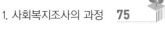

정비용, 윤리적 고려, 타인 또는 타 기관의 협력 필요 정도 및 협력 가능성 등을
고려해서 조사질문을 설정해야 한다.

2) 문헌고찰

(1) 문헌고찰의 정의

문헌고찰은 문헌검토, 문헌연구, 이론적 배경 등의 용어로 혼용되는 사회복지조사
과정의 두 번째 단계이다. 문헌고찰이란 말 그대로 문헌을 고찰하는 것인데, 조사자
가 자신이 설정한 조사주제에 대한 정당성을 확보하고 필요성에 대한 설득력을 강화
하기 위해 이를 뒷받침할 수 있는 조사주제와 관련한 책이나 논문 등을 통해 관련 이
론이나 선행연구들을 읽고 비판적으로 분석하고 종합해서 제시하는 일련의 과정이
다. 문헌고찰은 일반적으로 조사 초기에 많은 비중을 차지하지만, 조사를 진행하다
보면 새로운 이슈들(예: 조사방법 변경, 예측한 조사결과와 상반된 결과 도출, 조사결과에
대한 시사점 도출 등)이 끊임없이 나타날 수 있기 때문에 조사가 종료되기 전까지 조
사 전 과정에 걸쳐 진행되는 작업이라고 이해하는 것이 더 정확하다(강종수, 2017).

문헌고찰 과정에서 조사자는 조사주제와 관련한 관점(perspective), 이론(theory),
선행연구들을 '고찰'하여 해당 조사주제와 관련하여 지금까지 밝혀진 내용은 어디까
지인지, 학자들은 어떤 다양한 관점을 가졌는지, 기존 연구들의 의의는 무엇인지, 기
존 연구들에서 밝히지 못한 한계는 무엇인지, 어떤 조사설계가 주로 활용되었는지,
주된 분석방법은 무엇인지 등을 확인한다. 이러한 이론적 내용을 기반으로 조사자
는 자신의 조사가 기존 연구들과 어떤 차이가 있는지, 기존 연구들이 넘지 못한 한계
를 어떻게 채워 넣을 수 있는지, 여전히 자신의 조사가 필요하고 중요한지를 설득력
있게 기술할 수 있게 된다. 조사(연구)라는 것은 물론 자신의 연구가 시초가 되는 연
구도 있지만, 대부분 과거부터 차곡차곡 쌓여 온 연구들 위에 벽돌 하나를 더 얹어
대를 잇는 작업이기 때문이다.

(2) 문헌고찰의 필요성

충실한 문헌고찰은 조사자에게 조사를 끝까지 완수해 나갈 힘을 준다. 즉, 조사자에게 의미가 있으면서도 실현가능한 조사주제를 선택할 수 있는 판단력을 제공하고, 조사질문을 구체화할 수 있도록 하며, 조사질문을 해결하기 위한 효과적이고 효율적인 조사설계 방안을 제시하거나 또는 전혀 새로운 접근방법에 대한 아이디어를 제공하기도 한다. 그뿐만 아니라 기존 연구들이 진행되는 과정에서 발생한 한계들을 이미 명시하고 있기 때문에 조사자는 조사과정에서 경험할 시행착오를 예측하고 피할 방안도 모색할 수 있다.

(3) 문헌고찰에서 유의할 점

문헌고찰 과정은 아주 지난한 과정이다. 문헌고찰에는 많은 시간이 소요되기 때문이다. 하지만 시간을 투입하는 과정에서 중요하게 알아야 하는 것은 문헌고찰은 조사주제와 밀접하게 혹은 직접적으로 관련 있는 문헌들로만 국한해야 한다는 것이다. 관련 문헌들로만 제한한다고 하더라도 조사자가 검토해야 하는 사항들이 방대하기 때문에 소요되는 시간이 적지 않다. 문헌연구의 검토기준은 다음 내용과 같다 (강종수, 2017: 92).

- 개념적인 틀과 관련된 항목: 문제의 진술이나 개념정의, 문헌검토 등
- 방법에 관련된 항목: 자료수집 방법, 측정과 척도, 통제, 일반화 등
- 결론에 관련된 항목: 요약의 공정성, 해석, 추론 등

선행연구들로부터 이러한 내용을 분석·정리하여 자신의 조사와의 논리적 연계성을 체계적으로 기술해야 한다. 학부생과 같은 초보연구자들은 문헌고찰 부분을 작성할 때 이론의 개념을 거의 그대로 가져오거나 기존 연구들의 연구결과를 나열식 혹은 병렬식으로 기술하는 경우가 많은데, '비판적으로 분석하고 해석하여 종합 정리'할 수 있도록 노력해야 한다. 문헌검토를 하는 방식은 사람마다 다르기 때문에 일정한 형식이 없다. 다만, 처음 문헌검토를 하는 초보연구자를 위해 한 가지 유용한 팁을 제시해

보면 엑셀파일을 활용하는 것이다. 예를 들어, 『문헌연구 검토기준』(강종수, 2017)에서 제시된 항목들(70쪽 참조)을 엑셀파일의 가로축에 놓고, 세로축에는 조사자가 찾은 이론과 선행연구들을 나열을 하면서 읽은 내용을 핵심내용을 중심으로 정리하는 것이다. 그렇게 일목요연하게 정리된 엑셀 표는 조사자가 한눈에 자신이 읽은 내용을 파악할 수 있도록 하여 자신의 조사주제와 관련하여 비판적 고찰을 하는 데 유용하다.

문헌고찰을 하면서 자신의 조사주제를 지지해 주는 이론이나 논문을 발견할 수도 있고, 반대로 자신이 예측하는 조사결과와 상반된 결과를 제시하는 이론이나 논문을 확인할 수도 있으며, 자신의 조사주제와 관련된 이론이나 논문이 없는 것을 확인하기도 한다. 두 번째 상황처럼 상반된 결과를 제시하는 문헌을 발견하게 된다면 간과하거나 무시하지 말고 자신의 조사주제와 이 문헌들을 더욱 비판적으로 검토해야 한다. 그리고 세 번째 상황처럼 선행연구가 없는 경우에는 자신의 조사주제가 너무 협소하여 조사결과가 자명한 것이기 때문은 아닌지, 조사주제가 연구로서 가치가 있는 것이 맞는지 등 다각도로 고민을 해 볼 필요가 있다. 물론 독창적이고 참신한 주제여서일수도 있지만, 관련 이론이나 선행연구가 없는 경우 자신의 조사주제에 대한 정당성, 설득력, 필요성을 주장하는 것에 한계가 생길 수도 있으며, 이후에 조사결과에 대한 논의, 해석, 함의를 제시할 때에도 어려움을 경험할 수 있다.

마지막으로, 문헌고찰은 최대한 최신문헌을 활용하도록 하고 국내 문헌뿐 아니라 국외 문헌도 검토하여 조사주제에 대한 종합적인 사고를 할 수 있도록 하는 것이 좋다. 문헌고찰 부분은 일반적으로 과거형으로 서술된다.

3) 가설설정

(1) 가설의 정의

가설은 조사질문에 대한 가정적 결론이다. 문헌검토를 통해 조사질문도 결정하지만 조사자가 예측하는 가정적 결론도 잠정적으로 결정하게 된다. 따라서 가설은 조사질문에 대한 답을 구하기 위해 의문형식의 조사질문을 '~할 것이다' 식의 가정법 형태로 재기술한 문장이라고 볼 수 있다.

가설은 모든 조사에서 필요한 것은 아니다. 조사를 양적조사와 질적조사로 대분한다고 했을 때, 양적조사는 다시 탐색적 조사, 기술적 조사, 설명적 조사로 세분화된다. 탐색적 조사는 지식이 거의 축적되어 있지 않은 미개척 분야에 기초적인 지식을 제공하기 위한 것(예: 여성 성소수자의 삶은 어떻게 전개되고 있는가?)이고, 기술적 조사는 현상의 실태를 그대로 묘사하기 위한 것(예: 쪽방촌에 거주하는 노인의 생활실태는 어떠한가?)이기 때문에 가설설정이 불필요하거나 설정이 불가할 수 있다. 반면, 설명적 조사는 현상, 개념, 요인들 사이의 인과성을 검증하고 이를 토대로 미래 현상을 예측하기 위한 목적을 가진 조사(예: 청소년의 봉사활동과 지역사회에 대한 관심 간에는 어떤 관계가 있는가?)이기 때문에, 가설설정을 하고 이를 검증하여 조사질문을 해결하는 방식으로 진행된다. 따라서 가설설정이 반드시 필요하다. 이때 가설은 검증가능한 형태여야 하고 이론이나 선행연구를 토대로 설정된다. 질적연구에서 수행되는 질적조사의 경우에는 반드시 가설을 설정할 필요는 없고 필요시 가설을 설정할 수는 있지만, 양적조사의 설명적 조사에서처럼 변수들 간의 관계를 명확히 진술한 확정된 가설을 설정하는 경우는 드물며, 질적조사과정에서 가설은 지속적으로 수정되기도 하고 다른 가설로 변경되기도 한다.

조사에서 가설을 설정하는 것은 매우 중요하다. 가설을 설정하는 것은 조사질문에 대한 정확한 해답을 찾기 위해서이다. 조사에 대한 답은 통계적 분석과정을 통해 가설이 참인지 거짓인지 실증적으로 검증됨으로써 획득할 수 있다. 이때 가설은 어떤 변수들의 어떤 관계를 분석해야 하는지를 알려 주고 이렇게 도출된 결과가 조사질문에 대한 답이 되기 때문이다. 이렇게 검증된 가설은 기존 이론의 확대·발전에 기여를 하거나 새로운 이론의 개발에 기여를 하기도 하고, 사회현상을 이해하거나, 사회복지실천 지침이나 프로그램 개발, 제도나 정책 수립 등에 이론적 토대가 된다.

(2) 가설의 유형

앞서 조사가설은 통계적 분석을 통해 검증된다고 했었는데, 통계적 가설검증을 하려면 먼저 영가설을 설정하는 것이 필요하다. 가설검증은 반증을 통해 조사가설을 검증하는 포퍼(K. Popper)의 반증주의에 기초를 둔다. 즉, 조사가설을 직접 검증하는 것이 아니라 조사가설을 반증하는 가설을 별도로 설정하고 그 반증 가설이 참인지 거짓인지를 검증해서 조사가설이 지지되는지를 확인하는 방법을 취한다. 이때 조사 가설을 반증하는 가설을 영가설 또는 귀무가설(null hypothesis)이라고 하고 H_0로 표기한다. 영가설은 변수들 간에는 관계가 없다는 것을 전제하며, 예를 들어 "A는 B에 영향을 미치지 않을 것이다.", "A와 B는 차이가 없다." 등으로 표현된다.

영가설의 반대 입장은 대립가설(alternative hypothesis)이다. 대안가설이라고도 불리는데, 조사자가 검증하고자 하는 내용에 관한 것으로 H_1 또는 H_a로 표기한다. 예를 들어, 조사자가 가설을 "A가 B에 영향을 미칠 것이다."라고 설정했다면, 조사자는 요인 A가 요인 B에 영향을 미칠 것이라고 가정적 예측을 하고 있음을 알 수 있다. 이 것이 조사가설이고 곧 대립가설이다.

대립가설과 영가설을 다음 예시를 통해 살펴보자.

〈예 1〉

H_0: 장애인의 만성질환은 사회참여에 영향을 미치지 않을 것이다.

H_1: 장애인의 만성질환은 사회참여에 영향을 미칠 것이다.

〈예 2〉

H_0: 자아존중감 향상 프로그램에 참여한 청소년과 참여하지 않은 청소년의 학습성취도에는 차이가 없을 것이다.

H_1: 자아존중감 향상 프로그램에 참여한 청소년과 참여하지 않은 청소년의 학습성취도에는 차이가 있을 것이다.

자료분석을 통해 영가설은 채택되거나 기각된다. 만약 영가설이 채택된다면 요인 A가 요인 B에 '통계적으로 유의미한' 영향을 미치지 않거나 두 요인 간에는 '통계적으로 유의미한' 차이가 없다고 해석할 수 있다. '통계적으로 유의미하지 않다.'는 것은 설사 두 요인 간에 관계가 있다고 하더라도 그것이 너무 미미하여 통계적인 의미가 부여될 수 없다는 것이다. 반대로 영가설이 기각된다면 대립가설이 채택된 것으

로 보고 두 요인은 '통계적으로 유의미한', 즉 상당한 의미가 있는 수준으로 영향을 미치거나, 차이가 있다고 해석할 수 있다.

(3) 좋은 가설의 특징

좋은 가설을 설정하기 위해서는 다음의 세 가지 기준을 갖추어야 한다.

첫째, 좋은 가설은 명확하고 구체적이어야 한다. 가설은 두 변수 이상의 관계에 대한 가정인데, 이 변수들이 서로 어떻게 관련되어 있는지(예: 독립-종속 변수 관계, 매개관계, 조절관계) 구체적이면서도 간단명료하게 기술해야 한다. 하지만 지나치게 구체적이라면 예측되는 결론이 너무 자명하거나 또는 이론으로 발전될 가능성에 제약이 생길 수 있고, 반대로 너무 추상적이라면 검증에 어려움이 있기 때문에 지나친 추상성과 구체성은 지양되어야 한다.

둘째, 좋은 가설은 검증가능해야 한다. 가설은 검증을 위해 수립하는 문장이기 때문에 가설을 통해 무엇을 어떻게 측정한다는 것인지에 대한 내용이 분명하고 구체적으로 서술되어 있어야 한다. 즉, 실험이나 통계적 분석과 같은 과학적 연구방법을 통해 검증될 수 있도록 측정하는 변수들에 대한 조작적 정의가 명확해야 하고, 변수의 계량화가 가능해야 한다.

셋째, 좋은 가설은 가치중립적이어야 한다. 가설에서는 도덕적이거나 윤리적인 문제, 가치판단이 포함된 내용으로 기술되지 않아야 하고, 조사자의 편견을 배제하고 가치중립적으로 서술되어야 한다. 예를 들어, '…해야 한다' '…하는 것이 좋다' 등과 같은 내용은 옳고 그름이나 가치판단, 당위성을 판단하는 진술은 통계적으로 검증되어 결과를 도출할 수 있는 내용이 아니기 때문에 적절한 가설이 아니다.

(4) 가설 작성

가설은 가정적 형태('…하면 ~할 것이다') 또는 선언적 형태('…는 ~한다')로 기술될 수 있으며, 가정적 형태로 작성하는 것이 더 일반적이다.

또한 조사가설은 조사질문에 대한 잠정적 결론이기 때문에, 둘은 기술형식만 다를 뿐 서로 연결되어 있다. 다음 예시를 참고하자.

> 조사질문과 조사가설의 관계
>
> • 조사질문 1: 장애인의 만성질환은 사회참여에 영향을 미치는가?
>   - 조사가설(가정적 형태): 장애인의 만성질환은 사회참여에 영향을 미칠 것이다.
>   - 조사가설(선언적 형태): 장애인의 만성질환은 사회참여에 영향을 미친다.
> • 조사질문 2: 자아존중감 향상 프로그램에 참여한 청소년과 참여하지 않은 청소년의 학습성취도에는 차이가 있을까?
>   - 조사가설(가정적 형태): 자아존중감 향상 프로그램에 참여한 청소년과 참여하지 않은 청소년의 학습성취도에는 차이가 있을 것이다.
>   - 조사가설(선언적 형태): 자아존중감 향상 프로그램에 참여한 청소년과 참여하지 않은 청소년의 학습성취도에는 차이가 있다.

4) 조사설계

조사설계(research design)는 명칭에서 알 수 있다시피 조사를 설계하는 단계이다. 1, 2, 3단계를 거쳐 조사목적과 조사질문을 정했고 조사가설을 통해 조사하고자 하는 바를 구체화하였다면 이제는 그 조사를 어떻게 수행할지 설계해야 한다. 이때 조사설계는 조사에 대한 '논리전개'라는 좁은 의미와 '조사를 설계하는 모든 행위'라는 넓은 의미로 이해된다(Rubin & Babbie, 2008).

먼저, 협의의 조사설계를 살펴보자. 조사란 결국 조사자가 설정한 조사목적과 조사질문에 대한 답을 구하는 과정인데, 그 답을 어떤 방법으로 구할 것인지에 관한 내용이 곧 협의와 조사설계이다. 조사에 대한 논리전개, 논리적 배열, 논리적 틀 등 다양한 이름으로 묘사된다. 예를 들어, 양적연구의 목적은 변수 간 관계를 검증하는 것이고 질적연구의 목적은 특정현상에 대한 심도 있는 이해를 추구하는 것이기 때문에 논리전개 방법에는 차이가 있을 것이다. 논리전개 방법은 실험연구설계나 비실험연구설계, 횡단연구설계나 종단연구설계 등 다양하다. 예를 들어 살펴보면, 실험연구설계에는 한 개의 사례분석을 통해 인과관계를 추론하는 실험설계 사례방법인 단일사례조사(single system design), 실험조사설계 3가지 요건인 통제집단 확보(또는 종속변수 점수 비교), 독립변수조작, 무작위배정(또는 외생변수 통제)을 얼마나 충족하는지에 따라 결정되는 순수실험조사설계, 유사실험조사설계, 전실험조사설계 등이 있다. 비실험조사설계에는 기술적 연구(descriptive research), 인과성보다는 관련성을 파악하는 상관관계 설계(또는 상관연구), 측정도구 개발을 위한 연구, 질적연구 등이 포함된다. 따라서 조사자는 조사목적과 조사질문에 적합한 논리적 틀을 결정해야 한다. 조사설계와 관련된 내용은 제5장 측정도구의 개발, 제6장 인과관계 추론 및 연구설계, 제7장 평가조사, 제8장 표본추출, 제11장 질적연구방법에서 자세히 다루고 있다.

다음으로, 광의의 조사설계에 대해 살펴보자. 넓은 의미에서의 조사설계라 함은 조사를 위해 세우는 계획과 계획을 수행하는 과정에서 조사자가 내려야 하는 모든 결정을 말한다. 예를 들어, 조사대상은 누구로 할 것인지, 전수조사로 할 것인지 아니면 표본조사로 할 것인지, 표본 수는 몇 명으로 할 것인지, 어떻게 표본추출할 것인지, 조사기간은 어느 정도로 할 것인지, 측정은 어떻게 할 것인지, 측정도구를 개발할 것인지 아니면 표준화된 척도를 사용할 것인지, 측정도구의 신뢰도와 타당도는 어떻게 검증할 것인지, 자료수집과 자료분석은 어떤 방법으로 할 것인지 등 이러한 방대한 내용이 모두 조사설계에 포함된다.

따라서 이러한 두 가지 정의를 종합해 보면, 조사설계란 조사자가 조사목적을 달성하기 위해 논리적 구조를 세우고 이에 따라 조사 전반에 대한 계획을 세우는 것이라고 정리할 수 있다.

5) 자료수집

자료수집은 조사설계 단계를 실행으로 옮기는 단계로 조사질문에 대한 답을 찾기 위해 조사대상자로부터 정보를 획득하는 것을 의미한다. 가설검증이 주목적인 연역적 연구, 특정 현상의 실태나 상황에 대해 정확하고 객관적으로 파악하고자 함이 주목적인 기술연구, 특정 현상이나 특정 집단, 특정인에 대한 심도 있는 이해나 가설을

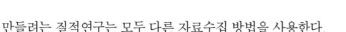

만들려는 질적연구는 모두 다른 자료수집 방법을 사용한다.

자료수집 방법은 설문조사(우편설문조사, 면접조사, 전화조사, 인터넷조사, 온라인조사), 관찰(직접관찰과 간접관찰, 참여관찰과 비참여관찰, 조직적 관찰과 비조직적 관찰, 현시적 관찰과 비현시적 관찰, 실험실 관찰과 현장관찰), 참여, 심층인터뷰, 2차 자료분석 등 다양하다.

자료에는 1차 자료와 2차 자료가 있는데, 1차 자료는 조사자가 직접 수집한 자료이고 2차 자료는 조사자가 아닌 다른 조사자나 연구자, 정부부처, 연구기관, 신문사, 대학교 등에서 수집하여 공개한 자료이다.

자료수집 방법에 관한 내용은 제5장 측정도구의 개발, 제9장 설문조사, 제10장 2차 자료분석, 제11장 질적연구방법 중 자료수집 부분을 참고한다.

6) 자료 분석 및 해석

자료분석은 자료수집 단계에서 획득한 정보를 종합하고 정리하여 자료가 조사질문이나 조사가설과 부합하는지 통계적으로 평가하는 활동이다. 조사자가 수집한 자료는 과학적 추론방법(연역적 방법과 귀납적 방법; 제11, 12장 참조) 또는 자료수집 방법(설문조사, 관찰, 2차 자료분석 등; 제9, 10장 참조)에 따라 분석방법을 정하고, 자료를 분석한 결과는 의미 있는 내용으로 전환된다.

먼저, 과학적 추론방법에 따라 자료분석 방법이 어떻게 선택되는지 살펴보자. 예를 들어, 만약 조사자가 연역적 방법을 선택했다면 분석방법은 t검정(t-test), 분산분석(analysis of variance), 상관관계분석(correlation analysis), 회귀분석(regression analysis), 구조방정식모델(structural equation modeling) 등과 같은 양적조사 방법 중에서 선택하고, 만약 조사자가 귀납적 방법을 선택했다면 근거이론, 현상학적 조사, 문화기술지, 사례연구, 현장연구, 내러티브 탐구, 생애사, 참여행동연구(participatory action research) 등과 같은 질적조사방법(제11장 참조) 중에서 선택할 수 있다.

그다음, 자료수집 방법에 따른 분석방법들을 살펴보자. 만약 조사자가 우편설문조사, 면접조사, 전화조사, 인터넷조사를 활용하여 설문조사(제9장 참조)를 실시해서 자료를 수집했다면, 조사자는 앞서 언급한 양적조사 방법 중에서 분석방법을 선택할 것이고, 관찰(제11장 참조)을 주요 자료수집 방법으로 활용했다면 양적조사방법과 질적조사방법이 모두 활용될 수 있다. 또한 조사자가 직접 수집한 자료인 1차 자료가 아니라 기존에 이미 있던 자료인 2차 자료(제10장 참조)를 분석할 계획이라면 연구주제에 따라 양적조사방법 중에 분석방법을 결정할 수 있다.

이와 같이, 자료분석방법은 자료수집 방법보다는 조사자가 조사를 어떤 철학을 기반으로 진행하는지에 따라 분석방법이 크게 양적조사방법과 질적조사방법으로 구분되며, 이 대분류 안에 다양한 분석방법들이 포함됨을 알 수 있다.

7) 조사보고서 작성

사회복지조사과정의 마지막 단계는 조사보고서를 작성하여 조사결과를 공식적으로 보고하거나 발표하는 것이다. 문제제기 → 문헌고찰 → 조사설계 → 조작화 → 자료수집 → 자료분석을 거치고 나면 자료분석 결과를 바탕으로 결론을 도출한 뒤 조사보고서 작성을 위한 단계로 진입하게 된다. 조사보고서 작성에 관한 내용은 제13장 조사보고서 작성에서 자세히 다루고 있다.

2. 사회복지조사의 윤리

앞에서 사회복지조사과정을 단계별로 살펴보았다. 조사자는 조사 전에 사회복지조사의 전 과정에서 발생할 수 있는 잠재적 윤리문제들을 숙지하여 윤리문제가 발생하지 않도록 사전에 주의를 기울여야 한다.

1) 한국사회복지사 윤리강령의 연구윤리 조항

'사회복지사 윤리강령(code of ethics)'은 사회복지사가 전문가로서 지켜야 할 행동기준과 원칙을 기술한 것으로 올바르고 책임 있는 행위를 할 수 있도록 안내하는 지침서의 역할을 한다. 한국사회복지사 윤리강령에는 연구윤리와 관련된 조항도 포함되어 있다. 'I. 기본적 윤리 기준'에서는 "사회복지사는 전문성 개발을 위한 노력을 해야 한다."라고 규정하고 있다. 사회복지사는 클라이언트에게 최상의 서비스를 제공할 수 있도록 자신의 지식과 기술을 개발하고 활용하고 공유하는 데 최선을 다해야 함을 강조하고 있다. 지식과 기술을 개발, 활용, 공유하기 위해서는 조사(연구) 활동이 필수적인데, 이때 사회복지사는 클라이언트가 조사(연구)에 자발적으로 참여하도록 하고 고지된 동의를 얻어야 하고, 조사과정에서 얻은 정보는 비밀 보장이 지켜져야 하며, 어떠한 불편이나 위험, 위해로부터도 보호되어야 함을 명시하고 있다.

한국사회복지사 윤리강령의 연구윤리 조항

한국사회복지사 윤리강령 중 'I. 사회복지사의 기본적 윤리기준'의 'I-2. 전문성 개발을 위한 노력'에 사회복지사는 다음과 같이 노력해야 함을 규정하고 있다.

• 사회복지사는 클라이언트에게 최상의 서비스를 제공하기 위해 지식과 기술을 개발하는 데 최선을 다하며, 이를 활용하고 공유할 책임이 있다.

(중략)

• 사회복지사는 평가나 연구조사를 할 때 연구참여자의 권리를 보장하기 위해 연구 관련사항을 충분히 안내하고 자발적인 동의를 얻어야 한다.

• 사회복지사는 연구과정에서 얻은 정보를 비밀 보장의 원칙에서 다루며, 비밀 보장의 한계, 비밀 보장을 위한 조치, 조사자료 폐기 등을 연구참여자에게 알려야 한다.

• 사회복지사는 평가나 연구조사를 할 때 연구참여자의 보호와 이익, 존엄성, 자기결정권, 자발적 동의, 비밀 보장 등을 고려하며, 「생명윤리 및 안전에 관한 법률」 등 관련 법령과 규정에 따라 연구윤리를 준수한다.

출처: 한국사회복지사협회(2023. 4. 11. 5차 개정).

2) 윤리적 문제

사회복지조사에서 조사자가 고려해야 하는 잠재적 윤리문제는 자발적 참여와 고지된 동의, 참여자에게 피해 주지 않기, 익명성과 비밀 보장, 이익, 보상, 참여자 속이기 등 다양하다. 여기에서는 한국사회복지사 윤리강령에서 강조하고 있는 자발적 참여와 고지된 동의, 참여자에게 피해 주지 않기, 익명성 보장과 비밀 보장, 분석과 보고과정에서의 윤리를 중심으로 살펴보고자 한다.

(1) 자발적 참여와 고지된 동의

제2차 세계대전 이후, 전쟁 동안 나치 정권하에서 유대인을 대상으로 행해진 비윤리적인 실험이 누구에게도 다시는 행해지지 않도록 하기 위해 1947년에 「뉘른베르크 강령」이 만들어졌다. 「뉘른베르크 강령」의 첫 번째 조항은 "피험자의 자발적 동의(voluntary consent)가 반드시 필요하다."라는 것으로 충분한 정보에 근거한 자발적 동의는 조사연구에서 절대적인 원칙임을 강조하고 있다.

즉, 조사연구를 수행할 때, 조사자는 조사대상자에게 강압적으로 조사에 참여하도록 만들면 안 되고, 참여를 유도해서도 안 되며, 전적으로 조사대상자가 강요나 압박이 없는 편안한 분위기와 조사에 대한 정보를 충분히 제공받은 상태에서 자신의 판단을 통해 자발적으로 참여할 수 있어야 한다. 다만, 자기 결정이 어려운 조사대상자의 경우(예: 아동, 장애 정도가 심한 발달장애인, 치매노인 등)에는 가족, 후견인 등의 법적 보호자의 허락이 필요하고 조사대상 당사자에게도 동의를 구해야 한다. 예를 들어, 아동을 대상으로 한 조사연구를 진행할 때 법적 보호자인 부모가 동의했음에도 아동이 참여 거부 의사를 밝힐 수 있도록 안내하고, 아동이 참여 거부를 하는 경우 그 결정은 존중되어야 한다. 또한 조사대상자가 자신이 조사에 참여하고 있음을 알도록 해야 하고, 조사결과는 조사대상자에게 보고되어야 한다. 조사과정 중에 어떤 사유와 관계없이 참여를 중단하기를 원한다면 언제든지 중도철회가 가능하다는 것도 고지해야 한다. 그리고 조사연구와 관련하여 궁금한 사항이 있을 때 조사대상자가 문의하고 답변을 들을 기회가 제공되어야 하며, 질의응답은 언제든 가능하도록 조치해야 한다.

조사 수행 전에 조사자는 조사대상자로부터 문서로 된 참여동의서(또는 고지된 동의서)를 반드시 받아야 한다. 참여동의서에는 조사목적, 예상되는 조사 기간, 조사수행 장소, 구체적인 조사 절차, 조사에 참여했을 때 조사대상자가 경험하게 될 수도 있는 잠재적 위험과 불편함, 조사대상자가 얻을 수 있는 이익과 보상, 조사대상자가 제공한 정보가 어떻게 비밀 보장되는지와 비밀 보장의 예외사항, 철회(참여 중도 중단) 권리, 조사대상자의 서명 등이 기본적으로 포함된다.

(2) 참여자에게 피해 주지 않기

사회복지조사연구는 조사대상자의 자발적 참여와 관계없이 조사대상자에게 절대로 피해를 입혀서는 안 된다(Rubin & Babbie, 2020). 조사목적에 따라 다르겠지만 조사대상자가 경험할 수 있는 해(harm)는 다양하다(강종수, 2017; 김영종, 2018; Monette et al., 2011; Rubin & Babbie, 2020).

- 개인정보노출: 조사과정에서 조사대상자의 신상정보가 노출될 위험성이 있고, 조사대상자의 가정이나 친구관계, 직업 등에 피해를 줄 수 있는 정보노출이 발생할 수도 있다. 또는 수치심을 느끼게 할 정도의 소득수준이나 공공부조 수급과 같은 개인정보를 밝히도록 요구를 받음으로써 조사대상자는 불편한 감정을 경험할 수 있다.
- 심리적 디스트레스: 사회복지분야의 조사연구에서 조사대상자가 신체적 위험(physical danger)을 경험하게 될 경우는 거의 없으나 심리적 고충은 조사자가 신경을 써야 하는 중요한 부분이다. 다음의 예들을 통해 심리적 고충이 발생할 수 있는 상황들을 이해해 보자.
  - 떠올리기 싫은 과거의 상처가 심각하게 재현될 위험성이 있음
  - 포르노 사진, 자동차 사고의 희생자 사진, 나치 강제수용소의 쇠약한 수감자 사진 등을 봐야 하는 조사연구의 경우, 조사대상자는 경험할 것으로 전혀 예상하지 못했던 경험을 함으로써 강렬한 부정적인 정서적 반응을 야기할 수

있음

– 조사대상자에게 거짓된 환류(false feedback)를 제공해 그들의 반응을 보기 위해 조사자가 조사대상자에게 그들이 마치 부정적이거나 비윤리적인 성격을 가진 사람처럼 보이게 만드는 실험을 했을 때, 조사대상자는 그것이 자신에 대한 거짓된 환류인지 모르기 때문에 자신에게 이러한 측면이 있었다는 것에 매우 큰 충격을 받고 고통스러워할 수 있음

• 보고된 조사결과에 의한 피해: 조사연구가 종료되면 조사자는 조사대상자에게 조사결과를 보고할 의무를 진다. 조사대상자의 신상정보를 보고서에 노출하지 않았다고 하더라도 일부 눈치 빠른 조사대상자는 자신의 정보를 찾아낼 수 있을 것이다. 이때 만약 자신이 편협하고 독설적인 사람으로 묘사되고 있다면 조사대상자는 그 내용을 보고 심리적으로 아주 힘들 것이고, 그들이 가진 자신에 대한 이미지에 상당히 부정적인 영향을 미칠 수 있다.

조사대상자에게 피해를 주는 조사라면 그 조사가 아무리 사회문제 해결을 통한 사회복지의 증진에 기여를 하는 것이라고 하더라도 정당화될 수 없다(강종수, 2017). 하지만 조사대상자에게 피해를 끼치지 말아야 한다는 것은 이론적으로는 쉽게 수용하고 이해할 수 있는 개념이지만 현실적으로는 그렇게 쉬운 일이 아니다(Rubin & Babbie, 2020). 대규모의 실증적 연구가 진행되는 미국의 경우, 대학이나 연구소에서는 조사계획의 '위해가능성'에 대한 사전심사를 받도록 하여 조사대상자에 대한 피해를 예방하고자 노력하고 있다(김영종, 2018). 또한 조사에 대한 참여가 종료된 후에는 조사대상자에 대한 디브리핑(debriefing)을 통해 조사대상자가 경험한 위해나 디스트레스를 완화하고자 하는 노력도 하고 있다(Monette et al., 2011). 하지만 가장 중요한 것은 조사자가 지속적으로 이 쟁점에 대해 민감하게 반응하는 능력을 키우고 의식적인 주의를 하는 것이다(김영종, 2018).

(3) 익명성과 비밀 보장

조사연구에서 연구대상의 신원을 보호하는 것은 아주 중요한 부분으로 조사대상

자의 민감한 정보를 보호하기 위한 방법으로는 익명성 보장과 비밀 보장의 두 가지 방법이 있다.

① 익명성 보장

익명성(anonymity)은 조사자가 누가 어떤 응답을 했는지 전혀 모르는 것이다. 즉, 응답자가 제공한 정보와 응답자를 분리하여 조사결과가 공개되더라도 누가 조사대상자인지를 확인할 수 없게 하는 것을 의미한다(최성재, 2008). 이를 위해서 응답자가 자신의 신원을 밝히지 않고 응답할 수 있도록 자료수집 방법을 설계해야 한다. 익명성을 보장하는 방법으로는 신원을 파악할 수 있는 식별번호가 붙어 있지 않은 설문지를 우편으로 보낸 다음 응답자가 작성 후 조사자에게 돌려보내도록 하거나 응답자의 이름을 가명으로 대치하는 것 등이 있다(최성재, 2008; Rubin & Babbie, 2020).

② 비밀 보장

비밀 보장(confidentiality)은 조사자가 누가 어떤 응답을 했는지 알려면 알 수 있지만(혹은 알고 있지만) 원칙적으로 그 정보에 대해 비밀 보장을 하겠다고 공적으로 약속하는 것, 조사자가 조사대상자의 신원을 알고 있지만 이를 공개하지 않는 것을 말한다. 비밀 보장 원칙을 지키기 위해서 조사자는 회수된 설문지에 있는 응답자의 신원을 유추할 수 있는 이름, 주소와 같은 정보를 빨리 제거하고 식별번호로 대체한 후, 식별번호와 이름을 대응시켜 놓은 원본 자료를 만들어 잘 보관해야 한다(Rubin & Babbie, 2020). 또한 정당한 목적을 제외하고는 누구도 원본 자료에 접근하지 못하도록 철저히 관리해야 한다(Rubin & Babbie, 2020).

한편, 비밀 보장에는 예외가 있다. 자해 또는 타해의 위험 가능성이 있거나 조사대상자가 학대를 받고 있음을 면접과정에서 알게 되는 경우 해당 사실을 관련 기관에 알려야 할 책무가 있다. 조사자는 조사대상자에게 비밀 보장의 의미와 한계를 조사대상자가 조사 참여에 동의하기 전에 충분히 알려야 한다.

(4) 분석과 보고

조사가 완료된 후 조사자는 조사결과에 대해서 조사대상자뿐 아니라 동료연구자, 그 외 독자들에게도 보고할 의무를 갖는다. 조사자는 조사내용에 대해서 누구보다 잘 알고 있기 때문에 조사의 약점이나 분석과정에서의 한계 등 조사가 가진 제한점에 대해서 분명하고 진실하게 알려야 한다. 이러한 내용은 조사보고서를 구성할 때 조사의 한계 부분에 명시를 해야 하고, 이것은 후속 조사들이 시행착오를 줄이고 더 발전된 조사를 할 수 있게 하는 일종의 지침 역할을 한다.

조사의 전 과정이 투명하게 진행될 수 있도록 지침을 정해 놓은 것이 연구윤리이다. 연구윤리는 조사(또는 연구)하는 과정에서 조사자(또는 연구자)가 준수해야 하는 기본적인 원칙이다. 위조, 변조, 표절, 부당한 저자 표시, 부당한 중복 게재 등을 연구부정행위로 규정하여 조사자(또는 연구자)가 윤리적으로 조사(또는 연구)를 수행할 수 있도록 한다. 연구윤리와 관련된 내용은 제13장 조사보고서 작성에서 다루고 있다.

요약

1. 사회복지조사는 사회복지분야의 문제를 해결하거나 더 나은 상태로 발전하기 위한 방안을 제시하기 위해 일반화와 관찰이라는 과학적 방법을 통해 수행하는 연구활동이다.

2. 사회복지조사과정은 조사주제 선정 및 조사질문 설정 → 문헌고찰 → 가설설정 → 조사설계 → 자료수집 → 자료 분석 및 해석 → 조사보고서 작성의 7단계로 구성된다.

3. 조사주제는 조사자가 조사를 통해 확인하고자 하는 문제이고, 조사질문은 조사주제를 구체화한 질문이고, 조사가설은 조사질문에 대한 가정적 혹은 잠정적 결론이다.

4. 문헌고찰은 조사주제에 대한 정당성 확보를 위해 관련 이론과 기존 연구를 비판적으로 분석하여 종합적으로 제시하는 일련의 과정이다.

5. 가설에는 대립가설과 영가설이 있다.

6. 좋은 가설은 조사를 통해 확인하고자 하는 변수들 사이의 관계가 명확하고 구체적으로 기술되고, 검증가능하며 가치중립적으로 기술된다는 특징을 갖는다.

7. 조사설계는 조사에 대한 '논리전개'라는 좁은 의미와 '조사를 설계하는 모든 행위'라는 넓은 의미로 이해된다. 따라서 협의의 조사설계는 조사자가 조사질문에 대한 답을 어떤 방법으로 구할 것인지에 관한 내용이고, 광의의 조사설계는 조사를 위해 세우는 계획과 계획을 수행하는 과정에서 조사자가 내려야 하는 모든 결정을 의미한다.

8. 자료수집이란 조사질문에 대한 답을 찾기 위해 조사대상자로부터 정보를 획득하는 것을 의미한다. 자료수집방법은 설문조사(우편설문조사, 면접조사, 전화조사, 인터넷조사, 온라인조사), 관찰(직접관찰과 간접관찰, 참여관찰과 비참여관찰, 조직적 관찰과 비조직적 관찰, 현시적 관찰과 비현시적 관찰, 실험실 관찰과 현장관찰), 참여, 심층인터뷰, 2차 자료분석 등 다양하다.

9. 자료분석은 자료수집을 통해 획득한 정보를 정리 · 분석하여 그 자료가 조사질문이나 조사가설에 부합하는지 여부를 평가하는 단계이다.

10. 한국사회복지사 윤리강령에서는 클라이언트에게 최상의 서비스를 제공하기 위해 사회복지사가 지식과 기술을 개발해야 함을 강조하고 있지만, 클라이언트를 대상으로 하는 조사연구에서는 반드시 클라이언트로부터 자발적이고 고지된 동의를 얻어야 하고, 비밀 보장 원칙을 준수해야 하며, 클라이언트를 신체적 · 정신적 불편이나 위해 또는 위험으로부터 보호해야 함을 명시하고 있다.

11. 사회복지조사과정에서 조사자는 자발적 참여, 고지된 동의, 참여자에게 피해 주지 않기, 익명성 보장, 비밀 보장 등을 준수해야 하며, 분석과 보고도 윤리적으로 수행해야 함을 명심해야 한다.

토의 주제

1. 사회복지조사의 일반적인 과정에 대해 설명해 보자.

2. 관심 있는 사회복지문제를 정하여 조사주제, 조사질문, 조사가설을 설정하고 수업에서 공유해 봄으로써 개념을 잘 이해하고 있는지 확인해 보자.

3. 사회복지조사를 실제로 수행한다고 가정했을 때, 자발적 참여와 고지된 동의, 참여자에게 피해 주지 않기, 익명성 보장과 비밀 보장, 분석과 보고에서의 윤리가 어떻게 적용될 수 있을지 논의해 보자.

참고문헌

강종수(2017). 사회복지조사방법론(개정판). 양서원.

김영종(2018). 사회복지조사론: 이해와 활용. 학지사.

원석조(2019). 사회복지조사론(3판). 공동체.

최성재(2008). 사회복지조사방법론. 나남출판.

한국사회복지사협회(2023.4.11.). 사회복지사 윤리강령. https://www.welfare.net/welfare/cm/cntnts/cntntsView.do?mi=1036&cntntsId=1044

Monette, D. R., Sullivan, T. J., & DeJong, C. R. (2011). Applied social research: A tool for the human services (8th ed.). Brooks/Cole, Cengage Learning.

Rubin, A., & Babbie, E. R. (2008). *Research Methods for Social Work*. 김기덕, 김용석, 유태균, 이기영, 이선우, 정슬기 역. 사회복지조사방법론. 센게이지러닝 코리아. (원저는 2007년에 출판)

Rubin, A., & Babbie, E. R. (2020). *Essential Research Methods for Social Work*. 유태균 역. 에센스 사회복지조사방법론. (원저는 2016년에 출판)

제**4**장

변수와 측정

- 다양한 변수 유형을 학습한다.
- 개념화와 조작화의 차이를 이해한다.
- 측정오류의 두 가지 유형인 체계적 오류와 비체계적 오류를 이해한다.
- 신뢰도와 타당도를 확인할 수 있는 방법을 학습한다.
- 신뢰도와 타당도의 관계를 이해한다.

조사목적을 달성하기 위해 가설을 설정하게 되고 가설을 실증적으로 검증함으로써 조사질문에 대한 답을 찾을 수 있다. 이때 가설은 조사에서 관심을 두고 있는 변수들의 관계로 구성되는데, 변수는 조사가설 내에서 어떤 역할을 담당하는지에 따라 유형이 달라진다. 변수의 유형에는 독립변수, 종속변수, 매개변수, 조절변수, 외생변수, 통제변수 등이 있다. 모든 변수는 사전에서와 같이 정의하는 개념적 정의를 가지는데, 이 개념적 정의는 추상적이라는 특징이 있다. 하지만 조사를 위해서는 이 개념적 정의를 측정가능하고 관찰가능하게 변형해야 한다. 이를 조작화라고 하고, 이렇게 내려진 정의를 조작적 정의라고 한다. 조사자는 응답자의 응답이 일정한 양상을 가지는 체계적 오류 또는 무작위로 발생하는 비체계적 오류를 보일 수 있음을 인지하고 이 두 가지 측정오류에 대해 이해해야 한다. 또한 측정도구의 신뢰도와 타당도를 확보할 수 있는 다양한 방법들을 이해하여 정확한 조사결과를 얻을 수 있도록 해야 한다.

1. 개념화와 조작화

1) 변수의 종류

(1) 변수의 기능에 따른 분류

연구에서 어떻게 개념화되는지에 따라 또는 달리 표현하면 가설에서 어떤 기능을 하는지에 따라 변수는 독립변수, 종속변수, 매개변수, 조절변수, 외생변수, 통제변수로 구분될 수 있다. 즉, 대부분의 개념은 그 자체로 독립변수, 종속변수, 매개변수, 조절변수, 외생변수, 통제변수로 만드는 내재적 특성은 없다(Rubin & Babbie, 2016).

① 독립변수와 종속변수

독립변수는 다른 변수에 영향을 주는 변수이고, 종속변수는 다른 변수의 영향을 받는 변수이다. 독립변수와 종속변수의 관계를 통해 보면, 종속변수는 조사자가 설명하고자 하는 변수이고 독립변수는 종속변수의 변화를 설명하는 변수이다. 즉, 종속변수는 독립변수로 설명된 결과이고, 독립변수는 종속변수 값의 변화를 야기할 것으로 가정하는 변수로서 예측변수(predictor variable)라고도 부른다. 함수로 표기하면 $Y=f(x)$로, X는 독립변수, Y는 종속변수이다. 일반적으로 하나의 종속변수에 영향을 주는 독립변수는 무수히 많을 수 있으며 독립변수 수에 따라 $Y=f(x_1, x_2, x_3\cdots)$와 같이 표기된다. 연구모델에서 독립변수와 종속변수의 관계는 [그림 4-1]과 같이 그린다.

시간적으로 독립변수는 종속변수를 선행한다. 독립변수는 원인변수, 예측변수, 설

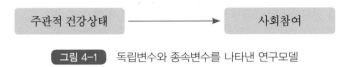

그림 4-1   독립변수와 종속변수를 나타낸 연구모델

명변수, 가설적 변수라고도 불린다. 종속변수는 결과변수 또는 기준변수라고 한다.

예를 들어, "고령장애인의 주관적 건강상태는 사회참여에 영향을 미칠 것이다."라는 가설에서 주관적 건강상태는 독립변수이고 사회참여는 종속변수가 된다.

② 매개변수

매개변수는 독립변수와 종속변수의 인과관계를 중간에서 매개해 주는 변수로, 독립변수의 영향을 받으며 동시에 종속변수에 영향을 주는 변수이다. 매개변수는 독립변수와 종속변수 사이에 오기 때문에 중재변수(intervening variable)라고도 부른다 (Rubin & Babbie, 2016).

"장애인이 빈곤할수록 자아존중감은 낮아지고 이는 우울수준을 높인다."라는 가설에서 독립변수는 빈곤, 종속변수는 우울이며, 빈곤과 우울 사이에 위치하는 자아존중감은 매개변수가 된다(그림 4-2] 참조).

매개변수를 통제하면(즉, 종속변수에 미치는 매개변수의 영향을 조사에서 고려하면), 독립변수가 매개변수를 거치지 않고 종속변수에 직접적으로 영향을 미치는지 아니면 매개변수를 통해서 간접적으로 영향을 미치는지 확인할 수 있다.

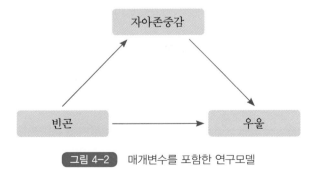

그림 4-2   매개변수를 포함한 연구모델

매개변수가 있을 때 가설은 다음과 같이 두 가지 유형으로 표기할 수 있다. [그림 4-2]에 나온 변수들로 표기하면 다음과 같다.

가설 1: 빈곤과 우울의 관계를 자아존중감이 매개할 것이다.

가설 2: 빈곤은 자아존중감에 영향을 미치고 자아존중감은 우울에 영향을 미칠 것 이다.

③ 조절변수

조절변수는 독립변수와 종속변수의 인과관계를 조절하는 역할을 하는 변수이다. 즉, 조절변수는 독립변수와 종속변수 간 관계의 강도나 방향을 변화시킨다.

예를 들어, 고령장애인의 주관적 건강상태가 사회참여에 미치는 영향을 검증하는 과정에서 가족이나 친구 등의 비공식 지지수준이 높은 고령장애인은 주관적 건강상 태가 사회참여에 미치는 영향이 완화되는 반면, 비공식 지지수준이 낮은 고령장애인 의 경우 주관적 건강상태가 사회참여에 미치는 부정적 영향이 더 강하게 나오는 경 향이 있다고 한다면, 이때 '비공식 지지'는 고령장애인의 주관적 건강상태가 사회참 여에 미치는 영향의 정도를 조절하는 기능을 하는 것이다. 조절변수를 포함한 연구 모델은 [그림 4-3]과 같이 그린다.

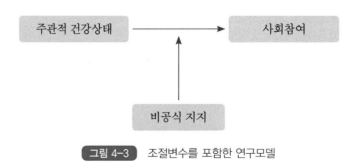

그림 4-3 조절변수를 포함한 연구모델

조절변수가 있을 때 가설은 다음과 같이 표기될 수 있다. [그림 4-3]의 변수들로 표기해 보면 다음과 같다.

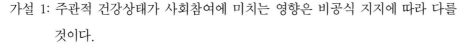

가설 1: 주관적 건강상태가 사회참여에 미치는 영향은 비공식 지지에 따라 다를 것이다.

가설 2: 주관적 건강상태가 사회참여에 미치는 영향은 비공식 지지에 따라 차이가 있을 것이다.

④ 외생변수와 허위관계

조사자는 자신이 이론적 검토를 통해 선정한 독립변수가 종속변수에 영향을 미칠 것이라고 가정한다. 하지만 실제로 그 종속변수에 영향을 미칠 수 있는 변수들은 조사자가 선정한 독립변수 외에도 무수히 많다. 따라서 종속변수에 변화가 일어났다고 하더라도 그것이 순수하게 조사자가 선정한 독립변수의 영향으로 보기는 어렵다. 이처럼 독립변수 외에 종속변수에 영향을 미치는 변수들을 외생변수(또는 제3의 변수, extraneous variable)라고 한다.

조사자의 주요 관심사는 독립변수가 종속변수에 영향을 미치는지, 그리고 그 영향력은 어느 정도 되는지이다. 즉, 자신이 설정한 조사설계의 내적타당도가 확보되기를 바란다. 이를 위해 조사자는 독립변수 외에 종속변수에 영향을 미칠 것으로 보이는 외생변수들을 조사설계에 '통제변수'로 투입하여 그 영향력을 통제할 필요가 있다. 통제한다는 의미는 해당 변수의 영향력, 즉 조건을 조사대상자들에 관계없이 동일하게 맞춘다는 것이다. 예를 들어 보자. 65세 이상의 노인들이 조사대상자이다. 조사자는 이들 노인의 주관적 건강상태가 그들의 사회참여 수준에 얼마나 영향을 미치는지 확인하고 싶다. 조사자는 반드시 조사를 하지 않더라도 상식에 의해 또는 기존의 연구결과를 통해 60대, 70대, 80대, 90대의 평균적인 사회참여 수준에서 차이가 날 것으로 추측해 볼 수 있다. 즉, 나이 자체가 사회참여 수준에 영향을 미칠 수 있는 변수라고 볼 수 있다. 그렇다면 조사자는 이제 무엇을 고민해야 하는가? 연령대 차이에 의해 사회참여 수준이 달라지지 않도록 나이라는 조건을 동일하게 만들어 줘야 한다. 이것을 "나이를 통제한다."라고 말한다. 나이 변수를 통제하기 전에는 고령장애인의 주관적 건강상태가 좋을수록 사회참여 수준이 높게 나왔던 조사결과가, 나이 변수를 통제하고 보니 관계가 없는 것으로 조사결과가 바뀔 수도 있는 것이다.

이러한 영향을 미치는 변수들을 외생변수라고 하고, 외생변수에 의해 원래는 관계가 없어야 하는 독립변수와 종속변수 사이에 통계적으로 유의미한 관계가 나타난다면 이 관계를 허위관계 또는 가식적 관계라고 한다.

⑤ 통제변수

통제변수(control variable)란 독립변수 외에 종속변수에 영향을 미칠 가능성이 있는 외생변수를 의미한다. 조사자가 고령장애인의 주관적 건강상태가 사회참여에 어떠한 영향을 미치는지를 확인하고자 할 때, 고령장애인의 사회참여에 영향을 미치는 많은 변수 중에 조사자가 관심 있는 변수는 고령장애인의 주관적 건강상태임을 알 수 있다. 그렇다면 고령장애인의 사회참여에 영향을 미치는 변수는 주관적 건강상태뿐일까? 당연히 그렇지 않을 것이다. 간단히 몇 개만 고려해 보면 고령장애인의 나이, 소득수준, 친한 친구 수도 사회참여에 영향을 미치지 않을까? 80대보다는 70대의 사회참여 가능성이 높을 것이고, 소득수준이 높은 고령장애인이 소득수준이 낮은 고령장애인보다는 사회참여 가능성이 높을 것이며, 친한 친구가 많은 고령장애인이 그렇지 않은 사람보다 사회참여를 더 많이 할 것으로 추측해 볼 수 있다. 따라서 조사자는 조사에서 관심이 있는 변수인 독립변수 이외의 종속변수에 영향을 미칠 수도 있는 나머지 변수들을 통제해야 한다. '나머지 변수'들을 통제해야 조사자는 조사에서 확인한 독립변수가 순수하게 종속변수에 영향을 미쳤다고 결론 지을 수 있는 것이다.

그렇다면 사회참여에 영향을 줄 모든 외생변수를 통제할 수 있을까? 그것은 현실적으로 불가능하다. 따라서 조사자는 문헌검토를 통해 반드시 유력한 몇 개의 외생변수를 찾고 조사설계에 포함시키게 되는데, 이처럼 실제로 조사설계에서 통제하는 변수를 '통제변수'라고 한다.

어떤 조사에서 통제변수가 고령장애인의 나이, 소득수준, 친한 친구 수이고, 독립변수가 주관적 건강상태, 종속변수가 사회참여라고 한다면, 조사결과를 보고할 때 통제변수는 다음과 같이 기술된다.

예: 고령장애인의 나이, 소득수준, 친한 친구 수가 동일할 때, 고령장애인의 주관
적 건강상태는 사회참여에 영향을 미친다.

그렇다면 외생변수와 통제변수의 차이는 무엇일까? 외생변수란 종속변수에 영향
을 미칠 것으로 의심이 가는 모든 변수를 의미한다. 하지만 현실적으로 세상의 모든
외생변수를 '통제'할 수는 없기 때문에 문헌검토에 기초하여 종속변수에 영향을 미
칠 것으로 검증돼 조사설계에 반드시 포함해야 하는 외생변수를 통제변수라고 이해
하면 된다.

(2) 기타 분류

① 변숫값의 연속성에 따른 분류

변수는 변수의 속성과 측정되는 방법에 따라 연속변수와 불연속변수로 구분되며,
이 속성은 조사자가 바꿀 수 있는 것이 아니다(최성재, 2008; Monette et al., 2011).

연속변수(continuous variable)는 최소한 이론적으로는 무한한 값을 가질 수 있고
(Monette et al., 2011), 어떠한 두 쌍의 변수 사이에서라도 중간값(intermediate value)
이 계산될 수 있는 변수들을 의미한다(Welkowitz et al., 2012). 예를 들어, 키, 몸무게,
시간 등과 같이 변숫값이 최소단위가 없고 소수점 이하로 계속 나타낼 수 있는 변수
를 말한다. 앞서 '최소한 이론적'이라고 표현하는 이유를 '나이'를 예를 들어 살펴보
자. 나이는 무한한 수치들로 측정할 수 있고 어느 두 쌍을 골라도 중간값을 계산할 수
있기 때문에 연속변수임에 틀림없다. 일반적으로 우리가 나이를 측정할 때에는 연수
(years)를 사용하지만 이론적으로 나이는 달, 주, 일, 분, 초, 심지어는 10억분의 1초로
도 측정할 수 있다(Monette et al., 2011). 즉, 이론적으로는 제한이 없다는 의미이다.

반면, 불연속변수(또는 이산변수, discrete variable)는 분명하게 분리된 유한한 수치
를 갖는 변수이다(Monette et al., 2011). 예를 들면, 성별, 화폐단위, 가구원 수, 결석일
수, 인종, 거주지역 등이 있다. 성별을 통계분석에 넣기 위해 일반적으로 남성은 '1'
로 입력하고 여성은 '0'으로 입력하게 된다. 이 두 개 값으로 중간값을 계산해 보자.

중간값은 0.5라고 계산이 되지만 이 값은 아무런 의미가 없다. 결석일수 변수의 경우도 평균 3.4일을 결석했다고 할 수 있지만, 이것은 기술통계(summary statistic)일 뿐 특성 학생의 결석일수를 측정한 것이라고는 볼 수 없다는 것이다. 즉, 불연속 변수의 중간값은 이론적으로 아무 의미가 없는 값이 된다.

측정등급에서 명목변수(예: 성별, 결혼 유무, 종교, 출생지, 인종 등)와 서열변수(예: 사회계층, 등수, 교육수준, 브랜드 평판 순위 등)는 불연속변수이다. 조사자는 불연속 변수를 통계분석에 투입할 때에는 이 속성들에 값을 부여하게 되는데, 그렇다고 해서 그 값이 수치의 의미가 있는 것은 아니다. 명목변수에 부여된 값은 각각의 변수를 구성하는 속성을 의미하고(예: 성별의 경우, 남성과 여성이라는 속성), 서열변수에 부여된 값은 낮고 높음, 젊고 늙음, 만족과 불만족 등 서열 순서를 나타내기 위한 것이기 때문이다(예: 교육수준의 경우, 일반적으로 무학은 '0', 초등학교 졸업은 '1', 중학교 졸업은 '2', 고등학교 졸업은 '3', 대학교 이상 졸업은 '4'라는 숫자를 부여하는데, 이때 0은 무학을, 1은 초등학교를 졸업한 것임을 나타냄). 반면, 등간변수와 비율변수들은 최소한 이론적 차원에서는 연속변수로 취급된다(Monette et al., 2011).

② 변수의 속성에 따른 분류: 양적변수, 질적변수

변수의 속성에 따라 양적변수와 질적변수로 구분할 수 있다. 양적변수는 속성을 수치로 나타낼 수 있는 변수를 말한다. 예를 들어, 나이, 키, 몸무게, 소득, 근속년수, 병원치료비, 친한 친구 수등은 모두 수치로 나타낼 수 있으므로 양적변수들에 해당한다.

질적변수는 속성을 수치가 아닌 특정범주로 나타낼 수 있는 변수들이다. 예를 들어, 성별(남성, 여성), 국적(대한민국, 미국, 중국, 이탈리아 등), 가족유형(양부모, 한부모, 조손부모), 거주지역(대도시, 중소도시, 농어촌) 등이 이에 해당한다.

③ 연구모델에서의 역할에 따른 분류: 내생변수, 외생변수

연구모델은 조사자가 설정한 가설을 도식화하여 표현한 것을 의미한다.

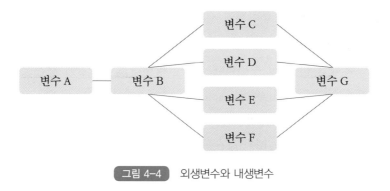

그림 4-4   외생변수와 내생변수

내생변수는 내생변수의 '내(內)'라를 표현에서도 볼 수 있듯이 다른 변수에 의해 영향을 받는(또는 설명이 되는) 변수를 지칭하고, 반면에 외생변수는 외생변수의 '외(外)'라는 표현에서도 볼 수 있듯이 다른 변수에 영향을 주는 변수를 지칭할 때 사용된다.

[그림 4-4]에서 내생변수와 외생변수를 찾아보자. 내생변수는 변수 B, C, D, E, F, G이고 외생변수는 A, B, C, D, E, F임을 알 수 있다.

2) 개념화와 조작화

변수측정은 개념화 → 조작화 → 측정(즉, 척도를 이용해 자료수집)의 순서로 진행된다. 측정으로 넘어가기 전에 개념화와 조작화에 대해 살펴보자. 사회복지조사에서는 자아존중감, 자아효능감, 삶의 만족도, 우울, 소외, 빈곤, 박탈감, 양육스트레스, 사회성 등 다양한 추상적인 개념들에 관심을 둔다.

만약 조사자가 장애자녀를 둔 어머니의 양육스트레스가 그들의 우울에 영향을 주는지에 관해 관심이 있다고 한다면, 조사자는 문헌검토를 바탕으로 관심 주제를 조사문제로 바꾸려는 노력을 하게 될 것이다. 이때 조사자가 해야 하는 것이 추상적인 개념인 장애, 양육스트레스, 우울을 구체화하는 것이고[개념화(conceptualization), 개념적 정의], 그다음 단계는 실제 조사자가 관찰 또는 측정이 가능하도록 각각의 정의를 변형시키는 것이다[조작화(operationalization), 조작적 정의].

'우울'을 개념화해 보면, 공식적인 세계보건기구(WHO)의 정의에 따르면 우울이란 지속적인 슬픔과 이전에는 보람을 느꼈거나 즐거웠던 활동들에 대한 흥미나 기쁨의 결핍으로 특징지어지고 수면이나 식욕을 방해하고 피로감과 낮은 집중력을 일으키는 보편적인 정신질환(mental disorder)."(WHO, 2022)이다. 이러한 우울을 측정하기 위해 다양한 도구들이 개발되었는데, 이를 측정도구 또는 줄여서 척도라 한다. 즉, 척도는 인간의 행위나 내면적 태도를 측정하는 일종의 잣대로 볼 수 있다(황성동, 2018). 그중 신뢰도와 타당도가 검증된 척도를 표준화된 척도라고 한다.

우울이라는 개념을 측정할 수 있는 표준화된 척도는 Center for Epidemiologic Studies Depression Scale(CESD), Beck Depression Inventory(BDI), Kessler-10 Depression Scale, Hamilton Depression Rating Scale(HDRS) 등 다양하다. 조사자에 따라 수집하고자 하는 내용이 다를 것이며 따라서 측정하고자 하는 내용도 다를 것인데, 이렇듯 측정 또는 관찰할 수 있는 용어로 개념을 변형하는 것을 조작화라고 한다. 우울을 어떻게 조작화하느냐에 따라 조사자가 선택하게 될 척도는 CESD, BDI, HDRS처럼 달라지게 된다.

2. 측정오류의 유형

측정이란 어떤 사회현상의 상태나 특성, 개인의 태도나 행동 등의 이론적 개념을 계량화(quantifying)하여 수치화된 자료를 산출하는 것을 말한다(황성동, 2018). 계량화한다는 것은 수치를 부여하여 측정이 가능하도록 한다는 의미이다. 즉, 이론적 개념에는 우울, 자아존중감, 직무만족도, 소외감, 유능감, 비행, 삶의 만족도, 양육태도, 소속감, 일상생활 수행능력, 공격성, 고독감, 자살생각, 노후준비도, 성공적 노후, 장애수용, 고객만족도 등 다양한 개념들이 포함되며, 이것들을 일정한 규칙에 따라 조사대상자의 속성에 숫자나 기호를 부여하는 체계적인 관찰과정이라고 볼 수 있다.

그런데 현실은 조사자가 신뢰도와 타당도를 확보하려고 해도 측정과정에서 다양한 오류가 발생할 가능성이 크다. 그래서 조사과정에서는 측정오류(error of measurement)를 줄이는 것이 관건이다. 측정오류에는 체계적 오류와 비체계적 오류가 있다.

1) 체계적 오류

체계적 오류(systematic error)는 변수에 일정하고 체계적으로 영향을 미쳐서 측정결과가 편향된 경향을 보이는 오류로 일관성과 유형(pattern)을 갖는 오류이다. 체계적 오류는 척도 구성에서 결정적인 실수로 인해 나타나며, 오류는 상쇄되지 않고 잘못된 결론을 끌어낼 수 있다(최성재, 2008). 예를 들어, 조사가 자료수집이 끝난 후 자료수집 내용을 살펴봤을 때 응답이 너무 한쪽으로 치우쳐 있거나 변수 간 관계가 지나치게 높거나 혹은 낮은 경우가 보인다면 체계적 오류를 의심해 봐야 한다. 체계적 오류는 다음과 같은 오류를 포함한다. 체계적 오류를 해결하기 위해서는 타당도가 높은 척도를 사용해야 한다.

(1) 고정반응

고정반응은 응답자가 앞의 항목에서 응답한 값을 뒤의 항목에서도 모두 동일하게 응답한 경우이다. 예를 들어, 개인 성향으로 인한 중앙집중경향의 오류, 관용의 오류, 가혹의 오류를 들 수 있다(강이근 외, 2016). 응답자의 설문지를 봤더니 '보통이다'에만 처음부터 끝까지 응답한 경우가 있을 수 있는데, 이는 응답자가 무조건 중립적인 입장을 취하는 중앙집중 경향의 오류에 해당한다. 또한 무조건 긍정적인 입장을 취하는 관용의 오류와 반대로 무조건 부정적인 입장을 고수하는 가혹의 오류 역시 체계적 오류를 일으키는 응답자의 성향에 포함된다. 또는 단순히 설문조사 참여가 응답자의 의사에 관계없이 비자발적으로 이루어진 경우 설문조사 참여가 귀찮아진 응답자가 설문지 내용을 읽지 않고 무성의하게 동일하게 응답한 경우도 있을 수 있다.

(2) 사회적 바람직성의 편향

응답자 중에는 어떻게 하면 자신이 좋은 사람으로 비칠 수 있을까 하는 이해관계

필터를 통해 응답하는 경우가 있다(Rubin & Babbie, 2016). 이를 위해 조사자의 의도에 맞춰 응답하거나 사회가치 기준에 부합하는 방향으로 대답하려는 경향을 보이는데, 이를 사회적 바람직성의 편향이라고 한다. 예를 들어, 학급에서 담임교사 주도로 이루어진 청소년 학급 학생을 대상으로 진행된 설문에서 "여러분은 최근 1년 이내에 흡연을 한 번이라도 해본 적 있습니까?", "여러분은 최근 1년 이내에 이성친구와 성관계를 맺어 본 경험이 있습니까?" 등의 질문을 한다거나, 또는 기혼 성인 남녀를 대상으로 "당신은 외도한 경험이 있습니까?", "당신은 현재 배우자와의 이혼을 진지하게 고민해 본 적이 있습니까?"와 같이 설문문항이 응답자가 대답하기 난감하게 구성된 경우, 응답자들은 실제 사실을 숨기고 사회적으로 바람직하게 여겨질 수 있는 방향으로 대답하려고 할 것이다.

(3) 문화적 차이 또는 인구사회적 차이에 의한 편향

체계적 오류는 문화적인 차이로 인해 발생할 수 있다. 특정 집단을 대상으로 제작된 척도를 다른 집단에 적용해서 사용한다면 가치관, 언어 형태, 살아온 환경 등 문화적 맥락이 다르기 때문에 일정한 양태를 가진 오류가 발생할 수 있다. 예를 들어, 우생학을 창시한 프랜시스 골턴(Francis Galton)은 영국 상류층을 조사대상자로 하여 자료를 수집했고 우생학 이론을 만들었다. 따라서 우생학 이론의 어떤 개념을 측정하더라도 중산층이나 하류층에서 유전적 우월성은 발견될 수 없었을 것이고 상류층의 현재 지위는 대대로 이어진 유전적 우월성에 기초한다는 결론을 도출할 수 있었을 것이다. 즉, 사회적 지위로 인한 체계적 오류가 발생할 수밖에 없었다.

그다음으로는 인구사회적 특성이 개입하여 발생하는 오류이다. 즉, 인구통계학적 · 사회경제적 특성에 해당하는 성별, 학력, 소득, 종교, 직업, 인종, 사회적 지위 등이 영향을 미쳐 응답자의 응답이 유형화된 방향으로 나타나는 경우이다(강이근 외, 2016). 예를 들어, 노인 대상의 우울 척도를 초등학생에게 사용한다면 체계적 오류가 나타날 수 있다. 〈표 4-1〉에서 문항 4의 '맑은 정신', 문항 7의 '낙담', 문항 8의 '인생의 가치 없음', 문항 9의 '인생' 등의 개념을 초등학생이 정확하게 이해할 수 있을까? 만약 문항들이 어렵게 느껴져 이해가 제대로 되지 않는다면 응답자들은 응

표 4-1 노인 우울증(축약형)

지난 일주일간 귀하께서 그런 느낌을 가졌으면 '예'에 표시하고, 그렇지 않으면 '아니요'에 표시해 주십시오.

지난 한 주 동안의 느낌	대답	
1. 당신은 평소 자신의 생활에 만족합니까? *	예	**아니요**
2. 당신의 활동과 흥미가 많이 저하되었습니까?	**예**	아니요
3. 당신은 앞날에 대해서 희망적입니까? *	예	**아니요**
4. 당신은 대부분의 시간을 맑은 정신으로 지냅니까? *	예	**아니요**
5. 당신은 대부분의 시간이 행복하다고 느낍니까? *	예	**아니요**
6. 당신은 지금 살아 있다는 것이 아름답다고 생각합니까? *	예	**아니요**
7. 당신은 가끔 낙담하고 우울하다고 느낍니까?	**예**	아니요
8. 당신은 지금 자신의 인생이 매우 가치가 없다고 느낍니까?	**예**	아니요
9. 당신은 인생이 매우 흥미롭다고 느낍니까? *	예	**아니요**
10. 당신은 활력이 충만하다고 느낍니까? *	예	**아니요**
11. 당신은 자주 사소한 일에 마음의 동요를 느낍니까?	**예**	아니요
12. 당신은 자주 울고 싶다고 느낍니까?	**예**	아니요
13. 당신은 아침에 일어나는 것이 즐겁습니까? *	예	**아니요**
14. 당신은 결정을 내리는 것이 수월합니까? *	예	**아니요**
15. 당신의 마음은 이전처럼 편안합니까? *	예	**아니요**

주: 답안의 '아니요'나 '예'의 굵은 글씨는 우울 상태로 점수화(각 1점)함을 의미함
* 역코딩 문항

출처: 한국노년학포럼(2010).

답에 대한 흥미를 잃고 '예' 또는 '아니요' 중 하나의 동일한 답으로 응답해 버릴 수도 있다.

2) 비체계적 오류

비체계적 오류(random error) 또는 무작위 오류는 체계적인 원인에 의해 발생하는 것이 아니고 무작위로 발생하는 오류이다. 따라서 일정한 유형이 존재하지 않아 통제가 어렵다는 특징이 있다.

예를 들어, 오늘 카페에서 조사자와 응답자가 만나서 설문조사를 하기로 했는데 갑자기 쏟아지는 장맛비에 응답자가 카페로 걸어오다가 흠씬 젖어 버렸다면, 응답자는 찝찝함 때문에 기분이 안 좋을 것이고 얼른 끝내고 집에 가야겠다는 생각만 할 수 있다. 이런 경우에 응답이 부실할 수 있다. 또는 조사자는 의도하지 않았지만, 조사자의 억양이나 사용하는 언어가 특정 응답자에게 불쾌감을 주었다면 응답자는 측정을 거부하거나 측정에 대충 응할 수 있다. 이처럼 측정 시의 날씨, 조사자의 억양과 뉘앙스에 대한 응답자의 반응은 조사자가 예측할 수 있는 부분이 아니다. 그 외에도 응답자의 기분 상태, 측정 장소 또는 측정 장소 주변에서 발생한 예측하지 못한 일들도 비체계적 오류를 일으키는 원인이 될 수 있다. 비체계적 오류를 해결하기 위해서는 신뢰도가 높은 도구를 사용해야 한다.

3. 신뢰도와 타당도의 개념과 주요 유형

측정에서 신뢰도(reliability)란 측정을 반복적으로 했을 때 어느 정도로 동일한 결과를 얻어 내는지를 의미한다. 따라서 신뢰도는 비체계적 오류와 관련이 있으며, 척도의 신뢰도가 높을수록 그 척도의 비체계적 오류는 적어지게 된다. 타당도(validity)란 측정하고자 하는 개념을 얼마나 정확하게 측정하는지를 의미하며, 체계적 오류와 관련 있다.

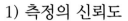

1) 측정의 신뢰도

측정도구의 신뢰도를 확인할 수 있는 방법에는 검사-재검사법, 대안법, 반분법, 조사자 간 신뢰도, 내적일관성 분석이 있다.

(1) 검사-재검사법

검사-재검사법은 검사를 두 번 하는 것이다. 동일 집단에게 시간 간격을 두고 2번 이상 측정 후, 그 측정결과를 비교해서 측정결과 간에 상관관계가 높으면 측정도구가 신뢰도가 높다고 판단한다. 검사-재검사법은 두 번의 검사를 모두 동일한 조건에서 실시함을 전제로 하고, 검사와 재검사 사이의 시간 경과는 첫 번째 검사에서 응답자가 자신이 한 응답을 기억하지 못할 정도로 충분히 길어야 하면서도 두 검사를 진행하는 동안 응답자들에게서 유의미한 변화가 일어날 가능성을 최소화할 수 있을 만큼 충분히 짧아야 한다(Rubin & Babbie, 2016). 대략 2주가 검사와 재검사 사이의 일반적인 간격이다.

검사-재검사법의 장점은 다른 도구를 개발할 필요 없이 하나의 측정도구로 2번 이상 조사를 하기 때문에 적용이 간편하다. 하지만 이 방법은 사건효과, 성숙효과, 검사효과라는 3가지 단점을 가진다. 2번의 검사 시간 사이에 외생변수가 영향을 미칠 가능성이 있다. 따라서 두 번째 측정을 할 때 연구참여자에게 어떤 변화가 일어났다고 하더라도 그것이 처음에 의도했던 것(예: 프로그램 효과) 때문인지 아니면 시간의 간격 사이에 어떤 외부 영향이 있었던 것인지 모호한 부분을 배제할 수 없다.

구체적으로 살펴보면, 먼저 사건효과라는 것이 있다. 이것은 사전검사와 사후검사 사이에 종속변수의 변화에 영향을 미칠 가능성이 있는 조사자가 예견하지 못했던 어떤 일들이 발생하는 경우이다. 예를 들어, 고등학교 3학년 학생들이 자아존중감 향상 프로그램에 참가했다고 가정해 보자. 프로그램 참가 전에 측정을 먼저 하고, 프로그램 종료 후 사후검사를 하게 되는데, 사전검사와 사후검사 사이에 수능 전 마지막 모의고사가 있었다고 한다면, 모의고사 성적이 좋은 학생들은 자아존중감 점수가 훨씬 높아졌을 것이고, 모의고사에서 성적이 좋지 않았던 학생들은 자아존중감 점수가 훨씬 낮아졌을 것이다. 이때 모의고사 점수가 청소년의 사후검사에 영향을 미치지 않았다고 보기 어려운데, 이처럼 예기치 못하게 발생한 사건의 영향을 사건효과라고 한다. 사건효과는 시간 간격이 길면 길수록 커지게 된다.

다음으로, 성숙효과는 종속변수의 결과가 어떤 프로그램에 참가했기 때문이 아니라 그 시기에 해당 참가자들의 발달특성상 혹은 시간이 흘러서 자연스럽게 괜찮아져서 발생한 것일 수 있다는 것이다. 예를 들어, 언어발달이 한창 이루어지는 시기에 아동이 언어발달 프로그램에 참여했다고 했을 때, 프로그램 종료 후 이 아동의 언어발달이 유의미하게 향상됐다고 하더라도 이것이 프로그램의 효과인지 아니면 아동이 언어가 집중적으로 발달하는 시기에 있어서 그런 것인지 불분명하다는 것이다.

마지막으로, 검사효과는 검사-재검사법에서는 동일한 척도로 두 번 측정을 하기 때문에 응답자가 이미 측정도구의 내용을 기억하고 알고 있어서 이것이 사후검사에도 영향을 미칠 수 있다는 것이다.

(2) 대안법(복수양식법, 평행양식법, 유사양식법, 동형검사법)

앞서 재검사법은 동일한 도구측정을 2번 이상 실시했었다면, 대안법은 측정도구를 2개를 만드는 것이다. 즉, 원조사도구가 있고 원조사도구와 유사한 대안적 조사도구를 개발해서 2개 도구를 가지고 측정한 후에, 그 상관관계를 비교해서 상관관계가 높을수록 원척도에 신뢰도가 있다고 판단하는 방법이다. 예를 들어, 원척도가 5개 문항으로 구성된 대인관계 A 척도라고 할 때, 각 5개 문항에 대해 유사한 문항을 한 개씩 더 만들어 대인관계 B 척도를 개발한다. 그런 다음 대인관계 A 척도와 대인관계 B 척도를 동일한 지적장애인 집단에 실시한 후 두 척도의 상관관계가 높은 경우($r = .7$ 이상) 원척도에 신뢰도가 있다고 판단하게 된다.

대안법은 2개의 척도로 동시에 측정을 하기 때문에 재검사법에서 발생하는 사건효과나 성숙효과 같은 외생변수의 영향을 극복할 수 있고 검사효과도 어느 정도 극복할 수 있다. '어느 정도'라고 하는 이유는 아무리 2개 척도를 동시에 사용했다고 하더라도 원척도와 유사한 도구를 개발한 것이기 때문에 검사효과를 완전히 배제하기는 어렵기 때문이다.

대안법의 단점은 검사효과를 완전히 배제하기 어렵다는 것이다. 또한 이론적으로는 원척도와 유사한 척도를 만들 수 있지만, 현실적으로 조사자가 원척도와 난이도와 내용이 모두 유사한 측정도구를 개발하거나 찾는 것은 매우 어려운 일이다.

(3) 반분법(이분절 기법)

반분법은 하나의 척도가 있을 때 그 척도의 모든 항목을 한번에 측정한 후에 그것을 반으로 나누어서 두 부분의 상관관계를 비교하는 것이다. 예를 들어, 자아존중감 척도가 10개 문항으로 구성되어 있다고 하면, 모든 문항은 한 번에 측정한 후에 홀수 5개 문항, 짝수 5개 문항의 두 조합으로 나누어 각각 5개 문항을 따로 채점 후, 평균을 내어 두 조합의 평균 간 상관관계를 계산하여 상관관계가 높으면 측정도구의 신뢰도가 높다고 판단하는 방법이다.

장점은 하나의 척도를 반분해서 사용하는 것이기 때문에 다른 척도를 개발할 필요가 없고 두 명의 조사자도 필요 없을 뿐만 아니라 2개의 도구를 사용할 필요도 없다는 것이다. 또한 하나의 척도로 조사자 한 명이 한번에 측정하기 때문에 검사효과나 외생변수의 영향을 배제할 수 있다.

그러나 반분할 수 있는 방법이 다양하기 때문에 측정문항들을 완전히 동등하게 반으로 만들기는 어렵고, 또 어떤 방법으로 반분을 하는지(예: 홀짝 문항으로 반분, 앞부분 뒷부분 문항으로 반분 등)에 따라 상관관계가 달라질 수 있어 단일한 신뢰도 계수를 산출할 수는 없다는 단점을 가진다. 또한 측정문항을 반으로 나눠야 하는데 측정문항이 많지 않을 경우(예: 5개 문항 이하) 반분법은 적절하지 않을 것이다.

(4) 조사자 간 신뢰도(관찰자 간 신뢰도, 상호관찰자 기법)

두 명 이상의 조사자가 동일한 척도로 동일한 내용을 측정하도록 하여 측정한 결과를 비교하는 방식이다. 측정한 값 사이의 일치도가 높을수록 해당 척도는 신뢰도가 높다고 판단한다. 예를 들어, 장애인의 일상활동 능력에 대한 평가를 사회복지사, 물리치료사, 의사로 구성된 평가팀에서 측정한다고 했을 때 그들의 평가점수가 비슷하게 나오면 해당 척도는 조사자 간 신뢰도가 높다고 할 수 있다. 조사자 간 신뢰도를 정확하게 측정하기 위해서는 척도와 측정에 대한 충분한 훈련을 실시하여 조사자들 사이의 개별적 특성이 측정에 미치는 영향이 배제될 수 있도록 해야 한다.

(5) 내적일관성 분석

내적일관성(internal consistency) 분석은 앞서 살펴본 반분법의 결정적인 단점, 즉 반분방식에 따라 신뢰계수가 달라지는 것을 극복하기 위해 만들어진 방법이다. 즉, 하나의 측정 내에서 가능한 모든 반분법 신뢰도를 구한 후 그것들을 평균 낸 값이다. 이 값은 일반적으로 크론바흐 알파(Cronbach's alpha) 계수로 나타낸다. 크론바흐 알파 계수는 내적일관성을 나타내는 계수로 문항 간의 일관성 정도를 의미한다.

내적일관성 분석은 사회복지조사뿐 아니라 다른 사회조사에서도 가장 많이 활용된다. 모든 반분법 신뢰도를 계산해서 평균을 내는 것이기 때문에 손으로 계산이 가능하지만, 일반적으로 통계패키지에 크론바흐 알파 계수를 계산하는 프로그램이 들어 있다. 보통 크론바흐 알파 계수는 0~1의 값을 가지며, 0은 '신뢰도가 전혀 없음', 1은 '완벽한 신뢰도'를 의미하며 .7 이상이면 보통, .9 이상이면 높음으로 해석한다.

2) 측정의 타당도

타당도를 확립하는 방법에는 [그림 4-5]와 같이 다양한 방법이 있다. 학자에 따라 동일한 방법을 다른 이름으로 부르기도 하고 다르게 분류하는 경우도 있어 완전히 통일된 분류체계를 갖고 있지는 않지만, 가장 보편적인 세 가지 방법은 내용타당도, 기준타당도, 개념구성체 타당도이다(최성재, 2008).

내용타당도는 다시 액면타당도와 내용타당도로 세분화되고, 기준타당도는 예측타당도, 동시타당도, 집단구분 타당도로 구분되며, 개념구성체 타당도는 수렴타당도, 판별타당도, 요인타당도로 구분된다.

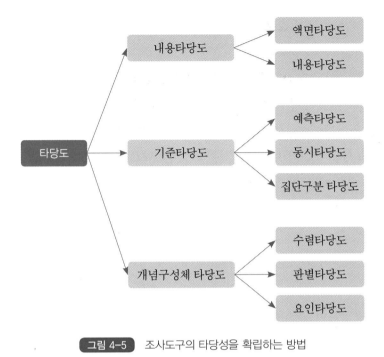

그림 4-5 조사도구의 타당성을 확립하는 방법

(1) 내용타당도

내용타당도(content validity)와 액면타당도는 학자에 따라 동일한 개념으로 간주하기도 하고 별개의 개념으로 구분하여 설명하기도 한다. 여기서는 구분하여 설명하기로 한다.

① 액면타당도

액면타당도(표면타당도, 안면타당도, face validity)는 연구자 또는 전문가가 주관적 평가에 따라 주어진 척도를 보고 그 척도가 측정하고자 하는 개념을 잘 측정하고 있는지를 판단해서 해당 척도가 타당성을 검토하는 방법이다. 표면, 즉 개념을 측정하는 지표들의 외견을 보고(액면 그대로 보아) 해당 개념을 적절히 측정하고 있는지를 보는 것이다. 하지만 알아야 하는 것은 액면타당도가 확보되었다는 것이 조사자가 측정하고자 의도한 것을 실제로 측정했다는 것을 의미하는 것은 아니고, 연구자가 측정하고자 의도했던 것을 해당 척도가 측정하는 것처럼 보인다는 것을 의미한다는 것이다(Rubin & Babbie, 2008).

예를 들어, 조사자가 11개 문항으로 구성된 우울척도를 새로 개발한 후, 이 우울척도의 타당도가 괜찮은지 알아보기 위해 우울 분야 전문가에게 새로 개발된 우울척도를 보여 준다. 전문가는 11개 문항을 읽어 보고 외견상으로 모든 문항이 우울 개념을 잘 측정하고 있는 것처럼 보인다고 판단을 하면 우리는 조사자가 개발한 우울척도가 측정하고자 하는 바를 정확히 측정해 내고 있다고 받아들일 수 있다.

② 내용타당도

전문가들이 주어진 척도가 측정하고자 하는 내용을 담고 있다고 동의할 때 내용타당도(content validity)가 있다고 한다. 따라서 조사자가 측정하고자 하는 개념(예: 우울 등)에 포함되어 있는 모든 내용을 잘 대표하는 지표(문항)들로 척도가 구성되었는지를 전문가들이 판단하는 것이다. 내용타당도도 액면타당도와 마찬가지로 전문가의 판단에 의존한다.

AUDIT(Alcohol Use Disorder Identification Test) 척도(〈표 4-2〉 참고)를 예를 들어

표 4-2 AUDIT 척도 구성 영역

영역	문항내용	문항번호
해로운 음주행동	• 음주의 빈도 • 음주량 • 고위험 음주의 빈도	1, 2, 3
알코올 의존	• 음주에 대한 통제력 상실 • 음주에 대한 증대된 동기 • 해장술	4, 5, 6
위험한 음주	• 음주 후 후회감 • 취중의 일을 기억 못 함 • 음주관련 상해 • 음주에 대한 타인의 걱정	7, 8, 9, 10

출처: 이봉주, 김선숙, 조상은(2014: 168-169).

살펴보자. AUDIT 척도는 신뢰도와 타당도 검증이 된 표준화된 척도이지만 내용타
당도를 설명하기 위한 예시로 사용될 것이므로 우리는 이 척도가 막 개발된 척도라
고 가정한다. 세계보건기구(WHO)에서는 알코올 남용과 의존을 평가하기 위해 10개

표 4-3 AUDIT 척도

다음은 음주와 관련된 상황입니다. 해당하는 곳에 ✓ 표시해 주십시오.

문항	점수				
	0	1	2	3	4
1. 술을 마시는 횟수는 보통 어느 정도입니까?	전혀 마시지 않는다	월 1회 이하	월 2~4회	주 2~3회	주 4회 이상
2. 술을 마시는 날은 보통 몇 잔을 마십니까?	1~2잔	3~4잔	5~6잔	7~9잔	10잔 이상
3. 술자리에서 한번에 6잔 이상 마시는 경우가 얼마나 자주 있습니까?	전혀 없다	한 달에 1번 미만	한 달에 1번 정도	1주일에 1번 정도	거의 매일
4. 지난 1년간 일단 술을 마시기 시작하여 자제가 안 된 적이 있습니까?	전혀 없다	한 달에 1번 미만	한 달에 1번 정도	1주일에 1번 정도	거의 매일
5. 지난 1년간 음주 때문에 일상생활에 지장을 받은 적이 있습니까?	전혀 없다	한 달에 1번 미만	한 달에 1번 정도	1주일에 1번 정도	거의 매일
6. 지난 1년간 술을 마신 다음날 아침 정신을 차리기 위해 해장술을 마신 적이 있습니까?	전혀 없다	한 달에 1번 미만	한 달에 1번 정도	1주일에 1번 정도	거의 매일
7. 지난 1년간 술이 깬 후에 술 마신 것에 대해 후회하거나 가책을 느낀 적이 있습니까?	전혀 없다	한 달에 1번 미만	한 달에 1번 정도	1주일에 1번 정도	거의 매일
8. 지난 1년간 술이 깬 후에 취중의 일을 기억할 수 있었던 적이 얼마나 자주 있습니까?	전혀 없다	한 달에 1번 미만	한 달에 1번 정도	1주일에 1번 정도	거의 매일
9. 본인의 음주로 인해 본인 혹은 타인이 다친 적이 있습니까?	전혀 없다		있지만, 지난 1년 동안에는 없었다		지난 1년 동안 그런 적이 있다
10. 친척, 친구나 의사와 같은 주변 사람들이 귀하의 음주를 걱정하거나 술을 줄이도록 권한 적이 얼마나 됩니까?	전혀 없다		있지만, 지난 1년 동안에는 없었다		지난 1년 동안 그런 적이 있다

* 참고: 10개 문항의 점수를 모두 합하여 총점을 구한다. 총점이 높을수록 위험하고 해로운 음주행위를
할 가능성이 높다고 해석한다.

출처: 이봉주, 김선숙, 조상은(2014: 172).

지표로 구성된 AUDIT 척도를 개발했다. WHO는 알코올 남용과 의존 정도를 측정하기 위해 반드시 포함되어야 하는 핵심 내용은 과도한 음주, 알코올 의존문제, 해로운 음주 수준이다.

AUDIT 척도의 하위영역은 〈표 4-3〉과 같이 구성되어 있는데, 전문가가 AUDIT 척도의 10개 지표들이 〈표 4-3〉의 내용을 모두 잘 반영하고 있다고 판단을 하면 AUDIT 척도는 내용타당도가 있다고 판단할 수 있다.

내용타당도와 표면타당도의 특징은 전적으로 전문가의 판단에 의존하므로 객관성 담보의 어려움이 있고, 타당도 확보의 가장 낮은 수준이기 때문에 타당도 확보를 위한 적절한 방법으로 보기는 어렵다. 하지만 조사자가 새롭게 척도를 개발해야 하는데 다른 방법으로 타당도를 검증할 수 있는 방법들이 가능하지 않을 때 사용하게 된다.

(2) 기준타당도

기준타당도(criterion-related validity)는 기존에 이미 존재하고 있는, 이미 타당도의 검증을 받은 측정도구가 기준이 되어 새로 개발된 측정도구와 결과를 비교해서 그 상관관계가 높으면 새 척도가 기준타당도를 갖는다고 판단하는 방법이다.

① 예측타당도

예측타당도(predictive validity)는 현재의 측정결과를 가지고 미래의 어떤 상태를 측정해서 그 상관관계가 높으면 현재의 척도가 예측타당도가 있다고 본다. 즉, 현재의 상태를 측정한 결과로 나타난 점수가 연구 참여자들의 미래의 태도, 상태, 행위를 예측해 내는 능력이 어느 정도인가를 통해 타당도를 진단하는 방법이다. 예를 들어, 중학생을 대상으로 행복감을 측정한 결과, 당시 행복감이 높았던 학생들은 나중에 대학생이 되어서도 계속 행복감 수준이 높았고 중학생 때 행복감이 낮았던 학생들은 대학생 때에도 행복감이 낮게 나타났다면, 즉 중학생 때 측정한 행복감 점수와 대학생 때 측정한 행복감 점수 간에 상관관계가 높게 나타나면, 조사자가 개발한 행복감 척도는 예측타당도를 가진다고 볼 수 있다.

예측타당도의 한계는 어떤 측정도구가 예측타당도가 확보되는지를 확인하기 위해서는 예측결과를 확인할 수 있는 미래의 조사 기간까지 기다려야 한다는 것이다. 즉, 타당도를 검증하는 데 시간이 많이 소요된다. 이 한계를 극복하고자 한 것이 동시타당도이다.

② 동시타당도

동시타당도(concurrent validity)는 기존 척도와 새 척도를 동시에 타당도 검증을 하는 것이다. 즉, 타당도를 검사하고자 하는 측정도구와 이미 타당도가 확보된 측정도구를 동일 대상에게 적용하여 산출된 측정결과 간 상관관계가 높으면 새 척도의 타당도가 높다고 판단하는 방법이다.

예를 들어, 기존(공신력이 있는, 표준화된, 검증이 된)의 우울척도와 새로 만든 우울척도로 어떤 정신질환을 가진 사람의 우울수준을 측정한 후, 두 척도의 측정결과가 상관관계가 높으면 새로 만든 우울척도의 타당도가 높다고 볼 수 있다. 또 다른 예는 80세 이상 노인의 치매출현 가능성을 측정하는 척도를 개발하는 경우, 그 척도와 기존의 치매 전문 의사가 노인의 상태를 진단한 결과와 상관관계가 높다면, 새로 개발된 척도의 타당도가 높다고 판단할 수 있다.

③ 집단구분 타당도

집단구분 타당도(기준집단비교 타당도, known-groups validity)의 정의는 다음의 2가지로 구분하여 설명된다.

첫째, 주어진 척도가 그 측정집단의 구성원들을 그 특성에 따라 기대되는 방향으로 구분할 수 있을 때 그 척도는 집단구분 타당도가 있는 것으로 본다(황성동, 2018). 예를 들어, PTSD 수준을 측정할 수 있는 척도를 개발을 해서 실제 PTSD가 있는 클라이언트들에게 적용을 해 보니 PTSD 중증 클라이언트는 중증점수가 나오고 PTSD가 경증인 클라이언트는 경증점수를 받았다(황성동, 2018). 이와 같이 새로 개발된 척도가 PTSD 중증 클라이언트는 중증으로 경증 클라이언트는 경증으로 대상을 잘 구분한다면 이 척도는 집단구분 타당도가 있다고 말할 수 있다.

둘째, 어떤 개념의 속성에서 분명한 차이가 날 것으로 판단되는 두 집단을 선택해서 같은 측정도구를 적용했을 때 예상한 대로 차이가 나타나는 경우이다(최성재, 2008). 예를 들어 보면, 연구자가 가족주의 척도를 개발하여 이 척도를 우리나라의 하회마을의 노인에게 적용하면 그 노인의 가족주의는 높게 나타날 것이고, 미국인 대학원생에게 적용하면 가족주의가 낮을 것이라고 예상했다고 하자. 그리고 실제 가족주의척도로 노인과 미국인 대학원생에게 적용했을 때 가족주의 점수가 예상대로 나왔다면, 개발한 가족주의 척도는 집단구분 타당도가 확보되었다고 말할 수 있다.

(3) 개념구성체 타당도

개념구성체 타당도(구성체타당도, 구성타당도, 구성개념 타당도, 개념타당도, construct validity)는 이론을 토대로 측정도구의 타당도를 측정하는 방법이다. 타당도를 검증하는 방법 중에서 가장 높은 수준이라고 볼 수 있다. 즉, 내가 만든 척도가 이론을 바탕으로 기대되는 방향으로 얼마나 잘 수렴되고 구별되는지에 따라 개념구성체 타당도가 있는지가 결정된다.

일반적으로 수렴타당도와 판별타당도가 동시에 검증될 때 개념구성체 타당도가 있다고 판단되며, 그 외에 요인타당도가 있다.

① 수렴타당도

수렴타당도(집중타당도, convergent validity)는 서로 다른 측정도구가 있다고 하더라도 그것이 동일 개념을 측정하기 위해 개발된 것이라면, 두 척도로 측정한 측정결과 간에는 상관관계가 높을 것이라고 가정한다. 예를 들어, 어떤 조사자가 아동에 대한 학대를 측정하기 위해 개발한 새로운 척도가 기존의 부모에 의해 자행되는 아동학대를 측정하기 위한 척도인 Parent-Child Conflict Tactics Scale(Straus et al., 1998)과 그 결과에 있어 상관관계가 높다면, 조사자가 개발한 아동학대척도는 수렴타당도가 있다고 판단할 수 있다.

② 판별타당도

판별타당도(discriminant validity)는 서로 다른 개념을 측정했다면 그 측정결과 간에는 상관관계가 낮아야 함을 가정한다. 예를 들어, 우울 개념과 행복감 개념을 동일한 척도로 측정했을 때 그 점수 간에는 상관관계가 낮을 것으로 예상할 수 있으며, 이 경우 판별타당도가 있다고 할 수 있다.

③ 요인타당도

요인분석(factor analysis)은 개념구성체 타당도를 실증적으로 검증하는 통계분석으로 이 요인분석을 통해 확보된 타당도가 요인타당도(factorial validity)이다. 즉, 척도의 개별 항목들은 상관관계가 높은 항목들끼리 묶여서 여러 개의 하위요인이 만들어지는데, 예를 들어 하위요인 A의 항목들은 하위요인 A와는 높은 상관관계를 보이지만, 하위요인 B와는 상관관계가 낮거나 거의 없을 때 요인타당도가 확보되었다고 한다.

표준화된 척도로 예를 들어 보면, Barens와 Olson(1982)이 개발한 부모-자녀 의사소통 척도(Parent-Adolescent Communication Inventory: PACI)는 가족 구성원 간의 의사소통에서의 개방성과 문제점 정도를 사정하기 위한 것으로 총 20개 항목으로 구성된다. PACI는 요인분석에 의해 개방형 의사소통(10개 문항)과 문제형 의사소통(10개 문항)의 2개 하위요인으로 구분된다. 이때 개방형 의사소통 요인에 포함된 10개 항목들이 개방형 의사소통 요인과는 상관관계가 높고 문제형 의사소통 요인과는 상관관계가 낮거나 거의 없다면 PACI는 요인타당도를 확보했다고 말할 수 있다.

4. 신뢰도와 타당도 사이의 관계

척도에 대해서 제대로 이해하기 위해서는 신뢰도와 타당도의 개념을 정확히 알아야 한다. 앞서 신뢰도는 측정도구의 일관성을 의미하고 타당도는 측정도구가 측정하고자 하는 개념을 정확하게 측정하고 있다는 의미라고 했다.

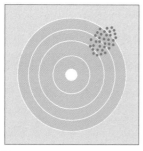
(a) 신뢰도가 있으나 타당도는 없음

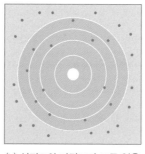
(b) 신뢰도와 타당도가 모두 없음

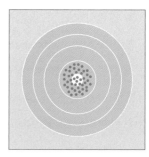
(c) 타당도와 신뢰도가 모두 있음

그림 4-6 신뢰도와 타당도

출처: Rubin & Babbie (2016: 251).

　신뢰도와 타당도는 [그림 4-6]처럼 종종 과녁으로 표현해 설명한다. (a)와 (c) 과녁을 보면 검은 점이 일관되게 한곳에 꽂혀 있는 것을 볼 수 있다. 즉, 신뢰도가 높다고 말할 수 있다. 하지만 우리가 원하는 것은 검은 점이 과녁의 중심에 일관되게 꽂히는 것이다. 왜냐하면 과녁의 중심이 곧 조사자가 측정하고자 하는 개념이기 때문이다. 따라서 (c) 과녁은 신뢰도뿐 아니라 타당도도 높은 척도이지만, (a) 과녁은 신뢰도는 높지만 타당도는 낮은 척도라고 볼 수 있다. (b) 과녁은 화살이 퍼져 있을 뿐 아니라 과녁의 중심에서 멀리 떨어져 있기 때문에 신뢰도와 타당도가 모두 낮은 척도가 된다.

요약

1. 변수의 기능에 따라 독립변수, 종속변수, 매개변수, 조절변수, 외생변수, 통제변수로 구분된다.
2. 변숫값의 연속성에 따라 연속변수와 불연속변수(이산변수)로 구분된다.
3. 변수의 속성에 따라 양적변수와 질적변수로 구분된다.
4. 연구모델 안에서의 역할에 따라 내생변수와 외생변수로 구분된다.

5. 변수측정은 개념화 → 조작화 → 측정의 순으로 진행된다. 개념화는 어떤 개념이 무엇을 의미하는지를 분명하게 확정 짓는 것이고, 조작화는 개념화에 의해 정해진 추상적인 개념적 정의를 측정가능하고 관찰가능한 조작적 정의로 만드는 것이다.

6. 체계적 오류는 일관성과 유형을 갖는 오류로 측정결과는 편향된 경향을 보이게 된다. 체계적 오류에는 고정반응, 사회적 바람직성의 편향, 문화적·인구사회적 차이에 의한 편향이 포함된다. 체계적 오류를 해결하기 위해서는 타당도가 높은 척도를 사용해야 한다.

7. 비체계적 오류는 무작위로 발생하는 오류로 통제가 어렵다. 이를 해결하기 위해서는 신뢰도가 높은 도구를 사용해야 한다.

8. 신뢰도는 측정도구가 측정을 반복했을 때 어느 정도로 동일한 결과를 보이는지를 의미한다.

9. 타당도는 측정도구가 측정해야 하는 개념을 얼마나 정확하게 측정하는지를 의미한다.

10. 측정도구의 신뢰도를 확인하는 방법에는 검사–재검사법, 대안법, 반분법, 조사자 간 신뢰도, 내적일관성 분석이 있다.

11. 측정의 타당도를 확인하는 방법은 크게 내용타당도, 기준타당도, 개념구성체 타당도로 구분된다. 내용타당도는 액면타당도와 내용타당도로 세분화되고, 기준타당도에는 예측타당도, 동시타당도, 집단구분 타당도가 포함된다. 또한 개념구성체 타당도에는 수렴타당도, 판별타당도, 요인타당도가 포함된다.

12. 신뢰도와 타당도 확보는 척도의 핵심 요건이다. 척도는 변수가 측정하고자 하는 것을 정확하게 측정할 수 있어야 하고(타당도), 또한 일관성 있게 측정할 수 있어야 한다(신뢰도).

토의 주제

1. 관심 있는 학술논문을 하나 선정하여 주요 변수들의 개념적 정의와 조작적 정의를 찾고, 개념화와 조작화가 바르게 되었는지 논의해 보자.

2. 체계적 오류와 비체계적 오류를 해결할 수 있는 방법에 대해 논의해 보자.

3. 신뢰도와 타당도가 무엇인지 정의를 내리고 둘 간의 관계를 설명해 보자.

🎋 참고문헌

강이근, 김병, 이병화, 이창희, 이용환(2016). 사회복지조사론. 창지사.

이봉주, 김선숙, 조상은(2014). 아동척도집. 나눔의집.

최성재(2008). 사회복지조사방법론. 나남.

한국노년학포럼(2010). 노년학척도집. 나눔의집.

황성동(2018). 알기 쉬운 사회복지조사방법론(2판). 학지사.

Barnes, H. L., & Olson, D. H. (1982). Parent-Adolescent Communication. In D. H. Olson, H. I. MaCubbin, H. L. Barnes, A. Larsen, M. Muxen, & M. Wilson (Eds.), *Family Inventories*. University of Minnesota Press.

Monette, D. R., Sullivan, T, J., & Dejong, C. R. (2011). *Applied Social Research: A Tool for the Human Services* (8th ed.). Brooks/Cole Cengage Learning.

Rubin, A., & Babbie, E. R. (2008). *Research Methods for Social Work*. 김기덕, 김용석, 유태균, 이기영, 이선우, 정슬기 역. 사회복지조사방법론. 센게이지러닝 코리아. (원저는 2007년에 출판).

Rubin, A., & Babbie, E. R. (2016). *Research Methods for Social Work*. 김기덕, 김용석, 유태균, 이기영, 이선우, 정슬기 역. 사회복지조사방법론. 센게이지러닝 코리아. (원저는 2014년에 출판).

Straus, M. A., Hamby, S. L., Finkelhor, D., Moore, D. W., & Runyan, D. (1998). Identification of child maltreatment with the Parent-Child Conflict Tactics Scales: Development and psychometric data for a national sample of American parents. *Child Abuse and Neglect*, 22, 249-270.

Welkowitz, J., Cohen, B. H., & Lea, R. B. (2012). *Introductory Statistics for the Behavioral Sciences* (7th ed.). Wiley & Sons, Hoboken.

World Health Organization (2022). Depression. https://www.who.int/health-topics/depression#tab=tab_1

제 5 장

측정도구의 개발

🔖 **학습목표**

• 사회복지조사연구에서 척도의 중요성을 이해한다.

• 척도 개발에서 신뢰도와 타당도의 개념과 의의를 이해한다.

• 척도의 주요 유형이 무엇인지 알고, 장점과 주의점을 이해한다.

• 척도의 신뢰도를 높이기 위한 구체적인 전략을 파악한다.

• 척도의 타당도를 높이기 위한 구체적인 전략을 파악한다.

사회복지학에서 다루는 인간과 사회현상을 과학적으로 탐구하기 위하여 추상적이고 복잡한 이론적 개념을 보다 구체적이고 측정가능하게 만들기 위해서 조사자는 우선 조작적 정의 과정을 수행하게 된다. 조작적 정의는 다양한 사회복지 실천가와 연구자가 조사결과를 이해하고 공유하기 위해서 필요한 공통의 언어를 제공하는 역할을 수행하게 된다. 다음 단계는 이를 구체적으로 측정하기 위해 척도를 개발하는 것이다. 사회복지조사를 포함한 사회과학연구에서 '척도(scale)'는 중요한 개념이며, 과학적 조사를 위한 핵심 도구로 이해할 수 있다. 척도는 주관적이거나 추상적인 사회적 개념을 측정가능한 수치로 변환하는 도구인 것이다. 개인의 키를 측정하기 위해서 자를 이용하듯이, 사회현상을 다루는 조사자는 신중하게 작성된 설문지 등을 활용하여 주관적 행복, 자기효능감, 정치적 보수성과 같은 개념들을 구체적인 수치로 변환하여 수집하고 통계분석에 활용한다. 연구도구로서 척도는 주관적이고 비구조화된 관찰을 구조화하고 이해하기 쉬운 형태로 전환하는 데 중요한 역할을 담당하며, 이를 통해서 조사자는 사회현상에 대한 다양한 통계적 수법을 활용할 수 있는 발판을 마련하게 되는 것이다.

1. 척도의 개념

1) 사회복지학에서 다루는 개념의 복잡성

사회복지조사는 개인과 집단의 삶의 질을 향상시키기 위한 근거기반 정책과 프로그램의 설계와 개입의 효과성을 체계적으로 검토하기 위해서 수행된다. 따라서 사회복지조사는 필연적으로 매우 복잡하고 때로는 모호한 개념을 다룰 필요성이 존재한다. 또한 사회복지 영역에서 다루는 개념은 인근 학문인 사회학, 경제학, 정치학, 심리학뿐만 아니라 최근에는 생물학, 의학, 정보과학과 같은 자연과학, 공학 분야로까지 확장되고 있다. 따라서 사회복지조사연구를 수행하기에 앞서 조사자가 다루고자 하는 현상을 적절하게 포착할 수 있는 개념의 선택과 개념을 구성하고 있는 다차원적·윤리적 성격을 이해하는 것은 의미 있는 조사결과를 얻기 위해서 필수적으로 선행될 필요가 있다. 또한 개인과 집단의 삶을 위협하는 다양한 사회적 위험이 표출되는 상황 속에서 사회복지 영역의 조사자는 새로운 개념과 해당 개념의 사회적 맥락에 대한 이해에 열려 있을 필요가 있다.

2) 조작적 정의

조작적 정의(operational definition)는 사회조사나 실험 수행에 있어 특정 개념을 측정하거나 식별하기 위해서 명확하고 구체적인 기준을 마련하는 것을 의미한다. 조작적 정의는 조사자의 주관적 해석을 최소화하고, 연구의 반복가능성을 높이며, 학문 간의 의사소통을 강화한다는 점에서 과학적 활동에 있어 핵심적인 중요성을 지닌다. 이와 더불어, 조작적 정의는 연구에서 사용되는 변수들이 명확하고 일관된 기준에 의거해 측정되도록 보장함으로써 연구결과의 신뢰성과 타당성을 향상시킨다.

예를 들어, 사회복지 분야에서 활발하게 연구되고 있는 사회복지사의 소진을 주제로 연구를 수행한다고 하자. '소진(burnout)'이라는 개념은 자연과학에서 일반적으로 다루는 현상에 비해서 매우 추상적이고 주관적인 성격을 지닐 수밖에 없다. 따라서 이를 측정하려면 명확한 측정기준에 입각한 조작적 정의가 필요하게 되는 것이다. 예를 들어, 조사자는 소진 수준을 측정하기 위해 신중하게 개발된 '자가 보고 설문지의 항목의 총점'라고 조작적으로 정의할 수 있게 되는 것이다. 이런 방식을 통해서, 해당 조사에서 '소진'이라는 개념이 정확히 어떻게 측정되고 사용되는지를 다른 연구자들이 이해하고, 필요한 경우 같은 방법으로 연구를 반복할 수 있게 되는 것이다. 따라서 조작적 정의는 연구의 명확성과 일관성을 높이는 중요한 과정이라고 할 수 있다.

3) 좋은 척도의 두 요소

(1) 신뢰도

신뢰도는 척도가 일관된 결과를 제공하는 정도를 나타내는 통계적 개념이다. 연구에서 수집된 자료의 일관성과 신뢰성을 보여 주는 신뢰도는, 동일한 현상이나 개념을 반복적으로 측정할 때 동일하거나 유사한 결과가 나타나는지 확인하는 데 사용된다. 이는 측정과정의 오류를 최소화하고, 측정도구가 연구대상을 정확하게 측정하는지 평가하는 데 필요한 기준이 될 수 있다. 예를 들어, IQ 검사와 같은 정신능력

평가도구는 오랜 연구와 검증과정을 거쳐 개발되었고, 일반적으로 높은 신뢰도를 보이는 것으로 받아들여지고 있다. 이런 척도의 경우 한 사람이 몇 주 또는 몇 개월 후에 동일한 IQ 검사를 다시 받아도, 그 사람의 점수는 크게 변하지 않을 것으로 기대한다. 이러한 일관성은 IQ 검사를 통해 개인의 지능 수준을 측정할 수 있다는 신뢰성을 부여하게 되는 것이다.

반대로 어떤 조사자가 '자신의 삶에 대한 만족도'를 측정하기 위해 임의로 만든 설문지를 사용했다고 가정하자. 여기에서 "오늘의 날씨에 만족하십니까?" "오늘 아침 식사는 어땠나요?" "오늘 기분은 어떠십니까?"와 같은 임의의 질문만이 포함되어 있다면, 이러한 설문지는 그날그날의 기분이나 특정한 순간의 상황에 크게 영향을 받기 때문에 동일한 대상이 며칠 후나 몇 주 후에 같은 설문지를 다시 작성하게 되면 결과가 크게 달라지는 문제가 생기게 되는 것이다. 이런 경우 우리는 해당 척도의 신뢰도가 낮다고 평가하게 된다.

신뢰도를 측정하는 방법에는 여러 가지가 있다. 대표적으로 내적일관성 방법, 시험-재시험, 반분법 등이 조사연구에서 활용된다.

① 내적일관성 방법

내적일관성 방법(internal consistency)은 한 척도 내에 속한 복수의 항목들이 동일한 개념 혹은 특성을 측정하고 있는지를 평가하는 방법으로 척도의 신뢰도 평가에서 가장 널리 활용되고 있다. 이 방법은 척도에 포함된 각 항목들 사이에 어느 정도의 일관된 관련성이 있는지를 측정하는 것이다. 따라서 내적일관성이 높다는 것은 척도의 항목들이 서로 밀접하게 연관되어 있으며 동일한 개념을 잘 측정하고 있다는 것을 의미하게 된다. 내적일관성을 측정하는 데 가장 널리 사용되는 지표는 크론바흐의 알파이다. 일반적으로 알파 값이 0.7 이상이면 일반적으로 합리적인 내적일관성을 가진 것으로 판단하며, 0.8 이상이면 좋은 수준의 내적일관성을 가진 것으로 평가된다. 다만, 이와 같은 기준은 연구영역에 따라 척도의 신뢰도에 대해서 얼마나 엄밀한 기준을 적용하는가에 따라서 판단이 달라질 수 있다. 크론바흐 알파 이외에도 변수의 값이 2가지인 이분변수의 경우 쿠버-리차드슨 공식 20(Kuder-Richardson

Formula 20: KR-20)과 같은 방식을 사용하는 경우도 있다.

예를 들어, 대학생들의 학업 관련 자기효능감을 측정하기 위한 설문지를 만들었다고 하자. 해당 설문지에는 "나는 공부를 잘할 수 있다고 믿는다." "나는 어려운 문제를 해결할 능력이 있다." "나는 다른 사람들보다 더 빠르게 학습할 수 있다."와 같은 항목들이 포함될 수 있을 것이다. 이러한 항목들은 학업에 대한 자기효능감과 관련된 질문들이므로, 이들 사이의 연관성은 당연히 높을 것으로 예상할 수 있다. 설문조사 결과 크론바흐 알파 값이 .90로 측정된다면 이 설문지는 학업과 관련된 자기효능감을 측정하는 데 있어 높은 내적일관성을 가진 것으로 평가될 수 있으며, 결론적으로 높은 신뢰도를 가진 척도로 인정될 수 있게 된다.

② 시험재시험 방법

시험재시험 방법(test-retest reliability)은 신뢰도를 평가하는 방법 중 하나로, 동일한 척도를 동일한 대상에게 두 번 이상 적용하여 얻은 점수 사이의 일관성이나 안정성을 평가하는 방법이다. 이 방법은 특히 측정도구가 시간의 경과에 따라 안정적인 결과를 제공하는지 확인하는 데 유용성이 크다. 만약 동일한 조건에서 두 번의 측정 결과가 크게 다르다면, 해당 측정도구의 신뢰도는 낮다고 판단될 수 있다. 반면, 두 측정 사이의 점수가 크게 차이 나지 않는다면, 그 도구는 안정적이며 높은 신뢰도를 가진 것으로 평가할 수 있을 것이다.

한 연구자가 청소년을 대상으로 하는 우울감 측정 척도를 새롭게 개발했다고 가정해 보자. 이 척도의 신뢰도를 평가하기 위해 연구자는 청소년들에게 이 척도를 적용하고, 2주 후에 동일한 집단에게 다시 같은 척도를 활용하여 측정결과를 비교하게된다. 두 번의 측정결과가 매우 유사하다면, 이 척도는 시간의 경과에도 불구하고 안정적인 결과를 제공한다고 볼 수 있으며, 그러므로 시험재시험 신뢰도가 높다고 평가될 수 있다. 다만, 이 경우 시간의 흐름에 따라 우울감은 변화될 가능성이 있기 때문에 적절한 시점을 정하는 것이 중요하다. 시점을 너무 좁게 잡을 경우 동일하게 반복되는 설문으로 인한 피로감으로 측정값에 영향을 줄 수 있다는 점도 충분히 고려할 필요가 있다.

③ 반분법

반분법(split-half reliability)은 신뢰도를 평가하는 대안적인 방법 중 하나로, 척도의 항목을 두 집단으로 나누고, 각 집단의 점수 사이의 상관관계를 계산함으로써 척도의 일관성을 평가하는 방법이다. 예를 들어, 척도의 절반은 홀수 번호 항목, 다른 절반은 짝수 번호 항목으로 구성하여 두 척도에 따른 측정값의 유사성을 살펴보는 것이다. 신뢰도 평가의 한 방법으로서 반분법의 핵심은 척도의 두 부분이 동일한 개념을 측정하고 있다면, 두 부분의 점수는 밀접하게 연관되어 있어야 한다는 논리에 기반하고 있다.

어떤 연구에서 성인의 정서 지능(emotional intelligence)을 측정하는 척도를 사용한다고 가정해 보자. 해당 척도에는 총 20개의 항목이 있는데, 연구자는 척도의 신뢰도를 평가하기 위해 반분법을 사용하기로 결정했다. 이 경우 연구자는 홀수 번호 항목 10개와 짝수 번호 항목 10개로 척도를 나누고, 두 조합의 점수 사이의 상관관계를 계산한다. 물론 문항 배열에 특별한 원칙이 있는 것이 아니라면 다른 방식으로 문항을 나누는 것도 상관이 없다. 만약 두 측정치 사이의 상관계수가 높게 나온다면, 이는 두 부분이 일관된 정보를 제공하고 있음을 나타내므로, 척도의 반분법에 따른 신뢰도가 높다고 판단하게 되는 것이다.

④ 보완 신뢰도

보완 신뢰도(inter-rater, inter-observer reliability)는 두 명 이상의 평가자나 관찰자가 동일한 대상이나 현상을 독립적으로 평가하거나 관찰할 때, 그들의 평가나 관찰 결과 간의 일관성을 측정하는 것을 의미하는 것으로 복수의 연구자를 통해 척도의 신뢰도를 검토하는 방법으로 이해할 수 있다. 보완 신뢰도는 특히 주관적 판단이 개입될 가능성이 큰 척도의 활용에서 중요성을 지닐 수 있다. 보완 신뢰도는 다수의 평가자, 연구자 사이에 높은 일관성이 나타날 경우, 해당 척도는 일관되게 해석되거나 적용될 수 있는 신뢰할 수 있는 척도라고 평가될 수 있다.

예를 들어, 아동 프로그램을 운영하는 사회복지사가 어떤 상황에서 대상 집단이 공격적인 행동을 보이는지 관찰한다고 가정하자. 이를 위해 두 명의 독립적인 사회복지사를 배치하여 동일한 집단의 행동을 동일한 공격성 진단 척도로 관찰하게 한다. 두 관찰자가 각각 기록한 공격적인 행동의 횟수와 유형을 비교하여 만약 두 관찰자의 기록이 크게 다르다면, 이 연구의 보완 신뢰도는 낮다고 판단되지만, 두 관찰자의 기록에서의 유사성이 높다면 이 연구의 보완 신뢰도는 높다고 평가할 수 있을 것이다.

그러나 척도가 높은 신뢰도를 가진다고 해서 반드시 그 척도가 조사연구에서 의미가 있다는 것을 뜻하지 않는다는 점을 인식할 필요가 있다. 과학적인 조사연구를 위해 신뢰도가 중요한 것은 맞지만, 신뢰도는 척도의 일관성만을 보장하며, 그 척도가 실제로 연구하려는 개념을 정확하게 다루고 있는가에 대해서는 알려 주지 않기 때문이다. 척도가 조사연구에서 다루는 개념을 정확히 포착하고 있는가를 평가하는 것은 타당성(validity)의 영역이며, 따라서 신뢰도와 타당성은 척도 개발에서 함께 고려되어야 한다.

한 조사자가 복지관에서 근무하는 직원들의 직장 만족도를 측정하고, 이들의 향후 이직 가능성을 탐색적으로 연구하는 예를 들어 보자. 연구자가 사용하는 척도(설문지)는 급여 수준, 복리후생, 휴가 및 동료와의 관계에 대한 만족도를 묻는 질문으로 구성되어 있었는데, 여러 번의 설문조사에서 직원들은 일관된 응답을 하는 것을 바탕으로 척도의 신뢰도가 높다는 결과를 얻었다. 그러나 해당 복지관에서의 이직률이 조사 이후에 계속해서 높았고, 별도의 조사를 통해서 이 척도가 직원들의 실제 이직 의도나 조직에 대한 애착과는 관련이 없다는 것이 밝혀졌다면, 이 척도의 타당도는 낮은 것으로 볼 수 있을 것이다. 이런 사례는 신뢰도가 높은 척도가 반드시 그 목적에 맞는 정보를 제공하는 타당성에 대한 보장이 없음을 보여 준다.

(2) 타당도

타당도는 연구 또는 측정도구가 그것이 주장하는 바를 정확하게 측정하고 있는지에 대한 정도를 나타낸다. 다시 말해, 타당도는 측정도구가 적절하게, 올바르게 그리고 의미 있게 해당 개념을 측정하고 있는지를 평가하는 지표이며, 타당도가 높은 척도는 그 척도의 결과가 해당 개념의 실제 값을 정확히 반영한다고 간주된다. 타당도가 낮은 척도를 활용하게 되면 연구결과에 대한 신뢰가 어려우며, 연구결과에 대한 일반화 가능성과 문제해결에의 적용이 제한된다. 더 심한 경우, 타당도가 낮은 척도 활용에 따른 잘못된 정보를 기반으로 한 의사결정이나 평가를 유발하여 개인과 집단의 권리와 복지를 침해하는 문제가 생길 수도 있다.

타당성이 낮은 척도의 활용이 가져온 비극적인 사례로 비네-시몽 검사법(Binet-Simon test)을 하나의 사례로 들 수 있다. 프랑스의 심리학자이며 지능 측정의 선구자였던 알프레드 비네(Alfred Binet, 1857~1911)는 1905년에 테오도르 시몽(Theodore Simon, 1872~1961)과 함께 비네-시몽 검사법을 개발했다. 비네는 인간의 지성의 다면성을 잘 이해하는 사람으로서 척도에 의한 측정결과를 신중하게 활용할 필요성을 알고 있었으며, 척도 개발의 목적 또한 학습의 어려움을 경험하는 아동에게 필요한 지원체계 마련을 위한 참고 근거를 확보하기 위한 것이었다. 그러나 이 척도는 이후 미국 등으로 확산되면서 유전학에 대한 왜곡된 이해에 기반하여 시민의 재생산 권리를 제한하기 위한 집단 구분에 사용되는 폭력적 방식으로 왜곡되기에 이르렀다. 결국 이 움직임은 많은 가족과 개인에게 고통과 트라우마에 가까운 차별 경험을 가져왔다. 지능의 한 측면을 요약적으로 관찰하기 위해서 개발된 척도가 개인의 지성 전체를 아우르는 집단 구분 도구로 쓰이고, 더 나아가 재생산 권리를 억제하는 근거로 활용된 이 사례는 타당성이 낮은 척도의 왜곡된 활용이 가져올 수 있는 위험을 잘 드러낸다.

개발된 척도의 타당도는 여러 측면에서 검토할 수 있다. 내용타당도(content validity)는 연구 도구나 척도가 연구의 목적에 맞게, 해당 연구 주제나 개념을 잘 반영하고 있는지 평가하는 것이다. 여기에는 문헌조사나 전문가 평가 등을 통해 조사하고자 하는 개념이나 주제의 모든 면을 충분히 포착하고 있는지, 누락되거나 불필요한 부분이 없는지를 확인하는 과정이 포함된다. 예를 들어, 수학능력검사가 학습과 관련한 주요 영역을 포괄적으로 다루지 못한다면 내용타당도는 낮아질 것이다.

기준타당도는 측정도구의 결과가 비교 가능한 다른 기준과 얼마나 잘 일치하는지를 의미한다. 예를 들어, 연구자가 사회복지종사자를 대상으로 새로운 직업 만족도 척도를 개발했다면, 해당 척도의 결과가 이전에 검증된 유사한 척도의 결과와 높은 상관관계를 보이는지 확인하는 방식으로 진행되는 것이다. 기준타당도는 크게 2가지 하위 형태를 지닐 수가 있는데, 먼저 동시기준타당도(concurrent validity)는 앞서 예시로 든 직업 만족도 사례와 같이 새로운 측정도구와 검증된 기준 도구를 거의 동시에 (또는 매우 짧은 시간 차이로) 측정했을 때 두 도구 간의 상관관계를 확인하는 방식으로 관찰된다. 예측기준타당도(predictive validity)는 새로운 측정도구의 점수를 바탕으로 미래의 성과나 결과를 얼마나 잘 예측하는지를 평가하는 방식으로 이뤄진다. 예를 들어, 대학 입학시험의 수학능력 검증과 관련된 타당도를 검토하기 위해서 해당 결과를 바탕으로 학생의 대학 내 학업 성취도를 예측할 때 그 정확도를 검토하여 타당도를 확인하는 경우를 들 수 있다.

구성타당도(construct validity)는 측정도구가 특정 이론적 구조나 개념을 얼마나 잘 반영하는지를 의미한다. 구성타당도의 검토는 몇 가지 방법을 통해서 이뤄질 수 있다. 하나의 방법은 요인분석(factor analysis)을 활용하는 것인데, 요인분석은 척도를 구성하는 복수의 항목 사이의 상관성에 기반한 공통된 패턴의 발견을 통해 하위 차원(요인)을 찾아내는 통계적 방법으로 볼 수 있다. 이와 같은 요인분석을 통해서 척도를 구성하는 문항이 이론적 구성 요소(하위요인)을 적절하게 반영하고 있는지 확인할 수 있다.

구성타당도를 검토하는 또 다른 방법은 수렴타당도(convergent validity)와 판별타당도(discriminant validity)를 살펴보는 것이다. 수렴타당도는 동일한 이론적 요소를 측정하는 두 개의 측정방법 사이에 높은 상관관계가 있어야 한다는 점을 확인하는 것으로서 검증대상 척도와 동일한 이론적 구성 요소를 다루는 기존의 척도와의 상관성 검토를 통해서 이뤄질 수 있다. 예를 들어, 개발하는 척도 내용 가운데 '현재 삶에 대한 전반적 만족감'과 '미래에 대한 불안감'이 있다고 가정하자. 이때, 두 항목을 구성하는 문항의 내적상관성은 높아야 하며, 두 영역을 구성하는 항목 간 상관성은 낮게 포착되어야 판별타당도를 확보한 것으로 볼 수 있다. 다중특성−다중방법행렬(Multi-Trait Multi-Method Matrix: MTMM)은 수렴타당도와 판별타당도를 검토하기 위해 전통적으로 활용되는 기법 가운데 하나이다.

2. 척도의 유형

척도는 네 가지 변수 형태(명목, 서열, 등간, 연속)에 따라서 다양한 형태의 설문으로 구성될 수 있다. 사회과학에서 일반적으로 많이 활용되는 방식은 리커트 척도, 의미 차이 척도, 거트만 척도, 스타펠 척도, 순위 척도, 그림 척도, 서스톤 척도 등이 주로 활용된다.

1) 리커트 척도

리커트 척도(Likert scale)는 응답자가 특정 주장이나 진술에 대한 자신의 태도나 느낌을 나타내는 데 사용되는 주관적인 평가방식이다. 리커트 척도는 주로 5점 또는 7점 척도로 구성되며, '매우 동의한다'부터 '매우 동의하지 않는다'와 같은 응답결과를 포함한다. 리커트 척도의 장점은 비교적 손쉽게 다양한 설문 주제에 활용이 가능하다는 점과, 응답자들이 평이하게 접근하고 응답할 수 있다는 점에 있다. 리커트 척

표 5-1 삶의 만족도 조사 리커트 척도 예시

항목	매우 불만족	불만족	보통	만족	매우 만족
건강 상태에 대한 만족도	☐	☐	☐	☐	☐
경제적 안정성 대한 만족도	☐	☐	☐	☐	☐
취미/여가활동의 만족도	☐	☐	☐	☐	☐
사회적/정치적 참여 만족도	☐	☐	☐	☐	☐
직업에 대한 만족도	☐	☐	☐	☐	☐
주거 환경에 대한 만족도	☐	☐	☐	☐	☐
문화생활에 대한 만족도	☐	☐	☐	☐	☐
가족관계 만족도	☐	☐	☐	☐	☐
미래 전망에 대한 만족도	☐	☐	☐	☐	☐

도를 활용하여 타당한 설문결과를 얻기 위해서는 문항의 중립성과 선택 답변의 간 균등성이 확보되어야 한다. 〈표 5-1〉은 리커트 척도를 활용하여 삶의 만족도를 측 정한 예시이다.

2) 의미 차이 척도

의미 차이 척도(semantic differential scale)는 두 극단의 반대되는 단어나 구문을 배 치시키고 설문대상자가 그 사이에 있는 위치를 선택하도록 구성된 척도로, 특정 개 념이나 대상에 대한 태도나 느낌을 측정하는 데 주로 활용된다. 의미 차이 척도의 주요 장점은 응답자가 특정 주제나 대상에 대해 가질 수 있는 복합적인 인상과 태도 를 다양한 차원(요소)으로 분해하여 관찰할 수 있다는 것이다. 또한 직관적인 방식 으로 빠르고 간단하게 태도나 느낌을 측정할 수 있어, 다양한 연구 분야에서 활용될 수 있다. 의미 차이 척도를 활용할 때는 태도나 생각의 차이를 명료하게 드러낼 수 있는 극단의 단어나 구문 선택에 주의해야 하며, 인상과 태도를 단어나 구문으로 묻 는 설문 특성상 문화적 · 사회적 배경을 고려할 필요가 있다. 〈표 5-2〉는 소비자를 대상으로 어떤 자동차 브랜드에 대한 인상과 태도를 의미 차이 척도를 활용해 측정 한 예시이다.

표 5-2 자동차 브랜드에 대한 인식을 측정하기 위한 의미 차이 척도 예시

항목	-3	-2	-1	0	1	2	3
안전성	신뢰할 수 없음						신뢰할 수 있음
스타일	전통적인						현대적인
경제성	비경제적인						경제적인
편안함	불편함						안락함
성능	낮음						뛰어남

3) 거트만 척도

거트만 척도(Guttman scale)는 구성 항목 사이의 의미 강도가 일관된 순서를 가진 척도로서, 응답자가 특정 항목에 동의한다고 응답한다면 그보다 낮은 수준의 항목에도 동일한 응답을 할 것이라는 논리에 기반하고 있다. 이 척도의 장점은 항목들의 의미상 지니는 계층 구조를 통해 응답자의 특성을 보다 명확하게 구분할 수 있으며, 응답의 일관성에 대한 검토를 기반으로 응답의 신뢰성 평가가 가능하다는 점을 들 수 있다. 거트만 척도를 활용할 때는 각 항목들이 일정한 의미 강도를 지니고 순서에 따라 배열될 수 있도록 항목 개발이 필요하며, 응답자의 응답결과를 통해 항목 간 서열성이 잘 반영되고 있는지 확인이 필요하다. 〈표 5-3〉은 한 노인복지관에서 노인 문화 프로그램의 효과를 평가하기 위해 거트만 척도를 활용한 예시이다.

표 5-3 노인복지관 문화 프로그램 인식 거트만 척도 예시

번호	항목 내용
1	복지관의 문화 프로그램에 대해 알고 있다.
2	문화 프로그램 참석을 원한다.
3	문화 프로그램에 한 번 이상 참석해 본 경험이 있다.
4	문화 프로그램에 주기적으로 참석한다.
5	문화 프로그램 참석으로 인해 새로운 친구를 사귀었다.
6	문화 프로그램에 대한 정보를 주변 사람들에게 적극적으로 홍보한다.
7	복지관의 문화 프로그램 참여는 내 일상에 가장 중요한 일이다.

4) 스타펠 척도

스타펠 척도(Stapel scale)는 특정 설문(주장) 내용에 대해 음수값과 양수값 사이에 응답자의 견해를 위치시키게 하는 방식이다. 예를 들어, +5에서 −5까지의 10점 척도를 활용하여, 주어진 항목에 대한 어떤 특정한 특성이나 속성을 얼마나 잘 나타내

표 5-4 아버지에 대한 자녀의 애착 스타펠 척도 예시

항목	-5	-4	-3	-2	-1	0	1	2	3	4	5
아버지와 함께하는 시간은 즐겁다.											
아버지께서는 나에게 안정감을 주신다.											
아버지의 교육 방식에 만족한다.											
아버지와의 관계는 나의 일상생활에 긍정적인 영향을 미친다.											
아버지와 다투거나 갈등이 자주 생긴다.											
아버지께서는 나의 의견을 존중하신다.											
아버지와 함께하는 것은 부담스럽다.											

는지에 대한 반응을 측정하는 것으로, 중립적인 응답 옵션이 없어 응답자가 어떠한 방향성을 가진 응답을 하도록 유도하여 의사를 명확하게 드러내도록 한다는 장점이 있다. 〈표 5-4〉는 아버지에 대해서 자녀가 가지고 있는 애착 수준을 측정하기 위해 스타펠 척도를 활용한 예시이다.

5) 순위 척도

순위 척도(rank order scale)는 여러 항목이나 속성들 사이의 상대적 우선순위나 중요도를 결정하기 위해 사용되는 척도이다. 예를 들어, 응답자에게 제시된 항목들 중에서 가장 중요하다고 생각하는 것부터 가장 중요하지 않다고 생각하는 것까지 순서대로 정렬하도록 요청하거나, 중요성이 높은 몇 가지 항목을 순서대로 선택하게 하는 방식이다. 순위 척도의 장점은 응답자의 직관에 기대어 개별적인 우선순위나 선호도를 명확하고 쉽게 파악할 수 있다는 점이다. 그러나 이와 같은 장점을 충분히 활용하기 위해서는 너무 많은 항목을 제시하여 응답자가 혼란을 느끼지 않도록 할 필요가 있다. 또한 제시하는 항목은 명확하게 구분되고 전체적으로 포괄성을 지닐 필요가 있다. 〈표 5-5〉는 정부의 사회복지 정책의 우선순위에 대한 순위 척도 예시이다.

표 5-5 정부의 사회복지 정책 우선순위 척도 예시

다음의 사회복지 정책 중에서 가장 중요하다고 생각하는 정책부터 순서대로 번호를 매겨 주세요. (1: 가장 중요, 10: 가장 중요하지 않음)

_____ 실업자 지원

_____ 노인 복지

_____ 장애인 복지

_____ 아동 및 청소년 복지

_____ 저소득층 지원

_____ 여성과 가족 지원

_____ 보건 및 의료 지원

_____ 교육 및 직업 훈련 지원

_____ 주거 문제 해결

_____ 지역사회 개발과 재건

6) 그림 척도

그림 척도는 그림이나 이미지를 사용하여 특정 개념이나 감정의 강도나 빈도를 평가하는 척도이다. 이 척도의 장점은 주로 언어적 표현이나 문학적인 이해능력이 부족한 대상, 예를 들어 아동이나 다문화 배경의 인구 집단과 같은 특정 집단에서 응답을 유도하기 용이하다는 점을 들 수 있다. 또한 시각적 요소가 포함되어 있기 때문에 응답자의 관심을 유도하고 비교적 편안한 분위기에서 설문에 응할 수 있다는 장점이 있다. 다만 그림이나 이미지의 선택은 문화적·지역적 차이나 개인의 해석에 따라 다르게 해석될 수 있기 때문에 사전에 주의 깊은 검증과정이 필요할 수 있다. 그리고 이미지의 품질, 해상도 및 표현 방식이 결과에 영향을 미칠 수 있기 때문에 설문지를 출간할 때 주의할 필요가 있다. 〈표 5-6〉은 초등학교 저학년을 대상으로 학교생활에 대한 전반적인 인상을 측정하는 그림 척도 예시이다.

표 5-6 학교생활에 대한 초등학교 학생의 정서적 반응 측정 그림 척도 예시

항목	😵	🙁	😐	🙂	😆
숙제					
친구들과의 관계					
담임 선생님과의 관계					
급식					
운동장 활동					

7) 서스톤 척도

서스톤 척도(Thurstone scale)는 설문하고자 하는 현상에 대한 응답자의 태도나 인식의 강도를 위계적으로 반영하는 가중치가 사전에 부여된 복수의 항목으로 구성된다. 이를 위해서 척도 개발자는 포함되는 문항의 강도(중요도)에 대한 사전평가 과정

표 5-7 동물권에 대한 가치 판단을 묻는 서스톤 척도 예시

항목	동의	중립	반대
1. 동물은 인간과 동등한 권리를 가져야 한다.			
2. 야생동물을 이용한 서커스는 금지되어야 한다.			
3. 동물 실험은 과학 연구를 위해 필요하다.			
4. 모든 동물은 고통 없이 살아갈 권리가 있다.			
5. 동물은 인간의 편의를 위해 사육될 수 있다.			
6. 반려 동물은 그들의 본능에 따라 자유롭게 살아야 한다.			
7. 동물들도 그들만의 감정과 생각을 가지고 있다.			
8. 사냥은 인간의 자연스러운 취미 활동 가운데 하나이다.			
9. 동물의 보호와 복지는 법적으로 보장되어야 한다.			
10. 동물은 인간의 식량 공급원으로 사육될 수 있다.			

을 수행할 필요가 있다. 따라서 서스톤 척도는 척도 개발과정에서 시간과 비용 소요가 큰 편이며, 그만큼 타당성이 높고 정밀한 응답결과를 확보할 수 있다는 특징이 있다. 서스톤 척도의 경우 특히 민감한 사안에 대한 가치 판단을 묻는 경우가 많기 때문에 과도하게 많은 문항은 응답자에게 큰 피로감을 주어 응답결과의 신뢰성을 낮게 만들 수 있으므로 주의가 필요하다. 〈표 5-7〉은 동물권에 대한 가치 판단을 측정하는 예시이다. 설문결과는 각 항목에 부여된 가중치를 기반으로 최종 점수화된다.

3. 척도 개발과정과 핵심 전략

1) 척도 개발의 일반적 과정

척도 개발은 일반적으로 다음과 같은 절차와 단계를 따르게 된다. 실제 개발과정은 선형적으로만 이뤄지는 것은 아니며, 필요한 경우 이전 단계로 돌아와 재검토가 진행되는 경우가 빈번하다.

① 개념 정의: 복합척도 개발의 첫 번째 단계는 연구자가 측정하고자 하는 개념을 명확하게 정의하는 것이다. 이는 연구의 목적과 대상에 따라 다르게 설정될 수 있다.

② 항목 초기 구성: 측정하고자 하는 개념을 명확하게 정의한 후, 조사자는 해당 개념을 측정하기 위해 앞에서 살펴본 바와 같은 척도를 활용하여 다양한 항목을 구성한다.

③ 항목 사전평가: 생성된 항목들은 연구자와 현장 전문가들이 평가하고 검토하는 과정을 거쳐야 한다. 특히 전문적으로 민감한 주제를 다루는 경우 이 단계는 특히 중요도가 높다. 항목 구성의 타당성, 명료성, 중복의 회피, 대상자 특성 반영 등을 중심으로 사전 평가가 이루어진다.

④ 항목 선정: 항목 평가를 통해 개선된 항목들 중에서 가장 적절한 항목들을 선정

한다. 이전 단계에서 수정이 필요한 항목에 대해서는 반영하게 된다. 이 단계에서는 특히 항목의 신뢰성, 타당성에 대한 논리적, 이론적 검토가 요청된다.

⑤ 척도 구조 완성: 앞에서 선정되고 수정된 항목들을 조합하여 하나의 척도로 온전하게 구성한다. 이 단계에서는 척도의 특성에 따라 항목들의 가중치, 점수 척도(스케일) 등을 최종 결정하여 척도의 구조를 확정하게 된다.

⑥ 사전 테스트: 실제 측정에 활용되기 전에 구성된 척도의 신뢰성과 타당성을 평가하는 사전 테스트가 진행될 필요가 있다. 사전 테스는 일정 수준의 응답자를 대상으로 실제 설문결과를 수집하여 진행하게 된다. 사전 테스트 결과를 확인하기 위해서 통계적인 분석방법을 사용하게 되며, 척도의 신뢰도와 타당도를 측정하는 다양한 방법을 활용하게 된다.

⑦ 개발 완료: 사전 테스트 결과를 반영하여 척도를 최종 확정하는 단계이다. 설문 방식(종이, 웹페이지, 인터뷰 등)에 따른 최종 설문도구를 최종적으로 도출하고, 도구의 질과 관련된 추가적인 이슈는 없는지 확인하게 된다.

2) 좋은 척도 개발을 위한 전략

(1) 신뢰도 향상 전략

① 명확한 개념 정의: 척도 개발은 척도에서 다루고자 하는 개념을 명확하게 정의하는 것으로 시작해야 한다. 척도의 목적과 측정하려는 개념을 명확하게 이해하고 정의하는 것은 실수와 함정을 피하는 데 중요한 역할을 한다. 개념의 정의가 모호하거나 다른 해석 가능성이 있는 경우, 척도의 신뢰성과 타당성에 영향을 미칠 수 있다.

② 항목의 선정: 적절한 내용 범위와 수로 구성된 항목을 배치하는 것은 척도 개발에서 매우 중요하다. 척도의 각 항목이 측정하려는 개념을 잘 대표하고 있는지 논리적인 확인이 필요하다. 이를 위해 각 항목의 내용과 언어 선택에 문제가 없는지 확인이 필요하다. 특히 문장 구성이나 단어 선택에서 대상 집단의 이해

력과 문화적 배경에 부합하는지 신중한 고려가 필요하다.

③ 신뢰성 평가: 복합척도 개발에서는 척도의 신뢰성 평가도 중요하다. 신뢰성은 척도가 일관성 있게 측정하는 정도를 나타내는 지표이다. 신뢰성 평가를 위해 내적일관성이나 재테스트 신뢰도 등의 통계적 방법을 사용할 수 있다. 척도의 신뢰성이 낮은 경우, 척도의 신뢰성을 향상시키기 위해 항목을 수정하거나 제거하는 등의 조치가 필요하다. 척도의 신뢰도가 낮게 판정된 경우 이를 향상시키기 위한 여러 방법을 시도할 수 있는데, 대표적인 방법을 살펴보면 다음과 같다.

④ 항목 분석에 따른 제거/수정: 개별 항목의 통계적 특성을 분석하여 전체 척도의 신뢰도에 부정적 영향을 미치는 항목을 확인하고 제거하거나 수정할 수 있다. 다른 항목과 상관성이 낮은 문항을 선별하거나, 항목을 제거했을 때 신뢰도의 상승이 크게 관찰되는 문항을 중심으로 제거나 수정을 진행하게 된다.

⑤ 척도 항목 개수 증가: 일반적으로 항목의 수가 많을수록 척도의 신뢰도는 향상된다. 복잡한 현상을 측정하는 경우라면 설문 항목이 지나치게 적은 경우 낮은 신뢰도를 보일 수 있다. 따라서 이런 경우 설문 항목을 늘리는 것은 신뢰도를 개선하는 하나의 전략이 될 수 있다. 그러나 너무 많은 항목은 응답자의 부담을 증가시키고, 설문 정보의 중복으로 인한 조사의 효율성이 떨어질 수 있기 때문에 균형점을 찾을 필요가 있다.

⑥ 반복 측정: 경우에 따라서는 척도 활용의 상황의 특성으로 인하여 일시적인 오차나 변동성에 의해 신뢰도가 낮게 나왔을 가능성도 있다. 따라서 보다 신중한 접근을 위해서 같은 대상을 다시 한번 측정하여 이전 측정결과와 비교하는 것이 참고가 될 수 있다.

⑦ 타당성 검토: 척도의 낮은 타당성은 신뢰도에 부정적인 영향을 미칠 수 있다. 따라서 다음에서 소개하는 타당성 평가 관련 내용을 통해 수정 방향을 잡거나, 연구 초기인 경우 관련 전문가들의 의견을 구하여 척도 항목이 연구의 목적에 부합하는지, 그리고 항목들이 측정하고자 하는 변수를 적절히 반영하는지 확인하는 것도 신뢰도를 높이는 방향이 될 수 있다.

(2) 타당성 향상 전략

복합척도 개발에서는 척도의 타당성 평가도 중요하다. 타당성은 척도가 측정하려는 개념을 정확하게 측정하는 정도를 나타내는 지표이다. 타당성 평가를 위해 내용타당성, 구조타당성, 예측타당성 등의 통계적 방법을 사용할 수 있다. 척도의 타당성이 낮은 경우, 이를 향상시키기 위해 항목을 수정하거나 새로운 항목을 추가하는 등의 조치가 필요하다. 척도의 타당성이 낮게 나온 경우, 타당성을 향상시키기 위한 다양한 접근방식을 적용할 수 있다.

① 전문가 평가: 척도의 내용 타당성을 확인하기 위해 척도 항목을 관련 분야의 전문가들에게 검토받아, 측정하려는 변수나 개념을 충실히 반영하는지 확인하고 필요한 경우 수정을 요청하게 된다. 필요한 경우 새로운 문항을 추가하는 상황이 발생하기도 한다.

② 사전 테스트 과정의 강화: 척도 개발 초기에 이뤄지는 사전 테스트는 척도가 지니고 있는 잠재적 문제를 사전에 발견하여 측정결과의 오류로 인한 추가적인 비용과 판단 오류를 예방하는 것이 필수적이다. 따라서 조사 시간과 비용이 충분하다면 척도 개발 초기 단계에서 연속적인 척도 테스트와 응답자의 피드백 반영이 유용하다.

③ 집단 간 비교: 척도의 내용 타당성을 확인하는 방법으로서 대상자에 대한 사전정보를 활용하여 척도가 다루는 속성을 가진 집단과 그렇지 않은 집단 사이의 설문결과를 반영하여 수정 사항이 없는지 확인하는 것이다. 예를 들어, 특정 질병을 가진 집단과 그렇지 않은 집단을 비교하여 개발된 척도가 질병의 존재 여부를 잘 반영하는지 확인하는 식으로 진행된다.

④ 요인분석: 척도의 구성적 타당성을 검토하기 위해서 항목 간의 관계를 분석하여, 예상되는 구조와 실제 구조가 일치하는지 확인하는 것이다. 요인분석을 통해서 하위요인의 구성과 각 하위요인을 구성하는 항목의 신뢰도 검토를 통해서 척도 구조 변화에 필요한 정보를 확보하게 된다.

⑤ 표본의 다양성 고려: 타당성과 신뢰성은 척도의 일반화 정도를 통해 검증될 수

있다. 따라서 응답 표본을 다양하게 구성하여 측정결과에 문제가 없는지 확인하는 것은 척도 개선에 도움이 된다. 예를 들어, 초등학생을 대상으로 한 친구관계 만족도 척도를 만든다고 가정한다면, 다양한 환경에 놓인 표본(도시 거주, 농어촌 거주, 다문화 환경, 조손 가구 등)을 대상으로 척도의 신뢰성과 타당성을 비교 검토할 수 있다.

요약

1. 개념에 대한 조작적 정의는 실증적인 조사연구를 수행하기 위해서 필수적으로 진행되어야 하는 과정이다. 그러나 이 과정에서 측정에서의 신뢰도와 타당도의 문제가 발생하게 된다.

2. 신뢰도는 측정 결과의 안정성과 관련된 개념이며, 타당도는 측정 결과가 해당 개념을 얼마나 충실하게 반영하고 있는가와 관련이 있다.

3. 척도의 신뢰도를 평가하는 방법으로 내적일관성 방법, 시험재시험 방법, 반분법, 보완 신뢰도 등의 방법이 활용된다.

4. 타당도와 관련해서는 내용 타당도, 기준 타당도, 구성 타당도 등의 검토 과정을 거칠 수 있다.

5. 사회과학 조사연구에서 활용하는 척도는 리커트 척도, 의미 차이 척도, 스태플 척도, 순위 척도, 그림 척도, 서스톤 척도 등이 있다.

6. 척도를 개발하는 경우 척도 개발의 일반적인 절차에 대한 이해와 더불어서 신뢰도와 타당도를 향상시키기 위한 노력이 필요하다.

토의 주제

1. 신뢰도가 높지만 타당도는 낮은 사례를 생각해 보자. 반대로 타당도는 낮지만 신뢰도는 높은 경우를 생각해 보자. 각각의 상황에서 어떤 개인적, 사회적 문제가 생길 수 있을지 생각해 보자.

2. 낮은 신뢰도나 낮은 타당도를 가진 척도를 활용하여 사회적 비용을 초래한 사례를 조사하고, 해당 상황에서 어떤 해결책이 있을지 토론해 보자.

3. 대학수학능력시험은 척도의 타당도와 신뢰도에 있어 어떤 평가를 내릴 수 있을지 토론해 보자.

참고문헌

Jebb, A. T., Ng, V., & Tay, L. (2021). A Review of Key Likert Scale Development Advances: 1995-2019. *Frontiers in Psychology, 12.*

Marsden, P. V., & Wright, J. D. (2010). *Handbook of Survey Research.* Emerald Group Publishing.

McGee, R. A., & Wolfe, D. A. (1991). Psychological maltreatment: Toward an operational definition. *Development and Psychopathology, 3*(1), 3-18.

Saris, W. E., & Gallhofer, I. N. (2014). *Design, Evaluation, and Analysis of Questionnaires for Survey Research.* John Wiley & Sons.

Smith, G. T. (2005). On Construct Validity: Issues of Method and Measurement. *Psychological Assessment, 17*(4), 396-408.

제**6**장

인과관계 추론 및 연구설계

• 사회과학연구에서 인과관계를 추론하기 위해 필요한 요소들에 대해 이해한다.

• 연구의 내적타당도와 외적타당도에 대해 이해하고, 이 둘을 높일 수 있는 방법을 파악한다.

• 내적타당도를 저해하는 요인들을 꼽을 수 있다.

• 집단수준 연구설계의 종류를 파악하고, 각 연구설계의 장점과 단점을 이해한다.

• 단일사례설계에 대해 이해하고, 사회복지 현장에서 어떻게 활용할 수 있는지 예를 들 수 있다.

    사회복지학에서 탐구하는 인간과 사회현상에 대한 연구의 목적은 궁극적으로 관심을 갖는 현상의 원인 혹은 특정 현상으로 인해 발생하는 결과를 파악하기 위한 경우가 많다. 예를 들어, 사회복지학에서 많은 관심을 갖는 빈곤 연구를 살펴보면, 사람들이 왜 빈곤해지는지(원인), 그리고 빈곤이 사람들의 신체 · 정신 건강에 어떠한 영향을 미치는지(결과)에 대한 답을 구하기 위한 다수의 연구가 진행되었다. 그러나 사회과학에서 상관관계를 갖는 여러 가지 요인들을 밝히는 것은 상대적으로 용이하지만, 인과관계를 파악하기는 쉽지 않다. 한 예로, 빈곤과 건강은 아주 높은 상관관계를 갖는다. 우리가 단순하게 생각해도 돈이 없으면 양질의 음식을 먹기 어려우며, 좋은 의료서비스를 받기 힘들고, 건강에 더 해로운 여러 가지 환경적·물리적 상황에 노출되기 쉽다. 하지만 처음에 빈곤해진 이유가 건강 문제가 발생했기 때문에 좋은 직장에 다니지 못하고, 장시간 일하기 어려우며, 효과적으로 사회생활을 하지 못했기 때문이라면, 건강이 빈곤에 영향을 미쳤다기보다는 빈곤이 건강에 먼저 영향을 미쳤다고 보는 것이 타당하다. 이처럼 강한 상관관계를 갖고 있는 것으로 알려진 두 변인의 관계도 그 인과관계를 명확하게 밝히기 위해서는 보다 엄밀한 연구 방법이 필요하다.

1. 연구설계의 기초

1) 인과관계 추론

사회복지에서 진행하는 연구의 많은 연구가설은 변수 간의 인과관계를 가정하고 있다. 인과관계는 동일한 조건에서 독립변수의 변화가 종속변수의 변화를 일으켰을 때 인과관계가 성립되었다고 본다(Engle & Schutt, 2014). 자연과학에서 인과관계를 수립할 때는 많은 경우 실험실에서 모든 실험 조건을 통제하고, 독립변수만 조작하여 종속변수가 얼마만큼 변화하는지 살펴보는 것이 가능하다. 예를 들어, 음악이 식물의 성장에 미치는 영향에 대해 살펴본 한 연구에서 동일한 호박에서 채취한 호박씨를 동일한 환경에서 발아시키되, 한 집단은 음악을 틀어 주고, 또 한 집단은 소음에 노출시켰으며, 다른 집단은 소음 없이 자라게 하였다(Creath & Schwartz, 2004). 실험결과, 음악에 노출된 씨앗들이 가장 빨리 발아를 했고, 연구자들은 음악이 식물을 더 잘 자라게 한다고 결론을 내렸다. 이처럼 자연과학에서는 모든 조건을 통제한 상태에서 연구의 초점이 되는 독립변수만 조작하여 독립변수의 변화가 종속변수에 어떤 영향을 미치는지를 관찰할 수 있다.

그러나 인간을 대상으로 하는 연구에서는 동일한 조건을 만든다는 것이 불가능하다. 사회과학연구에서 독립변수를 제외한 나머지 환경과 상황을 똑같이 맞추고, 같은 시각에 거의 동일한 사람을 관찰하는 것은 불가능하지만, 최대한 독립변수의 고유한 영향력을 관찰할 수 있도록 엄밀하게(rigorous) 연구설계를 하여 독립변수와 종속변수의 인과관계를 추론할 수 있다(King, Keohane, & Verba, 1994). 연구자는 사회과학연구를 통해 인과관계를 추론하는 것이지 직접적으로 원인과 결과를 관찰할 수 있는 것이 아니기 때문에 인과관계를 100% 확신할 수 없으며, 연구를 통해 검증된 가설은 언제든지 변할 수 있다는 전제를 내포한다.

사회과학연구에서 인과관계가 성립되기 위해서는 공변성, 시간적 우선성, 비허위성이라는 3가지 조건이 충족되어야 한다.

첫째, 독립변수와 종속변수의 인과관계가 성립되기 위한 조건은 두 변수가 함께 변화하는 공변성을 가져야 한다. 즉, 통계적으로는 독립변수의 값이 변할 때, 종속변수의 값도 동시에 변화하는 통계적인 상관관계가 있어야 한다. 예를 들어, 맥컬리 등(McAuley et al., 2000)은 60~75세 노인들을 대상으로 가벼운 운동과 같은 신체활동이 노인을 더 행복하게 하는지에 대한 사실을 검증하고자 하였다. 연구자들은 이 연구에서 가장 먼저 노인의 신체활동과 행복, 이 두 변수의 상관관계를 제시하였으며, 구체적으로 노인의 신체활동이 증가할수록 행복의 정도도 증가한다는 결과를 보여 주었다.

둘째, 독립변수가 종속변수보다 시간상으로 먼저 발생해야 한다. 즉, 독립변수가 원인이고, 종속변수가 결과임을 증명하기 위해서는 원인이 결과보다 선행되었음을 실증적으로 확인해야 한다. 다시 맥컬리 등(2000)의 연구를 살펴보면, 독립변수인 신체활동과 종속변수인 행복의 시간적 순서를 명확하게 검증하기 위해서 신체활동을 거의 하지 않는 연구자들로 연구대상자를 먼저 선정하였고, 이들을 신체활동에 참여시키기 전의 행복 수준을 측정하였다. 그 이후에 연구대상자들은 신체활동 프로그램에 참여하였으며, 프로그램이 종료된 시점과 6개월 후에 연구대상자들의 행복을 측정하였다. 이렇게 연구자들은 독립변수가 종속변수보다 먼저 발생한 것임을 입증하기 위해 다양한 노력을 한다.

그러나 실제로 다수의 연구에서 시간적 우선성을 확인하기가 쉽지는 않다. 한 예로, 사회적 지지가 노인의 건강에 미치는 영향을 살펴본 연구에서 사회적 지지와 노인의 신체적 건강이 통계적으로 유의미한 관계를 갖는다는 것을 보고할 수는 있다. 그러나 사회적 지지가 높은 노인들이 더 건강한지, 아니면 건강한 노인들이 더 활동적인 삶을 살기 때문에 사회적 지지 수준이 높은지를 파악하는 것은 쉽지 않다. 사회적 지지 수준의 변화와 노인의 신체적 건강의 변화 중에서 어떤 것이 더 앞서는지를 경험적으로 확인할 수 있어야 이 두 가지 설명 중 어떤 것이 맞는지를 알 수 있다. 그러나 횡단자료를 활용한 연구에서는 시간적 우선성을 밝히는 것은 매우 어려우며, 종단자료를 활용하더라도 독립변수와 종속변수의 발생 순서를 파악하기 위해서는 정밀한 조사 설계와 분석이 필요하다.

셋째, 독립변수와 종속변수의 관계가 허위관계(spurious relationship)가 되어서는 안 된다. 비허위성(nonspuriousness)이란, 독립변수와 종속변수의 관계가 또 다른 변수로 인한 것이 아님을 의미한다. [그림 6-1]과 같이, 독립변수(X)와 종속변수(Y)의 관계가 제3의 변수(Z)에 의해 설명되거나 사라지면 이 두 변수의 관계는 허위관계라고 볼 수 있다. 예를 들어, 의료서비스 이용이 노인의 삶의 만족도에 미치는 영향을

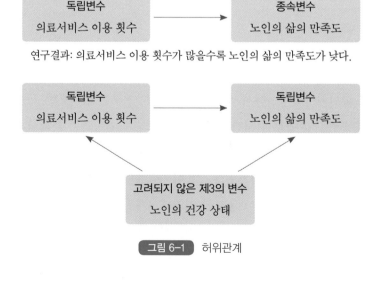

연구결과: 의료서비스 이용 횟수가 많을수록 노인의 삶의 만족도가 낮다.

그림 6-1 허위관계

살펴본 연구에서 의료서비스 이용 빈도가 늘어날수록 삶의 만족도가 낮아진다는 연구결과를 얻었을 때, 의료서비스 이용이 노인의 삶의 만족도에 부정적인 영향을 미쳤다기보다는 의료서비스 이용과 삶의 만족도 두 변수에 영향을 미치지만, 연구에서는 고려되지 않은 제3의 변수가 존재하기 때문에 이러한 결과가 나타날 수 있다. 고려되지 않은 여러 변수 가운데, 노인의 건강 상태가 둘의 관계에 영향을 미친 제3의 변수로 꼽아 볼 수 있다. 건강 상태가 좋지 않은 노인은 건강 상태가 좋은 노인보다 의료서비스를 이용할 가능성이 더 높다. 반면, 건강 상태가 좋지 않은 노인은 질병으로 인한 고통, 신체기능 저하, 활동 제약 등으로 인하여 건강 상태가 좋은 노인과 비교했을 때 삶의 만족도가 낮다. 따라서 노인의 건강 상태가 의료서비스 이용과 삶의 만족도 두 변수에 영향을 미치고 있음에도 불구하고, 노인의 건강 상태를 연구에서 고려하지 않았기 때문에 의료서비스를 많이 이용하면, 삶의 만족도가 더 낮아진다는 연구결과가 나타날 수 있는 것이다.

2) 연구설계의 개념 및 목적

연구설계란 연구질문에 대한 답을 구하기 위해 언제, 어떻게, 그리고 누구로부터 측정을 할 것인지에 대한 구체적인 계획을 의미한다(Kalaian, 2008: 725). 연구설계를 어떻게 하는가에 따라 연구자가 독립변수와 종속변수의 인과관계를 주장할 수 있는 확신의 정도가 달라진다. 모든 연구의 연구설계는 핵심이 되는 연구가설(실험 가설; experimental hypothesis)이 맞다는 것을 보여 주는 데에 그 목표가 있다. 여기서 실험 가설은 독립변수 X가 종속변수를 변하게 한 원인이라는 가설이다. 이 실험가설을 검증하기 위해서는 종속변수의 변화가 다른 원인들(대안가설)로 인해 나타난 것이 아니라는 것을 검증해야 한다. 따라서 연구설계의 목적은 종속변수를 변화시킬 수 있는 대안가설을 배제할 수 있도록 연구과정을 수립하는 데에 있다(Mark, 1996). 가장 간단하게 대안가설을 배제할 수 있는 방법은 동일한 두 집단이 같은 조건에서 유일하게 다른 독립변수로 인하여 종속변수의 변화에서 차이를 보인다면, 다른 대안가설이 될 만한 상황들도 두 집단에게 똑같이 적용되기 때문에 대안가설들은 모두 기각되고, 유일한 차이점이었던 실험가설이 유일하게 설명력을 지니게 된다.

2. 연구의 타당도

연구설계의 엄밀성에 따라 연구자가 독립변수와 종속변수의 관계를 나타내는 실험가설을 검증하고, 대안적 가설을 배제하여 검증된 연구결과에 대한 확신의 정도를 달리할 수 있다. 연구자가 검증된 실험가설에 대해 확신하는 정도를 타당도라고 하며, 크게 내적타당도와 외적타당도로 구분할 수 있다.

1) 내적타당도

(1) 내적타당도의 개념

내적타당도란 종속변수의 변화가 다른 요인(alternative cause)이 아닌 독립변수에 의해 발생되었다고 확신하는 정도를 의미한다(Marlow, 2011). 내적타당도가 높은 연구는 독립변수가 종속변수를 변화하게 한 원인이라는 강한 확신을 줄 수 있는 연구이다. 이런 강한 확신을 주기 위해서는 종속변수에 영향을 미칠 수 있는 다른 요인들[예: 대안적인 원인(alternative cause), 경쟁가설 등]을 더 많이 배제할 수 있어야 한다. 즉, 연구자가 관찰한 종속변수의 변화가 다른 외부적인 요인들에 의해 나타난 변화가 아닌 독립변수에 의해 나타난 변화라는 확신을 더 많이 줄 수 있는 연구가 내적타당도가 높은 연구이다. 집단수준의 연구설계(group research design)에서는 과학적으로 더 엄밀한 설계방법일수록(예: 실험설계) 더 많은 저해요인들을 통제할 수 있으며, 결과적으로 내적타당도가 더 높아진다.

(2) 내적타당도의 저해요인

내적타당도는 다양한 요인으로 인해 저해될 수 있으나, 일반적으로 내적타당도를 저해할 수 있는 주요 요인으로 다음의 7가지를 꼽고 있다(Campbell & Stanely, 1963).

① 우연한 사건

우연한 사건(history)은 연구가 진행되는 동안 연구설계에 고려되지는 않았지만, 연구결과에 영향을 미칠 수 있는 외부 사건(예: 자연재해, 사회적 변화, 국가적 차원의 사건 등)들을 의미한다(Marlow, 2011). 인간을 대상으로 하는 연구에서는 실험실에서 진행되는 연구들과는 달리, 외부 환경에 노출되는 취약성을 갖게 된다. 그렇기 때문에 연구 기간 중에 연구대상자에게 영향을 미칠 수 있는 외부 사건이 발생했을 때, 연구자는 연구대상자에게 나타난 종속변수의 변화가 독립변수의 변화로 인한 것인지, 아니면 외부 사건으로 인한 것인지 파악하기가 어렵다. 예를 들어, 장애인의 직업훈련사업의 효과성을 평가하는 연구를 진행하고 있는 동안에 정부에서 장애인 의무고용률을 상향조정하고, 고용의무 미행부담금 또한 증가하는 등 장애인 의무고용 정책이 바뀌었을 때, 연구자는 직업훈련사업에 참여했던 장애인들의 취업이 직업훈련사업이 효과적이어서 이루어진 것인지, 아니면 장애인 의무고용 정책이 바뀌어서 이루어진 것인지 구분하기 어렵다. 이런 경우에 우연한 사건으로 인하여 내적타당도가 감소되었다고 볼 수 있다.

② 성숙

성숙(maturation)은 시간이 지나면서 사람들이 자연스럽게 변화하고 성장하기 때문에 발생하는 저해요인이다(Campbell & Stanely, 1963). 사람들은 나이가 들면서 성숙해지고, 경험이 늘어나며, 지식이 늘기도 한다. 특히 아동들은 나이가 들면서 신체적·정신적으로 성장을 하고, 사회성이 발달하게 된다. 처음 아동이 초등학교에 입학했을 때와 1학년이 끝날 무렵의 모습을 비교해 보면, 키도 많이 컸지만 친구들과의 관계, 학교에서 생활하는 방식 등 발달의 측면에서 많은 변화를 볼 수 있다. 실제로 아동들을 대상으로 하는 프로그램의 효과성을 검증하고자 할 때, 얼마만큼의 변화가 원래 아동들이 성장하면서 나타나는 변화이고, 얼마만큼의 변화가 프로그램의 효과로 나타나는지를 구분할 수 있어야 한다.

시간이 지나면서 나타나는 자연스러운 변화는 비단 아동에게서만 나타나는 것은 아니다. 상실 등의 부정적인 경험을 했을 때, "시간이 모든 것을 해결해 준다"라는 말이 있듯이, 시간이 지나면서 자연적으로 나타나는 감정적·정서적인 변화들이 있다. 대표적인 예로, 퀴블러-로스와 케슬러(Kübler-Ross & Kessler, 2005)의 상실 극복 단계를 꼽을 수 있다. 이는 사람이 큰 상실을 경험하면 처음에는 사건 자체를 부정하지만, 이후에는 분노, 타협, 우울의 단계를 지나 경험했던 상실을 수용하고 그 경험에서 의미를 찾으려고 한다는 내용이다(Kübler-Ross & Kessler, 2005). 즉, 사람들은 어떤 큰 상실의 경험을 했을 때, 전문가의 개입 없이도 이러한 다양한 정서적인 변화를 경험하게 된다는 것이다. 그렇기 때문에, 개인의 변화를 통한 프로그램 효과성을 평가하고자 한다면, 시간이 흐르면 자연적으로 나타날 수 있는 변화와 프로그램을 통해 나타날 수 있는 변화를 구분할 수 있어야 한다.

③ 검사 효과

사람들은 심리검사나 시험 또는 지적 능력을 평가하는 검사 등 객관적인 검사(testing)를 할 때, 한 번 이상 검사를 수행하게 되면 검사에 대한 이전 경험이 검사결과에 영향을 미칠 수 있다. 이러한 반복 검사로 인해 나타나는 위협을 검사효과(testing effect)라고 한다(Rubin & Babbie, 2016). 반복적으로 검사를 시행하면, 검사 자체에 대한 능숙함으로 인하여 검사결과가 달라질 수 있다. 또한 처음 검사를 했을 때는 긴장을 해서 잘못 응답을 하거나, 질문을 잘 이해하지 못했는데 같은 검사를 다시 하게 되었을 때는 한 번의 경험으로 좀 더 편안한 마음으로 검사에 임하여 점수가 달라지는 경우도 있다. 이러한 검사 효과(testing effect) 혹은 연습 효과(practice effect)를 목적으로 활용되는 가장 대표적인 예는 모의고사이다. 대학수학능력시험을 보기 전에 학생들은 사전에 시험 자체에 대한 이해도를 높이고, 시험이 익숙해지도록 반복적으로 연습을 하며, 시험을 보는 환경의 영향을 최소화시키기 위해 가능하면 수능을 볼 때와 가장 유사한 환경에서 모의고사를 치른다. 이렇게 반복적인 연습을 통해 수험생들은 마지막으로 보는 진짜 대학수학능력시험에서 자신이 받을 수 있는 최고의 점수를 받을 수 있는 만반의 준비를 한다.

개인 역량의 최고치를 발휘하고자 할 때, 반복적인 연습은 도움이 될 수 있으나 프로그램의 효과성을 평가할 때는 문제가 될 수 있다. 프로그램을 평가할 때, 반복적으로 같은 검사를 시행하게 되면 클라이언트에게 나타난 점수의 변화가 검사의 반복으로 인하여 이 검사에 대한 이해도나 능숙함이 늘어서 나타난 변화인지, 아니면 실제로 프로그램이 효과적이어서 나타난 근본적인 변화인지를 파악하기 어렵다. 한 예로, 노인을 위한 신체활동 프로그램이 인지능력에 미치는 영향을 평가하기 위해 프로그램을 실시하기 전에 노인의 인지능력을 측정하고, 프로그램 실시 후에 같은 척도를 활용하여 인지능력을 측정하였다면, 이 두 시점에 나타난 인지능력 점수의 변화 가운데 얼마만큼의 변화가 프로그램의 효과인지, 그리고 얼마만큼의 변화가 반복 측정으로 인한 검사 효과인지를 구분할 수 있어야 프로그램의 효과성의 정도를 판단할 수 있다. 그러나 이를 구분할 수 없는 경우, 검사 효과로 인해 나타난 변화였음에도 불구하고 프로그램이 효과적이라는 잘못된 결론을 낼 가능성도 있기 때문에 이에 대한 고려가 필요하다.

④ 도구

도구(instrumentation)는 연구를 수행하는 과정에서 (1) 측정도구의 변화, (2) 측정도구의 채점 방식의 변화, (3) 연구 절차의 변화, (4) 종속변수가 측정되는 방식의 변화가 일어났을 때 나타날 수 있는 위협이다(Royse, 2020). 노인을 위한 신체활동 프로그램이 인지능력에 미치는 영향을 보고자 한 앞의 예시에서 연구자가 처음 인지능력을 평가할 때는 원칙대로 원래 주어진 시간을 정확히 지킨 반면에 프로그램이 끝난 시점에 측정을 할 때는 잘못하여 10분의 시간을 더 주었다면, 이 두 시점에 나타난 인지능력 점수의 변화가 10분을 더 주어서 나타난 변화인지 아니면 프로그램의 효과로 나타난 변화인지를 알 수 없게 된다. 따라서 이런 외부 요인에 기인한 대안적인 원인(alternative cause)을 배제하고 정확한 인과관계를 추론하기 위해서는 같은 측정도구를 활용하여 정확한 절차에 따라 매번 같은 방식으로 측정을 해야 한다.

⑤ 통계적 회귀

통계적 회귀(statistical regression)는 첫 검사에서 극단적인 점수를 받은 사람이 두 번째 검사에서는 좀 더 평균에 가까운 점수를 받을 가능성이 높은 현상에서 기인한다(Campbell & Stanely, 1963). 예를 들어, 첫 시험에서 100점을 받은 학생은 계속 100점을 유지하기보다는 100점보다 낮은 점수를 받을 확률이 높다. 반대로 첫 시험에서 20점을 받은 학생은 확률적으로 이 점수보다는 높은 점수를 받을 확률이 더 높다. 그렇기 때문에 극단적인 점수를 기준으로 연구대상자를 선정했을 때에는 통계적 회귀에 의해 자연적으로 연구대상자의 점수가 바뀔 가능성이 있다.

예를 들어, 대학생들의 불안을 감소시키기 위한 마음챙김 프로그램에 대한 프로그램 효과성을 평가하고자 할 때, 한 연구자가 불안이 가장 높은 학생들을 대상으로 프로그램을 진행하였다. 이 경우에 이 학생들이 가지고 있는 불안 수준의 실질적인 변화가 없어도 통계적 회귀로 인하여 두 번째 검사의 불안 점수는 첫 번째 점수보다 낮게 나타날 가능성이 높다. 이로 인하여 연구 결과에서 나타난 점수의 변화가 통계적 회귀로 인해 나타난 변화인지, 아니면 프로그램 효과로 인해 나타난 변화인지는 판단을 구분하기 어려워지며, 이는 프로그램의 효과성을 주장하고자 하는 연구자의 결론을 약화시킨다.

⑥ 선택

보통 실험설계에서 독립변수에 노출된 실험집단과 독립변수에 노출되지 않은 통제집단이 존재하게 된다. 사회복지 프로그램 평가 연구에서는 프로그램에 참여한 참여자 집단(실험집단)과 프로그램에 참여하지 않은 비교집단(통제집단)을 비교하여 프로그램이 효과적이었는지 판단하게 된다. 그런데 실험집단과 통제집단이 근본적으로 다른 속성을 가진 집단이라면, 연구에서 나타난 종속변수의 변화가 집단의 차이에서 발생한 것인지 아니면 프로그램의 효과성으로 인해 나타난 것인지를 알 수 없다. 이때 발생하는 저해요인을 선택이라고 한다(Rubin & Babbie, 2016). 예를 들어, 한 기관에서 다문화가정 아동들을 대상으로 한국 역사 체험 프로그램이 아동의 정체성에 미치는 영향을 알아보고자 하였다. 프로그램에 참여하는 아동들은 자발적으로 신청한 참여자를 중심으로 실험집단을 선정하였고, 통제집단은 같은 지역에 사는 다문화가정 아동들을 대상으로 하였다면, 선정편향(selection bias)이 일어났을 가능성이 매우 높다. 특히 자발적으로 신청한 아동들은 한국 역사에 관심이 많은 아동일 가능성이 높으며, 동기화가 잘 되어 있어서 프로그램에 보다 적극적으로 참여할 가능성이 높다. 이러한 경우에 실험집단과 통제집단에서 관찰된 정체성의 변화가 프로그램의 효과인지, 아니면 집단이 가지고 있는 특성의 차이로 인해 나타난 것인지를 파악하기 어렵다. 또 프로그램을 확대했을 때, 참여자의 특성이 달라지기 때문에 프로그램의 효과가 생각과 다르게 나타날 수 있다. 이러한 편의를 없앨 수 있는 가장 좋은 방법은 연구참여자를 무작위로 실험집단과 통제집단에 배정하는 것이다. 이이외의 다른 방법으로 실험집단과 통제집단이 구성되었을 때, 관찰되지 않은 집단 간의 차이는 내적타당도를 저해한 위협이 될 수 있다.

⑦ 연구대상자 상실

　연구기간이 길어지면, 연구에서 탈락하는 참여자들이 발생하게 된다. 대부분의 연구는 연구자의 자발적인 참여를 기본 원칙으로 하기 때문에, 연구대상자가 희망할 경우에는 언제든지 연구 참여를 멈출 수 있다. 하지만 연구대상자의 탈락 혹은 상실(attrition)은 내적타당도를 위협하는 요인으로 작용할 수 있다(Campbell & Stanely, 1963). 연구대상자의 탈락은 무작위로 배정한 실험집단과 통제집단의 속성을 변화시킬 수 있으며, 탈락의 과정에서 연구자가 의도하지 않은 편의가 발생할 수 있고, 탈락이 프로그램 참여집단(실험집단)의 역동을 바꿀 수 있다(Engel & Schutt, 2014). 더욱이 연구에서 탈락한 사람들에게 공통적인 탈락 이유(예: 연구대상자의 동기 부족, 프로그램으로 인해 경험하는 부정적인 경험, 프로그램 참여의 현실적인 어려움 등)가 있다면, 이는 연구결과에도 심각한 영향을 줄 수 있다(Jurs & Glass, 1971). 예를 들어, 알코올 중독 치료 프로그램의 효과성을 평가한 연구에서 끝까지 프로그램에 참여한 사람들은 금주에 성공한 것으로 나타나 프로그램이 효과적이라는 연구결과를 발표하였다고 가정하자. 그런데 실제로 연구에 탈락한 사람들은 술에 만취하여 프로그램에 참여할 수 없었던 사람들이었고 이 사람들의 결과가 연구에 반영되지 않았다면, 이 연구의 결론에 대한 확신은 줄어들 수 밖에 없다. 만약 이 탈락자들을 평가에 고려했다면, 프로그램이 여전히 효과적이라는 결론을 내릴 수 있는지 알 수 없기 때문이다. 연구대상자의 상실은 연구기간이 긴 모든 연구설계에서 공통적으로 나타날 수 있다. 따라서 연구대상자의 상실을 예방하기 위해서는 종단연구들은 연구대상자들이 지속적으로 참여할 수 있도록 연구참여에 장애가 될 수 있는 요인(예: 접근성, 시간 등)을 가능한 한 제거하고, 참여에 대한 인센티브로 답례품 혹은 답례비를 지급하거나, 정기적으로 연락을 하여 참여를 독려하는 등의 노력이 필요하다.

2) 외적타당도

외적타당도는 연구자가 얻은 연구결과를 다른 대상, 기관, 지역사회 등에 일반화시킬 수 있는 정도를 의미한다. 연구자가 연구의 결과를 일반화하기 위해서는 내적타당도 확립이 선행되어야 한다. 즉, 연구의 인과관계가 잘 수립되어야 그 결과에 대한 적용가능성을 논의할 수 있다. 연구자가 실험설계를 활용한 내적타당도가 높은 연구를 진행했다면, 외적타당도를 높이기 위해서 다음과 같은 요인들에 주의할 필요가 있다(Campbell & Stanely, 1963; Royce, 2020).

(1) 검사에 대한 반응 혹은 상호작용 효과

검사에 대한 반응 혹은 상호작용 효과(reactive or interactive effect of testing)는 사전조사로 인해 연구참여자가 연구의 주요 변수에 대한 민감도와 인식(awareness)이 증가되었을 때 나타난다. 연구참여자들은 사전조사만으로 본인이 어떠한 연구에 참여하고 있으며, 이 연구에서 보고자 하는 주요 변수가 무엇인지를 파악할 수 있게 되어 개입이 진행될 때 이에 대해 더 민감하게 인식하게 하고, 더 적극적으로 배우려고 하는 등 사전조사를 진행하지 않았다면 나타나지 않았을 반응들을 보이게 된다. 이러한 변화는 프로그램을 일반화하여 적용할 대상자의 속성과는 다를 수 있기 때문에 외적타당도에 위협이 될 수 있다.

(2) 실험 세팅에 대한 반응

실험 세팅에 대한 반응(reactive effects of arrangements)이란, 실험집단에 선택된 사람들은 자신이 프로그램에 선정되었기 때문에 특별하다는 인식을 할 수 있으며, 이 프로그램의 성패가 자신에게 달려 있다는 인식을 가지고 평소와는 다른 양상의 행동이나 반응을 보이는 것을 의미한다. 이러한 효과를 호손 효과(Hawthorne effect)라고도 한다. 호손 효과는 1920~1930년대에 한 전기회사에서 노동자들의 생산성을 높이기 위한 작업 환경에 관한 연구를 진행 했을 때 처음 발견되었다(Jones, 1992). 이 연구에서는 작업환경을 아무리 바꿔도 생산성이 변하지 않는 결과가 확인되었는데, 이는 연구에 참여하는 연구참여자들이 자신이 연구에 선발되었으며, 이 연구에 기여를 하는 중요한 사람이라는 인식의 변화만으로 생산성의 향상이 나타났기 때문이다. 이처럼 연구참여자들은 실험집단에 배정되었다는 사실만으로도 통제집단보다 더 나은 결과를 보여 주는 경우가 있는데, 이를 실험 세팅에 대한 반응 효과라고 한다.

(3) 선정과 개입의 상호작용 효과

선정과 개입의 상호작용 효과(interaction effects of selection biases and research stimulus)는 무작위가 아닌 연구참여자의 자발적인 지원(volunteer)으로 연구에 참여했을 때 발생한다. 자발적으로 연구에 참여하기를 희망하는 사람들은 일반적으로 사회에서 접하는 사람들과 다른 특성을 갖는다. 예를 들어, 이들은 주로 새로운 것에 관심이 많으며, 낯선 상황에 대한 두려움이 적고, 적극적인 태도를 가진 사람들이 더 많다. 이러한 특성은 자원하는 기관에서도 유사하게 나타날 수 있다. 새로운 프로그램을 적용하기를 희망하는 기관은 이러한 연구에 참여하기 꺼리는 기관과 다른 특성을 가진다. 연구자가 한 사회복지 기관에서 프로그램의 효과성에 대한 평가를 진행할 때, 이 기관에서는 적극적이고 긍정적인 태도로 연구를 지원해 줄 가능성이 높다. 따라서 이러한 기관 혹은 연구참여자를 대상으로 연구를 진행하여 프로그램이 효과적이라는 결론을 도출하여 더 많은 기관 혹은 대상에 프로그램을 적용했을 때, 연구에 참여했던 기관 혹은 사람과 일반화시키고자 하는 대상과의 간극으로 인해 프로그램에 대한 효과성이 다르게 나타날 수 있다.

(4) 다중-개입 간섭

다중-개입 간섭(multiple treatment interaction)은 연구참여자가 개입에 참여하기 전에 다른 개입이나 프로그램에 노출되었을 때 일어난다. 연구참여자가 평가하고자 하는 개입 프로그램에 참여하기 전에 다른 여러 프로그램에 이미 참여를 하고 있었다면, 이들은 이 개입 프로그램에만 참여하는 사람들과는 다른 특성을 갖는다. 따라서 이 연구결과는 유사한 프로그램 참여 패턴을 가진 대상들에게만 효과를 보일 수 있으므로, 이후에 적용하는 대상자 선정에 주의를 기울여야 한다.

이처럼 과학적으로 엄밀하게 설계된 연구가 인과관계를 잘 추론하여 더 많은 대상에게 일반화를 하는 과정에서도 문제가 발생할 수 있다. 그렇기 때문에 사회과학연구에서는 한 연구의 연구결과에만 의존을 하지 않고, 유사한 연구의 축적된 연구결과에 더 큰 의미를 둔다. 즉, 연구자 한 명의 노력보다는 과학 공동체(scientific community)의 집합적인 노력을 통해 연구결과의 외적타당도가 높아질 수 있다. 다양한 대상을, 다양한 실험 세팅에서, 다양한 방식으로 같은 실험가설이 지지되었을 때, 이 연구가설의 외적타당도가 높아진다(Hilton et al., 2020). 이렇게 외적타당도를 높이는 방법을 연구의 반복(replication)이라고 한다.

3. 집단수준 연구설계

사회복지학에서 집단수준 연구설계(group research design)는 주로 프로그램에 대한 효과성을 검증할 때 많이 활용된다. 구체적으로, 연구자는 특정 프로그램이 어떤 산물(outcome)을 변화시키는 원인이라는 것을 높은 내적타당도로 입증하려고 할 때, 집단수준의 연구설계 가운데 실험설계를 활용한다. 이는 실험설계가 공변성, 시간적 우선성, 비허위성을 모두 확고하게 확인할 수 있으며, 인과관계를 검증하는 데 있어서 다른 대안 원인(alternative cause)이 아닌 독립변수가 원인이라는 확신을 가장 잘 줄 수 있는 연구설계 방법이기 때문이다.

1) 실험설계

실험설계는 통제집단의 활용, 연구참여자의 무작위 할당(random assignment) 그리고 종속변수의 변화를 관찰하기 위해 독립변수를 투입하여 두 변수의 시간 순서 수립을 구성 요소로 하고 있다(Royse, 2020).

통제집단

독립변수가 종속변수의 변화 요인이라는 것을 확인하기 위해서는 독립변수가 투입이 되었을 때와 투입이 되지 않았을 때, 종속변수가 어떻게 다른지를 파악할 수 있어야 한다. 또한 앞에서 제시한 내적타당도를 저해하는 여러 요인들을 포함한 대안적인 원인들이 종속변수를 변화시켰는지, 아니면 정말 독립변수에 의해 나타난 변화인지를 파악할 수 있어야 한다. 이를 위해 실험설계에서는 최소 두 집단이 존재한다. 독립변수가 투입이 된 집단을 실험집단(experimental group)이라고 하며, 독립변수가 투입되지 않은 집단을 통제집단(control group)이라고 한다(Rubin & Babbie, 2016). 실험설계에서는 독립변수가 투입된 실험집단과 그렇지 않은 통제집단에서 측정된 종속변수의 점수 변화를 통해 독립변수와 종속변수의 관계를 살펴볼 수 있다.

무작위 할당

실험설계에 있어서 두 집단 간의 비교를 정확하게 하기 위해서는 실험집단과 통제집단이 같은 성격을 가진 동일한 집단이어야 한다(Engel & Schutt, 2014). 두 집단의 동질성을 확보하기 위해 연구참여자를 실험집단과 통제집단에 무작위로 할당을 하게 된다. 무작위 할당(random assignment)의 전제는 연구참여자들이 실험집단과 통제집단에 들어갈 확률이 동일하며, 두 집단의 선정이 운에 의해 결정된다는 것이다. 무작위 할당은 동전 던지기, 공에 연구참여자의 이름을 써서 뽑기, 컴퓨터 프로그램을 이용한 무작위 할당 등과 같은 방법으로 연구참여자를 할당하는 방식을 의미한다(Engel & Schutt, 2014).

무작위 할당을 활용한 동일한 집단 확보를 통해 독립변수 투입 이전의 종속변수의 수준이 유사하다는 점, 인구통계학적으로 집단의 구성이 유사하다는 점 등의 동일성을 갖추는 것도 중요하지만, 그 보다 더 근본적으로 연구결과를 설명할 수 있는 다른 가능성(예: 연구에 적극적으로 참여하고자 하는 의지, 가지고 있는 문제의 심각성 등)들을 배제할 수 있다는 점에서 무작위 할당이 중요하게 여겨진다. 연구자가 무작위 할당을 통해 다른 외부적인 요인이나 편향(bias) 등으로 인하여 독립변수가 종속변수의 원인이라는 연구결과를 약화시키는 일을 예방할 수 있다는 점에서 실험설계에서는 매우 필수적인 요소로 꼽힌다(Royse, 2020).

독립변수의 조작

모든 실험설계는 원인과 결과의 시간 순서를 명확하게 하기 위해서 독립변수를 조작하고 그 이후에 종속변수를 측정하게 된다. 좀 더 명확하게 독립변수 조작 이후에 종속변수가 변화했다는 것을 보여 주기 위해서 독립변수 조작 전에 종속변수를 먼저 측정하여 종속변수의 수준을 파악하고, 독립변수 조작 이후에 종속변수가 어떻게 변화하였는지를 분석함으로써 독립변수와 종속변수의 시간 순서(time ordering)를 수립하게 된다. 독립변수 조작 이전에 측정하는 것을 사전검사(pretest)라고 하며, 독립변수 투입 이후에 종속변수를 측정하는 것을 사후검사(posttest)라고 한다.

실험설계에서 활용되는 기호

R: 연구참여자를 실험집단과 통제집단에 배정할 때, 무작위 할당 방법을 활용하여 배정했음을 의미한다.

X: 독립변수가 조작되었음을 의미한다. 사회복지에서는 주로 프로그램이나 개입이 이루어졌음을 의미한다.

O: 종속변수에 대한 측정이 이루어졌음을 의미한다. O 밑에 제시된 숫자는 측정 횟수를 의미한다. 종속변수를 처음 측정하면 O_1으로, 두 번째로 측정하면 O_2로 표기를 한다.

(1) 통제집단 사전사후검사설계(pretest-posttest control group design)

순수실험설계(true experimental design) 혹은 고전적 실험설계(classic experimental design)라고 불리는 이 설계방법은 실험설계 가운데 가장 전형적인 연구설계 방법이다. 연구참여자는 무작위 할당 방법으로 실험집단과 통제집단에 배정된다. 무작위 할당을 통해 최대한 실험집단과 통제집단의 동질성(equivalence)을 확보하고, 연구참여자를 두 집단에 배정함에 있어서 나타날 수 있는 편향을 배제하려는 것이다. 그 후 실험집단에는 독립변수인 개입이 이루어지고, 통제집단은 개입이 이루어지지 않는다. 실험집단에서 개입이 이루어지기 전에 종속변수에 대한 측정인 사전검사가 두 집단에서 이루어지며, 개입이 종료된 시점에서 다시 종속변수에 대한 측정인 사후검사가 이루어진다. 사전검사를 통해 실험집단과 통제집단이 실제로 동일한지를 비교하게 되며, 사후검사를 통해서는 개입 후에 실험집단에서 나타난 종속변수의 변화가 통제집단의 변화와 비교했을 때 통계적으로 유의한 수준에서 더 크게 나타나는지를 비교하게 된다. 실험설계에서 활용되는 기호를 이용하여 통제집단 사전사후검사설계를 표기하면 다음과 같다.

$$R\ O_1\quad O_2$$
$$R\ O_3\ \times\ O_4$$

무작위 할당을 통해 실험집단과 통제집단을 배정했다는 것은 선정 편향(selection bias)을 배제하였다는 것을 의미한다. 또한 실험집단과 통제집단의 비교를 통해 연구기간 동안 발생한 우연한 사건이나 그 기간 동안 나타날 수 있는 성숙 등을 고려할 수 있다. 만일 우연한 사건이나 성숙이 종속변수에 영향을 미친다면, 이는 두 집단의 거의 유사하게 영향을 미치기 때문에 크게 문제가 되지 않는다. 통계적 회귀 또한 무작위 할당을 통해 실험집단과 통제집단을 배정했기 때문에 두 집단에서 비교적 동일한 수준에서 나타난다. 즉, 무작위 할당으로 배정된 두 집단의 점수 변화를 분석함으로써 실제로 이러한 일(우연한 사건, 성숙, 통계적 회귀)들이 발생을 했는지, 그리고 실험집단에서 나타난 종속변수의 점수 변화 가운데 얼마만큼이 이러한 영향에 의한 것이며, 얼마만큼이 개입으로 인한 변화인지를 실험설계에서는 파악할 수 있다. 또한 종속변수에 대한 사전검사를 하고, 개입을 한 이후에 사후검사를 함으로써 실제로 종속변수에서 나타난 변화가 개입 이후에 나타난 것임을 보여 주어 원인과 결과의 시간 순서를 확립하고, 인과관계의 방향성을 명확하게 할 수 있다. 도구화 또한 사전·사후검사를 진행할 때, 같은 도구를 활용하여 똑같은 조건하에 진행을 하면 문제가 되지 않는다. 그러나 이 연구설계에서 종속변수를 두 번 측정하기 때문에 검사(testing)의 효과에는 취약할 수 있다. 검사에 의한 취약성을 해결하기 위한 방법으로 통제집단 사후검사설계나 솔로몬 4집단 비교조사를 진행하기도 한다.

(2) 통제집단 사후검사설계

통제집단 사후검사설계(posttest only control group design)를 통제집단 사전사후 검사설계와 비교했을 때, 유일한 차이점은 사전검사를 실시하지 않는다는 것이다. 즉, 이 연구설계에서는 무작위 할당 방법으로 실험집단과 통제집단으로 배정하고, 실험집단에만 독립변수인 개입이 이루어지며, 개입이 종료된 시점에서 종속변수에 대한 측정인 사후검사가 이루어진다. 실험집단과 통제집단은 무작위 할당으로 배정을 했기 때문에, 사전검사를 하지 않더라도 종속변수를 포함하여 두 집단의 특성이 동일하다고 가정한다. 이 연구설계는 검사 효과에 대한 우려가 클 때 혹은 현실적으로 사전검사가 이루어지기 어려울 때 활용한다(Rubin & Babbie, 2016). 이 연구설계에서는 실험집단의 사후검사 점수를 통제집단의 사후검사와 비교하여 개입의 효과성을 검증한다. 실험설계에서 활용되는 기호를 이용하여 통제집단 사후검사설계를 표기하면 다음과 같다.

$$R \quad O_1$$
$$R \times O_2$$

통제집단 사전사후검사설계와 비교했을 때 통제집단 사후검사설계의 가장 큰 차이점은 검사의 효과를 통제할 수 있다는 점이다. 즉, 이 연구설계에서는 측정이 한 번만 이루어지기 때문에 검사의 효과를 배제할 수 있다. 그 밖의 선정 편향, 우연한 사건, 성숙, 통계적 회귀 등은 무작위 할당을 이용하여 배정한 통제집단이 존재하기 때문에 통제할 수 있으며, 개입이 이루어진 이후에 종속변수에 대한 측정이 이루어지므로 인과관계의 방향성 또한 검증할 수 있다. 도구화 또한 사전·사후검사를 진행할 때, 같은 도구를 활용하여 똑같은 조건하에 진행을 하면 문제가 되지 않는다. 그러나 실제로 실험집단과 통제집단이 동일한 집단이었는지, 실험집단에서 나타난 종속변수의 변화가 어느 정도인지 실증적으로 분석하기 어렵다는 한계가 있다.

(3) 솔로몬 4집단 비교조사

솔로몬 4집단 비교조사는 통제집단 사후검사설계와 통제집단 사전사후검사설계를 합쳐 놓은 연구설계 방법으로, 모든 내적타당도 저해요인을 통제하여 가장 엄밀한(rigorous) 연구설계로 꼽힌다(Rubin & Babbie, 2016). 설계 방법은 다음과 같다. 먼저, 연구참여자를 무작위 할당 방법으로 네 집단에 배정을 한다. 두 집단은 실험집단으로 개입이 이루어질 집단이며, 두 집단은 개입이 이루어지지 않는 통제집단이다. 이 가운데 실험집단과 통제집단 한 개씩을 선정하여 사전검사를 실시하고, 남은 두 집단에는 실시하지 않는다. 개입이 종료된 이후에 모든 집단에 사후검사를 실시하여 결과값을 비교한다. 이 방법을 활용하면 가장 내적타당도가 높은 연구 결과를 도출할 수 있다는 장점을 갖는다. 그러나 다른 실험설계와 비교했을 때, 더 많은 연구참여자를 확보해야 한다는 점, 네 개의 실험집단 및 통제집단을 관리해야 한다는 어려움 등으로 인하여 실제 사회복지현장에서 적용하기는 매우 어려운 연구설계이다. 실험설계에서 활용되는 기호를 이용하여 솔로몬 4집단 비교조사설계를 표기하면 다음과 같다.

$$R \ O_1 \quad \times \ O_2$$
$$R \ O_1 \qquad O_2$$
$$R \qquad \times \ O_2$$
$$R \qquad \quad O_2$$

2) 유사실험설계

사회복지현장에서 비용, 시간, 기관의 방침 등 여러 가지 여건상 실험설계를 활용하여 프로그램을 평가하는 것이 쉽지 않을 수 있다. 예를 들어, 클라이언트를 무작위로 실험집단과 통제집단에 배정하기 어려운 경우가 있을 수 있으며, 통제집단을 두기 어려운 경우도 있을 수 있다(예: 충분한 연구참여자 확보의 어려움, 특정 클라이언트의 개입 유예 및 제한의 어려움, 예산 확보의 어려움 등). 이러한 경우에는 연구자들은 유사실험설계를 활용하여 개입의 효과성을 평가한다. 유사실험설계가 영어로는 quasi-experimental design인데, 여기서 quasi의 사전적 정의는 "어떤 특성들을 소유함으로서 닮은 부분이 있는"(Merriam-Webster, n.d.)이다. 즉, 유사실험설계는 실험설계의 특성들을 가지고 있어서 실험설계와 닮았지만, 실험설계는 아닌 연구설계를 일컫는다. 유사실험설계에는 크게 비동일 통제집단설계와 시계열설계를 꼽을 수 있다.

(1) 비동일 통제집단설계

비동일 통제집단설계(nonequivalent control group design)는 통제집단 사전사후검사설계와 유사한 형태를 띠지만, 이 두 설계의 가장 큰 차이점은 무작위 할당이 이루어지지 않는다는 점이다(Royse, 2020). 앞에서 인과관계 수립을 위해 대안적 원인을 배제하는 것이 중요하며, 무작위 할당을 통한 실험집단과 통제집단의 확보가 이를 해결할 수 있는 방안이라고 하였다. 그러나 현실적으로 무작위 할당을 통한 실험 및 통제 집단의 확보가 어려울 때, 무작위 할당은 아니더라도 유사한 성격을 가진 실험집단과 통제집단을 확보할 수 있다면, 차선책으로 이 두 집단을 활용하여 개입의 효과성을 평가할 수 있다. 실제로 실천현장에서 무작위 할당을 하기 어려울 때 가장 많

이 사용되는 연구설계이다. 예를 들어, 지역사회복지관에서 실시하고 있는 가족역
량강화 프로그램의 효과성을 평가하기 위해 무작위 할당으로 실험집단과 통제집단
을 확보할 수 없더라도, 프로그램에 참여하는 사람들을 대상으로 실험집단을, 그리
고 프로그램에 참여하기 위해 대기하고 있는 사람들을 대상으로 통제집단을 구성하
여 평가를 진행할 수 있다. 또 다른 방법으로는 A 지역사회복지관에서는 프로그램에
참여하는 사람들을 실험집단으로, 그리고 프로그램을 실시하지 않는 B 지역사회복
지과에 다니면서 실험집단과 유사한 특징을 가지고 있는 사람들을 통제집단으로 배
정하여 평가를 진행할 수도 있다. 이처럼 무작위로 배정을 하지는 못했지만, 유사한
성격의 집단을 비교하여 개입의 효과성을 평가할 수 있다. 실험설계에서 활용되는
기호를 이용하여 비동일 통제집단설계를 표기하면 다음과 같다.

$$O_1 \times O_2$$
$$O_1 \quad O_2$$

비동일 통제집단설계는 무작위 할당을 활용하지 못했기 때문에 실험집단과 통제
집단의 유사성이 확보되었는가에 따라 그 연구의 내적타당도가 결정된다고 해도 과
언이 아니다(Rubin & Babbie, 2016). 다시 말해, 무작위 할당을 활용하지는 않지만 가
능한 한 정밀하게 연구를 설계하여 실험집단과 통제집단이 거의 유사하다는 것을 입
증할 수 있으면, 선정 편향을 비롯하여 우연한 사건, 성숙, 통계적 회귀 등 거의 대부
분의 내적타당도 저해요인을 어느 정도는 통제할 수 있다(Grinnell et al., 2009). 그러
나 두 집단이 유사하다는 점을 충분히 입증할 수 없는 경우에는 선정 편향을 비롯하
여 많은 의문과 대안적인 원인을 야기하는 취약한 연구설계가 될 수 있다. 근본적으
로 무작위 할당을 활용하지 못했기 때문에 실험집단과 통제집단이 정말 동등한 집
단인지에 대한 의심이 남는다는 것은 이 연구설계가 갖는 한계라고 볼 수 있다. 또한
이 연구설계에서도 종속변수를 두 번 측정하기 때문에 검사(testing)의 효과에는 취
약할 수 있다.

(2) 시계열설계

경우에 따라서는 통제집단을 확보하기 어려울 수 있다. 이러한 경우에는 반복측정을 통하여 통제집단이 필요하지 않도록 연구를 설계할 수 있으며(Engel & Schutt, 2014), 이를 시계열설계(time series design)라고 한다. 단순 시계열설계는 한 집단을 대상으로 개입이 이루어지기 전에 3회 이상 측정을 하고, 개입이 이루어진 후에 3회 이상 반복적으로 측정하여 이 두 시기의 변화양상이 다르게 나타나는지를 분석하는 연구방법이다. 시계열설계의 기본 전제는 개입 이전에 반복적인 측정은 하나의 패턴을 보여 주게 되며, 이 패턴이 개입 이후에 달라지는지 아니면 여전히 똑같은 양상을 보이는지에 따라 개입의 효과성을 평가하게 된다. 이때, 종속변수를 측정하는 주기가 같은 것이 바람직하다(Royse, 2020). 최근에 패널조사가 늘면서 매년 조사를 실시하는 양적자료가 많은데, 이러한 자료들을 활용하여 사회복지정책의 효과를 검증할 때 시계열설계를 활용한다. 예를 들어, 아동수당이 아동을 둔 부모의 삶의 만족도에 미치는 영향을 보기 위해서 아동수당이 도입되기 이전에 시작된 패널 자료를 이용하여 아동수당이 도입되기 이전과 이후의 부모의 삶의 만족도의 패턴이 어떻게 달라졌는지를 분석하여 그 관계를 살펴볼 수 있다. 실험설계에서 활용되는 기호를 이용하여 단순 시계열설계를 표기하면 다음과 같다.

단순 시계열설계는 개입이 일어나기 전과 후의 종속변수 변화 양상을 비교함으로써 개입의 효과를 파악하게 된다. 그러나 이 실험설계는 통제 집단이 없기 때문에, 우연한 사건이 개입 시점에 일어나서 종속변수를 변화시켰을 가능성을 배제할 수 없다. 또한 측정을 여러 차례 하기 때문에 검사(testing)의 효과에 취약할 수 있다.

$$O_1 \ O_2 \ O_3 \ \times \ O_4 \ O_5 \ O_6$$

경우에 따라서는 시계열설계에 있어서도 통제집단이 포함이 될 수 있다. 독립변수 조작이 이루어진 집단뿐만 아니라, 비교할 수 있는 통제집단이 포함된 시계열설계를 복잡 시계열설계라고 한다. 예를 들어, 서울시에 새롭게 도입되는 지역사회 기반의 노인 돌봄정책이 부산에서는 이루어지지 않았고, 전국 노인을 지역별로 비교할 수 있는 노인패널 자료가 있다고 가정을 했을 때, 지역사회 기반의 노인 돌봄정책의 도입이 노인의 건강에 미치는 영향을 파악해 볼 수 있다. 즉, 두 지역에 거주하는 노인의 건강 수준을 정책 도입 이전과 이후에 비교해 봄으로써 실제로 어떠한 영향을 미치는지를 살펴볼 수 있다. 복잡 시계열설계는 내적타당도가 매우 높은 유사실험설계이며, 내적타당도를 위협하는 요인이 적다(Royse, 2020). 복잡 시계열설계에 포함된 통제집단을 활용하여 우연한 사건, 성숙, 검사, 도구의 효과 등을 통제할 수 있다. 실험설계에서 활용되는 기호를 이용하여 복잡 시계열설계를 표기하면 다음과 같다.

$$O_1 \ O_2 \ O_3 \ \times \ O_4 \ O_5 \ O_6$$
$$O_1 \ O_2 \ O_3 \quad \ O_4 \ O_5 \ O_6$$

3) 비실험설계

실천현장에서 프로그램을 평가할 때, 반드시 모든 평가에서 인과관계를 확인할 필요는 없다. 때로는 시범적으로 진행한 프로그램이 의미가 있는지를 평가하여 이후에 본격적인 개입 프로그램으로 진행할 것인지에 대한 의사결정이 필요할 수도 있으며, 기관의 1회기 교육 프로그램에 참여한 사람들이 실제로 목표한 내용을 잘 이해했는지를 알아보고 싶을 때가 있을 수 있다. 이러한 경우에는 복잡한 연구설계를 이용하여 인과관계를 파악하기보다는 간단한 방법을 활용하여 필요한 정보를 얻는 것이 더 효율적일 수 있는데, 이럴 때 보통 사용하는 연구설계가 비실험설계(pre-experimental design)이다. 비실험설계는 무작위할당, 통제집단, 다중측정을 사용하지 않는다는 특징을 가지고 있다. 그렇기 때문에 내적타당도 저해요인에 대해서는 매우 취약하다. 구체적인 설계 방법을 살펴보면 다음과 같다.

(1) 단일집단 사전사후검사설계

단일집단 사전사후검사설계(one-group pretest-posttest design)는 통제집단 없이 실험집단의 개입 전과 후에 측정을 하는 간단한 연구설계 방법이다(Marlow, 2011). 예를 들어, 한 기관에서 실시하는 해외봉사 프로그램이 대학생들의 세계시민의식을 변화시키는지를 살펴보고자 했을 때, 해외봉사를 가기 전과 해외봉사를 다녀온 후에 세계시민의식을 측정하여 비교할 수 있다. 하지만 이 평가에서 세계시민의식의 변화를 관찰했다고 하더라도 통제집단이 없는 이 연구설계 방법은 우연한 사건, 성숙, 검사, 통계적 회귀, 선정 편향에 취약하여 관찰된 변화가 프로그램에 의해 나타난 변화라고 확신하기는 어렵다. 실험설계에서 활용되는 기호를 이용하여 단일집단 사전사후검사설계를 표기하면 다음과 같다.

$$O_1 \times O_2$$

(2) 일회 사례연구설계

일회 사례연구설계(one-group posttest-only design)는 단일집단 사전사후 검사설계에서 사전검사가 빠지고 개입과 사후검사만 존재하는 연구설계이다(Marlow, 2011). 이 연구설계에서는 개입이 진행된 이후에 사후검사만 이루어지며, 집단수준 연구설계 방법 가운데 가장 단순한 연구설계이다. 이 연구설계에서는 연구참여자의 개입 이전의 상태를 알 수 없기 때문에 실제로 개입과 관찰된 종속변수의 공변성을 확인할 수 없다. 예외적으로 개입프로그램의 성격에 따라 종속변수의 변화여부를 파악할 수 있다고 하더라도 우연한 사건, 성숙, 선정 편향, 통계적 회귀 등의 영향을 통제할 수 없다. 단, 이 연구설계에서는 측정이 한 번만 이루어지기 때문에 검사효과와 도구의 영향은 받지 않는다. 실험설계에서 활용되는 기호를 이용하여 일회 사례연구설계를 표기하면 다음과 같다.

$$\times \ O_1$$

(3) 비동일집단 사후검사설계

비동일집단 사후검사설계(posttest-only design with nonequivalent groups)는 앞에서 논의된 1회 사례연구설계에 통제집단이 포함된 연구 형태를 가지며, 고정집단 비교설계(the static group comparison)라고도 불린다(Rubin & Babbie, 2016). 이 연구설계는 무작위 할당이 이루어지지 않으며, 사전검사도 실시하지 않는다. 그러나 통제집단이 있기 때문에 실험집단의 종속변수와 통제집단의 종속변수의 차이를 분석하여 개입의 참여한 집단의 종속변수 수준이 어떠한지를 비교할 수 있다. 이때 실험집단의 결과가 더 좋게 나왔을 때, 실제로 개입이 이루어지기 전에 종속변수의 수준을 알지 못하고, 내적타당도를 저해하는 요인들 가운데 우연한 사건, 성숙, 선정 편향, 상실 등을 통제하지 못하기 때문에 개입의 효과라고 섣불리 단정 지을 수 없다.

$$\times \ O_1$$
$$O_1$$

예를 들어, 다문화 가족지원센터에서 실시하는 한국문화여행 프로그램이 결혼이주 여성의 한국 문화를 이해하는 데 도움이 되는지를 살펴보고자 했을 때, 이번 회기에 참여하는 집단을 실험집단, 그리고 다음 회기에 참여하기 위해 대기하고 있는 집단을 통제집단으로 배정하여 평가를 진행할 수 있다. 기관의 사정상 사전조사 실시가 어려워서 프로그램이 종료된 시점에 실험집단과 통제집단의 한국 문화에 대한 이해도를 비교해 보았다. 두 집단의 차이가 어느 정도인지 파악할 수 있다. 그러나 이때 실험집단인 프로그램 참여집단의 이해도가 높게 나왔다고 해도 실험집단과 통제집단의 동질성이 확보되지 않았기 때문에 프로그램 시작 전부터 있었던 집단 간의 차이인지, 아니면 프로그램의 효과인지를 파악하기 어렵다.

4. 개인수준 연구설계(단일사례설계)

집단으로 진행되는 프로그램에 대한 평가는 집단조사설계를 활용할 수 있지만, 개별적인 상담을 진행할 때에도 상담의 효과성에 대한 평가가 요구될 때가 있다. 이러한 경우에는 개인수준 연구설계인 단일사례설계를 활용할 수 있다. 단일사례설계는 유사실험설계의 한 종류로서 한 사례 혹은 한 사람에 대한 종속변수의 변화를 관찰함으로써 독립변수의 영향력을 파악하는 연구방법이다(Hilton et al., 2020). 단일사례설계에서 한 사례는 개인이 될 수도 있지만, 부부, 가족, 집단, 조직 등 다양한 형태의 체계가 될 수 있다. 여기서는 논의의 편의성을 위해 단일사례설계를 개인에게 적용했을 때 초점을 맞춰서 설명할 것이다.

앞서 증거기반 실천의 중요성에 대해 이미 언급을 하였는데, 사회복지사가 클라이언트에게 상담을 진행하거나 개입을 할 때 최대한 효과성이 검증된 방법을 활용한다면, 왜 개인수준에서 개입에 대한 효과성이 필요한지에 대한 의문이 들 수 있다. 실제로 현장에서 증거기반 실천을 진행하려고 찾아보면, (1) 원하는 개입 프로그램에 대한 검증이 제대로 이루어지지 않았을 수 있고, (2) 개입 프로그램에 대한 평가가 이루어지기는 하였지만, 각기 다른 연구에서 서로 다른 결론을 제시하고 있을 수 있으며, (3) 연구의 외적타당도가 낮아서 실제로 자신이 맡고 있는 클라이언트에게 효과적인지 판단이 어려울 수 있고, (4) 효과가 입증된 개입 프로그램일지라도 자신의 클라이언트에게 예외적으로 효과적이지 않을 수도 있다(Krysik & Finn, 2010). 이러한 상황에서 실천현장에서는 클라이언트에게 적합한 개입을 적용하기 위해 표적문제(target problem)에 대한 클라이언트의 변화를 체계적으로 관찰하고, 이러한 변화가 개입으로 인해 나타나는 변화인지를 판단해야 하는데, 이럴 때 유용한 연구방법이 바로 단일사례설계이다.

1) 단일사례설계의 특성

단일사례설계는 임상적 연구모형(clinical research model)의 한 형태로 증거기반실천에 대한 체계적인 평가를 목표로 연구와 실천을 합치려는 노력의 일환으로 활용되고 있다(Hilton et al., 2020). 반복적인 자료의 측정(data collection)은 클라이언트의 표적문제가 어떻게 변화하고 있는지에 대한 유용한 정보를 제공하며, 특히 개입이 진행되는 동안 클라이언트에게 어떠한 변화가 일어나고 있는지를 파악 가능하게 해 준다. 즉, 단일사례설계는 개입과정에서 일어나는 다음의 두 가지 중요한 질문에 대한 답을 제공한다(Mark, 1996).

> Q1. 표적 문제인 종속변수에 변화가 나타났는가?
>
> Q2. 개입이 종속변수의 변화의 원인인가?

단일사례설계는 유사실험설계의 한 종류로 집단수준의 연구설계에서 단순 시계열설계와 매우 유사한 방법으로 진행된다. 단일사례설계와 단순 시계열설계의 가장 큰 차이점은 단일사례설계에서는 한 사람을 대상으로 연구가 진행되고, 단순 시계열설계에서는 여러 사람, 즉 한 집단을 대상으로 연구가 진행된다는 점이다. 단일사례설계도 여러 번의 반복측정을 토대로 개입 이전의 종속변수의 추이를 살펴보고, 개입 이후에 종속변수의 추이에 어떠한 변화가 생겼는지를 살펴본다. 연구자가 개입 이후에 극단적으로 달라진 종속변수의 추이를 볼 수 있다면, 이 변화는 개입에 의한 변화로 추정하는 것이다. 즉, 단일사례설계에서는 개입 이후에 나타나는 급격한 추이의 변화가 우연히 발생하기는 어렵다고 보는 것이다(Rubin & Babbie, 2016). 단일사례설계도 비교대상이 없기 때문에 개입 이전에 측정한 값을 개입 이후에 측정한 값과 비교를 하여 인과관계를 추론한다. 개입 이전 단계를 기초선 단계(baseline phase)라고 하며, 단일사례설계에서는 통제집단의 역할을 한다(김기덕 외, 2015). 반면에 개입 후의 단계를 개입 단계(intervention phase)라고 한다. 기초선 단계에서 얼마나 많이 측정이 가능했는가에 따라 내적타당도가 달라질 수 있다. 이는 반복 측정과 개연성이 낮은 우연이라는 논리를 가지고 설명할 수 있다(Rubin & Babbie, 2016). 기초선 단계에서는 일정한 수준에서 유지되던 종속변수가 개입 단계에서 갑자기 그 양상이 달라져서 감소를 하거나 증가를 하였다면, 유연히 이러한 일이 발생을 했다고 보기보다는 개입의 효과라고 보는 것이 더 타당하다. 특히 기초선 단계에서 측정 횟수가 많을수록, 기초선 단계의 추이가 안정적일수록 개입 단계에 나타난 종속변수의 변화는 개입으로 인해 나타나는 변화라는 추론의 확신이 강해지며, 연구의 내적타당도 또한 높아진다(Rubin & Babbie, 2016).

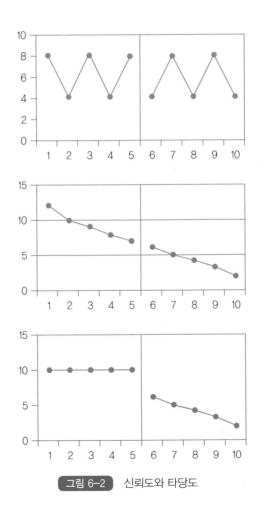

그림 6-2 신뢰도와 타당도

[그림 6-2]를 구체적으로 살펴보면, 첫 번째 그림에서는 종속변수의 변화가 일어났다고 보기가 어렵다. 왜냐하면 개입 전이나 후의 종속변수의 양상이 동일하게 나타나기 때문이다. 두 번째 그림에서는 종속변수가 감소하는 현상이 나타나기는 하나, 이미 개입하기 전부터 이러한 변화가 나타났기 때문에 개입으로 인한 변화라고 보기는 어렵다. 마지막 그림에서는 개입 전과 개입 이후의 종속변수의 변화가 뚜렷하게 다른 양상으로 나타났으며, 그 변화의 시점 또한 개입 직후에 일어났기 때문에 개입이 원인이라고 보는 것이 타당하다.

2) 단일사례설계의 절차

단일사례설계의 절차는 학자마다 조금씩 다르게 정의하고 있다. 여기서는 힐튼과 동료들(Hilton et al., 2020)이 정의한 6단계에 맞춰서 단일사례설계의 절차를 살펴보고자 한다.

(1) 문제의 정의

단일사례설계의 가장 첫 단계는 클라이언트가 가지고 있는 문제를 정의하는 것이다. 모든 실천에서의 첫 단계처럼 클라이언트가 가지고 있는 문제가 무엇인지 혹은 개입을 통해 해결하고자 하는 욕구가 무엇인지를 정확하게 파악을 해야 한다. 정확한 문제 혹은 욕구 사정을 기반으로 개입을 해야 클라이언트와 의미 있는 변화를 만들어 낼 수 있으며, 개입을 위한 표적문제는 클라이언트 중요하게 인식하는 문제여야 클라이언트의 참여가 더 적극적으로 이루어질 수 있다(Royse, 2020). 대체로 실천현장에서 다루어지는 클라이언트의 변화는 행동, 태도, 인식, 정서 등 클라이언트의 기능과 관련된 것들이 주를 이루며(Hilton et al., 2020), 사회복지사는 클라이언트의 이런 기능을 증가 혹은 감소시키기 위해 개입을 진행한다.

(2) 개입 목표 설정

개입을 진행하기 위해서는 개입 목표를 설정해야 한다. 단일사례설계를 효과적으로 적용하기 위해서는 목표가 정확하고 구체적으로 설정이 되어야 하며, 측정이 가능해야 한다(Kryisik & Finn, 2010). 명확한 목표설정을 위해서는 클라이언트가 모호하게 표현하는 문제들을 관찰가능하고, 수치화(quantifiy)가 가능한 구체적인 산물(outcome)로 구체화시키는 작업을 진행해야 할 수도 있다(Royse, 2020). 예를 들어, 한 대학생이 발표를 할 때 느끼는 불안감을 감소시키기 위한 개입을 진행한다면, 구체적으로 어떻게 불안을 느끼는지를 관찰가능한 변수로 정의해야 한다. 만약 이 클라이언트가 발표를 할 때마다 과도한 불안감으로 인하여 배가 아프다고 하면, 클라이언트가 발표할 때마다 배가 얼마나 자주 아픈지에 대한 빈도를 측정할 수 있으며, 배가 얼마나 많이 아픈지(예: 약간 불편한 정도, 서 있기 불편한 정도, 통증으로 인하여 정상적인 활동이 불가능한 정도) 그 강도를 관측할 수 있고, 언제부터 배가 아프기 시작해서 얼마나 오랫동안 아픈지(예: 발표할 당시, 발표하기 전날부터 발표가 끝날 때까지 등) 그 지속성을 측정할 수 있다.

측정의 정확도를 높이기 위해 연구자는 노력을 해야 한다. 가능하다면, 정확한 측정을 위해서 이미 신뢰도와 타당도가 검증된 척도를 이용하는 것이 바람직하다(Royse, 2020). 그러나 자주 측정해야 하는 산물에 대해 매주 같은 척도문항을 이용하여 측정을 하기는 쉽지 않다. 이러한 경우에는 종속변수를 보다 정확하게 측정하기 위하여 삼각검증(triangulation) 혹은 다각화 방법을 이용할 수 있다(Royse, 2020; Rubin & Babbie, 2016). 즉, 한 가지 종속변수(표적문제)에 대해 다양한 측정방법(예: 자기보고, 부모, 교사, 친구 등 타인에 의한 보고, 표준화된 척도)을 활용하여 그 변수를 관측하는 것이다.

(3) 단일사례설계의 유형 선택

단일사례설계는 기본적으로 기초선 단계와 개입 단계로 나뉘지만, 이 두 단계를 가지고 어떤 조합을 하는가에 따라서 다양한 단일사례 유형이 나올 수 있다. 보다 구체적인 유형과 각 유형이 가지는 장단점에 대해서는 이후 단일사례설계 유형 부분에서 자세하게 다룰 예정이다. 다만, 단일사례설계를 이용한 연구를 적용하기 전에 어떤 방식으로 평가를 진행하면서 개입을 할 것인지에 대해 미리 계획을 세워 둘 필요가 있다. 예를 들어, 단순히 클라이언트의 표적문제에 대한 개입을 진행하고, 실제로 종속변수의 변화 여부만 본다면, 가장 단순한 기초선과 개입 단계가 한 번씩만 이루어지는 설계로 충분할 수 있다. 그런데 대학생의 불안에 대한 개입처럼 학기 중에만 개입이 이루어지고 방학 동안에는 개입이 이루어지지 않는다면, 기초선과 개입 단계가 반복되는 설계를 이용하여 개입이 이루어졌을 때와 개입이 없을 때 클라이언트의 변화를 조금 더 엄밀하게 파악할 수 있는 설계가 가능하다. 이처럼 단일사례설계는 유연하게 클라이언트의 상황과 개입의 목표에 맞춰서 설계할 수 있으므로, 연구자가 상황에 맞는 엄밀한 연구설계가 가능하도록 사전에 계획을 수립하는 것이 중요하다.

(4) 기초선 단계(A)

개입이 진행되기 전에 클라이언트가 변화하고자 하는 종속변수(표적문제)가 어떠한 양상으로 나타나는지를 관찰하는 것이 중요하다. 기초선은 개입 이후의 클라이언트의 변화가 개입에 의해 나타난 변화인지를 판단하기 위한 비교자료로 활용된다. 연구자가 종속변수에 대한 일정한 패턴을 특정할 수 있을 때까지 종속변수를 측정하는 것이 가장 이상적이다. 여기서의 가정은 개입이 이루어지지 않으면, 종속변수는 지금과 같은 패턴을 지속할 것이라는 점이다. 따라서 기초선 단계의 종속변수에 대한 자료가 많이 수집될수록 이후의 개입 단계에서의 변화와 이를 토대로 내린 연구자의 추론에 대한 확신의 정도(내적타당도)가 강해진다. 그러나 무조건 클라이언트에 대한 개입을 미루고, 종속변수에 대한 측정만 지속하기는 어려울 수 있다. 이런 경우에 대해 학자들마다 조금씩 입장이 다르기는 하나 최소 3회에서 5회 정도의 기초선에 대한 측정이 이루어지는 것이 바람직하다고 본다(Krysik & Finn, 2010; Schutt & Engel, 2010).

일반적으로 기초선 단계에서 가장 자주 볼 수 있는 패턴은 안정적인 선, 추세, 그리고 순환 등을 꼽을 수 있다. 안정적인 선(stable line)은 대체로 같은 수준에서 안정적인 형태로 종속변수의 값이 측정되는 것을 의미한다. 이러한 안정적인 추세는 개입 단계에서 나타날 수 있는 변화 패턴과는 극명한 대조를 보여 줄 수 있기 때문에 기초선에서 가장 이상적으로 생각하는 패턴으로 꼽는다. 반면, 추세(trend)는 종속변수의 값이 증가하거나 감소하는 패턴을 의미한다. 종속변수가 선형적으로 증가 혹은 감소할 수 있으며, 비선형적으로 증가하거나 감소할 수 있다. 이러한 추세는 개입목표와 반대되는 방향(표적문제가 악화되는 상황)일 경우에는 문제가 없으나, 개입목표와 일치하는 경우(표적문제가 호전되는 상황)에는 이미 개입 이전에 변화가 나타났기 때문에 개입으로 인한 변화라고 특정할 수 없다는 문제가 발생한다. 이때는 조금 더 기초선을 연장하여 안정적인 패턴이 나타날 때까지 기다리는 것도 하나의 방법이 될 수 있다. 마지막으로 순환적인 패턴을 들 수 있다. 이러한 순환(cycle)은 일정 주기(년, 월, 주, 일 등)를 따라 증가하거나 종속변수가 주기적으로 증가하거나 감소하는 추세를 의미한다. 이러한 경우에도, 정확한 주기를 파악할 때까지 기초선을 계속 측정하는 것이 가장 이상적이다.

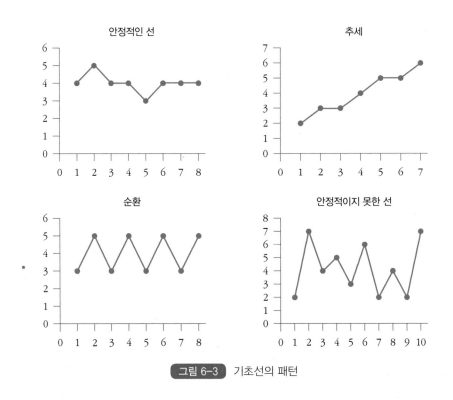

그림 6-3 기초선의 패턴

(5) 개입 단계(B)

기초선 단계에서 자료가 어느 정도 축적이 되면 개입이 이루어진다. 이때 개입은 사회복지사가 어떠한 개입에 의해 종속변수가 변화했는지를 파악할 수 있도록 한 가지 개입만 적용하는 것이 가장 바람직하다. 한꺼번에 여러 가지 개입이 이루어지면, 어떤 개입이 클라이언트를 변화하게 했는지를 파악할 수 없기 때문이다. 만약 한 가지 개입으로 클라이언트의 문제를 해결하기에 어렵다는 판단이 들면, 시간차를 두고 여러 개입을 순차적으로 적용하는 방법을 고려해 볼 수 있다. 예를 들어, 사회복지사가 클라이언트는 사례관리와 인지행동치료를 병행하는 것이 바람직하다고 판단했을 때, 두 가지를 동시에 적용하기보다는 사례관리를 먼저 5회기 정도 진행하면서 종속변수의 변화를 관찰해 보고, 이후에 인지행동치료를 도입하여 두 시점의 변화를 비교할 수 있도록 개입 단계를 설계할 수도 있다.

개입 단계에서도 기초선 단계와 마찬가지로 종속변수에 대한 측정은 같은 주기로 지속되어야 한다. 이때 기초선 단계와 비교가 가능할 수 있도록 측정 조건, 도구, 방법 등이 같아야 한다. 측정방식 등이 바뀔 경우, 내적타당도를 위협하는 요인 중 도구가 발생할 수 있기 때문이다. 즉, 개입 단계에서 나타난 변화가 측정방법으로 인해 나타난 변화인지, 아니면 개입으로 인해 나타난 변화인지를 파악하지 못한다는 어려움이 발생한다.

(6) 개입의 효과 분석

개입의 효과를 분석하기 위해서는 축적된 기초선과 개입 단계의 자료를 비교하여 분석해 볼 수 있다. 앞에서 언급하였듯이, 기초선 단계에서 측정된 종속변수의 패턴이 안정적일수록 개입 단계에서 종속변수에 나타나는 변화가 개입에 의한 것이라고 확신도 강해진다. 개입은 클라이언트가 개입 목표를 달성하지 못했더라도 클라이언트의 상태가 눈에 띄게 좋아졌을 때 효과적이라고 판단한다(Hilton et al., 2020).

단일사례설계에서는 보통 그래프를 이용하여 클라이언트의 변화를 분석하는 경향이 있다. 일반적으로 그래프의 y축에는 표적문제 혹은 종속변수를 기록하고, x축에는 측정시기를 기록하여 변화 추이를 살펴본다. 변화 추이는 수준, 추세 그리고 변화량을 볼 수 있다. 먼저, 수준은 종속변수의 양이나 강도 등의 수치를 의미한다. 즉, 기초선 단계의 수준과 개입 단계의 종속변수 수준을 비교했을 때, 기초선 단계에서 여러 차례 측정한 종속변수의 평균값과 개입 단계에서 여러 번 측정한 종속변수의 평균값이 얼마나 다른지를 비교해 보는 것이다. 차이가 많이 났을 경우에 개입이 효과적이었다고 볼 수 있다. 그다음으로, 추세를 볼 수 있다. 예를 들어, 기초선 단계에서는 종속변수가 악화되는 추세를 보였는데, 개입 단계에서는 호전되는 추세를 보인다면, 이 또한 개입이 효과적이라고 볼 수 있는 것이다. 마지막으로, 변화량 (variability)은 기초선 단계와 개입 단계에서 측정된 종속변수 값들의 편차가 얼마나 큰지를 의미한다. 예를 들어, 기초선 단계에서 측정한 종속변수의 값은 편차가 커서 점수가 관찰 시점마다 차이가 크게 나타났는데, 개입 단계에서는 비교적 안정적인 편차를 보인다면 이 또한 개입에 의한 종속변수의 변화라고 볼 수 있다.

3) 단일사례설계의 유형

(1) AB설계

단일사례설계에서 A는 기초선 단계, B는 개입 단계를 의미한다. 따라서 AB설계는 기초선 단계와 개입 단계가 한 번씩 이루어지는 설계로 단일사례설계에서 가장 기본이 되는 설계 유형이다. 개입의 효과성은 개입 단계에서 측정된 종속변수의 값의 추이와 기초선 단계에서 측정된 값들의 추이의 비교를 통해 파악한다. 다른 단일사례설계의 유형과 비교했을 때, AB설계의 내적타당도는 상대적으로 높지 않은데, 이는 우연한 사건으로 인해 나타날 수 있는 내적타당도에 대한 위협을 배제할 수 없기 때문이다. 즉, 개입 시점에 다른 사건이 발생하여 클라이언트의 표적문제에 변화가 생겼을 가능성을 배제할 수 없다.

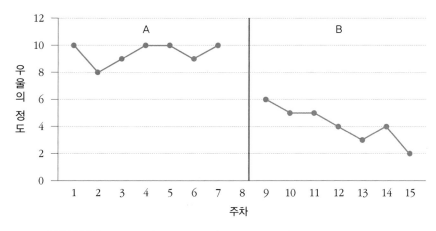

그림 6-4　가상의 데이터를 활용한 우울 증진 상담 단일사례연구(AB설계)

(2) ABAB설계

　AB설계가 가지고 있는 한계를 극복하기 위한 하나의 방법으로 ABAB설계를 고려해 볼 수 있다. ABAB설계는 기초선 단계와 개입 단계가 있고, 개입을 하지 않고 관찰하는 시기인 철회(withdrawal)와 개입이 다시 이루어지는 설계방법이다. 즉, 기초선 단계에서 종속변수에 대한 측정을 진행하고, 개입 단계에서는 개입과 동시에 종속변수에 대한 측정이 이루어지는 것까지는 AB설계와 유사하다. 그런데 개입이 어느 정도 이루어진 후에 사회복지사는 개입을 중단하고, 다시 기초선 단계와 마찬가지로 종속변수에 대한 측정만 진행을 하다(A)가 일정 시간이 지난 후에 다시 개입(B)을 하는 방법이다. 예를 들어, 학교 사회복지사가 아동의 문제행동에 대한 개입을 진행하였다고 가정을 하자. 학년 초인 1학기 3월에 기초선 단계로 문제행동에 대한 측정을 한 달 정도 진행을 하고, 1학기 동안 개입을 하였다. 그러나 학교사회복지사는 방학 동안에는 개입을 할 수 없어서 정기적으로 아동과 전화로 문제행동에 대한 측정만 진행하고, 개학한 이후에 다시 개입을 했다면, 이 설계방법은 ABAB설계이다.

　ABAB설계는 개입 기간의 변화가 우연히 발생한 사건이 아니라는 것을 확인시켜 줄 수 있다는 점에서 AB설계보다 내적타당도가 높다. 즉, 개입기간 중에 클라이언트에게 나타난 변화가 한 번은 우연이라고 볼 수 있지만 두 번째 기초선 단계, 즉 철회

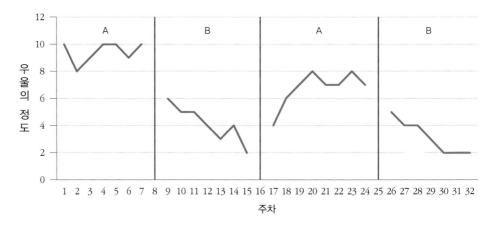

단계에서 표적 문제가 악화되었다가 다시 개입 단계에서 좋아지는 양상을 보인다면, 두 번의 변화는 다른 요인보다는 개입으로 인해 나타난 변화라고 보는 것이 더 타당하다는 것이다. 특히 변화의 시점이 개입 시점과 일치한다면, 이를 다른 요인으로 인해 나타난 변화로 보기 힘들기 때문에 개입의 효과성에 대한 근거를 더 확실하게 뒷받침해 줄 수 있다.

(3) 다중기초선설계

다중기초선설계는 기초선에 대한 측정을 한 가지 측면에 대해서만 하는 것이 아니라, 다차원적으로 측정하는 설계방법이라고 볼 수 있다. 다중기초선은 표적문제와 관련된 여러 산물(multiple targets)에 대한 측정, 한 가지 산물에 대한 여러 상황(multiple setting)에서의 측정 그리고 공통된 표적문제에 대한 여러 클라이언트(multiple clients)의 측정을 포함한다. 다중기초선설계의 핵심은 각 기초선의 기간을 다르게 둠으로써 우연한 사건으로 인한 위협을 가능한 한 줄이는 것이다.

예를 들어, 동일한 불안 증상을 보이는 대학생 3명에게 같은 개입방법을 적용하여 그 효과성을 평가하려고 했을 때, 이 대학생 3명에 대한 기초선 단계는 동시에 시작된다. 그러나 첫 번째 대학생은 5회기 만에, 두 번째 대학생은 8회기 만에, 세 번째

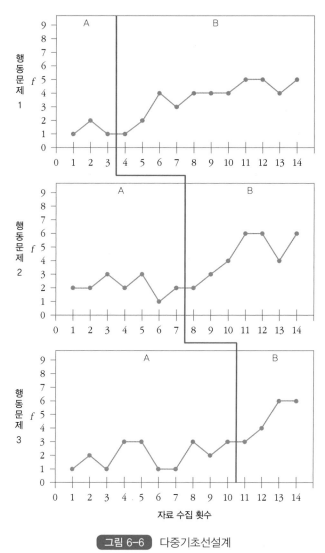

그림 6-6   다중기초선설계

출처: https://researchbasics.education.uconn.edu/wp-content/uploads/sites/1215/2015/02/image012.jpg

대학생은 10회기 만에 개입이 이루어지도록 개입 시기에 대한 차이를 두어서 이 세 학생이 개입 단계 들어갔을 때 비로소 불안이 감소를 하였다면, 여기서 나타나는 변화는 개입에 의해 나타나는 변화라고 볼 수 있다. 그런데 만약 5회기 시점에 세 대학생 모두가 동시에 변화를 보였다면, 이는 개입에 의한 변화보다는 다른 것일 가능성이 높다.

다중기초선설계는 ABAB설계보다는 내적타당도가 높지 않지만, AB설계보다는 높다. 따라서 ABAB설계를 적용하기 어려운 경우에 고려해 볼 수 있는 단일사례설계 방법이다.

(4) 다중치료설계

다중치료설계(multiple treatment design)는 개입의 특성이 개입 기간 중에 변하거나, 클라이언트에게 여러 가지 개입을 복합적으로 적용할 필요가 있을 때 유용한 방법이다(Rubin & Babbie, 2016). 예를 들어, 클라이언트에게 복합적인 문제가 있어서 사례관리와 인지행동치료 등 여러 가지 개입이 필요한 경우에, 기초선 단계 이후에 개입을 순차적으로 진행하여 개입으로 인해 나타나는 효과가 어떤 것에 의한 효과인지를 살펴보는 방법이 다중치료설계 방법이다. 또 개입이 효과적이지 않다고 생각했을 때, 개입방법을 여러 차례 바꿔 가면서 어느 것이 가장 효과적인지를 파악하려고 할 때, 이 설계방법이 유용할 수 있다.

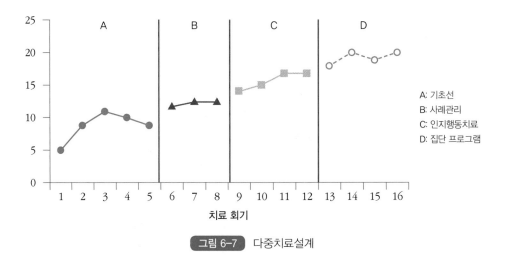

그림 6-7 다중치료설계

요약

1. 인과관계는 동일 조건에서 독립변수의 변화가 종속변수의 변화를 일으켰을 때 인과관계가 성립되었다고 보며, 인과관계가 성립되기 위해서는 공변성, 시간적 우선성, 비허위성이라는 3가지 조건이 충족되어야 한다.

2. 연구설계는 연구질문에 대한 답을 구하기 위해 언제, 누구로부터, 어떻게 측정할 것인지에 대한 구체적인 연구계획을 의미한다. 연구설계의 방법에 따라서 독립변수와 종속변수의 인과관계에 대한 연구자의 확신하는 정도가 달라진다.

3. 내적타당도는 독립변수가 종속변수의 변화를 일으킨 원인이라고 확신하는 정도를 의미한다. 내적타당도를 저해하는 요인으로는 우연한 사건, 성숙, 검사, 도구, 통계적 회귀, 선택, 연구대상자 상실을 꼽을 수 있다.

4. 외적타당도는 연구자가 얻은 연구결과를 다른 대상, 기관, 지역사회 등에 일반화할 수 있는 정도를 의미한다.

5. 집단수준 연구설계는 통제집단과 실험집단으로의 무작위 할당, 통제집단의 활용, 그리고 사전사후검사에 따라서 실험설계, 유사실험설계, 비실험설계로 나눌 수 있다.

6. 실험설계는 무작위 할당, 통제집단, 그리고 독립변수 조작을 주요 구성 요소로 하고 있다. 실험설계의 종류로는 통제집단 사전사후검사설계, 통제집단 사후검사설계, 솔로몬 4집단 비교조사를 꼽을 수 있다.

7. 통제집단 사전사후검사설계는 연구참여자를 실험집단과 통제집단으로 나누며, 이때 무작위 할당 방법으로 연구대상자를 나눈다. 또한 개입이 시작되기 전에 사전검사를 실시하고, 개입이 끝난 이후에 사후검사를 실시하여 종속변수의 변화를 관찰한다.

8. 통제집단 사후검사설계는 통제집단 사전사후검사설계와 거의 유사하지만, 사전검사를 실시하지 않는다는 차이점을 갖는다. 이에 따라 검사 효과를 통제할 수 있다는 장점이 있으나, 종속변수 변화의 정도를 파악하지 못한다는 한계를 갖는다.

9. 솔로몬 4집단 비교조사는 통제집단 사전사후검사설계와 통제집단 사후검사설계를 합쳐 놓은 연구설계 방법이다. 내적타당도가 가장 높으나, 실행하기 어렵다는 단점을 갖는다.

10. 유사실험설계는 무작위 할당이 어렵거나 통제집단을 두기가 어려운 상황에서 활용하는 실험설계로 비동일 통제집단설계와 시계열설계를 꼽을 수 있다.

11. 비동일 통제집단설계는 무작위 할당으로 실험집단과 통제집단을 나누기 어려운 상황에서 활용하는 연구설계로 두 집단 간에 선정 편향이 발생할 수 있으나, 두 집단의 유사성을 어느 정도 확보할 수 있다면, 비교적 개입을 효과적으로 평가할 수 있다.

12. 시계열설계는 통제집단을 두기 어려운 상황에 활용하는 연구설계로 개입이 이루어지기 전에 여러 차례 측정한 결과와 개입 이후에 여러 차례 측정한 결과를 비교하여 두 시기의 변화 양상을 비교하여 개입의 효과성을 평가한다.

13. 비실험설계는 무작위 할당, 통제집단, 다중측정 등을 사용하지 않는 연구설계 방법으로 내적타당도가 가장 약한 연구방법이다. 비실험설계의 종류로는 단일집단 사전사후검사설계, 일회 사례연구설계, 비동일집단 사후검사설계를 꼽을 수 있다.

14. 단일집단 사전사후검사설계는 통제집단 없이 실험집단만 가지고 사전사후검사를 실시하여 실험집단의 변화의 정도로 개입의 효과성을 평가할 수 있다. 이 연구설계는 우연한 사건, 성숙, 검사, 통계적 회귀, 선정 편향에 취약하다.

15. 일회 사례연구설계는 실험집단의 사전검사 없이 사후검사만을 실시하는 것으로 독립변수와 종속변수의 인과관계를 추론하기는 매우 어려우나, 만족도를 평가하거나, 개입 이후에 실험집단의 상태를 파악하고자 하는 연구에서는 간단하게 실시할 수 있다는 장점을 갖는다.

16. 비동일집단 사후검사설계는 연구참여자를 실험집단과 통제집단으로 나누기는 하나, 무작위 할당을 활용하지 않아 선정 편향에 취약할 수 밖에 없으며, 사후검사만 실시하기 때문에 개입 이전에 두 집단 간의 차이나 개입 전후로 실험집단의 변화를 파악하지 못한다는 한계를 갖는다.

17. 개인수준 조사설계는 한 사람을 대상으로 연구를 진행할 때 활용하는 연구방법으로 개별 상담이나 개별적인 개입을 진행할 때 클라이언트의 변화 정도를 파악하기에 용이하다. 이 연구설계는 반복 측정과 우연히 발생하기에 희박한 가능성을 토대로 인과관계를 추론한다.

18. AB설계는 가장 단순한 개인수준 조사설계로 기초선의 반복측정(A) 그리고 개입(B)으로 구성된다. 기초선이 안정적일수록 내적타당도가 높아지다가 더 복잡한 개인수준 조사설계를 활용하여 내적타당도를 높이는 것이 더 바람직하다.

19. ABAB설계는 기초선의 반복 측정(A)과 개입(B), 개입을 철회하고 관찰하는 시기(A), 그리고 다시 개입으로 구성되며, 개입으로 인한 종속변수의 변화에 대한 확신의 정도가 AB설계에 비해 더 높다.

20. 다중기초선설계는 기초선에 대한 측정을 한 가지 측면에 대해서만 하지 않고, 다차원적으로 측정하는 설계방법이며, 각 기초선의 기간을 다르게 둠으로써 우연히 발생한 변화의 가능성을 최대한 줄이려는 연구설계이다.

21. 다중치료설계는 개입의 특성이나 방법이 개입 기간 중에 변하거나 여러 가지 개입을 복합적으로 적용할 필요가 있을 때 활용할 수 있는 방법으로 종속변수의 변화 시점에 따라 가장 효과적인 개입을 찾을 수 있는 이점을 갖는다.

토의 주제

1. 연구설계에서 타당도의 중요성에 대해 논의하고, 실험설계, 유사실험설계, 비실험설계와 내적타당도와의 관계에 대해 토론해 보자.

2. 인과관계를 추론하기 위해 필요한 3가지 조건을 꼽아 보고, 이 가운데 한 가지 조건이 충족되지 못하는 상황에 대한 예를 들어 보자. 이 경우에 연구의 타당도는 어떻게 영향을 받는지 논의해 보자.

3. 실험설계와 유사실험설계의 공통점과 차이점에 대해 논의하고, 각 연구설계의 장점과 단점에 대해 논의해 보자.

4. 사회복지실천현장에서 개인수준 조사설계를 적용할 수 있는 상황을 논의해 보자. 이 상황에서 어떤 조사설계를 활용하는 것이 좋은지 생각해 보고, 이 조사설계의 내적타당도를 평가해 보자.

참고문헌

김기덕, 김용석, 이정희, 전종설, 정익중(2015). 사회조사론. 박영사.

Campbell, D. T., & Stanely, J. C. (1963). *Experimental and quasi-experimental designs for research*. Rand McNally & Company.

Creath, K., & Schwartz, G. E. (2004). Measuring effects of music, noise, and healing energy using a seed germination bioassay. *Journal of Alternative and Complementary Medicine, 10*(1), 113-122.

Engle, R. J., & Schutt, R. K. (2014). *Fundamentals of social work research* (2nd ed). Sage Publishing.

Hilton, T. P., Fawson, P. R., Sullivan, T. J., & DeJong, C. R. (2020). *Applied social research: A tool for the human services* (10th ed.). Springer Publishing Company.

Jones, S. R. (1992). Was There a Hawthorne Effect? *American Journal of Sociology, 98*(3), 451-468.

Jurs, S. G., & Glass, G. V. (1971). The Effect of Experimental Mortality on the Internal and External Validity of the Randomized Comparative Experiment. *The Journal of Experimental Education, 40*(1), 62-66.

Kalaian, S. A. (2008). Research design. In P. K. Lavarkas (Ed). *Encyclopedia of Survey Research Method* (p. 725). Sage Publications.

King, G., Keohane, R. O., & Verba, S. (1994). *Designing Social Inquiry: Scientific Inference in Qualitatitive Research*. Princeton University Press.

Krysik, J. L., & Finn, J. (2010). *Research for Effective Social Work Practice*. Routledge.

Kübler-Ross, E., & Kessler, D. (2005). *On grief and grieving: Finding the meaning of grief through the five stages of loss*. Simon and Schuster.

Marlow, C. (2011). *Research methods for generalist social work* (5th ed.). Cengage Learning.

Mark, R. (1996). *Research Made Simple: A handbook for social workers*. Thousand Oaks.

McAuley, E., Blissmer, B., Marquez, D. X., Jerome, G. J., Kramer, A. F., & Katula, J. (2000). Social Relations, Physical Activity, and Well-Being in Older Adults. *Preventive*

Medicine, 31(5), 608–617. doi:https://doi.org/10.1006/pmed.2000.0740

Royse, D. (2020). *Research methods in social work* (8th ed.). Cognella.

Rubin, A., & Babbie, E. R. (2016). *Essential research methods for social work* (4th ed.). Cengage Learning.

제7장

평가조사

학습목표

- 평가조사의 개념과 목적에 대해 이해한다.
- 평가조사와 일반적인 사회복지연구의 공통점과 차이점을 꼽을 수 있다.
- 평가조사의 종류를 꼽고, 각각의 활용방법에 대해 이해한다.
- 평가조사를 진행할 때 유의할 점을 이해한다.

사회복지 프로그램들은 일반적으로 사회문제를 해결하기 위해 개인, 가족, 조직 혹은 지역사회에 행하는 체계적인 개입 활동들을 의미한다. 여기서 말하는 프로그램이란 "기관에서 관리하는 자원을 활용하여 어떤 어려움에 처한 특정 개인 혹은 집단의 구체적인 욕구와 관련이 있는 목표를 달성하기 위해 행하는 체계적인 활동"이며, 그 활동의 결과로는 기록으로 남을 수 있는 산출, 성과, 그리고 영향 등이 발생한다(Yarbrough, Shulha, Hopson, & Caruthers, 2010: xxiv). 예를 들어, 노인 빈곤을 해결하기 위해 노인들을 위한 직업 교육 훈련이나 취업 알선 사업과 같이 개인 차원에서 이루어지는 프로그램이 있을 수 있으며, 노인들의 취업을 지원하기 위해 고령자 고용지원금 등 정부차원에서 조직(기업)의 변화를 꾀하기 위한 프로그램도 있다. 또한 사회복지정책은 여러 가지 프로그램으로 구성되어 있으며, 각각의 프로그램들이 합쳐져서 정책에서 지향하는 사회적 변화를 추구하게 된다.

사회복지 프로그램에 재원을 제공하는 사람들은 프로그램 제공자에게 프로그램이 잘 운영되고 있는지, 그리고 추구하고자 했던 사회적인 변화가 제대로 이루어지고 있는지 등 받았던 지원에 대한 결과를 요구하는 경향이 증가하고 있으며, 이러한 과정을 통하여 지원을 받은 기관에 대한 사회적 책무성(accountability)을 강조한다. 예를 들어, 사회복지공동모금회에 기부금을 제공한 기부자들은 자신의 후원으로 운영되고 있는 각각의 프로그램들이 얼마나 잘 운영되고 있는지, 그리고 이 프로그램이 운영됨으로써 공동모금회에서 해결하고자 하는 사회문제가 얼마나 잘 해결되고 있는지 파악하고 싶어 한다. 반대로 공동모금회의 후원을 받아서 프로그램을 운영한 기관들은 프로그램의 운영 과정 및 성과에 대한 체계적인 자료를 제공함으로써 프로그램이 지속적으로 유지될 수 있기를 희망한다. 이처럼 예전에는 단순히 '좋은 일'을 하고 있어서 믿고 맡겼었다면, 이제는 체계적인 평가과정을 통해 프로그램의 필요성, 가치, 중요성, 효과성, 효율성 등을 판단하게 되며, 이러한 과학적인 근거를 토대로 증거기반 실천을 위한 의사결정을 진행하게 된다. 이러한 판단을 위해 자료를 수집하고, 분석하며, 이러한 연구과정을 토대로 도출된 연구결과물을 프로그램 평가라고 한다.

1. 평가조사의 개념

프로그램 평가는 지금까지 논의되었던 사회과학 연구방법과는 달리 구체적인 활용 목적을 가진 조사의 영역이다. 프로그램 평가는 평가하고자 하는 프로그램의 장점, 가치, 중요성을 판단하기 위한 체계적인 과정이다(Scriven, 1981: Wanzer, 2021 재인용). 구체적으로, 프로그램 평가란 "사람들의 불확실성을 줄이고, 효과성을 높이며, 의사결정을 할 수 있도록 프로그램의 활동, 특성 그리고 성과에 대해 체계적으로 수집된 정보"(Patton, 2008: 39)이다. 프로그램 평가는 새로운 프로그램을 계획 또는 개발하는 데 필요한 정보를 제공하고, 계획된 프로그램이 제대로 운영되고 있는지 판단할 수 있는 근거를 제시하며, 궁극적으로 목표한 바를 달성했는지를 사회과학 연구방법을 통해 체계적으로 조사하여 알려 준다. 이러한 정보를 활용하여 이해관계자들(stakeholders)은 증거기반 실천을 할 수 있는 자료를 확보할 수 있으며, 프로그램의 질적 개선 및 프로그램의 지속 여부 등의 의사결정을 내린다. 프로그램 평가는 프로그램의 필요성, 개선이 필요한 프로그램의 활동이나 역량, 프로그램의 효과성과 사회적 영향력, 프로그램의 효율성 등을 제시할 수 있다.

구체적으로 사회복지에서 이루어지는 프로그램 평가의 예를 제시해 보면 다음과 같다.

 사례 7-1

현재 정부에서는 취약계층 아동에게 드림스타트라는 맞춤형 통합서비스를 제공하여 이들이 더 건강하게 성장하고 발달함으로써 다른 아동들과 공평한 출발 기회를 가질 수 있도록 지원을 하고 있다. 연간 약 535억 원의 정부 예산이 투입되는 프로그램이 각 지역별로 운영지침에 따라서 제대로 운영되는지에 대한 모니터링이 필요하며, 지역 간에 운영방법의 차이가 있다면, 왜 이러한 차이가 나타나는지에 대해 파악할 필요가 있다. 만약 특정 지역에서 운영상의 문제점이 발견된다면, 그 지역의 서비스를 개선할 수 있는 방안을 마련해야 한다. 또한 일반인들은 프로그램을 실시했을 때, 취약계층 아동들에게 어떠한 변화가 있는지를 알고 싶어 한다. 즉, 프로그램이 의도하고 있는 목표가 잘 달성되는지에 대한 보고가 필요하다. 이에 따라 보건복지부에서는 3년을 주기로 드림스타트 담당 기관에 대한 평가를 진행하고 있다.

출처: 보건복지부(2021).

사례 7-2

UNICEF는 수단의 물 부족 문제를 해결하기 위해 실시했던 물, 하수시설, 위생 (WASH) 프로그램을 실시하고 있으며, 이에 대한 프로그램 평가를 진행했다. WASH 프로그램은 물과 하수시설에 대한 건설 및 관리뿐만 아니라, 개인과 가구의 위생에 대한 다양한 교육 캠페인을 통해 주민들의 인식을 개선해 왔다. UNICEF는 이 프로그램의 효과성을 평가하기 위해 식수 공급이 얼마나 개선되었는지, 하수시설에 대한 접근성이 얼마나 증가하였는지, 위생에 대한 사람들의 인식이 얼마나 변화하였는지를 조사하였다. 그 결과, 식수 공급은 2000년에 59.8%에서 62%로 증가한 반면에, 하수시설은 2000년에 59.7%에서 2006에 40%로 감소하였다가 2008년에는 56.9%로 증가한 반면, 2010년에는 35.5%로 감소하였다. 즉, 식수 공급은 비교적 긍정적인 변화가 나타났으나, 하수시설에 대한 개선은 원활하게 이루어지지 못한 것으로 평가되었다. 마지막으로, 프로그램이 진행되었던 곳의 위생에 대한 지역주민 인식 개선은 프로그램이 진행되지 않았던 곳에 비해 위생 개념이 높아진 결과를 토대로 비교적 잘 이루어진 것으로 평가하였다.

출처: UNICEF(2011).

2. 평가조사의 목적

평가조사의 목적은 욕구를 가진 클라이언트에게 양질의 서비스를 제공할 수 있도록 기여하는 것이다. 예를 들어, 지역아동센터에서 아동의 사회성 향상을 위한 프로그램을 제공했을 때, 프로그램 관계자들은 프로그램 평가를 통해 의도했던 대로 사회성 향상 프로그램이 제공되었는지, 프로그램의 활동들에 대한 참여도나 호응도가 어땠는지, 특별히 아이들이 좋아했던 혹은 싫어했던 활동들은 어떤 것이 있었는지, 아이들에게 해로운 활동은 없었는지, 그리고 이러한 활동들은 아이들의 사회성 변화에 도움이 되었는지 등에 대한 피드백을 제공받게 되고, 이러한 피드백을 받은 프로그램 관계자들은 프로그램의 활동이나 내용을 이에 맞춰서 바꾸거나 프로그램의 추진 여부 등에 대한 의사결정을 하게 된다. 이렇듯 프로그램 평가는 체계적인 사회과학 연구방법을 통해 정보를 제공함으로써 양질의 서비스 제공에 기여를 하게 된다.

포사박과 캐리(Posavac & Carey, 2003)는 대표적인 평가조사의 필요성을 다음과 같이 7가지로 꼽았다. 첫째, 평가조사는 충족되지 않은 욕구를 충족하기 위해 자원이 타당하게 활용되고 있다는 것을 보여 줄 수 있다. 지역사회에는 다양한 욕구들이 존재하고 있으며, 이를 충족시키기 위한 다양한 프로그램들이 존재한다. 그러나 제대로 된 프로그램 평가의 과정이 없으면, 유사한 프로그램이 중복적으로 제공될 가능성이 있으며, 정작 필요한 서비스 공백이 발생할 수도 있다. 따라서 필요한 서비스가 적정 수준에서 제공되고 있는지에 대한 욕구 파악이 프로그램 평가를 통해 이루어질 수 있다.

둘째, 평가조사를 통해 계획된 프로그램이 제대로 서비스를 제공하고 있는지 확인할 수 있다. 프로그램을 제공하기 위해 기관에서 프로그램 계획서를 제출하고 진행 계획을 수립하였으나, 실제로 프로그램 운영을 위한 인력이나 시설이 확보되지 않거나, 참여자 모집에 어려움을 겪어서 프로그램이 제대로 운영되지 못하는 경우가 발생한다. 평가조사의 한 형태인 모니터링을 통해 프로그램 관계자들은 프로그램이 계획했던 대로 제대로 운영되고 있는지를 확인할 수 있다.

셋째, 평가조사를 통해 프로그램 실행에 대한 결과를 여러 가지 방법으로 검증해 볼 수 있다. 일반적으로 기관에서 프로그램 실행 이후의 결과를 보고할 때, 주로 몇 명의 사람들이 어떠한 활동을 했는지 보고한다. 물론 프로그램 이용이나 활동 참여 정도도 매우 중요한 평가 지표가 될 수 있으나, 더 중요한 것은 이러한 활동을 통해 참여자들이 어떻게 변화하였는지, 궁극적으로 해결하고자 하는 사회문제는 제대로 해결되고 있는지를 파악하는 것이 중요하다. 잘 계획된 평가조사는 프로그램이 목표로 하는 개인 및 사회의 변화를 어느 정도 달성했는지 파악할 수 있다는 장점을 지닌다.

넷째, 클라이언트에게 가장 효과적일 것으로 판단되는 프로그램을 제공할 수 있다. 즉, 증거기반 실천이 가능하다. 축적된 평가조사의 결과는 사회복지사로 하여금 효과성이 검증된 프로그램을 제공할 수 있는 근간을 만들어 준다. 또한 같은 문제를 경험하는 클라이언트라도 각 개인의 특성에 따라 그들에게 맞는 프로그램이 다를 수 있다. 평가조사는 기존 평가결과들을 통해 각 개별 클라이언트에게 가장 최적의 프로그램을 제공할 수 있는 정보를 제공한다.

다섯째, 평가조사는 프로그램의 지원을 위한 정당성을 부여해 준다. 지역사회 내에는 해결해야 하는 여러 욕구들이 있으며, 그 가운데 가장 시급하게 해결해야 할 욕구와 이를 해결할 수 있는 최선의 프로그램 선택의 과정에는 여러 가지 역동들이 작용을 하게 된다. 이때, 평가조사의 결과는 최선의 정책결정을 할 수 있는 실증적인 근거를 제공하며, 프로그램 지원의 타당성을 뒷받침해 준다.

여섯째, 평가조사는 프로그램을 관리하고 발전시키는 데 필요한 정보를 제공한다. 프로그램이 여러 해 운영되면서 프로그램의 내용이나 질이 조금씩 변화할 수 있다. 특히 담당자가 바뀌거나, 같은 담당자라고 하더라도 여러 차례 진행을 하면서 점차 프로그램이 진화하게 된다. 평가조사는 시간이 지나면서 프로그램의 질이 그대로 유지가 되고 있는지 아니면 더 나은 방향으로의 개선이 필요한지 등에 대한 추적관리가 가능하다.

마지막으로, 평가조사를 통해 의도하지 않은 프로그램의 역효과를 파악할 수 있다. 사회복지 프로그램들은 어려움에 처한 사람들이 어려움을 극복하고, 다시 삶을 잘 살 수 있는 도약의 기회를 제공하기 위해 많은 자원과 노력이 투입된다. 그러나 프로그램에 따라서는 프로그램에 대한 의존성 등의 역효과가 발생하여 클라이언트의 성장을 저해하는 경우가 있다. 이러한 부정적인 효과 또한 평가조사를 통해서 체계적인 파악이 가능하다(Posavac & Carey, 2003).

3. 평가조사와 일반적인 사회복지연구의 차이점 및 공통점

지금까지 우리가 조사방법론에서 배운 사회과학연구 혹은 사회복지연구는 우리가 살고 있는 사회에 대해 신뢰할 수 있는 일반화된 지식을 생산하는 것을 목표로 한다. 따라서 어떤 특정 사회현상에 대해서 우리가 알고 있는 이론이나 가설을 검증하기 위해 연구문제를 설정하고, 이에 대한 답을 구하는 체계적인 조사 및 분석 과정을 통해 연구문제에 대한 답을 구한다. 연구방법에 따라서 귀납적 혹은 연역적으로 접근을 할 수는 있지만, 궁극적으로 연구자는 자신이 궁금해하는 사회적 현상을 파악하기 위해 전권을 가지고 연구를 설계하여 자료를 수집하고 연구결과를 도출한다. 또한 도출된 연구결과는 특정 개인 혹은 조직에 국한된 내용이 아니라, 보다 넓은 범위에 있는 사람들에게 적용되는 일반화된 결과를 도출하기 위해 노력한다.

그러나 평가조사는 앞에서 이야기한 바와 같이 특정 프로그램에 대한 판단 및 의사결정을 돕는다는 구체적인 목적을 가지고 수행된다는 점에서 일반적인 연구와는 차별성을 갖는다(Yarbrough et al., 2010). 구체적인 차별성은 〈표 7-1〉에 제시되어 있다. 이에 대한 설명을 조금 덧붙이자면, 첫째, 평가조사는 의사결정을 위한 정보를 제공하는 것으로 목적으로 하기 때문에 연구자는 평가 질문이나 평가의 방향성을 독단적으로 결정하기보다는 수집된 정보를 이용하게 될 프로그램 관계자들의 요구와 평가의 목적을 반영하여 평가의 방향성을 설정하게 되며, 평가의 실행 또한 프로그램 관계자들의 계획에 맞춰서 진행하게 된다(Hilton, Fawson, Sullivan, & DeJong, 2020). 따라서 좋은 평가조사는 프로그램 관계자들의 욕구를 평가자가 충분히 반영하고, 결과의 타당도를 높이며, 평가 보고서의 활용도를 높이기 위해 프로그램 관계

표 7-1 연구조사와 평가조사 비교

요소	연구	평가조사
목적	새로운 지식의 축적, 이론 개발	의사결정을 위한 정보 제공
문제의 설정	연구자가 거의 단독으로 결정	평가자와 프로그램 관계자가 함께 결정
결과의 일반화	이론 수립을 위해 매우 중요함	특정 프로그램이나 정책에 조점을 맞추기 때문에 일반화는 상대적으로 덜 중요함
결과의 활용	실질적인 결과의 활용은 중요하지 않음	실질적인 평가 결과의 활용이 매우 중요함
연구의 적절성 평가 기준	내적 · 외적 타당도	정확성, 활용성, 실행가능성, 적절성, 평가에 대한 책임

출처: Fitzpatrick et al. (2011).

자들을 평가 계획 단계에서부터 참여시킨다(Fitzpatrick et al., 2011).

둘째, 평가조사는 궁극적으로 해당 프로그램의 제시한 목표의 달성 정도에 따라 그 효과성을 판단하게 되며, 효과적이지 않은 것으로 판단이 되었을 때에는 프로그램을 계속 지원할지 여부 등을 결정하게 된다(Hilton et al., 2020). 평가조사를 통해 해당 프로그램이 효과적이지 않다는 결과가 나왔을 때, 다양한 이해관계자들이 타격을 받을 수 있다. 예를 들어, 프로그램 운영을 위해 지원을 받았던 기관, 프로그램을 진행했던 사회복지사, 프로그램 참여자 등 다양한 사람들이 영향을 받을 수 있으며, 프로그램의 지속을 희망하는 사람들이 많은 경우에 평가조사를 수행하는 연구자는 이들의 정치적인 압력에 영향을 받을 수 있다(Babbie, 2021).

셋째, 특정 프로그램에 대한 정보만 필요하고 이에 대한 의사결정을 내리기 때문에 결과의 일반화에 대해서는 크게 신경 쓰지 않는다. 즉, 외적타당도에 대한 중요성이 일반적인 연구에 비해 상대적으로 낮다고 볼 수 있다. 반면에 평가조사의 질은 정확성(수집된 정보가 얼마나 현실을 정확하게 반영하는지), 활용성(평가결과가 이를 활용할 사람들이 필요로 하는 정보를 얼마나 실질적으로 제공하고 있는지), 실행 가능성(평가가 얼마나 신중하고, 현실적이며, 협력적이며, 비용효과적인지), 그리고 적절성(평가가 얼마나 법적으로나 윤리적으로 올바르게 이루어졌으며, 참여자들의 권리를 잘 보호하고 있는지) 등에 의해 결정된다(Fitzpatrick et al., 2011).

반면에 평가조사는 사회과학연구와 다양한 측면에서 유사성도 갖는다. 먼저, 평가조사는 평가의 목적에 따라서 다양한 연구방법을 활용한다는 점에서 사회과학연구와 유사하다. 평가조사는 특정한 연구방법이 아니며, 어떤 구체적인 연구방법만 활용하지도 않는다. 즉, 필요에 따라서 지금까지 배운 다양한 연구 방법들을 활용하여 평가에 필요한 자료를 수집하고, 결과를 검증한다. 예를 들어, 프로그램의 진행에 대한 정보를 수집하기 위해서 평가자는 프로그램에 직접 참여하면서 관찰된 내용을 기록하거나, 프로그램 진행자 혹은 참여자들에게 인터뷰를 요청하여 지금까지 진행된 프로그램 내용을 질적 방법을 통해 분석할 수도 있다. 또한 프로그램의 성과를 분석하기 위해서 평가자는 무작위로 실험집단과 통제집단을 나누어서 이 두 집단의 주요 성과지표의 변화의 차이를 살펴볼 수 있다. 따라서 평가조사도 다양한 사회과학

연구방법을 활용하여 평가 질문에 대한 답을 구한다는 측면에서는 사회과학연구와 공통점을 갖는다.

또한 평가조사는 사회과학적 엄밀성을 요구한다는 점에서 사회과학연구와 유사성을 갖는다. 예를 들어, 프로그램의 성과를 평가할 때에는 프로그램 참여자들의 변화 원인이 프로그램에 있으며, 그 밖의 다른 요인들에 의한 변화가 아님을 입증해야 한다. 이는 인과관계 수립에 필요한 방법론적 엄밀성을 요구한다. 물론 평가조사는 기관의 환경과 현실적인 상황에 대한 평가를 설계해야 한다는 점에서 제약받을 수 있으나, 주어진 조건 안에서 가장 체계적이고 엄밀한 평가가 이루어져야 한다는 점에서 과학적 엄밀성이 필요하다. 또한 자료를 수집할 때, 가능한 한 발생할 수 있는 여러 가지 편의(bias)를 배제해야 한다는 점에서 체계적인 평가 수행을 요구한다. 즉, 정보수집에 필요한 표본추출, 질문지 구성 등의 과정에서 편의가 발생하지 않도록 평가자 먼저 체계적인 계획을 세우고, 이를 수행해야 한다는 점에서 다른 사회과학 연구와 유사성을 갖는다.

4. 평가조사의 종류

프로그램 평가의 종류는 크게 형성평가(formative evaluation)와 총괄평가(summative evaluation) 두 가지 종류로 나눌 수 있다. 형성평가는 프로그램 개선에 필요한 정보를 제공하기 위해 필요한 정보를 수집하는 것을 목적으로 하며, 주로 프로그램이 개발되고 있는 단계에서 이루어진다. 보통 프로그램의 과정평가가 형성평가에 포함된다. 반면에, 총괄평가는 프로그램의 전반적인 효과성을 판단하고, 프로그램의 미래에 대한 의사결정을 위해 이루어지며, 주로 프로그램이 완성되었을 때 이루어진다. 주로 성과 평가나 비용효과성평가가 여기에 포함된다. 프로그램이 완전하게 개발이 되지 않은 상태에서 섣부르게 총괄평가를 진행할 경우에는 자칫 잘못된 의사결정을 할 수 있기 때문에, 전문가들은 프로그램의 오류나 진행상의 문제점을 충분히 개선하고, 완전한 프로그램이 될 때까지 총괄평가를 보류하기를 권한다(Mertens & Wilson, 2012).

표 7-2 형성평가와 총괄평가 비교

	형성평가	총괄평가
활용	프로그램의 개선 및 발전	프로그램의 도입 및 지속에 대한 의사결정
청중	기관의 프로그램 관리자 및 내부 직원	관리자, 의사결정자, 지원기관, 정부 등
평가자	기관 내부의 평가자들이 주도적으로 추진을 하며, 외부 평가자들의 도움을 받을 수 있음	외부 평가자들이 주도를 하는 경우가 많으며, 기관 내부자들의 도움을 받음
특성	프로그램에 대한 피드백에 초점을 맞춰서 이를 토대로 프로그램 개선에 활용함	프로그램의 성공 여부 및 클라이언트 변화에 초점을 맞춰서 이를 토대로 프로그램 지속 여부에 대한 의사결정을 진행함
설계 제약	어떤 정보가 필요한가? 언제까지 필요한가?	어떤 기준을 이용하여 의사결정을 할 것인가?
자료 수집의 목적	진단	판단
자료 수집 빈도	자주	간헐적
표본 크기	보통 작음	보통 큼
평가 질문	잘되고 있는 것은 어떤 것인가? 개선될 점은 무엇인가? 어떻게 개선할 수 있는가?	어떤 결과가 나타났는가? 누구에게 나타났는가? 어떤 상황에서 나타났는가? 어떤 교육·훈련이 필요한가? 비용은 얼마나 드는가?

출처: Fitzpatrick et al. (2011).

형성평가와 총괄평가의 공통점과 차이점을 좀 더 자세히 비교하면 〈표 7-2〉와 같다.

다음으로 조금 더 세부적으로 프로그램을 분류를 하고자 한다. 학자에 따라서 분류하는 방법에 차이가 있으나, 대체로 평가조사의 질문이나 목적에 따라서 욕구조사(needs assessment), 프로그램 과정 및 실행에 대한 평가(assessing program process and implementation), 성과평가(outcome evaluation), 그리고 효율성 평가로 분류하고 있다 (Posavac & Carey, 2003; Rossi et al., 2019). 각각에 대해 보다 자세하게 살펴보면 다음 과 같다.

1) 욕구조사

- 목적: 프로그램을 개발하기에 앞서 표적집단(target population) 혹은 대상 지역의 욕구와 자원을 파악함.
- 주요 평가 질문
  - 해결하고자 하는 사회문제의 규모와 범위가 무엇인가?
  - 현재 지역사회 내에서 가장 욕구가 충족되지 못하는 사람들은 누구인가? 어떠한 특성을 갖는가?
  - 지역사회 내에서 가장 시급하게 해결해야 하는 욕구는 어떠한 것이 있는가?
  - 사회문제를 해결하는 데 필요한 지역사회의 자원에는 어떠한 것이 있는가?
  - 유사한 문제를 해결하기 위해 제공되고 있는 지역사회 프로그램에는 어떠한 것이 있는가?
  - 사람들은 현재 있는 프로그램을 얼마나 잘 이용하고 있는가? 이용하지 않는다면, 왜 이용하지 않는가?

사회복지에서 프로그램이나 서비스를 개발하는 이유는 우리 사회에 존재하는 어떠한 사회문제를 해결하기 위함이며, 사회문제는 다양한 통로를 통해 제기될 수 있다. 예를 들어, 노인 우울에 대한 문제는 특정 사례에 대한 신문 기사의 심층보도, 노인을 옹호하는 민간단체나 정치인의 주장, 혹은 노인들의 호소 등 다양한 방식으로 문제가 제기될 수 있다. 여기서 연구자 혹은 평가자의 역할은 체계적으로 정보를 수집하여 실제로 문제가 얼마나 심각한지, 얼마나 많은 사람이 이와 같은 문제를 경험하는지, 현재 이 문제를 해결하기 위해서 제공되고 있는 프로그램은 어떠한 것이 있는지, 그리고 그 프로그램들은 얼마나 효과적인지 등에 대한 정보를 수집하여 기술

하는 데에 있다(Rossi et al., 2019).

그렇다면, 욕구조사(needs assessment)에서 의미하는 욕구는 무엇인가? 욕구(need)는 현재의 상태와 원하는 상태(desired state) 혹은 기대하는 상태(expected state)의 차이를 의미한다(Atlschuld & Kumar, 2010; Gaber, 2000). 즉, 욕구는 현재 상태와 바람직한 상태의 간극이라고 볼 수 있다. 따라서 욕구조사는 이러한 "욕구를 확인하고, 우선순위를 매기며, 욕구중심의 의사결정을 하고, 자원을 배분하며, 조직들이 문제해결을 위한 행동을 취하여 중요한 욕구에 내재되어 있는 문제를 해결하는 과정이다." (Altschuld & Kumar, 2010: 20). 연구자들은 욕구조사를 통해 (1) 어떤 문제나 욕구가 존재하는지를 확인하고 그 문제가 무엇인지를 기술하며, (2) 문제를 해결하기 위해서는 어떠한 개입이 필요한지를 제언한다(Fitzpatrick et al., 2011).

욕구조사를 진행할 때, 일반적으로 어떤 집단이나 조직 또는 지역사회의 문제점에만 초점을 맞추는 경향이 있으나, 집단, 조직 혹은 지역사회의 강점과 자원에 대한 관심을 가질 필요가 있다. 특히, 프로그램을 개발하고 운영함에 있어서 어떤 자원을 활용할 수 있는지(resources), 특정 집단, 조직, 혹은 지역사회가 그 사회문제를 해결할 준비가 얼마나 되어 있는지(readiness)를 파악할 필요가 있다. 대표적으로 자원은 인력, 해당 문제에 대한 전문적인 지식과 기술의 정도, 집단, 조직 혹은 지역사회의 강점, 문제해결을 위한 기존의 노력, 그리고 활용 가능한 물질적 자원 등이 여기에 포함된다(Mertens & Wilson, 2012, SAMHSA, 2019). 반면에 준비의 정도는 집단, 조직, 혹은 지역사회의 문제해결을 위한 노력, 동원할 수 있는 자원, 관련 지도자의 지지, 문제에 대한 집단, 조직 혹은 지역사회의 태도나 지식의 정도 등을 포함하고 있다(SAMHSA, 2019). 이해관계자 내에서 관심이 맞고, 문제해결을 위한 욕구가 강하며, 활용할 수 있는 자원이 많은 경우, 이러한 강점을 잘 활용을 했을 때, 보다 비용 효과적이면서도 성공적인 프로그램 실행이 가능해진다.

자원기반 지역사회 개발(asset-based community development)을 강조하는 맥나이트(McKnight, 2016)는 지역사회 내에는 다양한 능력을 가진 개인(예: 수예, 목공, 노래, 서예 등), 조직(예: 교회, 부녀회 등), 기관(예: 학교, 관공서, 도서관, 가게 등)이 있다는 점을 강조하면서 이를 활용한 빈곤지역의 아동들이 무엇이든 배울 수 있는 동네(educating neighborhood) 만들기 프로젝트를 추진해 왔다. 이 프로그램은 동네를 다니면서 지역주민이 아동들에게 가르칠 수 있는 과목(예: 마케팅, 은행업무, 위생, 뜨개질, 요리 등)을 조사하고, 지역사회 조직들은 지역주민들이 자신의 강점을 살린 수업을 제공할 때 필요한 물품과 프로그램 운영을 담당하도록 하였으며, 실제 프로그램에서 사용될 공간을 지역사회의 기관에서 제공받는 방식으로 프로그램을 기획하였다. 이렇듯 지역사회에 대한 자원 파악만 제대로 이루어져도 충분히 하나의 프로그램을 구성할 수 있음을 보여 주었으며, 그 과정에서 이들은 '자원 지도(asset map)'를 개발하였고, 이후에도 보다 효과적으로 지역사회 자원을 활용할 수 있는 도구를 개발하였다.

대체로 욕구조사는 프로그램의 대상이 되는 표적집단(target population)의 특성을 이해하고, 이들이 경험하고 있는 사회문제의 빈도나 분포를 파악하기 위한 양적연구를 실시한다. 넓게는 지역사회 전체, 좁게는 표적집단을 대상으로 설문조사를 실시하여 이들의 충족되지 않은 욕구의 정도, 이와 관련된 서비스 경험 등에 대한 조사를 실시한다. 반면에 정기적으로 정부나 연구기관에서 조사하고 있는 사회지표 등 2차 자료를 활용하여 해당 지역사회가 경험하고 있는 사회문제가 어느 정도 수준인지 파악할 수 있다(Posavac & Carey, 2003). 예를 들어, 우리 지역사회에 살고 있는 다문화 가족의 욕구에 대한 파악을 직접 설문조사를 통해 다문화 가족에게 물어볼 수도 있으나, 다문화 가족 실태조사 등을 통하여 현황을 파악할 수도 있다. 이러한 사회지표는 다른 지역사회와 비교가 가능하다는 장점이 있으나, 원하는 정보가 정확하게 일치하지 않을 수 있다는 단점도 있다.

질적인 방법을 활용하여 욕구조사를 실시할 수도 있다. 특히 지역사회에 대해 혹은 관심을 갖고 있는 사회문제에 대해 가장 잘 알고 있는 지역주민들을 대상으로 인터뷰를 실시하면, 보다 질적으로 풍부한 정보를 얻을 수 있다는 장점이 있다. 이러한 인터뷰를 진행할 때, 가장 정보가 많거나 경험이 많은 사람을 선정하여 개별적인 인터뷰를 실시할 수도 있으며, 때로는 초점집단 인터뷰(focus group interview)를 실시할 수 있다(Krysik & Finn, 2010). 초점집단 인터뷰는 서로 의견을 나누면서 생기는 추가적인 의견, 서로 다른 관점 등 사회문제와 서비스 욕구에 대한 보다 풍부한 정보를 얻을 수 있다(Rossi et al., 2019). 이때 누구를 인터뷰하는가에 따라서 얻을 수 있는 정보의 양과 질이 매우 다를 수 있기 때문에 관련 사항에 대한 많이 알고 있고 경험이 풍부한 사람을 선정하는 것이 매우 중요하다.

2) 프로그램의 과정 및 실행에 대한 평가

- 목적: 어떻게 하면 더 나은 프로그램으로 만들 수 있는지를 파악함
- 주요 평가 질문
  - 계획한 프로그램이 무엇인가? 프로그램의 구성 요소는 무엇인가?
  - 프로그램의 구성요소는 프로그램의 목표와 잘 부합되는가?
  - 실제 기관이나 지역사회의 욕구가 계획단계에서 파악한 욕구와 일치하는가?
  - 프로그램 참여자는 어떻게 프로그램에 참여하게 되었는가?
  - 계획한 프로그램이 의도한 대로 참여자에게 잘 전달이 되고 있는가?
  - 프로그램에 참여하는 사람들은 어떤 특성을 가진 사람들인가?
  - 계획한 대로 프로그램이 잘 진행되고 있는 부분은 어떤 부분인가? 잘 안 되고 있는 부분은 어떤 부분인가?
  - 프로그램을 실행함에 있어서 계획과 달라진 부분이 있는가?
  - 프로그램을 운영하면서 당장 개선해야 할 점들에는 어떠한 것들이 있는가?

프로그램의 과정 및 실행에 대한 평가(assessing program process and implementation; 이하 과정평가)는 형성평가로 분류될 수 있으며, 프로그램이 제대로 운영이 되고 있는지 그리고 어떻게 더 나은 프로그램으로 개선시킬 수 있는지를 그 방법을 찾기 위해 실시한다(Royse, 2020). 이러한 프로그램은 프로그램 과정평가라고 불리기도 하며, 경우에 따라서는 프로그램 과정평가라고도 한다(Mertens & Wilson, 2012). 프로그램을 개발하여 실행을 할 때에는 해당 프로그램이 계획에 맞게 잘 운영되고 있는지, 프로그램을 운영하는 능력 있는 사회복지사에 의해 양질의 프로그램이 적정 빈도와 기간 동안 이루어지고 있는지를 파악할 필요가 있다(Rossi et al., 2019). 특히 증거기

반의 프로그램을 진행할 때에는 프로그램 매뉴얼을 충실히 따르고 있는지에 대한 파악도 필요하다.

프로그램 과정평가는 두 가지 역할을 할 수 있다(Rossi et al., 2019). 먼저, 독자적인 평가로 프로그램 운영에 대한 평가로 존재할 수 있다. 예를 들어, 비교적 새롭게 개발된 프로그램이 제대로 운영되고 있는지 그리고 프로그램이 보다 원활하게 잘 운영되기 위해 유지 혹은 개선되어야 할 사항들이 무엇인지를 파악하기 위해 평가를 실시하는 경우를 꼽을 수 있다. 또 이미 오래전부터 실시했던 프로그램이라면 프로그램이 어떻게 진화했는지, 프로그램이 매뉴얼대로 운영이 되고 있는지, 질적인 변화는 없었는지 등 프로그램의 운영에 대한 모니터링하기 위해 실시하기도 한다.

예를 들어, 부모교육 프로그램을 실시하고 있는 한 기관에서 프로그램 참여자들의 출석이 저조하여 그 이유를 살펴보니, 아이들이 집에 돌아오는 시간인 오후 6시에 프로그램이 개설되었고, 아이들을 돌봐 줄 수 있는 사람이 없었던 부모들은 프로그램에 참여하기 어렵다는 사실을 프로그램 과정평가에서 알게 되었다. 이러한 정보를 토대로 기관에서는 부모가 프로그램에 참여하는 동안에 아이들에게 간단한 저녁 식사와 놀이를 할 수 있도록 인력과 장소를 제공하였고, 그 결과 참여율이 다시 증가되었다. 이처럼 프로그램 과정평가에서는 프로그램을 실행하는 과정에서 발생할 수 있는 여러 가지 어려움들을 모니터링하면서 문제를 해결해 나간다.

둘째, 프로그램 과정평가가 프로그램 성과평가를 보완하기 위한 자료로 실시되기도 한다(Rossi et al., 2019). 성과평가를 실시할 때, 일반적으로 프로그램 운영과정에 대한 평가를 함께하는 경우가 많은데, 이는 실제로 프로그램이 어떻게 운영되고 있는지에 대한 충분한 이해 없이 그 성과를 평가하기 어렵기 때문이다. 특히 프로그램의 효과성이 없는 것으로 결과가 도출이 되었을 때, 프로그램을 전달하는 과정에서 문제는 없었는지, 참여자들은 제대로 참여를 하고 있었는지, 계획한 대로 프로그램의 내용이 제공되고 있었는지 등에 대한 파악이 매우 중요하다. 반면에 프로그램의 효과성이 있는 것으로 나왔을 때, 왜 프로그램이 효과적이었는지, 어떻게 원하는 목표를 달성했는지에 대한 이해도 매우 중요하다(WKKF, 1998). 또한 증거기반 실천을 할 때는 검증된 프로그램이 제안하는 대로 서비스가 제공되었는지, 그 서비스의 양과 질이 적절하게 제공되었는지에 대한 실행 충실도(implementation fidelity) 평가를 했을 때, 프로그램에 대한 이해가 높아져 성과평가를 해석하는 것이 더 용이해진다.

최근 우리나라에서 증거기반 실천을 위해 중앙의 대표 기관에서 프로그램을 개발하고, 해당 프로그램을 각 지역에 있는 지부에 전달하여 표준화된 서비스를 제공하는 사례들이 많다. 예를 들어, 굿네이버스에서는 '아동보호통합지원전문서비스'를 개발하여 각 지역에 있는 아동보호전문기관이 실행하도록 아동보호전문기관 상담원들에게 매뉴얼을 배포하고 관련 교육을 지속적으로 진행하고 있다(이봉주, 전해린, 2020). 그러나 이 서비스에 대한 효과성을 평가하기 위해서는 매뉴얼에서 제시한 서비스가 적절한 빈도로 제공이 되었는지, 상담원이 해당 서비스를 계획에 맞게 제공을 했는지, 상담원이 충분히 해당 서비스에 대한 전문성이 있는지, 그리고 상담원가 상담자의 관계 형성이 잘 이루어져서 상담자가 프로그램에 잘 참여하였는지에 대한 충분한 이해가 필요하다. 이러한 과정평가의 내용은 지부별 성과의 편차를 이해하고, 이후에 프로그램을 개선하는 데 매우 큰 도움이 된다.

프로그램에 대한 과정평가는 제공된 서비스, 담당자, 서비스 제공 시간, 프로그램 참여자 특성, 참여자의 출석 여부 등의 기본적인 양적자료를 모으기도 하지만, 대체로 과정평가는 관찰이나 인터뷰 등의 질적인 방법을 활용하여 자료를 수집한다. 예를 들어, 평가자는 프로그램의 진행을 실제로 관찰하거나, 프로그램 진행 기록지 등을 살펴보고, 진행자나 참여자들과의 인터뷰를 통해 정보를 수집할 수 있다. 이때 인터뷰는 개별적으로 심층 인터뷰를 진행할 수도 있으며, 초점집단 인터뷰를 진행할 수도 있다. 미와 모라코(Mye & Moracco, 2015)는 'Meals on Wheels'라는 식사배달 프로그램에 대한 과정평가를 실시하였다. 이때 이 연구자들은 주요 이해관계자들과의 인터뷰, 참여 자원봉사자들에 대한 설문조사, 그리고 구조화된 관찰을 이용한 혼합연구(mixed-methods research)를 실시하였다. 이처럼 과정평가는 다양한 연구방법을 활용하여 평가를 진행할 수 있다.

3) 성과평가

> - 목적: 프로그램을 통해 실제로 계획했던 목표가 성공적으로 달성되었고, 표적문제가 해결되
>   었는지를 파악함
> - 주요 평가 질문
>   - 프로그램을 통해 달성하고자 했던 목표는 무엇이었는가?
>   - 프로그램을 통해 달성하고자 했던 성과들은 유의미하게 변화하였는가?
>   - 프로그램을 통해 클라이언트, 기관, 지역사회는 어떠한 영향을 장·단기적으로 받았는가?
>   - 의도하지 않은 변화에는 어떤 것들이 있었는가?
>   - 프로그램의 성과가 지원을 지속할 정도로 충분히 달성되었는가?

과거에는 프로그램을 제공하는 기관에서 프로그램의 적용과정 및 산출(output)에 대한 보고만 해도 프로그램을 지원하는 기관에서는 지속적으로 재원을 제공하였다. 그러나 점차 사회복지서비스가 다양해지고, 사회복지서비스에 투입되는 정부 및 비영리 단체들의 예산이 증가하면서 지원했던 프로그램들의 성과에 대한 보고가 중요성이 강조되고 있다. 예를 들어, 아동학대 예방을 위해 재원(funding)을 제공한 기관에서는 아동보호전문기관에서 해당 재원으로 진행한 프로그램을 통해 그 지역의 아동학대가 실제로 줄었는지를 알고 싶어 한다. 또한 1인 가구의 사회적 고립을 해결하기 위한 정부 지원을 받았던 프로그램이 있다면, 납세자들은 이러한 프로그램에 참여했던 사람들은 그렇지 않은 사람들보다 다른 사람들과의 소통이 늘었는지를 알고 싶어 할 수 있다. 이처럼 성과평가(outcome evaluation)는 (1) 제한된 자원을 효과적으로 사용해야 하는 기관의 사회적 책무성을 향상시키고, (2) 최선의 프로그램을 제공하고 있다는 근거를 마련할 수 있으며, (3) 프로그램으로 인한 참여자들의 변화를 판단할 수 있기 때문에 실시할 필요가 있다(정병오, 송아영, 2016).

성과(outcome)란 "프로그램이 개입하고자 하는 표적집단의 상태나 사회적 조건(social condition) 혹은 프로그램을 통해 변화시키고자 하는 행동"(Rossi et al., 2019:

116)을 의미한다. 대표적으로 행동, 기술, 지식, 태도, 가치, 상태(condition) 등을 꼽을 수 있다. 예를 들어, 체중을 감량하는 다이어트 프로그램의 성과는 프로그램 참여자의 체중이 될 수 있으며, 대인관계 향상을 위한 청소년 집단 프로그램의 성과는 사회성이 될 수 있고, 중고령자 직업훈련 프로그램의 성과는 취업률이 될 수 있다. 이때 성과는 프로그램의 목표와 일치되어야 하는데, 경우에 따라서는 프로그램의 목표나 내용이 측정하는 성과와 일치하지 않아서 효과성이 입증되지 못하는 경우도 있어서 주의가 필요하다.

여기서 제시되는 성과의 개념적 특성을 살펴보면, 첫째, 성과는 표적집단 혹은 사회적 조건 가운데 관찰 혹은 측정이 가능한 특성을 의미한다. 즉, 성과는 프로그램이 개입하는 대상에 대한 특성에 초점을 맞추고 있으며, 프로그램에 참여하지 않아도 관찰이 가능하다. 이는 프로그램의 참여율, 서비스의 제공 시간이나 횟수 등을 나타내는 산출물과는 구분이 되는 개념이다(Rossi et al., 2019). 둘째, 참여자들이 프로그램 참여 전과 후를 비교하여 성과가 나타났다고 해서 그 변화가 자동적으로 프로그램으로 인해 나타난 변화라고 단정하기는 어렵다. 인과관계의 성립조건을 충족해야 독립변수와 종속변수의 인과관계가 성립되듯이, 평가조사에서도 프로그램의 효과성을 입증하기 위해서는 프로그램(독립변수)이 성과(종속변수) 변화의 원인임을 입증해야 한다(Rossi et al., 2019). 그렇기 때문에 좋은 평가조사는 인과관계 입증을 위해 보다 엄격한 연구방법들을 활용한다. 양질의 성과평가를 위해 고려해야 할 점들은 다음과 같다(Peterson & Bell-Dolan, 1995).

양질의 성과평가를 위해 고려해야 할 점

• **통제 및 비교집단의 활용**: 성과평가의 타당도를 높이기 위해서는 프로그램이 제공되는 실험집단과 이를 비교할 수 있는 통제 혹은 비교집단이 필요하다. 이러한 평가설계를 통해서 프로그램으로 인한 성과의 변화라고 주장할 수 있는 인과관계를 위협하는 요인들을 더 많이 배제할 수 있다.

- **대표성 있는 집단의 활용**: 가능하다면, 프로그램이 필요하다고 판단된 대상자들 가운데 대표성이 있는 사람들을 프로그램에 참여하도록 하는 것이 중요하며, 이들이 탈락되지 않고 프로그램에 끝까지 참여하는 것이 중요하다.

- **무작위 할당**: 실험집단과 통제집단으로 참여자들을 나눌 때 무작위 할당을 해야 두 집단이 동일한 집단임을 인정받을 수 있다.

- **충분한 참여자 확보**: 실험 및 통제 집단이 제대로 무작위 할당되기 위해서는 충분한 표본 크기가 확보되어야 한다. 특히 통계적으로 두 집단 간에 유의미한 차이가 존재한다는 것을 밝히기 위해서는 충분한 표본 크기를 통한 검정력(statistical power)을 확보해야 한다.

- **사전 및 사후 검사 활용**: 프로그램의 참여를 통해 특정 성과가 나타났다고 주장하기 위해서는 먼저 프로그램 참여 이후에 원하는 성과를 얻었는지에 대한 확인이 필요하며, 이는 사후검사를 통해 이루어진다. 그러나 이러한 변화가 프로그램으로 인해 나타난 변화인지 확인하기 위해서는 프로그램 참여 이전과 이후에 변화가 나타났는지를 살펴봐야 하며, 프로그램 참여 이전에 상태가 어떠했는지를 파악할 수 있어야 한다.

- **추적 조사**: 프로그램을 실시한 직후에 원하던 성과가 잘 나타났지만, 그 이후에 이러한 변화의 유지 또한 프로그램의 매우 중요한 성과이다. 대다수의 성과들이 프로그램에 참여할 때만 변화하고 그 이후에 다시 원래대로 되돌아온다면, 프로그램이 효과적이라고 보기는 어렵기 때문이다. 6개월 혹은 12개월 후에도 변화가 유지되는지에 대한 파악이 필요하다.

- **타당도와 신뢰도가 높은 측정**: 프로그램이 궁극적으로 효과가 있다고 검증을 하기 위해서는 목표했던 성과의 변화를 보여 줘야 한다. 그 변화를 보여 주기 위해 성과를 측정하는 도구(measurement)를 사용하게 되는데, 이때 사용하는 측정도구는 신뢰도와 타당도가 높아야 한다. 또한 한 가지 측정방법에만 의존하기보다는 성과의 다양한 영역을 다양한 방식으로 측정하는 것이 효과성을 검증하기에 더 용이하다.

- **성과를 측정하는 평가자의 편의 배제**: 성과를 측정함에 있어서 측정대상자 가운데 누가 실험집단(프로그램 참여)에 있고, 누가 통제집단(프로그램 비참여)에 있는지를 안다면, 평가자의 편의가 발생할 수 있다. 예를 들어, 실험집단은 조금 더 점수를 잘 주고, 통제집단은 그렇게 하지 않을 수 있다. 그렇기 때문에, 성과를 측정할 때 제3자를 활용하여 누가 실험집단이고 누가 통제집단인지 알 수 없도록 하여 보다 객관적인 평가가 이루어질 수 있도록 해야 한다.

앞에서 제시한 바와 같이, 프로그램의 효과성을 실증적으로 입증하기 위해서는 보다 엄격한 연구방법인 실험설계를 이용하여 평가가 진행되어야 하며, 평가자의 편의를 최대한 배제할 수 있고, 신뢰도와 타당도가 확보된 척도를 활용하여 평가를 진행하는 것이 가장 바람직하다. 그러나 실천현장에서는 이러한 여건이 충분하게 확보가 될 수 있지 않기 때문에, 실행가능한 선에서 가장 엄격한 연구설계를 활용해야 한다. 예를 들어, 프로그램을 빨리 실행해야 하는 상황에서 실험집단과 통제집단을 구성할 만큼의 대상자를 확보하지 못한 경우에는 먼저 신청한 사람들을 실험집단에 포함시키고, 나중에 신청하여 대기인원으로 분류된 사람들을 통제집단에 포함시켜서 평가를 진행하는 유사실험설계를 활용할 수 있다. 이 또한 불가능하다면, 프로그램에 참여했던 사람들로 구성된 단일집단을 활용하여 평가를 진행할 수 있다. 이때 타당도를 위협하는 많은 요인을 배제할 수 없지만, 프로그램 참여자들의 변화를 관찰할 수 있는 자료 확보는 가능하다. 이처럼 실천현장에서 실행가능한 평가설계를 위해서 평가자는 기관 및 프로그램 관계자들과 긴밀하게 소통을 하면서 평가를 진행하는 것이 매우 중요하다.

4) 효율성평가

- 목적: 해당 프로그램이 얼마나 경제적으로 효율적인지 파악함.
- 주요 평가 질문
  - 프로그램이 원하는 목표를 달성하는 가장 효율적인 방법인가?
  - 프로그램의 비용은 얼마이며, 이를 통해 얻은 이익은 얼마인가?
  - 프로그램에서 얻은 효과가 지출된 비용만큼의 가치가 있는가?

프로그램이 효과적인 것으로 검증이 되었을 때, 그 다음으로 비용에 대한 문제를 해결해야 한다. 대체로 기관이나 정부에서 예산을 계획할 때, 어떤 프로그램들을 얼마만큼 지원을 해야 하는지에 대한 문제에 직면하게 된다. 이때 프로그램이 효과가 좋지만 지나치게 비싸다면, 기관에서 광범위하게 확대하기는 어려우며, 아무리 좋은 프로그램이라도 비용이 부담 된다면 장기간 지속하기 어려워진다. 실제로 외국에서 개발된 영아 조기개입 프로그램들 가운데에서 효과성이 매우 좋게 평가되었지만, 높은 비용으로 인하여 더 이상 확산되지 못하고 폐지된 프로그램들도 있다. 특히 한 가족을 위해 집중적으로 좋은 인력이 다수 개입하여 이들에게 다각적인 서비스를 제공하였을 때 프로그램의 효과가 두드러지게 나타날 수 있으나, 프로그램 자체가 지속 가능하기 어려울 수 있다는 단점을 갖게 된다. 만약 성과가 유사하거나 약간 적더라도 더 많은 사람에게 제공할 수 있는 프로그램이 있다면, 관리자는 이러한 프로그램을 선택할 것이다. 이처럼 비용의 효율적인 사용에 대한 판단을 위해 시행하는 평가의 방법이 비용편익 분석과 비용효과성 분석이다.

(1) 비용편익 분석

비용편익 분석(cost-benefit analysis)은 프로그램에서 발생하는 모든 비용을 계산하고, 이로 인해 발생하는 편익도 화폐가치로 환산하여 프로그램의 비용에 대비해 편익이 얼마나 발생하는지(편익/비용)를 살펴보는 분석방법이다(Krysik & Finn, 2010). 비용을 추계할 때에는 프로그램에 투입된 직접적인 비용도 있지만, 프로그램을 운영하는 데 드는 직접적인 비용은 아니지만 기관의 임대료, 관리비 등의 간접비용과 같은 비용으로 다른 프로그램을 실행했을 때 발생할 수 있는 기회비용 등을 모두 고려해야 한다(이창희, 2014; Kyrsik & Finn, 2010). 편익은 프로그램의 가시적 · 비가시적 성과를 모두 포함하며(이창희, 2014), 이를 모두 화폐가치로 환산해야 한다. 편익을 산출하기 위해 일반적으로 화폐단위로 발생하는 직접적인 이익, 예를 들어 참여자의 직접적인 소득, 의료비 절감액, 조세수입의 증가 등을 계산하며(이준우 외, 2015), 간접적으로 프로그램으로 인해 지역사회의 긍정적인 변화를 값으로 매길 수 있다면(예: 범죄나 비행청소년의 감소로 인한 집값 상승), 이러한 편익으로 포함될 수 있다. 비용편익분석에서는 비용과 편익을 얼마나 정확하게 계산할 수 있는가에 따라서 평가의 질이 달라진다. 중요한 편익에 대해 화폐가치로 환산할 수 없어 누락한다면 프로그램의 효율성이 과소추정될 것이며, 비용을 계산할 때 누락된 것이 있다면 프로그램의 효율성이 과대추정될 수 있다(Rossi et al., 2019).

일단 프로그램에서 발생한 비용과 편익을 계산했다면, 비용에 대비해 편익이 얼마나 발생하는지(편익/비용)를 비교해야 한다. 이때 편익/비용이 1보다 크다면, 경제적으로 정적인 효과가 있는 것이기 때문에 프로그램을 실행하는 것이 경제적으로 이득이 될 수 있다고 볼 수 있다. 반면에 편익/비용이 1보다 작다면, 경제적으로 부적(−)인 효과가 있으며, 프로그램을 지속할 경우 경제적인 손실이 발생한다고 볼 수 있다. 예를 들어, 이준우 등(2015)은 경기도 노인 일자리사업의 비용편익을 분석한 결과 비용은 연간 약 794억 원 정도가 소요되었으며, 편익은 1,579억 원 정도 발생하여 사회 전체 입장에서 비용 대비 편익의 비율이 1.99로 1보다 크게 나타나 경제적인 효과는 정적(+)인 것으로 밝혀졌다. 즉, 비용에 비해 사회적으로 발생하는 편익이 크므로 프로그램을 지속하는 것이 사회적으로 이득인 것으로 여겨지는 것이다.

(2) 비용효과성 분석

비용편익 분석을 통해 프로그램의 경제적인 가치를 이렇게 명확하게 보여 줄 수 있음에도 불구하고, 사회복지 프로그램 분석에서 활용하기 어려운 경우들이 있다. 이는 사회복지 프로그램에서 모든 성과를 화폐가치로 환산하기 어렵기 때문이다. 예를 들어, 개인의 자존감 향상에 가치를 매긴다면 얼마로 계산해야 하는지, 아동의 사회성 향상은 얼마로 계산을 해야 하는지를 결정하는 일은 매우 어렵다. 이렇게 프로그램 성과를 화폐가치로 환산할 수 없는 프로그램들이 사회복지 프로그램에는 더 많을 수 있다. 이러한 경우에는 비용효과성 분석(cost effective analysis)을 실시한다. 비용효과성 분석은 비용편익 분석과 기본적인 원리는 같지만, 성과를 화폐가치로 환산하지 않고, 측정된 성과의 단위 그대로 분석한다(Rossi et al., 2019). 즉, 성공적인 성과 1사례당 비용이 얼마나 발생하였는지를 평가한다. 일반적으로 두 개 이상의 프로그램 혹은 두 개 이상의 기관을 비교하여 더 비용효과적인 사례를 선택하기 위해서 활용되는 분석방법이다(Krysik & Finn, 2010). 예를 들어, 청년들의 경제적 자립을 지원하기 위한 집단 프로그램이 운영되고 있을 때, "성공적으로 취업한 사례 당 비용이 가장 적게 든 프로그램은 어떤 것인가?" "지금까지 진행해 왔던 기존 프로그램과 새롭게 개발된 프

로그램 가운데 어떤 프로그램이 더 저렴하게 성공 사례를 이끌어 내는가?" "여러 기관
에서 동일한 프로그램이 운영되고 있을 때, 가장 효율적으로 성공 사례를 배출한 기
관은 어떤 기관인가?"와 같은 질문에 답하기 위해 실시하는 경우가 많다.

5. 평가조사방법

평가의 목적이나 질문에 따라 평가하는 대상이 다르듯이, 평가조사는 하나의 연구
방법은 아니며, 지금까지 배운 여러 가지 연구방법을 활용하여 평가의 목적에 맞게
진행할 수 있다. 구체적으로, 평가는 양적, 질적 혹은 이 둘을 혼합한 방법을 활용하
여 진행된다. 특히 양적인 방법과 질적인 방법을 혼합하여 평가를 진행할 때 프로그
램에 대한 종합적인 이해가 가능해지며, 이를 활용한 보다 정확한 의사결정 및 향후
개선방안까지 도출이 가능해진다(Garbarino & Holland, 2009).

양적인 연구방법은 계량할 수 있는 산출물과 표준화된 척도를 활용하여 측정할
수 있는 성과에 대한 정보를 제공한다. 예를 들어, "얼마나 많은 사람에게 서비스를
제공했는가? 얼마나 많은 시간을 할애했는가?" "얼마의 비용이 들었는가?" "성과물
의 점수가 프로그램 이전과 이후에 얼마나 변화하였는가?" 등에 대한 정보를 제공해
줄 수 있다. 이러한 정보는 프로그램 참여자가 직접 응답하는 설문조사, 인터뷰를 진
행하는 사람을 활용한 구조화된 인터뷰 조사, 평가자의 관찰을 통한 측정, 행정 자
료 등을 통해 축적할 수 있으며, 조사된 자료는 통계분석기법을 활용하여 분석이 진
행된다. 특히 성과분석과 비용효과성/비용편익 분석에서는 양적방법을 자주 활용하
는데, 양적으로 수집된 자료는 프로그램 참여 이전과 이후, 실험집단과 통제집단, 그
리고 프로그램 간 혹은 기관 간 등의 점수를 비교하기 용이하다는 장점이 있다. 예를
들어, 표준화된 척도를 활용하여 측정한 우울 점수가 프로그램 참여 이전에는 16점
이었는데 프로그램 참여 이후에 10점이 되었다면, 이는 프로그램 참여 이전 시점과
이후 시점의 우울의 변화량이라고 간주할 수 있다. 또한 통제집단의 평균 우울 점수
는 14점이고 프로그램 참여 집단인 실험집단의 평균 우울 점수는 10점이라면, 통제

집단의 평균 우울 점수가 더 높다는 것을 쉽게 알 수 있다. 특히 인과관계 추론을 위한 엄격성이 요구되는 성과평가에서는 성과물에 대한 양적분석이 이루어지는 것이 일반적이다.

그러나 양적방법만으로 이루어진 평가는 불완전한 정보를 제공하는 경우가 많다. 이는 양적연구방법을 통해서 '왜?' 혹은 '어떻게?'에 대한 답변을 주지 못할 가능성이 높기 때문이다. 예를 들어, 프로그램이 성공적인 성과를 보였다면, 왜 프로그램이 성공할 수 있었는지, 어떠한 요소들이 프로그램의 성공을 이끌어 낼 수 있었는지, 프로그램을 통해 참여자들의 삶은 어떻게 바뀌었는지 등에 대한 풍부한 설명은 질적연구방법을 통해 파악할 수 있다. 반면에, 프로그램이 원하는 성과를 보이지 못했다면, 왜 프로그램이 효과적이지 못했는지, 프로그램 실행 과정 중에 어떠한 일들이 발생했는지, 프로그램 참여자들은 왜 프로그램에 만족하지 못했는지, 어떤 부분에서 프로그램이 개선되어야 하는지 등에 대한 답 또한 질적인 연구방법을 통해 얻어 낼 수 있다. 질적인 연구방법은 일반적으로 심층 인터뷰, 초점집단 인터뷰, 사례분석, 참여관찰 등을 활용하여 자료를 수집하며, 수집된 텍스트 자료는 범주화, 맥락화 등을 통한 다양한 질적분석방법을 활용하여 분석된다. 이처럼 양적방법과 질적방법은 상호보완적이며, 이 둘을 활용하여 평가조사를 진행했을 때 가장 많은 정보를 종합적으로 활용할 수 있다.

6. 평가조사 시 유의점

앞에서 이야기했듯이, 평가조사는 기관, 재단 혹은 정부 등의 필요에 의해 진행되기 때문에 평가자 개인의 관심사보다는 평가를 의뢰한 곳의 관심이나 필요에 따라서 평가의 방향성이 달라질 수 있다(Krysik & Finn, 2010). 평가자는 활용도가 높은 평가결과물을 도출하기 위해서는 평가를 활용하고자 하는 당사자들의 욕구를 충분히 반영해야 한다. 따라서 평가계획 단계뿐만 아니라, 평가 중에도 긴밀하게 소통을 해야 한다.

평가를 의뢰하는 곳이 프로그램이 실행되고 있는 기관일 수도 있지만, 그렇지 않은 경우에는 프로그램을 실행하고 있는 기관의 협조가 매우 중요하다. 또한 일반적으로 재단 등 다른 곳에서 평가를 의뢰했을 때에는 기관 내에 있는 내부 평가자보다는 외부 평가자가 프로그램을 평가할 가능성이 높다. 누구에게나 다른 사람으로부터 자신이 진행하고 있는 일에 대한 평가를 받는다는 것은 긴장감, 불안감 등 여러 가지 불편한 감정을 유발한다. 어떤 사람은 자신이 원래 담당한 업무가 아니기 때문에 평가 관련 업무로 시간을 빼앗기는 일에 대해 매우 불편해하고 비협조적인 반응을 보일 수도 있으며, 또 다른 사람은 평가조사에 대한 두려움으로 평가자를 지나치게 경계할 수 있다. 어떤 사람은 평가의 과정이 클라이언트와 사회복지사의 관계를 해치고, 평가가 재원을 축소하거나 삭감하기 위한 도구로 활용될 수 있어서 평가를 원치 않는다고 저항할 수도 있다. 그러나 평가가 원활하게 이루어지기 위해서는 평가를 받는 기관이나 프로그램 진행자 등 이해관계자들의 신뢰를 얻고, 이들의 적극적인 협조가 필요하다. 예를 들어, 평가자가 엄격한 성과평가를 위해 실험설계를 계획하고 있을 때, 무작위 할당, 실험 및 통제 집단에 대한 사전사후조사 등이 기관의 협조 없이는 제대로 진행되기가 매우 어렵다. 따라서 프로그램의 계획 단계에서부터 평가자는 이들의 고민, 걱정, 의견을 들어 주고, 평가의 목적이나 방법에 대한 의견 교환 및 이해가 이루어질 수 있어야 한다(Royse, 2020).

다양한 이해관계자들은 그들이 가진 다양한 이해만큼 평가조사에 대한 다양한 견해를 가질 수 있다. 이러한 경우에, 평가자는 중심을 잡고 편의 없이 평가를 진행하는 것이 쉬운 일은 아니다(Rossi et al., 2019). 특히 이해당사자들이 프로그램을 바라보는 관점, 지향하는 가치 등이 다를 때, 이러한 다양한 관점을 모두 고려하여 평가를 진행해야 할 수도 있다. 예를 들어, 청년구직활동 지원 프로그램의 한 이해관계자는 청년들이 구직활동을 할 때 얼마나 안정적으로 자신이 원하는 곳에 취업을 하는지가 중요하다고 강조할 수 있으며, 다른 한 이해관계자는 얼마나 빨리 취업을 하는지가 중요하다고 강조할 수 있다. 이때 평가자는 어디에 초점을 맞춰서 평가를 할 것인지, 아니면 이 두 가지를 모두 반영을 할 것인지 등에 대한 판단을 해야 한다.

다양한 의견을 수렴하여 최선의 방법으로 평가를 진행했다고 하더라도 평가결과가 만족스럽게 나오지 않을 가능성도 높다. 가장 난감한 상황은 성과가 긍정적일 것으로 판단한 프로그램이나 이해관계자들에게 인기가 높은 프로그램이 효과적이지 않다는 결과가 나왔을 때, 결과를 어떻게 해석하고, 이를 이해관계자들에게 납득시 킬지에 대한 어려움이 발생한다. 이 과정에서 평가자는 이해관계자들로부터 강한 저항을 받을 수 있으며, 평가에 대한 신뢰도뿐만 아니라, 평가자의 전문적인 능력에 대한 도전을 받을 수도 있다(Rubin & Babbie, 2016). 이러한 경우에, 평가자에게 매우 어렵지만, 전문적인 역량으로 최선의 방법을 활용하여 평가를 진행했다면, 솔직하고 투명하게 평가의 장점과 한계를 모두 제시하고, 있는 그대로 결과를 발표하는 것이 가장 바람직하다. 또한 평가의 관점을 좋고 나쁨에 대한 이분법적인 판단보다는 프로그램에 대한 이해와 개선을 위한 배움의 과정임을 강조함으로써 이해관계자들이 보다 쉽게 결과를 수용할 수 있는 분위기를 만들 필요가 있다(Patton, 2012).

평가가 유용하게 쓰이기 위해서는 평가보고서를 활용할 사람들, 즉 평가보고서의 독자의 욕구가 충분히 반영되어야 하며, 평가 계획 단계에서부터 어떻게 활용될 것인지를 분명하게 확인할 필요가 있다(Rossi et al., 2019). 가장 직접적으로는 프로그램이나 프로그램의 구성요소에 대한 개선, 유지, 폐지 등에 대한 의사결정을 위해 평가를 활용할 수 있다. 또한 프로그램에 대한 사람들의 태도나 관점을 바꾸는 데 활용될 수 있다(Alkin & King, 2017). 예를 들어, 정부에서 운영하고 있는 노인 일자리 사업에 대한 성과를 국민에게 보여 줄 수 있다면, 이 사업에 대한 편견을 가지고 있던 납세자들이 이 프로그램에 대한 생각을 바꿀 수 있는 계기를 마련해 줄 수 있다.

누가 어떻게 평가를 활용할 것인가에 따라서 평가보고서를 쓰는 방법이나 용어가 달라질 수 있다. 평가에 대해 잘 이해하고 있는 사람들을 위해 보고서를 작성하는 것이라면, 전문적인 용어들을 적극적으로 활용하며, 평가의 엄격성을 어떻게 보장하였는가에 대한 방법에 대한 기술도 상세해야 한다. 그러나 보다 일반적인 대중에게 평가를 이해시키고자 한다면, 보다 이해하기 쉬운 언어로 기술해야 하며, 그래픽과 차트 등을 적극적으로 활용하여 결과에 대한 이해를 용이하게 해야 한다. 마지막으로, 평가자는 평가가 가장 잘 활용될 수 있도록 평가를 진행하고, 평가보고서를 작성하지만, 평가는 이해관계자들이 의사결정을 진행하는 데 활용되는 여러 자료 중 하나가 될 수 있으며, 이러한 활용은 정치적·사회적 맥락에 따라 달라질 수 있다.

1. 프로그램 평가란 사람들의 불확실성을 줄이고, 효과성을 높이며, 의사결정을 할 수 있도록 프로그램의 활용, 특성, 성과에 대해 체계적으로 수집된 정보를 의미한다. 프로그램 평가의 필요성은 다음과 같다.
   - 충족되지 않은 욕구를 충족하기 위해 자원이 타당하게 활용되고 있다는 것을 보여 줄 수 있다.
   - 평가조사를 통해 계획된 프로그램이 제대로 서비스를 제공하고 있는지 확인할 수 있다.
   - 평가조사를 통해 프로그램 실행에 대한 결과를 여러 가지 방법으로 검증해 볼 수 있다.
   - 클라이언트에게 증거기반 실천을 제공할 수 있다.
   - 프로그램의 지원을 위한 정당성을 부여해 준다.
   - 프로그램을 관리하고 발전시키는 데 필요한 정보를 제공한다.
   - 의도하지 않은 프로그램의 역효과를 파악할 수 있다.
   - 평가조사는 특정 프로그램에 대한 판단 및 의사결정을 돕기 위해 실시한다는 점에서 일반 사회복지연구와 가장 큰 차이점을 갖는다.
   - 다양한 연구방법을 활용하여 평가에 필요한 자료를 수집하고, 결과를 검증하며, 그 과정에서 과학적 엄밀성을 요구한다는 점에서 일반 사회복지연구와 공통점을 갖는다.
2. 평가조사의 종류는 크게 형성평가와 총괄평가로 나눌 수 있다. 형성평가는 프로그램 개선에 필요한 정보를 제공하는 것을 목적으로 하며, 총괄평가는 프로그램의 전반적인 효과성을 평가하기 위해 실시하며, 프로그램의 지속 여부 등을 판단하는 근거 자료로 활용한다.
3. 평가조사의 종류를 조금 더 세부적으로 나누면, 욕구조사, 프로그램 과정 및 실행에 대한 평가, 성과평가 그리고 효율성평가로 분류할 수 있다.
4. 욕구조사는 지역사회 내에 존재하는 욕구를 확인하고, 우선순위를 매기며, 욕구중심의 자원배분과 의사결정을 진행하고, 욕구를 해결하기 위한 방안을 제시하는 과정이다.
5. 프로그램의 과정 및 실행에 대한 평가는 프로그램이 현재 제대로 운영이 되고 있는지, 그리고 더 나은 프로그램으로 발전시키기 위해서는 어떠한 변화가 필요한지 그 방법을 찾기 위한 과정이다.
6. 성과평가는 프로그램을 통해 실제로 계획했던 프로그램의 목표가 성공적으로 달성되었는지, 그리고 프로그램을 통해 해결하고자 했던 표적문제가 해결되었는지를 파악하기 위한 과정이다.

7. 효율성평가는 효과적으로 평가된 프로그램이 얼마나 경제적으로 효율적인지를 파악하기 위해 실시하는 평가방법이다. 효율성평가에는 비용편익 분석과 비용효과성 분석이 포함된다.

토의 주제

1. 외부 평가자가 한 기관의 프로그램의 효과성을 평가함에 있어서 경험할 수 있는 어려움에 대해 논의해 보자.

2. 새로운 프로그램을 개발하기 하기 전에 반드시 욕구조사를 실시해야 하는 이유에 대해 논의해 보자.

3. 전문가들이 성과평가를 진행하기 전에 프로그램의 과정 및 실행에 대한 평가를 먼저 실시하는 것을 추천하는 이유에 대해 논의해 보자.

4. 사회복지기관에서 성과평가를 실시해야 하는 이유에 대해 논의해 보자.

참고문헌

보건복지부(2022). 2022 드림스타트 사업안내. 보건복지부 아동권리과.

이봉주, 전해린(2020). 아동보호 통합지원 전문서비스 효과성 평가 연구. 굿네이버스.

이준우, 이현아, 박종미, 배수문(2015). 노인일자리사업의 유형별 비용−편익 분석. 한국사회복지행정학, 17(3), 57–84.

이창희(2014). 비용편익분석을 통한 장애인직업재활시설 유형개편 전·후 성과 비교: B지역 보호작업장을 중심으로. 직업재활연구, 24(3), 83–103.

정병오, 송아영(2016). 알기 쉬운 사회복지 프로그램 성과평가 매뉴얼. 경기복지재단.

Alkin, M. C., & King, J. A. (2017). Definitions of Evaluation Use and Misuse, Evaluation Influence, and Factors Affecting Use. *American Journal of Evaluation, 38*(3), 434-450.

Altschuld, J.W., & Kumar. D.D. (2010). *Needs Assessment: An Overview.* SAGE Publications.

Gaber, J. (2000). Meta-needs assessment. *Evaluation and Program Planning, 23*, 139-147.

Garbarino, S., & Holland, J. (2009). *Quantitative and qualitative methods in impact evaluation and measuring results.* GSDRC, University of Birmingham.

Hilton, T. P., Fawson, P. R., Sullivan, T. J., & DeJong, C. R. (2020). *Applied Social Research: A tool for the human services* (10th ed.). Springer Publishing Company.

Krysik, J. L., & Finn, J. (2010). *Research for Effective Social Work Practice.* Routledge.

Mertens, D. M., & Wilson, A. T. (2012). *Program evaluation theory and practice: A comprehensive guide.* The Guildford Press.

Mye, S. C., & Moracco, K. E. (2015). Compassion, pleasantry, and hope. A process evaluation of a volunteer-based nonprofit. *Evaluation and Program Planning, 50*, 18-25.

Patton, M. Q. (2008). *Utilization-focused evaluation.* Sage Publications.

Patton, M. Q. (2012). *Essentials of Utilization-focused Evaluation.* Sage Publications.

Peterson, L., & Bell-Dolan, D. (1995). Treatment outcome research in child psychology: Realistic coping with the Ten Commandments of Methodology. *Journal of Clinical Child Psychology, 24*(2), 149-162.

Posavac, E. J., & Carey, R. G. (2003). *Program Evaluation: Methods and case studies.* Pearson Education.

Rossi, P. H., Lipsey, M. W., & Henry, G. T. (2019). *Evaluation: A systemic approach* (8th ed.). Sage Publications.

Royse, D. (2020). *Research Methods in Social Work* (8th ed.). Cognella.

Substance Abuse and Mental Health Services Administration (2019). *A Guide to SAMHSA's Strategic Prevention Framework. Center for Substance Abuse Prevention.* Substance Abuse and Mental Health Services Administration.

UNICEF (2011). *External Programme Evaluation: UNICEF Assisted water, sanitation, and hygiene programme in Sudan (2002-2010).* UNICEF.

Wanzer, D. L. (2021). What Is Evaluation?: Perspectives of How Evaluation Differs (or Not) From Research. *American Journal of Evaluation, 42*(1), 28-46. https://doi.org/10.1177/1098214020920710

Yarbrough, D. B., Shula, L. M., Hopson, R. K., & Caruthers, F. A. (2010). *The Program Evaluation Standards: A guide for evaluators and evaluation users* (3rd ed.). Corwin Press.

제**8**장

표본추출

🕮 학습**목표**

- 표본추출의 목적에 대해 이해하고 사회과학연구에서 표본조사 연구의 활용에 대해 이해한다.
- 표본추출의 구성 요소에 대해 이해한다.
- 확률 표본추출의 종류와 각각의 장단점에 대해 이해한다.
- 비확률 표본추출의 활용과 그 종류에 대해 이해한다.

사회과학의 연구목적은 사회를 구성하는 구성원들을 관찰하여 새로운 통찰력을 얻거나, 사회현상을 기술하거나, 가설을 검증하여 전체 사회에 대한 이해를 높이는 데에 있다(Schutt, 2022). 사회를 구성하는 구성원들이 모두 똑같다면, 한 사람을 관찰한 연구결과를 토대로 전체 사회를 설명해도 큰 오류가 발생하지 않을 것이다. 이는 마치 마트의 시식 코너에서 시식용 만두 한 개를 먹어 보면 그 봉지 안에 있는 만두가 어떤 맛일지 충분히 알 수 있는 것, 혹은 혈액 검사를 했을 때 혈액 샘플 일부만 추출해서 분석해도 우리의 건강 상태가 어떠한지를 파악할 수 있는 것과 같은 이치이다. 그러나 사회를 구성하는 구성원들은 각기 다른 인구통계적 특성, 가치, 행동, 사고, 성격 등을 가지고 있다. 또한 사회체계 안에서도 경험하고 있는 물리적·사회적·문화적 환경도 모두 다르다. 따라서 한 사람이나 몇몇 사람들을 관찰하고, 전체 사회를 설명하는 것이 쉬운 일은 아니다. 다양한 특성을 가진 사회의 구성원 전체를 가장 정확하게 이해하기 위한 방법으로 구성원 전체를 조사하는 전수 조사 연구를 진행할 수 있다. 실제로 우리나라는 대한민국에 거주하는 인구의 일반적인 특성을 정확하게 파악하기 위해 대한민국에 거주하는 국민에 대해 모두 조사하는 인구주택총조사가 이루어진다.

그러나 모든 연구문제에 대해 전수 조사를 하는 것은 불가능한 일이며, 시간적이나 비용적인 측면을 고려했을 때 현실적이지 못하다. 특히 조사 기간이 길어지다 보면, 우리가 보고자 하는 조사대상자나 사회현상이 변화하여 연구의 정확성이 떨어질 수 있다. 예를 들어, 전국에 있는 중학생의 행복에 영향을 미치는 요인을 살펴보는 연구가 있다고 가정을 했을 때, 전수 조사로 연구를 진행하다 보면, 조사 기간 중에 연구대상자가 학년이 올라가거나 상급학교로 진학하는 등의 변화가 발생하기도 하고, 처음 조사를 시작한 시점과 조사가 끝날 무렵의 시점 사이에 다양한 사회적 변화도 일어날 수 있어서 실제로 관찰하고자 하는 현상을 정확하게 포착하지 못할 가능성이 크다. 또한 연구에서 초점을 맞추는 연구대상자에 따라서 전체 집단인 모집단을 모두 파악하지 못하는 경우도 발생한다. 예를 들어, 북한이탈주민과 같이 전체 집단에 대한 정보를 얻지 못할 수도 있으며, 동성애자, 가정폭력피해자 등의 사회적으로 취약한 집단은 잘 파악되지 않을 수도 있다. 하지만 이런 경우에도 이들의 삶과 경험에 대한 이해가 필요하며, 이를 토대로 한 실천적·정책적인 개입이 이루어져야 한다. 따라서 전수 조사보다는 조사가 가능한 대상자들 가운데 일부분을 선택하고, 이들에 대한 정보를 수집하여 연구를 진행하는 것이 바람직하다. 이처럼 연구대상자 전체 중에서 연구에 참여할 수 있는 일부분을 선택하여 연구를 진행하게 되는데, 그 일부분에 해당되는 연구참여 집단을 표본(sample)이라고 하며, 전체 집단으로부터 일부분의 연구대상을 뽑는 과정을 표본추출(sampling)이라고 한다(Rubin & Babbie, 2016).

1. 표본추출의 개념

표본추출은 일반적으로 반복(replication)이 가능할 정도로 체계적(systematic)이고 투명한(transparent) 절차에 따라서 진행되며, 이러한 방식은 표본추출에 편의가 발생하는 일을 최대한 배제한다(Thompson, 2012). 구체적인 표본추출의 절차는 확률이론(probability theory)에 근거하여 이루어진다(Rubin & Babbie, 2016). 외적타당도가 높은 표본추출 방법을 배우기에 앞서 표본추출에서 언급되는 주요 개념에 대해 먼저 살펴볼 필요가 있다.

1) 요소

사회복지연구에서 연구자가 연구문제를 통해 파악하고 싶은 연구대상이 있다. 이러한 연구의 대상은 개인(예: 노숙인, 노인, 아동)인 경우가 많지만, 때에 따라서는 가구, 집단(예: 자원봉사 단체), 기관(예: 사회복지관, 관공서, 재단), 학교, 지역사회 또는 국가가 될 수도 있다. 연구자가 연구문제를 통해 파악하고자 하는 연구대상이 되는 단위를 요소(element)라고 한다(Schutt, 2022). 예를 들어, OECD 자료를 토대로 복지국가의 유형화를 살펴보는 연구(정민섭, 2012)의 요소는 국가이며, 사회복지 기관의 네트워크 특성을 살펴본 연구(류재윤, 김정석, 김일호, 2022)의 요소는 기관이고, 노인의 사회적 참여가 우울에 미치는 영향을 살펴본 연구(김동배, 김상범, 신수민, 2012)의 요소는 개인이다.

2) 모집단

대체로 연구자는 연구에 직접적으로 참여한 요소(예: 사람, 집단, 기관)들을 이해하기 위해서 연구를 하는 것이 아니다. 연구자는 연구에서 획득한 연구결과를 연구에 참여하지 않은 요소에까지 일반화하여 요소의 전체 집합에 대한 이해도를 높이고 결론을 내리고 싶어 한다. 여기서 연구자가 연구를 통해 파악하려는 연구대상 전체를 모집단(population)이라고 한다(Schutt, 2022). 예를 들어, 한국복지패널의 사회복지에 대한 인식조사 자료를 활용한 연구는 연구에 참여했던 약 7,000가구의 가구원들의 복지인식이 궁금해서 연구를 진행하는 것이 아니라, 이 연구결과를 토대로 대한민국에 거주하는 성인 전체의 복지인식이 어떠한지를 이해하는 데 그 목적이 있다. 또한 대통령 선거에서 널리 활용되는 여론조사는 이 여론조사에 참여한 사람들이 누구를 더 지지하는가에 관심을 갖기보다는 이 자료를 토대로 선거권을 가진 대한민국의 국민들이 선거에 참여했을 때, 누가 대통령으로 당선될 것인가를 예측하려는 데에 그 목적이 있다. 연구목적에 따라서 모집단은 다르게 정의가 될 수 있다. 예를 들어, '대한민국에 거주하는 45세 이상의 중고령자' '대한민국에 거주하고 한국 국적을 가진 만 19세 이상의 남녀'와 같이 일반적으로 모집단을 규정할 수 있는 반면에, 조금 더 초점을 맞추어 '배우자 없이 아동인 자녀를 양육하는 전국 한부모'와 같이 구체적으로 모집단을 규정할 수 있다. 요약하면, 모집단은 연구자가 연구결과를 일반화시키고 싶은 연구대상의 전체 집단을 의미한다.

3) 연구 모집단

연구자가 연구를 진행할 때, 실제로 연구자가 모집단을 구성하는 모든 요소에 접근이 가능한 것이 아니다. 예를 들어, '대한민국에 거주하는 45세 이상의 중고령자'를 모집단으로 하는 한 연구에서는 실제로 대한민국에 거주하는 중고령자 중에 섬 지역과 시설에 거주하고 있는 사람들은 표본추출에서 제외되었다.

또 '대한민국에 거주하는 18세 이상의 남녀'를 대상으로 하는 한 여론조사에서는 휴대전화의 번호를 임의로 걸어서 표본을 추출하였다. 이런 경우에 전체 인구가 모집단인 것처럼 보이지만, 실제로 휴대전화가 없거나 다른 사람의 명의로 휴대전화가 개통된 사람들은 표본으로 선전될 기회를 얻지 못한다. 이처럼 한 연구에서 연구자가 결과를 일반화하고 싶어 하는 이론적으로 구체화된 전체 요소의 집합과 실제로 표본이 추출되는 요소의 집합이 다를 수 있는데, 실제로 표본이 추출되는 요소의 집

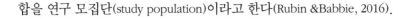

합을 연구 모집단(study population)이라고 한다(Rubin &Babbie, 2016).

4) 표본

체계적인 추출과정을 통해 선정된 요소들로 구성된 모집단의 일부분을 표본(sample)이라고 한다(Schutt, 2022). 앞에서 예로 들었던 한국복지패널 연구에서 선정된 약 7,000가구, '배우자 없이 미성년자 자녀를 양육하는 전국 한부모'를 모집단으로 하는 연구에서 선정된 2,552명의 한부모, 그리고 '대한민국에 거주하는 45세 이상의 중고령자'를 모집단으로 하는 연구에서 선정된 1만 254명의 연구참여자가 표본이다. 양적연구에서 표본의 크기는 연구목적과 활용 가능한 연구 자원에 따라 조사가 진행되기 전에 결정이 되는 반면에, 질적연구에서는 표본의 크기가 자료수집과 연구의 진행과정에서 달라질 수 있다. 이 장에서는 주로 양적연구에 초점을 맞추고 있기 때문에, 조사가 진행되기 전에 표본의 크기와 추출방법 등이 먼저 결정된다는 전제를 가지고 표본추출 과정에 대해 논의한다. 양적연구에서는 표본이 모집단을 얼마나 잘 대표할 수 있는가가 연구의 질을 평가하는 매우 중요한 요소인데, 표본의 대표성은 어떤 방법으로 표본을 추출했는지, 모집단의 모든 요소가 표본에 포함될 확률이 같았는지, 모집단 자체가 얼마만큼 동질적인지 혹은 이질적인지, 그리고 표본의 크기가 어떠한지에 따라 달라진다.

5) 표집틀

표본을 추출하기 위해서는 모집단을 구성하는 요소의 목록 혹은 유사 목록이 있어야 표본을 추출할 수 있는데, 이 목록을 표집틀(sampling frame)이라 일컫는다(Royse, 2020). 예를 들어, 사회복지사들의 소진에 대한 연구에서는 표본을 추출하기 위해 사회복지사협회의 회원명부를 활용했다면, 이 회원명부가 표집틀이라고 볼 수 있다. 표집틀이 모집단을 얼마나 완전하게 포함하는가에 따라 표본이 모집단을 대표하는 정도가 정해진다(Hilton et al., 2020). 엄밀한 방법으로 추출된 표본도 표집틀이 포함하고 있는 모집단의 범위까지만 일반화할 수 있기 때문이다(Rubin & Babbie, 2016). 예를 들어, 1951년, 1991년, 2021년에 대한민국에 거주하는 성인을 대상으로 여론조사를 실시하기 위해 전화국에서 발행하는 전화번호부를 표집틀로 활용하였다고 가정하자. 이 세 시기의 표집틀이 일반화하고자 하는 모집단(대한민국에 거주하는 성인)을 제대로 반영하고 있는지를 먼저 생각해 볼 필요가 있다. 1951년에 발행된 전화번호부는 그 당시에 전화를 집에 설치할 정도로 부유한 사람들만을 포함한다. 반면에 집 전화가 보편화되었던 1991년에 발행된 전화번호부는 모든 가구를 포함하는 포괄적인 명단이었을 것이다. 하지만 휴대전화가 보편화된 2021년의 전화국 전화번호부는 휴대전화가 아닌 유선전화를 사용하는 제한적인 사람들의 명단이며, 대체로 연령대가 높고 지방에 사는 사람들로 구성되었을 가능성이 높다. 따라서 이 세 시기에 전화번호부를 표집틀로 표본을 추출하여 연구를 진행했다면, 연구자가 연구결과를 일반화할 수 있는 모집단은 완전히 다른 특성을 지닌다. 이처럼 연구가 일반화를 목표로 하는 모집단과 표집틀이 일치하는지 검토하는 작업은 반드시 필요하다. 표집틀과 모집단이 일치하지 않을 경우, 해당 표집틀을 활용한 연구는 표집틀에 포함된 요소들에 대해서만 일반화가 가능하다.

6) 표본추출 단위

표본추출 단위(sampling unit)는 표본추출 과정에서 추출의 대상이 되는 요소나 요소의 집합을 의미한다(Schutt, 2022). 표본추출이 한 번에 이루어질 때는 표본추출의 단위는 요소와 일치한다. 그러나 요소를 모두 포함하고 있는 표집틀이 없을 때는 표본이 여러 단계에 걸쳐서 이루어질 수 있는데, 이런 경우에는 매 단계마다 표본추출의 단위가 바뀐다. 예를 들어, 앞의 예에서처럼 어떤 연구자가 사회복지사의 소진에 대한 연구를 계획하였다고 하자. 이 연구에서는 사회복지사가 연구의 대상이므로 사회복지사가 요소이다. 그러나 이 연구자는 사회복지사 전체를 포함하는 표집틀을 구하지 못해 여러 단계에 거쳐서 표본을 추출하기로 하였다. 연구자는 사회복지사가 일하고 있는 거의 모든 종류의 사회복지기관 명단을 확보하였다. 이 명단을 가지고 연구자는 사회복지사가 근무하고 있는 사회복지기관을 무작위로 선정하고, 그런 다음 거기서 근무하고 있는 사회복지사를 무작위로 선정하여 조사를 진행하기로 계획하였다. 이때 사회복지기관과 사회복지사 모두 표본추출의 단위가 된다. 처음 선정된 사회복지기관은 일차표본추출단위(primary sampling unit)이며, 사회복지사는 이차표본추출단위(secondary sampling unit)이다(Thompson, 2012).

연구에서 고려되는 다른 단위들로는 관찰단위와 분석단위를 꼽을 수 있다. 관찰단위(observation unit) 혹은 측정단위(measurement unit)는 연구자가 모집단이나 표본에서 자료를 수집하는 요소를 의미한다(Thompson, 2012). 대체로 연구자가 조사를 진행하는 대상이라고 볼 수 있다. 일반적으로 사회조사연구에서 관찰단위는 연구자가 인터뷰나 설문조사를 진행하는 대상자라고 볼 수 있다. 앞의 예시에서는 사회복지 전담공무원이 관찰단위가 된다. 분석단위(analytic unit)는 실제로 분석이 이루어지고 연구에 대한 결론을 내리는 연구대상을 의미한다(Thompson, 2012). 대체로 사회조사에서 관찰단위와 분석단위가 일치하기는 한다. 즉, 연구자는 사회복지 전담공무원의 소진에 대해 연구하기 위해 사회복지 전담공무원으로부터 자료를 수집하고, 이들에 대한 분석을 진행하여 연구에 대한 결론을 도출한다. 여기서는 이차표본추출단위, 관찰단위, 분석단위가 일치한다. 그러나 관찰단위와 분석단위가 일치하지 않을 수도 있다. 예를 들어, 가구 빈곤에 영향을 미치는 요인들에 관한 연구를 진행하기 위해 한 가구에 함께 거주하고 있는 구성원 모두에게 설문조사를 실시하였다. 이 연구에서 관찰단위는 가구 구성원이지만, 분석단위는 가구가 된다.

7) 모수와 통계치

모수(parameter)는 모집단의 특성을 보여 주는 수치이다. 모수는 모집단 전체에 대한 전수 조사를 통해 얻을 수도 있지만, 현실적으로 모집단 내의 모든 요소를 조사한다는 것이 불가능하고, 비용도 많이 들기 때문에 모집단을 대표할 만한 표본을 추출하여 표본으로부터 얻은 값을 이용하여 모수를 추정하는 것이 더 일반적이다. 이때 표본으로부터 특정 변수에 관한 조사된 수치를 통계치(statistics)라고 한다. 표본조사는 소수의 요소로부터 정보를 수집하기 때문에 통계치는 비교적 손쉽게 얻을 수 있으며, 연구자가 항상 파악이 가능한 수치이다.

양적연구의 목표는 주로 표본조사를 통해 얻은 여러 통계치를 이용하여 연구자가 알지 못하지만(unknown), 알고 싶어 하는 모수를 정확하게 추정하는 것이다. 따라서 표본이 얼마만큼 모집단과 유사한가, 즉 표본이 모집단을 얼마나 잘 대표하고 있는가에 따라 통계치가 정확하게 모수를 추정할 수도 있고, 그렇지 않을 수도 있다. 모집단을 가장 잘 대표할 수 있는 표본은 확률 표본추출을 이용하여 표본을 선정한 것이다.

2. 표본의 대표성

모수를 정확하게 추정하기 위해서는 모집단을 가장 잘 대표할 수 있는 표본을 선정해야 한다. 이 절에서는 대표성이 있는 표본은 어떤 특성을 가지고 있는지를 살펴보고자 한다.

1) 표본추출의 편의

과학적 연구방법에서 가장 중요하게 여기는 것은 연구과정에서 연구자의 편의 (bias)가 발생하는 것을 방지하는 일이다. 하지만 체계적인 계획 없이 임의로 연구를 진행할 때, 연구에는 의식적인 혹은 무의식적인 편의가 일어날 수밖에 없다. 예를 들어, 한 연구자가 대학 내의 학생 편의시설에 대한 학생들의 평가를 조사하기 위해 무작정 대학의 캠퍼스를 돌아다니면서 조사를 진행한다고 가정하자. 이렇게 조사가 진행되면, 일단 캠퍼스에 돌아다니고 있는 학생이 더 많이 참여할 수 있는 반면에 연구실이나 도서관 혹은 학교를 잘 나오지 않는 학생들은 배제될 가능성이 높다. 또 연구자는 학생들에게 조사 참여 의사를 물을 때, 자신도 모르게 쉽게 말을 걸 수 있는 학생, 자신이 다가갔을 때 눈을 마주쳐 주는 학생, 친절해 보이는 학생에게 의식적 · 무의식적으로 더 많이 묻고, 기분이 좋지 않아 보이는 학생, 낯선 사람을 회피하는 학생, 바빠 보이는 학생들에게는 조사 참여 의사를 아예 묻지 않을 수 있다. 그러나 이렇게 추출된 표본은 모집단을 대표한다고 보기 어려우며, 이러한 표본을 편의 표본(biased sample)이라고 일컫는다(Rubin & Babbie, 2016).

2) 무작위추출

연구자의 편의를 배제하고 표본을 추출하는 방법은 무작위로 연구에 참여할 표본을 추출하는 방법이다. 무작위추출(random selection)이란 모집단에 있는 모든 요소가 표본에 포함될 확률이 같도록 표본을 추출하는 과정을 의미하며, 대표성이 있는 표본을 추출할 수 있는 유일한 방법이다(Mark, 1996). 무작위(randomness)는 연구과정에서 발생하는 편의와 체계적 오류를 최소화할 수 있다. 연구과정에서 연구자는 주로 두 가지 경우에 무작위 방법을 활용한다. 표본추출에서는 그중 한 가지인 무작위추출 방법을 이용한다.

무작위추출

무작위추출은 모집단에서 요소를 선정하여 표본을 구성할 때, 모집단의 모든 요소가 동일한 확률로 추출되는 방법을 의미한다. 무작위추출은 모집단을 대표할 수 있는 표본을 얻는 거의 유일한 방법이라고 볼 수 있다. 로터리 방식, 임의번호걸기, 난수표 등의 방법을 이용하여 무작위로 표본을 선정한다.

무작위할당

무작위할당(random assignment)은 연구참여자의 대표성과는 전혀 관계가 없으며, 집단조사 설계에서 실험집단과 통제집단의 집단 간 동질성을 확보하는 데 그 목적이 있다. 즉, 연구자는 무작위할당을 통해 집단을 형성하면 두 집단 간의 특성이 비교적 비슷하다고 가정한다.

3) 표본의 대표성

대표성 있는 표본이란, 연구자가 연구에 초점을 맞추는 특성들에 대해 표본의 특성이 모집단의 집단적 특성과 유사할 때, 대표성 있는 표본이라고 정의한다(Mark, 1996). 사회과학연구에서는 무작위추출을 이용한 확률 표본이 모집단을 가장 잘 대표할 수 있는 유일한 표본이라고 여긴다. 여기서 확률 표본이란 연구자가 모집단으로부터 요소를 추출할 때, 모집단에 있는 모든 요소가 표본으로 선정될 확률을 알고(known probability) 추출한 표본을 의미한다(Krysik & Finn, 2010). 가장 대표적인 방법은 바로 동일확률선택방법(equal probability of selection method)이다. 표본추출이 한 단계로 이루어지는 경우에는 모집단에 있는 요소가 표본으로 선정될 확률은 표본추출을 시작할 때부터 동일하다. 즉, 모집단의 크기가 N이고, 연구자가 선정하고자 하는 표본의 수가 n이면, 각 요소가 표본으로 선정될 확률은 n/N이다. 어떤 확률 표본추출 방법을 활용하는가에 따라 이 확률을 계산하는 방법은 조금씩 달라지지만, 확률 표본추출은 연구자가 표본추출을 진행하기 전에 각 요소가 표본추출의 확률을 미리 계산할 수 있는 표본추출 방법을 의미한다.

그렇다면 왜 확률 표본이 비확률 표본에 비해 모집단을 더 잘 대표한다고 생각하는지 그 이유를 살펴보자(Rubin & Babbie, 2016). 첫째, 확률 표본은 다른 표본추출 방식으로 선정된 표본과 비교했을 때, 편의가 적기 때문이다. 특히 연구자 표본을 선정할 때 발생할 수 있는 여러 가지 편의를 배제할 수 있다는 장점이 있다. 둘째, 확률 표본이 모집단과 완벽하게 일치하지 않는다고 하더라도 표본이 얼마나 정확하게 모집단을 대표하고 있는지를 계산할 수 있기 때문이다. 즉, 연구자는 확률 표본을 이용하여 계산한 통계치로 모수를 추정할 때, 정확도가 어느 정도 되는지를 같이 계산할 수 있다. 이때 표본추출을 통해 계산한 통계치가 모수와 차이 나는 정도를 표본오차혹은 표본추출오차(sampling error)라고 한다(Schutt, 2022). 표본오차가 클수록 표본의 대표성이 낮으며, 표본오차가 작을수록 표본의 대표성이 높다. 표본오차는 연구자가 전수조사를 통해 모수를 계산한 것이 아니라, 표본을 이용하여 모수를 추정하기 때문에 생긴다.

확률 표본추출을 이용하여 표본을 추출한다고 가정했을 때, 표본의 대표성을 높이고 표본오차를 줄이기 위해서 어떠한 요인들을 고려해야 하는지 살펴볼 필요가 있다(김태성, 김기덕, 이채원, 홍백의, 2020). 먼저, 모집단을 구성하는 완전한 표집틀을 갖추어야 한다(Schutt, 2022). 표집틀에 누락되는 사례가 많으면 많을수록 조사에서 배제되는 요소들이 많아지며, 어떤 특성에 따른 이유로 체계적으로 표집틀에서 배제되었다면, 표본에 편의가 발생할 수 있다.

둘째, 표본의 크기가 클수록 표본의 대표성이 높아진다(김태성, 김기덕, 이채원, 홍백의, 2020). 예를 들어, 한 대학에서 재학생 3만 명을 대상으로 대학생활 실태조사를 진행한다고 하자. 이때 10명을 조사했을 때, 학년, 학과, 성별 등이 대표성 있게 포함되기는 어려울 것이다. 표본을 100으로 늘렸을 때는 각 특성에 대한 대표성이 조금 더 좋아질 것이고, 1,000명으로 늘렸을 때는 비교적 학년, 학과, 성별이 골고루 대표성 있게 포함될 가능성이 더 높다. 표본의 크기가 너무 작으면 모집단의 특성들이 골고루 반영되기가 어렵기 때문에 어느 정도의 표본 크기가 확보되어야 한다.

셋째, 모집단의 동질성에 따라 달라질 수 있다. 앞에서 언급했듯이, 모집단의 모든 요소의 특성이 동일하다면, 한 사례만 추출해도 그 특성을 파악할 수 있다. 그러나 요소들이 다양하면 다양해질수록 이러한 특성들이 골고루 반영이 되어야 하는데, 이러한 다양한 특성들을 가진 요소들이 충분히 반영될 수 있도록 더 많은 표본을 추출하거나(Hilton et al., 2020), 다양한 특성별로 요소들을 분류하여 각 특성이 골고루 반영될 수 있는 표본추출 방법을 고려해야 한다. 앞의 대학생활 실태조사의 예시를 다시 들면, 1,000명을 단순하게 무작위로 추출할 수도 있으나, 3만 명의 재학생을 학과, 학년, 성별로 나누어서 모집단과 유사하게 특성별로 표본을 무작위추출한다면, 표본의 특성이 모집단과 더 유사할 것이므로 표본의 대표성이 더 높아질 것이다.

넷째, 표본으로 추출된 요소들이 모두 조사에 포함되도록 무응답이 적어야 한다. 무작위로 표본을 추출하고, 추출된 요소들(예: 사람)이 모두 조사에 포함되었을 때, 이 표본의 대표성은 보장이 된다. 그러나 충분한 표본 수를 확보했더라도 표본에 포함되어야 하는 요소의 일부만 표본에 포함이 되었을 때에는 표본의 대표성을 담보할 수 없다. 예를 들어, 앞의 대학생활 실태조사의 예에서 1,000명의 표본을 추출하여 이들에게 설문조사를 실시했는데, 950명이 참여했을 때(A)와 200명이 참여했을 때 (B)의 대표성은 다를 수밖에 없다. 특히 B의 경우에는 조사에 참여한 200명이 참여하지 않은 800명의 사람들과 다른 특성을 갖는다면(예: 학교에 대한 만족도, 가정형편, 전학 의향 등), 무응답 편의(non-response bias)가 발생할 수 있다. 무응답 편의는 체계적인 편의로 표본으로 추출된 다수의 사람들을 조사에 참여시킬 수 없거나, 이들이 조사 참여를 거부할 때 발생한다(Schutt, 2022). 따라서 무응답 비율이 높을수록 표본의 대표성은 떨어지며, 무응답으로 인한 편의 발생 위험이 높다. 또한 무응답 비율(nonresponse rate)은 조사를 완료한 사람의 수를 조사를 위해 접촉한 사람의 수로 나눈 것이기 때문에 단순히 표본의 크기를 늘린다고 해서 무응답 비율이 좋아지지 않으며, 조사를 위해 접촉한 사람들의 조사 참여가 더 많이 이루어지도록 해야 좋아질 수 있다.

3. 표본추출의 유형

1) 확률 표본추출

(1) 단순무작위 표본추출

단순무작위 표본추출(simple random sampling)은 표집틀에 포함된 요소의 추출을 말 그대로 단순하게 운에 맡기는 표본추출을 의미한다. 단순무작위 표본추출을 이용하면, 표집틀에 포함된 모든 요소가 표본에 포함될 확률이 동일하며, 각기 다른 요소가 추출되는 것은 독립적인 일이기 때문에 한 요소의 선정이 다른 요소의 선정에 영향을 미치지 않는다(Thompson, 2012). 가장 단순하게는 표집틀에 포함된 모든 요소를 모자나 추첨 기계에 넣고, 계획한 표본의 수가 될 때까지 요소들을 뽑는 방법을 생각해 볼 수 있다. 이때 가장 중요한 점은 표집틀에 있는 모든 요소가 추첨하는 기계 혹은 컴퓨터에 포함되어야 하고, 여기에 포함되어 있는 모든 요소가 추출될 확률이 같아야 한다는 점이다. 즉, 동전을 던졌을 때, 앞면과 뒷면이 나올 확률이 같고

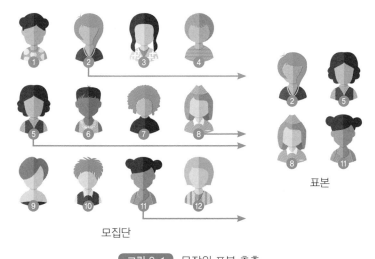

표본

모집단

그림 8-1 무작위 표본 추출

출처: https://www.istockphoto.com/vector/random-sampling-analysis-method-vector-illustration-example-diagram-gm1207226461-348474073)

(1/2), 주사위를 던졌을 때 각 번호가 나올 확률이 같듯이(1/6), 단순무작위 표본추출의 각 요소가 선정될 확률은 전체 표집틀에 포함된 요소(N)의 수에 의해 결정되며(1/N), 모든 요소가 동일한 확률을 갖는다.

단순무작위 표본추출의 예로는 임의번호걸기를 들 수 있다. 조사 기관에서는 자동화된 기계를 통해 무작위로 전화번호를 생성하여 전화를 걸어 전화를 받는 사람이나 그 집에 조사 기준에 맞는 사람에게 조사를 진행하는 방식이다. 1990년대 집 전화가 보편적이었을 때, 널리 활용되었다. 특히 유선전화는 전화번호에 지역번호가 명시되기 때문에, 특정 지역에 거주하는 사람들을 대상으로 하는 조사에서도 널리 활용되었다. 특히 표집틀에 대한 정보를 충분히 얻지 못했을 때, 일반적인 모집단을 대상으로 연구가 진행될 때 주로 사용되고 있다.

또한 난수표(table of random numbers)를 활용하여 표본을 추출할 수도 있다. 난수표는 [그림 8-2]에서 보는 바와 같이 0~9까지의 숫자가 동일한 비율로 나오도록 무작위로 숫자를 배치한 표를 의미한다. 난수표를 이용하여 표본을 추출할 때에는 다음과 같은 순서로 진행된다. 첫째, 연구자는 표집틀에 포함된 모든 요소의 명단을 뽑

```
36518 36777 89116 05542 29705 83775 21564 81639 27973 62413 85652 62817 57881
46132 81380 75635 19428 88048 08747 20092 12615 35046 67753 69630 10883 13683
31841 77367 40791 97402 27569 90184 02338 39318 54936 34641 95525 86316 87384
84180 93793 64953 51472 65358 23701 75230 47200 78176 85248 90589 74567 22633
78435 37586 07015 98729 76703 16224 97661 79907 06611 26501 93389 92725 68158
41859 94198 37182 61345 88857 53204 86721 59613 67494 17292 94457 89520 77771
13019 07274 51068 93129 40386 51731 44254 66685 72835 01270 42523 45323 63481
82448 72430 29041 59208 95266 33978 70958 60017 39723 00606 17956 19024 15819
25432 96593 83112 96997 55340 80312 78839 09815 16887 22228 06206 54272 83516
69226 38655 03811 08342 47863 02743 11547 38250 58140 98470 24364 99797 73498
25837 68821 66426 20496 84843 18360 91252 99134 48931 99538 21160 09411 44659
38914 82707 24769 72026 56813 49336 71767 04474 32909 74162 50404 68562 14088
04070 60681 64290 26905 65617 76039 91657 71362 32246 49595 50663 47459 57072
01674 14751 28637 86980 11951 10479 41454 48527 53868 37846 85912 15156 00865
70294 35450 39982 79503 34382 43186 69890 63222 30110 56004 04879 05138 57476
73903 98066 52136 89925 50000 96334 30773 80571 31178 52799 41050 76298 43995
87789 56408 77107 88452 80975 03406 36114 64549 79244 82044 00202 45727 35709
92320 95929 58545 70699 07679 23296 03002 63885 54677 55745 52540 62154 33314
46391 60276 92061 43591 42118 73094 53608 58949 42927 90993 46795 05947 01934
67090 45063 84584 66022 48268 74971 94861 61749 61085 81758 89640 39437 90044
11666 99916 35165 29420 73213 15275 62532 47319 39842 62273 94980 23415 64668
40910 59068 04594 94576 51187 54796 17411 56123 66545 82163 61868 22752 40101
41169 37965 47578 92180 05257 19143 77486 02457 00985 31960 39033 44374 28352
76418
```

그림 8-2 난수표

출처: https://mathbitsnotebook.com/Algebra2/Statistics/STrandomtable.html

아서 모든 요소에 번호를 부여한다. 둘째, 무작위(예: 눈을 감고 찍기)로 난수표에 있는 번호 하나를 고른다. 셋째, 선택한 숫자를 기준으로 가로, 세로, 대각선 등의 방향으로 움직였을 때 나온 숫자를 차례대로 선택한다. 넷째, 선택된 숫자들의 끝(혹은 첫 번째)의 두 자리 혹은 세 자리를 이용하여 무작위로 표본을 추출할 수 있다. 하지만 최근에는 컴퓨터 프로그램을 이용하여 원하는 범위 내(표집틀에 부여된 요소들의 개별 번호)에서 무작위로 번호를 만들 수 있어서 컴퓨터를 이용한 무작위 표본추출 방식이 더 많이 사용된다.

단순무작위 표본추출은 모든 확률 표본추출에 기준이 되는 표본추출 방법이라고 볼 수 있으며, 확률 이론이 토대로 하는 표본추출 방식이다(Hilton et al., 2020). 표집틀에 포함된 모든 요소가 표본에 포함될 확률이 동일하며, 표본을 추출하는 데 있어서 편의가 소개될 가능성이 가장 적다. 모집단에 대한 사전 지식 없이도 손쉽게 사용할 수 있으며, 모집단의 수가 적을 때 유용하게 적용할 수 있는 표본추출 방식이다. 하지만 모집단을 구성하는 요소 전체에 대한 목록이 있어야 한다는 단점이 있다. 또한 모집단의 규모가 큰 경우에는 활용하기가 어려우며, 모집단에 대한 사전 지식을 활용하지 않고, 무작위로 표본을 추출하기 때문에 같은 표본 크기를 가진 층화 표본추출 방법에 비해 표준오차가 더 크고, 모집단에 대한 대표성이 떨어질 수 있다. 단순무작위 표본추출을 이용한 표본에는 소수 집단에 포함 요소들이 충분히 선정되기 어려울 수 있다. 예를 들어, 빈곤연구에 관심이 있는 연구자가 단순무작위 표본추출을 이용했을 때, 빈곤집단에 속한 사람들이 적게 선정되어 실제로 빈곤집단과 비빈곤집단의 비교분석이 어려울 수 있다.

(2) 체계적 표본추출

체계적 표본추출 방법은 단순무작위 표본추출 방법의 변형된 형태라고 볼 수 있다(Engel & Schutt, 2014). 체계적 표본추출 방법은 무작위로 표집틀에 포함된 요소들을 모두 나열한 다음에, 그중 한 요소를 선정하고 그 다음부터는 매 k번째 표본을 추출하는 방법이다. 이때 K는 표본간격이라고 하며 전체 모집단의 크기와 추출하고자 하는 표본의 크기에 의해 결정된다. 수동적인 방법으로 표본을 무작위 추출할 때는 단순무작위 추출에 비해 더 효율적이다. 체계적 표본추출 방법은 다음과 같은 순서에 의해 이루어진다.

첫째, 전체 모집단의 수를 선정하고자 하는 표본의 수로 나누어 표본추출을 추출할 간격인 k를 먼저 구한다. 예를 들어, 1만 명의 모집단 가운데 500명을 뽑는다고 했을 때, 표본추출 간격은 20이 된다. 즉, 선정된 요소로부터 20번째 되는 요소가 또 선정된다. 만약 모집단 수를 표본 수로 나누었는데, 소수점이 발생했을 때는 올림을 하여 정수로 만들어서 사용한다. 둘째, 표집틀 안에서 무작위로 한 요소를 선정한다. 이때는 앞에서 설명한 난수표나 컴퓨터 프로그램 등의 방법을 활용하여 요소를 선정할 수 있다. 셋째, 첫 번째 요소를 선정하고 난 이후에 매 k번째 요소를 선정하여 표본에 포함시킨다.

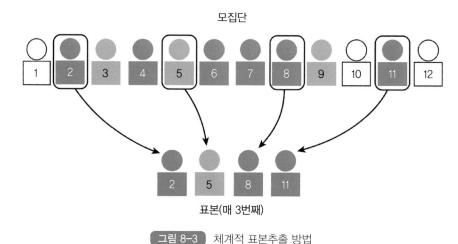

모집단

표본(매 3번째)

그림 8-3 체계적 표본추출 방법

출처: https://www.netquest.com/en/blog/systematic-sampling

체계적 표본추출 방법은 단순무작위 표본추출과 거의 유사한 특성을 가지고 있으면서도 무작위추출을 하는 절차가 상대적으로 간단하다(김태성 외, 2012). 수작업으로 표본을 선정해야 하는 경우에는 단순무작위 표본추출보다 손쉽게 표본을 추출할 수 있다. 그러나 단순무작위 표본추출 방식과 마찬가지로 모집단을 구성하는 요소 전체에 대한 목록이 필요하다는 단점을 갖는다. 체계적 표본추출 방법에서는 표집틀을 어떻게 정렬하는가에 따라 표본의 대표성이 좌우된다. 무작위로 표집틀을 정렬한 경우에는, 단순무작위 표본추출과 유사한 결과를 가질 수 있다. 또 표집틀이 연구의 주요 변숫값에 기초해 정렬되어 있다면, 그 변수에 대한 서열화(stratification)가 이루어졌기 때문에 단순무작위 표본추출보다 더 대표성을 가질 수도 있다(Daniel, 2012). 그러나 표집틀이 규칙적인 주기성 혹은 순환성을 갖는 방식으로 정렬이 되어 있고, 그러한 규칙의 주기가 표본추출 간격과 맞물린다면, 유사한 특성을 가진 요소들만 뽑힐 가능성이 있을 수 있다. 예를 들어, 남-여-남-여로 정렬되어 있는 표집틀에서 매 20번째 표본을 뽑아야 한다면, 전체 표본이 모두 남자가 되거나 여자로 뽑힐 가능성이 높기 때문에 가능하면 표본추출 전에 표집틀이 주기성이나 순환성을 갖고 있는지 확인할 필요가 있다.

(3) 층화 표본추출

층화 표본추출은 모집단에 대한 사전정보를 활용하여 표본추출 과정으로 표본의 대표성을 높일 수 있는 효율적으로 확률 표본추출 방법이다(Schutt, 2022). 층화 표본 추출은 먼저 모집단을 상호 배타적이면서 내부적으로는 동질성을 가진 층(strata)으로 나누고, 각 층에서 무작위로 표본을 추출하여 전체 표본을 구성하는 표본추출 방식이다. 층을 구분하는 데 활용되는 변수는 연구목적에 따라 다르고, 표집틀에서 얻을 수 있는가에 의해 결정된다. 일반적으로 성별, 연령, 지역 등의 인구통계 변수를 가장 많이 활용하는 이유도 조사 전에 표집틀에서 획득할 수 있는 정보가 제한적이기 때문이다.

층화 표본추출은 다음의 단계를 통해 이루어진다. 첫째, 연구대상이 될 모집단을 정의한다. 둘째, 연구의 목적에 맞춰서 어떤 변수를 층화 변수(stratification variable)로 사용할 것인지를 결정하고, 몇 개의 층으로 나눌 것인지를 결정한다. 이때 층화변수는 하나 이상 사용이 가능하며, 연구모형과 밀접한 관련이 있는 변수들을 택하는 것이 중요하다. 예를 들어, 성별과 연령에 대한 고려가 둘 다 중요하다고 판단되면, 층을 연령과 성별로 나누어 구성할 수 있다. 셋째, 층화 변수에 대한 정보가 있는 표집틀을 확보한다. 이때 연구자는 기존에 층화 변수에 대한 정보가 포함된 표집틀을 사용할 수도 있으며, 새롭게 여러 가지 정보를 조합하여 만들 수도 있다. 그러나 표집틀에 층화 변수에 대한 정보가 존재하지 않으며, 층화 표본추출은 불가능하다. 넷째, 전체 모집틀을 층별로 나누어 각 층별 모집틀을 새롭게 구성한다. 층 내에 표본의 특성은 가능한 한 동질성을 갖는 것이 바람직하며, 층간 표본의 특성은 이질적인

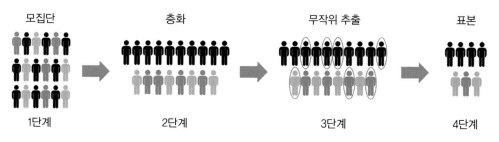

모집단	층화	무작위 추출	표본
1단계	2단계	3단계	4단계

그림 8-4 층화 표본추출 방법

출처: https://uedufy.com/what-is-stratified-sampling/

것이 좋다. 이때 층은 상호배타적이어야 하기 때문에 각 요소는 층에 한 번만 포함되었는지 확인할 필요가 있으며, 또 모집단을 층으로 나누었을 때 누락되는 요소는 없는지에 대한 확인도 필요하다. 다섯째, 각 층에서 추출할 표본 수를 정한다. 이때 각 층에 추출될 표본 수는 전체 모집단의 비율과 동일할 수도 있고(비례 층화 표본추출), 모집단의 비율과 다를 수도 있다(비비례 층화 표본추출). 여섯째, 각 층의 표집틀에서 표본 수에 맞춰서 무작위로 표본을 추출한다.

충화 표본추출에는 두 가지 유형이 있다. 하나는 전체 모집단의 비율을 반영하여 그 비율과 동일하게 표본을 추출하는 비례 층화 표본추출 방법이며, 다른 하나는 모집단의 비율과는 다르게 표본을 추출하는 비비례 층화 표본추출이다. 먼저, 비례 층화 표본추출을 살펴보면, 이 방법에서는 모집단의 비율과 동일하게 표본을 추출하기 때문에 모든 표본이 동일한 표집확률(EPSEM)을 가지며, 모집단과 동일하게 하기 위한 추가적인 가중치 보정을 요하지 않는다. 또한 모든 층에서 골고루 표본을 선정하기 때문에, 단순무작위 표본추출이나 체계적 표본추출에 비해 층화 표본의 대표성이 더 높다. 그러나 비율이 낮은 층의 경우, 표본 크기가 작기 때문에 층 사이의 비교가 어렵다는 단점을 갖는다.

반면에 비비례 층화 표본추출은 모집단의 비율과 상관없이 각 층의 표본 크기를 임의로 결정하게 된다. 이러한 경우에는 요소가 어떤 층에 속하는가에 따라서 표본으로 추출될 확률이 달라진다(Thompson, 2012). 예를 들어, 연령대별로 층을 구성하여 표집을 진행하는데, 모든 층에서 동일한 수(예: 10명)의 표본을 확보하기로 결정했고, 60대 층에는 100명, 50대 층에는 180명으로 모집단이 구성되었다고 가정하자. 이때, 60대 층에서 표본으로 추출될 확률은 1/10인 반면에, 50대 층에서 표본으로 추출될 확률은 1/18로 상이하다는 것을 알 수 있다. 따라서 표본을 구성하고 난 이후에 상이한 표본추출 확률을 조정하기 위해 가중치를 계산해야 한다. 비비례 층화 표본추출은 층에 따라 포함되는 요소의 차이가 크게 나타나고, 각 층에 속한 요소 간 분석이 좀 더 정교하게 이루어져야 할 때 유용하다. 예를 들어, 빈곤가구와 비빈곤가구에 대한 비교분석이 연구의 주요 목적 중 하나일 때, 비비례 층화 표본추출을 활용하여 충분한 빈곤가구에 대한 표본을 획득해야 두 집단의 비교분석이 가능할 수 있다.

층화 표본추출은 확률 표본추출 방법 가운데 가장 대표성이 높고, 동일한 표본 수를 가졌을 때 표본 오차가 가장 낮다. 모집단이 동질성을 가질수록 표본 오차가 낮아지는데, 층화 표본추출은 동질성을 가진 층으로 모집단을 먼저 나누어서 표본을 추출하기 때문에 이때 발생하는 표준오차는 다른 확률 표본추출에 비해 낮다. 또한 층화 변수의 모든 층이 골고루 표본에 포함될 수 있도록 표본을 추출하기 때문에 다른 확률 표본추출에 비해 대표성이 더 높다. 연구에서 주요하게 여기는 변수에 대한 층 사이의 비교가 가능할 수 있도록 표본을 충분히 확보할 수 있다. 하지만 층을 나누기 위해서는 모집단에 대한 사전 정보가 필수적이다. 따라서 모집단에 대한 정보가 얼마나 있는가에 따라 활용 가능성이 달라지며, 사전에 이러한 정보를 따로 확보하기 위해서는 시간, 노력, 비용이 더 많이 들 수 있다. 사전에 정보가 있다고 하더라도 모집단을 층으로 나누고 개별 층에서 표본을 추출하여 조사를 진행하는 일련의 과정은, 층화 표본추출이 다른 표본추출 방법보다 더 많은 시간, 비용, 노력을 요하게 된다. 또한 결과를 분석할 때에도 비비례 층화 표본추출을 이용할 경우 분석이 더 복잡해진다.

(4) 집락 표본추출

집락 표본추출은 연구자가 관심을 갖는 요소에 대한 전체 명단인 표집틀은 없으나, 요소들이 포괄적으로 포함되어 있는 집락 혹은 군집이 있을 때 활용되는 표본추출 방법이다(Rubin & Babbie, 2016). 집락은 자연스럽게 형성된 사람들의 집단이다. 집락의 대표적인 예로는 학교, 시설, 기관, 종교단체, 지역사회 등을 꼽을 수 있으며, 이러한 집락에 대한 정보는 비교적 용이하게 얻을 수 있다. 또 각 집락은 그 집락에 소속된 사람들에 대한 정보를 가지고 있다. 따라서 연구자는 집락으로부터 연구 협조를 얻으면, 그 안에 소속된 사람들에 대한 정보를 얻을 수 있고, 이를 토대로 표본을 무작위로 추출할 수 있다. 예를 들어, 시설보호 아동의 삶의 질에 관한 연구에서 표본을 추출하려고 할 때, 연구자는 처음부터 시설에 거주하고 있는 아동 전체에 대한 표집틀을 확보하기는 매우 어렵다. 그러나 아동시설협회나 보건복지부를 통해서 아동보호 시설의 전체적인 목록을 얻을 수 있다. 또한 각 시설은 현재 시설에서 거주하고 있는 아동에 대한 정보를 모두 가지고 있기 때문에, 연구자는 시설을 통해서 시설보호 아동에 대한 표본을 추출할 수 있다.

집락 표본추출은 다른 확률 표본추출 방법과 마찬가지로 무작위로 표본을 추출을 한다. 하지만 다른 확률 표본추출 방법과는 달리 무작위추출 과정이 한 번만 있는 것이 아니라, 여러 차례 거쳐서 이루어진다는 특징을 갖는다. 예를 들어, 학생들에 관한 연구에서는 먼저 교육부에서 제공하는 대한민국 전체 학교 목록을 획득하여 연구에 참여할 학교를 무작위로 선정한다(1단계). 이때 학교는 일차표집단위(primary sampling unit)가 된다(Rubin & Babbie, 2016). 그 다음에 표본으로 선정된 학교에 연락하여 연구참여 협조를 구한다. 연구참여에 동의한 학교와 협의하여 무작위로 학생들을 선정하여 연구참여 동의를 학생과 학부모에게 구한다. 이때 무작위로 선정된 학생이 이차표집단위(secondary sampling unit)가 되며, 연구의 요소이기도 하다(Rubin & Babbie, 2016). 이 예시에서는 학교를 먼저 추출하고, 그 다음에 학생을 추출하는 2단계에 거쳐서 표본을 추출하였다. 이렇게 집락에 대한 표본추출이 한 번 이

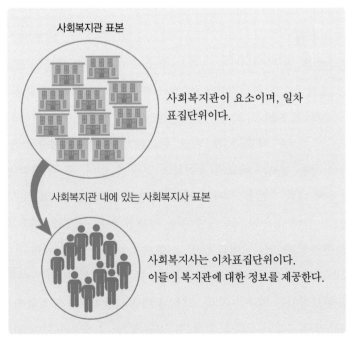

그림 8-5   집락 표본추출

루어지고, 그 다음에 개별 요소에 대한 표본추출이 이루어지는 방식을 단순 집락 표본추출이라고 한다. 경우에 따라서는 3단계(예: 교육청-학교-학생), 4단계(예: 교육청-학교-학급-학생)에 걸쳐 표본이 추출될 수 있으며, 집락에 대한 표본추출이 2번 이상 진행되었을 때 다단계 집락 표본추출이라고 한다.

대체로 자연스럽게 형성된 집락을 살펴보면, 한 집락에 안에 포함된 사람들은 다른 집락 사람들과 비교했을 때 동질성을 가질 가능성이 더 크다. 그렇기 때문에 표본의 대표성은 집락의 규모가 작을수록, 집락을 더 많이 선정할수록, 그리고 집락의 성격이 이질적일수록 높아진다(Hilton et al., 2020). 같은 크기의 표본을 추출한다고 가정했을 때, 한 집락에서 여러 사람을 선정하기보다는 여러 집락에서 적은 수의 사람을 선정하는 것이 표본오차를 줄일 수 있다(Royce, 2020).

집락 표본추출은 모집단 전체에 대한 정보가 없을 때, 비교적 쉽게 확률 표본추출을 할 수 있다는 장점을 가지고 있다. 또한 상대적으로 다른 확률 표본추출 방법과 비교했을 때 시간과 비용이 적게 든다(김기덕 외, 2015; 김영종, 2007). 또한 집락을 먼저 표본으로 선정하기 때문에 집락 자체에 대한 정보도 조사과정에서 자연스럽게 이루어질 수 있다는 장점이 있다. 하지만 집락 표본추출 방법은 단순무작위 표본추출 방법과 비교했을 때 표준오차가 더 크다.

2) 비확률 표본추출

비확률 표본추출은 무작위추출 방법을 활용하지 않으며, 모집단을 구성하는 요소가 표본에 포함될 확률을 알지 못한다. 따라서 비확률 표본추출 방법을 통해 만들어진 표본은 모집단에 대한 대표성을 갖지 못한다. 즉, 비확률 표분추출을 활용한 표본을 이용한 연구에서는 연구에 참여한 참여자의 범위를 넘어서는 일반화가 불가능하다.

그럼에도 불구하고, 사회복지연구에서는 비확률 표본추출을 많이 활용하게 된다. 일단 질적연구에서 많이 활용을 하게 되는데, 질적연구에서는 연구자가 연구문제에 대한 답을 가장 잘 줄 수 있는 소수의 사람들로부터 심도 있는 정보를 얻는 것이 목적이기 때문에 대표성보다는 연구문제에 대한 답을 가장 잘 줄 수 있는 사람을 뽑는 노력을 하게 된다. 또한 양적연구에서도 비확률 표본추출 방법을 이용하는데, 특히 모집단에 대한 파악이 어려워 확률 표본추출이 불가능할 때 비확률 표본추출 방법을 이용한다. 예를 들어, 데이트 폭력을 경험한 여성들의 대처 경험이 정신건강에 미치는 연구에서 실제로 데이트 폭력을 경험한 여성의 전체 집단을 파악할 수 없기 때문에, 비확률 표본추출 방법을 이용하여 표본을 추출하게 된다. 또한 프로그램 평가, 실험설계 혹은 탐색적인 연구와 같이 연구문제 자체가 독립변수와 종속변수의 인과관계를 확인하는 것을 목적으로 하고 있고, 연구결과를 전체 모집단에 일반화시키는 것을 연구의 주요 목적으로 삼지 않는 연구들도 비확률 표본추출 방법을 활용한다. 예를 들어, 인지행동치료(CBT)가 가족의 죽음으로 장기간 지속되는 아동·청소년의 애도를 개선할 수 있는지를 살펴본 한 연구(Boelen, Lenferink, & Spuij, 2021)에서는 외래로 병원을 찾은 아동들을 대상으로 표본을 모집하였다. 이처럼 프로그램의 효과성을 평가하고자 하는 연구에서는 참여자를 비확률 표본추출 방법을 활용하여 모집하는 것이 일반적이다.

그러나 비확률 표본추출 방법은 먼저 모집단의 각 요소가 표본의 확률에 포함될 확률을 알 수 없기 때문에 모집단에 대한 대표성이 있다고 볼 수 없다는 단점이 있다. 즉, 표본이 대표하는 집단이 누구인지 정확하게 파악할 수 없기 때문에 연구결과를 표본의 범위를 벗어나는 요소나 집단에 적용할 수 없는 한계를 갖는다. 또한 표본에 추출될 확률을 알지 못하면, 표본을 통해 계산하게 된 통계치의 표본 오차를 파악하기 어려우며, 효과의 크기를 살펴보기 위해 필요한 표본의 크기 또한 계산할 수 없는 등 확률이론을 연구에 적용할 수 없다는 한계를 갖는다. 표본을 추출하는 과정에서 발생할 수 있는 여러 가지 의도적인 혹은 의도하지 않은 편의를 배제할 방법이 없다는 점을 꼽을 수 있다. 즉, 비확률 표본추출을 통해 수집된 표본은 확률 표본추출 방법에 비해 과학적 엄밀성(rigor)이 떨어진다.

(1) 편의 표본추출

임의 표본추출, 우발적 표본추출이라고도 불리는 편의 표본추출(convenience sampling)은 연구자가 쉽게 얻을 수 있는 요소를 표본에 포함시키는 표본추출 방법을 의미한다(Hilton et al., 2020). 이 연구방법은 표집틀을 구하기 어렵거나 불가능할 때 가장 일반적으로 활용하는 표본수집 방법이다. 편의 표본추출을 이용해 수집된 표본은 미리 연구자가 계획하여 추출한 요소를 대상으로 조사를 진행하는 것이 아니라, 연구자가 접근가능한 요소를 임의로 접촉하여 표본을 추출하는 방법이다. 가장 대표적인 예로, 길거리에서 지나가는 사람에게 설문에 참여해 달라고 하는 인식 조사 같은 연구가 편의 표본추출을 하는 대표적인 연구라고 할 수 있다. 즉, 미리 사전에 연구참여를 문의할 요소를 정한 것이 아니라, 조사자가 서 있는 그 순간에 그 장소를 지나는 사람을 연구에 참여시키는 방법이다. 만약 한 대학에서 대학생활 만족도에 대한 조사를 이런 방식으로 한다면, 조사가 이루어지는 장소가 학교 식당 앞인지, 도서관 앞인지, 특정한 단과 대학교 앞인지에 따라 표본의 특성이 달라질 수 있으며, 조사 시간에도 영향을 받을 것이다. 또한 조사자가 응답을 잘 해 줄 것 같은 사람에게 연구참여를 물어보고, 인상이 험악하거나 기분이 안 좋은 사람에게 묻지 않는다면, 표집과정에서 편의가 발생하게 된다. 또 다른 예로는 연구대상에게 연구참여를 홍보하여 자발적으로 연구자에게 연락하도록 하는 방법 또한 편의 표본추출의 대표적인 예라고 할 수 있다. 예를 들어, 특정 기관의 웹페이지에 연구에 대해 홍보를 하고, 연구참여에 관심 있는 사람은 제시된 연락처로 연락을 취하도록 하여 표본을 모집하는 방법을 꼽을 수 있다. 대체로 이런 경우에는 연구주제에 관심이 있거나 연구에 참여하는 일을 좋아하는 등 편향된 특성을 가진 사람들이 연락을 할 가능성이 높기 때문에 표본추출 편의(sampling bias)가 발생할 수밖에 없다. 따라서 이러한 방법을 활용한 표본은 그 어떠한 집단에 대한 대표성을 가진다고 보기는 어렵다.

편의 표본추출은 연구자가 쉽게 표본을 수집할 수 있다는 장점이 있으며, 돈과 시간이 다른 표본추출 방법에 비해 적게 든다는 것 또한 장점이다. 표집틀을 쉽게 구하지 못하는 연구 대상이나 주제를 가진 연구는 다른 표본추출 방법을 활용할 수 없어서 편의 표본추출 방법을 활용하기도 한다. 예를 들어, 노숙자의 노숙 경험을 파악하기 위한 연구에서는 연구자가 기관 등에서 만났던 노숙인들이나 봉사를 하고 있던 기관을 통해서 소개받은 노숙인들을 표본으로 선택하는 방법이 가장 현실적인 연구 방법일 수도 있다. 이러한 경우에는 여러 가지 편의를 가진 표본이라 하더라도 충분히 사회복지연구로서 가치가 있을 수 있다. 그러나 이러한 경우에도 이 노숙인들이 전체 노숙인을 대표한다고 가정하고 연구결과를 일반화할 수 없다는 한계를 갖는다.

(2) 의도적 표본추출

의도적 표본추출은 연구자가 자신이 가지고 있는 판단과 사전 지식을 토대로 연구에 가장 적합한 요소를 표집하는 표본추출 방식을 의미한다(Hilton et al., 2020). 대체로 지금까지 논의되었던 표본추출의 기준은 모집단을 얼마나 잘 대표하는가를 기준으로 삼았다면, 의도적 표본추출에서는 연구목적에 얼마나 잘 부합하는가가 요소의 선정 기준이 된다. 때에 따라서는 연구문제와 관련된 정보나 경험이 가장 많은 사람이 될 수 있으며, 가장 성공적인 경험을 한 사람 혹은 가장 크게 실패한 사람, 특정 집단을 대표하는 대표자나 대변인 또한 표집의 대상자가 될 수도 있다.

한 예로, 김민아 등(2021)은 소아청소년암 경험자와 가족을 대상으로 제공되는 심리사회 서비스의 현황을 파악하기 위해 대한소아혈액종양학회에 등재된 의료기관의 의료사회복지팀과 소아청소년암 경험자를 대상으로 서비스를 제공하는 민간기관의 사회복지사들 가운데 각 기관에 최소 1년 이상 기관에 근무하며, 소아청소년암 경험자 및 가족에게 심리사회 서비스를 제공하는 사회복지사들을 표본으로 선정하였다. 이는 직접적으로 서비스를 제공하는 사람들이 제공하는 서비스의 현황과 어려움에 대해 가장 많은 정보와 지식을 갖고 있다고 판단하였기 때문이며, 이들이 연구목적에 가장 부합되는 연구대상으로 판단하였기 때문일 것으로 여겨진다.

의도적 표본추출 방법은 적은 비용과 노력으로 연구목적을 가장 잘 충족시킬 수 있는 요소를 연구에 참여시킬 수 있다는 장점을 갖는다. 특히 연구대상에 대한 연구자의 사전 지식이 충분하고, 집단 내의 인적 구성을 잘 알고 있어서 연구자가 연구에 필요한 핵심적인 인물들을 직접 선정할 수 있을 때 가능한 표집 방법이다. 그러나 이 표집 방법은 전적으로 연구자의 판단에 의해 표본추출이 이루어지기 때문에 연구자의 편의가 표본에 포함될 수밖에 없으며, 연구자가 얼마나 정확하게 모집단 혹은 연구대상자에 대해 이해하고 있는가에 따라 표본의 질이 달라질 수밖에 없다.

(3) 할당 표본추출

할당 표본추출은 모집단의 특성에 대한 사전 정보가 있는 상태에서 비확률 표본추출이 불가능한 경우에 활용되는 표본추출 방법이다. 즉, 할당 표본추출은 모집단을 다양한 하위집단으로 나누어 각 범주별로 몇 명을 선정할 것인지 할당을 하여 비확률 표본추출 방식을 이용하여 각 하위집단별로 할당을 채우는 표본추출 방식이다. 할당 표본에서 주로 사용되는 변수는 거주지, 연령, 성별, 기초생활수급 등을 활용한다. 예를 들어, 독거노인의 경제 상태가 이들의 우울에 미치는 영향을 살펴보기 위한 한 연구에서 여성의 비율이 약 70%이며, 남성의 비율이 약 30%라는 사실을 알고 있을 때, 연구자는 표본 가운데 약 70%가 여성으로 그리고 30%가 남성으로 추출되면, 표본추출 과정을 멈춘다. 이처럼 연구자가 모집단의 특성에 대한 사전 정보를 가지고 있으며, 연구주제와 관련된 변수에 대한 사전 정보가 있을 때 연구자는 할당 표본추출을 이용한다.

할당 표본추출을 활용하여 수집된 표본은 하위집단별 구성비가 모집단과 유사하게 나타나기 때문에, 주요 변수에 대해 비교적 모집단과 유사하게 표본을 추출할 수 있다는 장점이 있다. 편의 표본추출 등 다른 비확률 표본추출 방법과 비교했을 때, 좀 더 균형 있는 표본을 추출할 수 있다. 또한 비확률 표본추출로 표본을 추출하기 때문에 확률 표본추출에 비해 비용이 저렴하고, 편리하다(Rubin & Babbie, 2016). 따라서 모집단에 대한 결과의 일반화가 연구의 주요 목적이 아닌 빠르고 간단한 탐색적 연구에서는 유용하게 활용될 수 있다.

그러나 모집단의 특성에 대해 사전에 알려진 변수들은 제한적일 수밖에 없기 때문에 모든 변수를 고려하여 표본을 추출할 수 없다는 한계가 있다. 또한 비확률 표본추출로 표본을 추출하기 때문에 표본추출 편의가 발생할 수밖에 없다. 즉, 할당된 범주 안에 포함된 표본은 연구참여에 더 긍정적인 태도를 보이거나, 연구자가 더 쉽게 접근할 수 있는 대상이었거나, 연구자가 좀 더 편하고 안전하게 자료를 수집할 수 있는 곳에 있었거나 하는 등의 편의가 있을 수 있다. 따라서 할당 표본추출은 모집단에 대한 대표성을 갖는다고 보기는 어려우므로, 연구결과에 대한 일반화도 어렵다.

(4) 눈덩이 표본추출

눈덩이 표본추출은 연구자가 알고 있는 소수의 연구대상자에게 접근을 하여 연구에 참여하도록 하고, 연구에 참여한 대상자들에게 유사한 경험을 한 사람들을 소개 받아서 이들에게 연락하여 연구에 참여하도록 하는 방식으로 표본을 수집한다 (Hilton et al., 2020). 눈덩이 표본추출은 눈 오는 겨울날 조그만 눈덩이를 눈 위에 굴려서 점점 크게 만드는 작업을 형상화한 것이다. 이러한 표본추출 방법은 쉽게 파악이 되지 않지만 그 집단 안에서는 서로 연락을 하거나 유사한 경험을 한 사람들은 서로 알 수 있다는 전제하에서 하는 표본추출 방법이다. 특히 민감한 주제를 다루거나 낯선 사람의 접근을 매우 꺼리는 대상자에 대한 연구를 할 때 유용하다. 예를 들어, 불법 이주 노동자들은 자신의 불법체류의 지위로 인하여 다른 사람과 접촉하는 것을 매우 꺼릴 수 있으며, 이들이 어디에 거주하고 있는지 파악하는 것 또한 매우 어렵다. 그러나 이전에 알고 있는 동료로부터 소개를 받는다면 좀 더 용이하게 이들과 소통할 수 있는 기회가 생길 수 있다.

이처럼 모집단에 대한 사전 정보가 거의 없고, 소재지가 불분명하며, 사회적으로 소외되어 잘 드러나지 않는 대상자를 연구할 때 유용하게 활용될 수 있다. 특히 사회적으로는 소외되어 있지만, 대상자들 서로 간에는 네트워크가 비교적 잘 형성되어 서로에 대해 잘 아는 경우에 비슷한 특성을 가진 연구대상자들로 표본을 선정하고자 할 때 더 유용하게 활용될 수 있다. 그러나 이 대상자 집단에서조차 소외된 사람들은 포함시키지 못한다는 한계가 있으며, 다른 비확률 표본추출 방법과 마찬가지로 표본추출 편의를 배제할 수 없다. 예를 들어, 소개를 하는 사람은 연구에 관심을 가질 만한 사람, 적극적으로 참여할 사람, 연구자가 원하는 대답을 해 줄 수 있는 사람을 기준으로 대상자를 소개하는 등의 편의가 일어날 가능성이 있다. 따라서 다른 비확률 표본추출 방법과 마찬가지로 눈덩이 표본추출 또한 모집단에 대한 파악이 어려우며, 그 어떠한 집단도 대표할 수 없기 때문에 표본 이상의 대상에게 연구결과를 일반화하는 일은 불가능하다.

1. 사회과학연구를 진행함에 있어서 연구대상 모두에 대한 전수 조사가 불가능할 때, 표본을 사용하여 연구를 진행하며, 체계적으로 엄밀하게 진행된 표본조사연구는 전수 조사 연구에 비해 더 효율적이며, 더 정확할 수 있다.

2. 표본이란 연구대상자 전체 중에서 연구에 참여할 수 있는 일부분을 선택하여 진행한 연구에서 선택된 연구참여 집단을 의미하며, 이들을 선택하는 과정을 표본추출이라 한다.

3. 표본추출과 관련된 주요 개념에는 요소, 모집단, 연구 모집단, 표본, 표집틀, 표본추출 단위, 모수와 통계치 등을 꼽을 수 있다.

4. 연구자가 표본조사 연구를 진행함에 있어서 표본의 특성이 모집단의 집단적 특성과 유사할 때, 대표성 있는 표본이라고 하며, 무작위추출을 통해 표본의 대표성을 확보할 수 있다.

5. 확률 표본추출은 모집단으로부터 요소를 추출할 때, 모집단을 구성하는 모든 요소가 표본으로 선정될 확률을 알고 있는 경우를 의미한다. 확률 표본추출 방법으로는 단순무작위 표본추출, 체계적 표본추출, 층화 표본추출, 집락 표본추출을 꼽을 수 있다.

6. 단순무작위 표본추출은 확률 표본추출 방법 중 가장 기본적인 방법으로 모집단의 모든 요소가 표본으로 추출될 확률이 동일한 경우를 의미한다. 주로 로터리, 난수표, 컴퓨터 프로그램을 활용한 무작위추출 등의 방법을 활용한다.

7. 체계적 표본추출은 단순무작위 표본추출이 변형된 방법으로, 무작위로 표집틀에 포함된 요소들을 모두 나열한 다음에 그중 한 요소를 선정하고 그 다음부터 일정 간격에 따라 표본을 추출하는 방법이다.

8. 층화 표본추출은 표본의 대표성을 높이기 위해 사전에 알고 있는 모집단에 대한 정보를 활용하여 모집단을 동질성을 띤 층으로 나누고, 그 층에서 무작위로 표본을 추출하여 표본을 구성하는 표본추출 방식이다.

9. 집락 표본추출은 모집단에 대한 표집틀 전체를 확보하지는 못하나, 모집단의 요소들이 포함되어 있는 집락이 있을 때 활용되는 표본추출 방법으로, 이들이 속한 집락을 먼저 무작위로 추출하고, 그 안에서 무작위로 요소를 추출한다.

10. 비확률 표본추출 모집단을 구성하는 요소가 표본에 포함될 확률을 알지 못한 상태에서 표본을 추출하는 방법이다. 비확률 표본추출로 확보된 표본은 모집단에 대한 대표성을 갖지 못한다. 비확률 표본추출 방법으로는 편의 표본추출, 의도적 표본추출, 할당 표본추출, 눈덩이 표본추출 등이 있다.

11. 편의 표본추출은 연구자의 편의에 따라 얻을 수 있는 요소로 표본을 구성하는 방법을 의미하며, 표본추출 편의에 매우 취약하다.

12. 의도적 표본추출은 연구자가 가지고 있는 판단과 사전지식을 토대로 연구에 가장 적합한 요소를 표집하는 표본추출 방식을 의미한다.

13. 할당 표본추출은 모집단의 특성에 대한 사전 정보를 토대로 하위집단을 나누어 각 하위집단에 추출할 표본의 수를 먼저 정하고, 여기에 해당되는 요소를 비확률 표본추출 방법으로 추출하는 방법을 의미한다.

14. 눈덩이 표본추출은 접하기 어려운 연구 대상자를 연구에 참여시키고자 할 때 주로 활용하는 방법으로 소수의 연구 대상자로부터 소개를 받아서 점차 표본의 크기를 늘려 가는 표본추출 방식을 의미한다.

🫱 토의 주제

1. 우리나라에서 중요한 선거가 치러질 시기에 여론조사를 통해 어느 정당이 선거에서 이길지를 미리 예측하고자 한다면, 어떤 표본추출 방법을 활용하여 표집을 진행할 것인지, 어떻게 그 표본추출 방법을 이용하여 조사를 진행할 것인지 논의해 보자.

2. 확률 표본추출 방법의 장점은 무엇인지, 사회복지연구에서 확률 표본추출 방법을 활용하면 좋을 것 같은 연구에는 어떤 것이 있는지 논의해 보자.

3. 난민의 실태에 대해 파악하고, 이들을 위한 사회복지 서비스를 개발하려고 한다. 어떤 표본추출 방법을 활용하여 표집을 진행할 것인지, 그 표본추출 방법의 장점과 단점은 무엇인지 논의해 보자.

4. 실험설계를 활용한 연구에서는 비확률 표본추출 방법을 활용하여 표본을 추출하는 경우가 많다. 이러한 연구의 결과를 일반화하는 데에는 어떤 어려움이 있는지 논의해 보자.

참고문헌

김기덕, 김용석, 이정희, 전종설, 정익중(2015). 사회조사론. 박영사.

김민아, 최권호, 유정원(2021). 소아청소년암 대상 심리사회 서비스 제공 현황: 병원 및 지역 사회 복지 서비스 제공자의 관점. 보건사회연구, 41(3), 130-159.

김영종(2007). 사회복지조사론: 이해와 활용. 학지사.

김태성, 김기덕, 이채원, 홍백의(2020). 사회복지조사론(개정판). 청목출판사.

정민섭(2021).복지국가 장애인 정책의 유형화에 관한 비교사회정책 연구: OECD 27개 국가 소득보장과 고용정책을 중심으로. 비판사회정책, (71), 359-389.

류재윤,김정석, 김일호(2022). 지역사회 통합돌봄 수행 구청조직과 사회복지조직 간 네트워크 패턴에 대한 탐색적 연구: 서울 S구 사례를 중심으로. 사회복지정책과 실천, 8(2), 161-201.

Boelen, P. A., Lenferink, L., & Spuij, M. (2021). Cognitive behavioral therapy for prolonged grief in children and adolescents: A randomized clinical trial. *American Journal of Psychiatry, 178*(4), 294-304. https://doi.org/10.1176/appi.ajp.2020.20050548

Daniel, J. (2012). Sampling essentials: Practical guidelines for making sampling choices. SAGE Publications, Inc. https://www.doi.org/10.4135/9781452272047

Engle, R. J., & Schutt, R. K. (2014). *Fundamentals of Social Work Research* (2nd ed.). Sage Publishing.

Hilton, T. P., Fawson, P. R., Sullivan, T. J., & DeJong, C. R. (2020). *Applied Social Research: A tool for the human services* (10th ed.). Springer Publishing Company.

Krysik, J. L., & Finn, J. (2010). *Research for Effective Social Work Practice*. Routledge.

Mark, R. (1996). *Research Made Simple: A handbook for social workers*. Thousand Oaks.

Royse, D. (2020). *Research Methods in Social Work* (8th ed.). Cognella.

Rubin, A., & Babbie, E. R. (2016). *Essential Research Methods for Social Work* (4th ed). Cengage Learning.

Schutt, R. K. (2022). *Investigating the social world: The process and practice of research* (10th ed). Sage Publishing.

Thompson, S. K. (2012). *Sampling* (3rd ed). Wiley.

제9장

설문조사

🔖 학습목표

- 설문지 문항의 작성 방법에 대해 알아보고 질문의 유형에 대해서 배운다.
- 설문지 구성 방식으로 수반형 질문, 행렬형 질문에 대해서 이해한다.
- 설문조사의 유형으로 자기기입식 설문조사, 면접 설문조사, 전화 설문조사에 대해서 이해한다.
- 설문조사의 장점과 단점에 대해서 배운다.

설문조사(또는 서베이조사)는 설문지를 활용하는 가장 일반적인 양적자료 수집방법이다. 특히 모집단의 규모가 너무 커서 직접 관찰하여 자료를 수집할 수 없는 경우에 많이 이용된다. 예를 들어, 우리나라 전체 노인 또는 장애인 같은 대규모 모집단의 태도와 성향을 측정하는 가장 효과적인 방법이다. 하지만 설문조사가 적절하게 자료를 수집할 수 없는 경우도 많은데, 최상위 소득계층에 대한 설문조사를 통해서 그들의 소득을 파악하는 것은 어렵다는 것이 잘 알려져 있다(신광영, 2003: 45). 최상위 소득계층은 표본에 포함되기도 힘들며, 포함되더라도 자신들의 소득을 정확하게 밝히지 않는 경향이 있다. 우리나라에서 신용카드를 많이 쓰지 않던 시기에는 자영업자의 소득을 파악하는 것도 어려웠는데, 자영업자들은 현금 거래를 주로 하면서 최상위 소득계층과 유사하게 자신의 소득을 실제 소득보다 낮게 말하는 경우가 많았다. 따라서 연구주제가 설문조사로 자료를 수집하기에 적합한 주제인지를 미리 세심하게 고려할 필요가 있다.

1. 설문지 문항의 작성과 구성

1) 설문지 문항의 작성

설문조사를 실시하기 위해서 먼저 설문지가 준비되어야 한다. 설문지에 포함될 주요 척도는 제5장에서 개발된다. 연구주제와 관련된 개념을 측정하기 위한 측정도구, 즉 척도를 개발하고, 척도를 설문지 문항으로 배치한다. 하지만 일반적으로 척도는 종속변수와 주요 독립변수들을 측정하는 데 활용되고, 그 외에도 설문지에는 연구모형에 따라 필요한 성별, 연령, 교육정도, 가구원수, 가구소득, 직업 등의 인구사회학적 문항을 포함하게 된다. 일반적으로 인구사회학적 문항은 기존의 설문지를 검토한 후에 연구대상자에게 가장 적합한 형태로 문항을 구성한다.

설문지는 질문, 서술문, 지시문으로 구성된다. 질문은 의문문의 형태로 구성되는데, 예를 들어 "귀하의 연령은 만으로 몇 세입니까?"라는 형태를 취한다. 그리고 질문 유형은 미리 정해진 응답범주를 제시하지 않고 응답자가 자유롭게 빈칸에 적게 하는 개방형 질문과 질문에 대한 응답범주를 미리 제시하는 폐쇄형 질문으로 나눌 수 있다.

개방형 질문은 다음과 같이 질문에 대해서 응답자가 빈 공간에 자신의 응답을 쓰도록 하는 것이다.

> 귀하가 현재 거주하는 지역에서 가장 심각한 생활환경에 대한 불만은 무엇입니까? 자유롭게 기술해 주십시오.
>
> (   )

개방형 질문은 미리 정해진 응답범주에 포함되지 않는 응답을 쓸 수 있도록 하기 때문에 더 많은 정보를 얻을 수 있어서 응답자의 의견을 충실히 반영할 수 있다는 장점이 있으며, 일반적으로 질적연구에서 많이 활용하는 질문 유형이다. 반면에 설문조사에서는 대부분의 응답자가 개방형 질문에 대답하지 않는 경향이 있어서 개방형 질문에는 무응답이 많아질 가능성이 높다. 또한 개방형 질문에 대한 응답은 분석과정에서 응답을 범주화하는 코딩(coding)을 하는 데 상당한 노력을 기울여야 한다.

폐쇄형 질문은 응답자가 주어진 응답범주 중에서 응답을 선택하기 때문에 응답자가 쉽게 질문에 대답할 수 있는 장점이 있을 뿐 아니라 자료를 입력할 때 코딩이 이미 되어 있는 상태여서 자료의 입력도 훨씬 용이하게 된다. 반면에 연구자가 미리 응답범주를 정하는 과정에서 주요 응답을 간과할 가능성이 있다는 단점이 있다. 예를 들어, 생활환경에 대한 불만을 묻는 질문에 대한 응답은 다음과 같이 매우 다양할 수 있다.

> 귀하가 현재 거주하는 지역에서 가장 심각한 생활환경에 대한 불만은 무엇입니까?
> ① 생활편의시설이 부족하다.   ② 사회복지시설이 부족하다.
> ③ 범죄문제가 심각하다.   ④ 교육 여건이 좋지 않다.
> ⑤ 대중교통이 불편하다.   ⑥ 공해가 심하다.

그런데 어떤 응답자가 연구자가 포함시키지 않았던 '교통체증이 심하다'는 불만이 있다면 응답자는 자신에 맞는 응답을 찾을 수 없어서 결국 억지로 다른 응답을 선택할 수밖에 없게 된다.

적절한 폐쇄형 질문이 되기 위해서 응답범주는 총망라성과 상호배타성이라는 두 가지 필수요건을 갖춰야 한다. 첫째, 응답범주의 총망라성은 어떤 설문지 응답자라도 해당하는 응답이 있어야 한다는 것이다. 예를 들어, "귀하의 직업은 무엇입니까?"라는 질문에 대한 응답범주에 전문가, 사무종사자, 서비스종사자, 판매종사자, 기능종사자, 단순노무종사자만 있다면 응답범주가 총망라적이라고 하기 어렵다. 농업 또는 어업에 종사하는 사람은 해당하는 응답이 없기 때문이다. 이에 따라 총망라성 요건을 충족시키기 위해 '기타'라는 응답범주를 포함시키는 것이 일반적이다. 하지만 모든 응답자에게 해당하는 모든 응답이 포함되었다면 '기타'라는 응답범주를 추가하는 것이 오히려 부적절할 수 있다. 둘째, 응답범주의 상호배타성은 응답자에게 해당하는 응답이 한 가지여야만 한다는 것이다. 예를 들어, 다음의 질문에서 지체장애가 있는 응답자는 '지체장애'뿐 아니라 '신체적 장애'에도 해당되기 때문에 적절한 응답이 두 가지가 된다. 또한 지적장애가 있는 응답자 역시 '지적장애'와 '정신적 장애' 모두에 해당한다. 따라서 어떤 응답자에게도 해당하는 응답은 하나만 되도록 범주를 만들어야 한다.

귀하의 장애유형은 무엇입니까?
① 지체장애   ② 시각장애   ③ 신체적 장애   ④ 지적장애   ⑤ 정신적 장애

때로 "해당하는 사항에 모두 응답해 주십시오."라는 지시문을 질문에 추가하는 경우가 있다. 예를 들어, 다음의 예에서 응답자는 1개 이상에 해당할 수 있어서 응답범주의 상호배타성에 위배되는 것으로 보일 수 있다. 하지만 다음 질문에서 실제 응답범주는 개별 응답범주의 '예' '아니요'이다. 따라서 '② 장애인 가산점'에 체크하면 '예'로 답하는 것이며, 체크하지 않으면 '아니요'에 답하는 것이 된다.

채용과정에서 장애에 대한 배려가 필요한 사항은 무엇입니까? (해당하는 사항에 모두 응답해 주십시오.)

① 모집공고의 음성지원, 점자인쇄물 제공   ② 장애인 가산점

③ 이동편의 제공   ④ 시험시간 조정

⑤ 보조공학기기 제공   ⑥ 대필 지원

⑦ 점자시험지 제공   ⑧ 활동지원인 지원

⑨ 수화통역사 지원   ⑩ 기타(_____)

척도는 일반적으로 여러 개의 서술문으로 구성되는데, 서술문에 대한 찬성 또는 반대의 정도, 동의의 정도에 대한 응답범주를 제시한다. 다음의 예를 보면 이 문항은 질문이 아니라 서술문으로 구성되어 있다는 것을 알 수 있다.

다음은 서비스 만족도에 관한 질문입니다. 귀하에게 해당하는 번호에 체크해 주십시오.

서비스 이용을 통해 나의 생활이 향상되고 편리성이 증진되었다.

① 전혀 그렇지 않다.   ② 그렇지 않다.   ③ 보통이다.   ④ 약간 그렇다.   ⑤ 매우 그렇다.

질문을 만들 때 몇 가지 주의해야 할 사항이 있다(Rubin & Babbie, 2016). 첫째, 문항을 명료하게 만들어야 한다. 설문지의 문항과 시험 문제는 유사하게 보이지만 전혀 다르다. 시험 문제는 시험을 치는 학생들의 지식 정도를 파악하기 위해서 제출하기 때문에 모든 학생이 정답을 알 수 있다면 변별력이 부족하다고 할 수 있다. 따라서 공부를 충분히 하지 않은 학생들은 문제를 읽어도 무슨 의미인지 잘 모르도록 문제를 만들 수 있다. 하지만 설문지 문항은 모든 응답자가 자신에게 해당하는 응답을 빠르고 정확하게 파악할 수 있도록 해야 한다. 설문지에서는 문항의 의미가 응답자에게 매우 쉽게 전달되어야 한다. 따라서 응답자가 문항을 빨리 읽고 이해할 수 있도

록 쉬운 용어로 설명해야 하고, 잘못된 해석을 할 가능성을 높이는 '아니다', '말아야 한다'와 같은 단어도 피하는 것이 좋다.

둘째, 복수응답 유발형 질문을 피해야 한다. 복수응답 유발형 질문이란 두 가지 이상의 의미를 갖는 질문이다. 예를 들어, 다음의 질문은 복수응답 유발형 질문인데, 아버지와 어머니의 학력이라는 두 가지 의미를 갖기 때문이다.

귀하의 부모님의 학력은 어떻게 되십니까?
① 초졸 이하   ② 중졸   ③ 고졸   ④ 대졸   ⑤ 대학원 이상

또한 다음의 서술문 역시 복수응답 유발형 질문인데, '토목건설 중지' 여부에 대한 질문과 '남은 예산을 사회복지시설 지원'에 쓸 것인지 여부에 대한 질문으로 구성되어 있다. 따라서 토목건설 중지에 찬성하는 응답자라고 하더라도 남은 예산을 사회복지시설 지원에는 반대할 수 있다.

다음 문장에 찬성 또는 반대하는지 답하시오.
"지방자치단체는 토목건설을 중지하고, 그 예산을 사회복지시설 지원에 사용해야 한다."

셋째, 응답자가 대답할 만한 역량이 있는 질문이어야만 한다. 이를 위해서는 질문이 응답자와 관련이 있는 내용, 즉 생각해 본 적이 있거나 관심이 있는 주제에 관한 것이어야 한다. 이는 응답자가 질문에 대한 정보를 갖고 있을 가능성에 대한 것으로, 우리나라 응답자들에게 "벨라루스의 루카셴코 대통령이 연임하는 것에 찬성하십니까 또는 반대하십니까?"라는 질문은 적절하지 않은데, 대부분의 응답자가 그에 필요한 정보를 갖고 있지 않을 것이기 때문이다.

넷째, 응답자는 솔직한 응답이 가능해야 한다. 과거 우리나라에서도 권위주의 정

부하에서는 선거 관련 여론조사에서 자신의 생각을 솔직하게 응답하지 못한 경우가 많이 있었다. 뿐만 아니라 사회복지기관에서 서비스를 이용한 후 서비스에 대한 만족도를 질문하는 경우에 서비스에 만족하지 못한 서비스 이용자라도 솔직하게 응답하는 데 부담스럽게 느낄 수 있다.

다섯째, 편견이 포함된 문항과 용어를 피해야 한다. 예를 들어, "<u>가족해체의 위험성</u>이 있는 학대피해 아동을 분리하는 것에 찬성하십니까, 반대하십니까?"라는 문항을 만든다면 응답자가 부정적인 문구로 인해 '반대한다'는 응답을 하도록 유도할 가능성이 높은 문항이 된다. 반대로 "<u>아동을 죽음으로 이끌 수 있는</u> 심각한 학대를 예방하기 위해 학대피해 아동을 분리하는 것에 찬성하십니까, 반대하십니까?"라는 문항을 사용한다면 '찬성한다'는 응답을 할 가능성이 높을 것이다.

설문지의 마지막 구성 요소는 지시문이다. 지시문은 응답의 방법, 응답 개수, 순서 등을 지정하거나 설명하는 내용의 문장과 설문지의 각 영역별 내용과 목적을 서술하는 문장을 말한다. 앞의 예에서 '해당하는 사항에 모두 응답해 주십시오.', 그리고 다음의 첫 번째 예에서는 괄호 안의 내용, 두 번째 예에서는 전체가 지시문에 해당한다.

사업에 참여하면서 개인적으로 지출하고 있는 금액은 얼마입니까? (없을 경우 0원으로 표시)

다음은 귀하가 참여하는 사업에 관한 내용입니다. 해당 사항을 직접 기입하거나 해당 번호에 ✓표 해 주시기 바랍니다.

---

2) 설문지의 구성

일반적으로 설문지의 형식은 한 줄에 한 개의 질문만을 배치하여 깔끔하게 정돈된 느낌을 주는 것이 필요하다. 그렇게 함으로써 응답자가 모든 질문에 응답을 할 수 있도록 한다. 조사원이 응답자에게 설문지를 읽어 주고 응답을 적어 넣는 경우에도 질문이 쉽게 한눈에 들어올 수 있도록 배치한다. 최근에 많이 활용하고 있는 컴퓨터

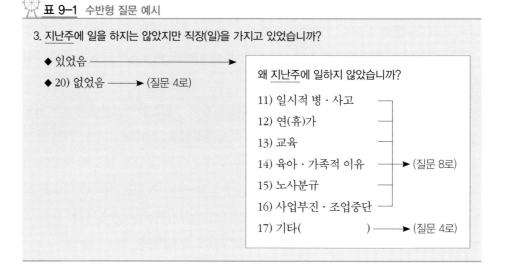

표 9-1 수반형 질문 예시

3. 지난주에 일을 하지는 않았지만 직장(일)을 가지고 있었습니까?

◆ 있었음 ─────────────────────▶

◆ 20) 없었음 ───▶ (질문 4로)

왜 지난주에 일하지 않았습니까?

11) 일시적 병 · 사고 ─┐
12) 연(휴)가 │
13) 교육 │
14) 육아 · 가족적 이유 ─▶ (질문 8로)
15) 노사분규 │
16) 사업부진 · 조업중단 ─┘
17) 기타( ) ───▶ (질문 4로)

지원 면접 설문지 또는 컴퓨터 지원 자기기입 설문지에서도 한 화면에 한 개의 질문
만을 나타내거나, 여러 개의 질문을 하는 경우에도 한 줄에는 한 개의 질문만을 배치
하여 응답자에게 혼동을 일으키지 않도록 주의한다.

　설문지의 구성에서 자주 활용하는 질문으로 수반형 질문(contingency question)이
있다. 이는 앞의 질문에 특정한 응답을 한 사람들에게만 해당하는 질문을 말한다.
수반형 질문을 사용함으로써 응답자가 설문지를 완성하는 데 걸리는 시간을 줄이고,
설문지 완성률을 높일 수 있다. 〈표 9-1〉은 수반형 질문의 예시를 보여 주는데, 박
스 안에 있는 "왜 지난주에 일하지 않았습니까?"라는 질문은 "지난주에 일을 하지는
않았지만 직장(일)을 가지고 있었습니까?"라는 질문에 '있었음'이라고 한 응답자에만
해당하는 수반형 질문이다. '없었음'이라고 한 응답자가 질문 4로 바로 넘어감으로써
응답해야 하는 질문을 줄일 수 있다.

　설문지 구성에서 자주 활용하는 또 다른 형식은 행렬형(matrix; 동일유형) 질문이
다. 행렬형 질문은 〈표 9-2〉와 같이 동일한 응답범주를 제시하는 형태인 리커트 척
도를 사용하는 질문이다. 행렬형 질문은 설문지의 공간을 효율적으로 활용할 수 있
으며, 응답자도 익숙해지면 빠르게 응답할 수 있는 장점을 갖고 있다. 단점으로는 응

표 9-2 리커트 척도로 구성된 행렬형 질문 예시

항목	전혀 그렇지 않다	그렇지 않다	그저 그렇다	그렇다	매우 그렇다
1. 여성이 전일제로 일할 경우 가족의 일상생활은 힘들어진다.	①	②	③	④	⑤
2. 미취학 아동의 어머니가 일을 할 경우 미취학 아동에게 나쁘다.	①	②	③	④	⑤
3. 전업주부로 일하는 것은 밖에서 돈을 버는 것만큼 중요하다.	①	②	③	④	⑤
4. 남성의 임무는 밖에서 돈을 버는 것이고, 여성의 임무는 가정과 가족을 돌보는 것이다.	①	②	③	④	⑤
5. 남성과 여성 모두 가구소득에 기여해야 한다.	①	②	③	④	⑤
6. 가정에서의 생활은 나에게 스트레스를 준다.	①	②	③	④	⑤
7. 가족에 대한 책임을 다하기가 어렵다.	①	②	③	④	⑤
8. 가족에 대한 책임 때문에 직장에서 일에 집중하기 어렵다.	①	②	③	④	⑤

답자가 서술문의 내용과 관계없이 동일한 응답을 하는 순응적 반응양식(acquiescent response set)의 위험이 있다. 예를 들어, 〈표 9-2〉에서 "1. 여성이 전일제로 일할 경우 가족의 일상생활은 힘들어진다."는 서술문에 '④ 그렇다'에 답한 응답자가 이후 서술문을 읽지도 않고 모두 '④ 그렇다'에 답하는 체계적 오류가 나타나는 것이다. 이 같은 순응적 반응양식의 위험을 줄이기 위해 서술문에 긍정적 문항과 부정적 문항을 혼합하는 것이 필요하다. 〈표 9-2〉에서도 1번 문항에 '그렇다'라고 답한 응답자가 5번 문항에도 '그렇다'라고 응답을 했다면 응답자가 순응적 반응양식을 보이는 것으로 의심할 수 있다. 일반적으로 1번 문항에 '그렇다'고 응답했다면 5번 문항에는 '그렇지 않다'고 응답하는 것이 논리적이라고 할 수 있다.

설문지 구성에서 또 하나 고려해야 할 사항은 질문의 순서이다. 질문의 순서는 응답에 영향을 미칠 수 있는데, 연구자는 설문지를 구성하면서 질문 순서가 어떤 영향

을 미칠 수 있을지 검토해야 한다. 일반적으로 자기기입식 설문조사의 설문지는 응답자의 관심을 끌기 위해 흥미롭지만 위협적이지 않은 질문으로 시작하고, 민감하거나 복잡하게 느껴지는 질문, 개인적 정보에 해당하는 인구사회학적 문항은 뒤에 배치한다. 예를 들어, 2018년 학교 밖 청소년실태조사는 자기기입식 설문지로, "가장 최근 학교를 그만 둔 때는 언제였습니까?"라는 질문을 가장 먼저 하고, 인구사회학적 문항을 가장 나중에 두었다. 반면에 면접조사의 설문지는 조사원이 응답자의 신뢰감을 빨리 얻기 위해 인구사회학적 문항으로 시작하여 민감한 내용들로 진행한다. 조사원은 처음 응답자와 만나서 인적 사항에 대한 정보를 얻음으로써 친밀감을 형성할 수 있다. 예를 들어, 2021 정신건강실태조사는 면접조사로, 성별, 연령, 결혼상태, 가구원, 직업, 교육 등과 같은 응답자 인적 사항에 대한 문항으로 시작하고, 니코틴 사용에 의한 장애, 공포 장애 및 기타 불안 장애, 우울장애 및 기분부전 장애, 알코올 사용과 관련된 장애, 강박장애 및 외상 후 스트레스 장애, 자살 등 민감한 내용들은 그 뒤에 배치하고, 정신건강서비스 이용에 대한 문항을 마지막에 배치했다.

2. 설문조사의 유형

설문조사는 응답 방식에 따라 응답자가 스스로 설문 문항을 읽고 답을 적는 자기기입식 설문조사, 조사원이 대면으로 응답자에게 설문 문항을 읽어 주고 응답자의 답을 적는 면접 설문조사, 전화로 응답자의 정보를 수집하는 전화 설문조사로 나눌 수 있다.

1) 자기기입식 설문조사

자기기입식 설문조사에서 설문표지는 응답률에 영향을 미치는 중요한 요소이다. 연구자가 설문표지를 작성할 때 응답자가 설문에 참여할 수 있도록 하는 것이 중요한데, 먼저 설문조사의 목적과 중요성을 간략히 설명하여 참여하도록 동기를 부여하는 것이 필요하다. 이때 설문지에 응답자가 신뢰할 수 있는 조직의 후원을 기술하여 응답자의 응답 의사를 높일 수 있도록 하는 것도 좋은 방법이다. 예를 들어, 보건복지부와 같은 정부부처의 후원을 명기함으로써 응답자의 신뢰를 얻어 응답률을 높일 수 있다. 또한 설문 표지에는 응답의 익명성 또는 비밀유지를 보장함으로써 응답자가 자신의 응답이 노출되지 않을 것으로 안심하고 응답할 수 있도록 한다. 가능하다면 응답자가 표본으로 선정된 방법을 설명함으로써 응답자가 가질 수도 있는 의심을 줄이도록 한다. 예상되는 설문지 작성 시간도 기술하는 것도 응답률을 높이는 데 도움이 될 수 있다. [그림 9-1]은 이 책의 저자 중 한 사람이 실제 조사에서 사용했던 설문표지의 예이다.

자기기입식 설문조사에는 우편 설문조사, 집단 설문조사, 그리고 최근 급격하게 활용이 증가하고 있는 온라인 설문조사가 있다. 집단 설문조사는 강의실에서 강의를 듣는 학생들에게 설문지를 배포하고 수거하는 방식으로, 간편하긴 하지만 적절한 설문조사방법은 아니다. 여기에서는 우편 설문조사와 온라인 설문조사만 자세히 다룬다.

(1) 우편 설문조사

우편 설문조사는 설문지를 우편으로 배포하고 우편으로 회수하는 방식으로, 10여 년 전까지 가장 전형적으로 쓰이던 설문조사방법이었다. 우편 설문조사의 가장 큰 장점은 비용이 적게 든다는 것이다. 적은 인원으로도 설문지를 우편으로 배포하고 우편으로 회수하는 설문조사를 시행하는 데 큰 어려움이 없어서 인건비를 줄일 수 있고, 우편물 비용도 상당히 적게 드는 편이다. 또한 조사원이 개입하지 않아 응답의 익명성을 확보할 수 있어서 사회적으로 바람직하지 않은 응답도 응답자가 솔직하게 답변할 가능성이 높다.

우편 설문조사에서는 설문지와 반송용 우편봉투를 큰 봉투에 함께 넣어 응답자에게 우송한다. 응답자는 설문지를 작성한 후에 반송용 우편봉투에 넣어 조사자에게 반송한다. 우편 설문조사는 일반적으로 개별 가정에 전달되어 진행되는데, 응답자의 이름이 봉투에 명확하게 명기되어 있지 않으면 응답하지 않을 가능성이 훨씬 더

가사·간병방문도우미사업 참여자 만족도 조사

안녕하십니까?

저희 인제대학교 사회복지연구소에서는 보건복지가족부 산하 중앙가사간병교육센터의 지원을 받아 '복권기금 가사·간병방문도우미사업 평가 및 개선방안 연구'를 수행하고 있습니다.

본 연구의 목적은 가사·간병방문도우미사업에 참여하고 계신 분들, 서비스를 이용하고 계신 분들, 그리고 사업 참여 기관을 대상으로 자료를 수집하여 보다 나은 가사간병서비스 제공에 기여하고자 합니다.

귀하의 답변은 우리 사회의 발전을 위해 매우 귀중한 자료가 되오니, 모든 질문에 빠짐없이 솔직하게 응답해 주시기 바랍니다. 귀하가 제공한 모든 정보는 철저히 비밀이 보장될 것이며, 연구 이외의 목적으로는 사용되지 않을 것임을 약속드립니다.

바쁘신 가운데 설문에 응해 주서서 대단히 감사합니다.

※ 본 설문에 응답해 주신 감사의 표시로 소정의 상품권을 동봉합니다.

20○○년 ○월

인제대학교 사회복지연구소

연구책임자 교수 이선우

연구소장 교수 이성기

※ 설문조사에 대해 문의사항이 있으시면 아래로 연락하여 주십시오.

−문 의: 인제대학교 사회복지연구소(055-320-××××, 055-327-××××(팩스))

　　　이선우(010-××××-××××), ○○○(010-××××-××××)

−주 소: 경남 김해시 인제로 197 신어관(C동) 216호

인제대학교 사회복지연구소

그림 9−1 설문표지 예시

높아지기 때문에 응답자 이름을 적는 것이 응답률을 높이는 데 도움이 된다.

우편 설문조사 응답자들이 설문지를 작성하도록 동기를 부여하기 위해 인센티브를 제공하는 경우도 많다. 이 책의 저자 중 한 명도 설문조사를 실시하면서 우편봉투에 즉석복권을 한 장씩 넣어 보낸 적이 있다. 미국에서는 우편봉투에 현금으로 1~2달러를 보내는 경우도 있는데, 우리나라에서는 우편으로 현금을 보내는 것은 「우편법」에 위배된다.

우편 설문조사의 응답률을 높이기 위해 2~3주 간격으로 1~2회 확인 설문지를 발송하는 경우가 대부분이다. 확인 설문지는 비응답자에게 설문조사 참여를 격려하는 확인 편지와 함께 새로운 설문지를 보내는 것이 일반적이다.

우리나라에서는 사회복지기관에서 근무하는 사회복지사를 대상으로 우편 설문조사를 실시하는 경우가 많은데, 이 경우에는 기관의 기관장 또는 실무책임자에게 여러 장의 설문지를 보내고, 기관장 또는 실무자가 응답자인 사회복지사에게 배포한다. 응답자들은 개별적으로 설문지에 응답하고 반송봉투에 넣어 반송하게 된다.

우편 설문조사의 응답률은 면접 설문조사에 비해 상당히 낮은 편이다. 하지만 모집단에 따라 달라질 수 있는데, 사회복지기관에 소속된 사회복지사들이 참여자인 경우 응답률은 비교적 높은 편이다. 또한 자신의 이해관계에 관심이 많은 집단의 경우에도 응답률이 높은데, 국민연금 유족연금 수급자들을 대상으로 한 우편 설문조사에서는 응답률이 80% 이상으로 상당히 높았다.

(2) 온라인 설문조사

온라인 설문조사는 설문지를 온라인(이메일, 웹링크, 페이스북, 트위터 등 소셜미디어, 웹사이트)으로 배포하고 회수하는 설문조사 방식이다. 온라인 조사는 오프라인 조사보다 조사 기간이 짧고, 비용이 저렴하며, 조사과정에서 발생하는 조사원 오류를 줄일 수 있다는 장점이 있다. 시간에 구애받지 않고 응답자가 원하는 시간에 자유롭게 응답할 수 있다는 유연성과 다양한 멀티미디어 자료의 활용이 가능하다는 장점도 있다. 또한 응답자의 답변 내용에 따라 다음 설문 내용을 조정하는 상호작용적 기능도 제공(전병우 외, 2011: 272)하는데, 이는 앞에서 설명한 수반형 질문을 의미한다. 온라인 설문조사 역시 자기기입식 설문조사여서 조사원이 진행하는 조사보다 민감한 질문에 솔직한 답변을 제공해 준다. 온라인 설문조사가 빈번하게 쓰이는 플랫폼으로는 구글 설문지, 네이버 폼, 서베이 몽키 등이 있다.

온라인 설문조사의 가장 큰 약점은 응답률과 대표성이다. 온라인 설문조사의 응답률은 과거 5% 미만에서 많이 향상되기는 했지만 아직도 20~30%이면 가장 우수한 응답률로 인정되며, 일반적으로는 10~15%에 그친다. 온라인 설문조사의 낮은 응답률 자체도 문제이지만 그보다 더 큰 문제는 모집단 대표성이다. 특히 노령층에서 인터넷 접근성이 떨어져 제대로 대표되지 못한다는 사실인데, 임경은(2009: 519)은 면접조사와 인터넷조사를 비교하면서 인터넷조사의 경우 20대 비율이 다른 연령대에 비해 높게 나타난 반면 60대 이상은 낮게 나타났다고 밝혔다. 특히 60대 이상의 표본이 적어서 대표성 문제가 발생할 수 있다고 지적하였다. 뿐만 아니라 인터넷조사에서 대졸 이상, 월평균 소득 400만 원 이상, 전문직과 사무직이 과도하게 대표되고 있었다.

하지만 20대와 60대 이상을 제외한 나머지 연령대는 온라인 설문조사도 인구추계 및 면접조사와 유사한 비율로 나타나 장기적으로는 연령과 관련하여 60대 이상의 대표성 문제는 해결될 수 있을 것으로 예상된다(임경은, 2009). 또한 2020년 우리나라의 최근 1개월 이내 인터넷 이용률은 91.9%에 이르고 있다. 연령대별 인터넷 이용률을 보면, 10~50대는 99.8%~100.0%이며, 60대는 91.5%으로 매우 높아서 온라인 설문조사의 대표성 문제는 상당히 해소된 것으로 보인다. 다만, 70대 이상의 인터넷 이용률은 40.3%로 크게 떨어지기 때문에 온라인 설문조사에서는 대표성이 떨어질 가능성이 높다(과학기술정보통신부, 2021). 이 같은 결과들을 보면 불과 10여 년 후에는 온라인 설문조사의 노령층 대표성 문제가 크게 완화될 전망이다.

온라인 설문조사의 또 다른 약점은 조사 내용에 관심이 있는 사람들만이 조사에 참여하는 선택적 참여 현상, 즉 조사 참여에 대한 자발성이 높다는 사실이다. 설문지의 내용이 길 경우 참여를 유도하기 어렵고, 설문지의 설계나 디자인에 따라 응답 내용이 달라질 수 있기 때문에 설문지를 구성할 때부터 상당한 주의를 필요로 한다(전병우 외, 2011: 273). 임경은(2009)은 인터넷조사 참여자와 면접조사 참여자의 인터넷

조사 참여 의향에 70% 포인트가 넘는 큰 차이가 있다고 지적하였는데, 이는 조사의 정확도를 저해할 위험이 있다는 것을 의미한다.

이메일을 통해 온라인 설문조사를 실시할 때는 다음의 사항에 유의해야 한다 (Rubin & Babbie, 2016). 첫째, 설문 참여 초대 메일은 쉽고 간단하게 쓴다. 이메일의 처음에 응답자의 이름을 넣는다. 설문조사의 목적, 표본추출의 방법, 설문지 작성 시간, 응답 기한, 설문조사 참여 사이트 링크를 넣는다. 둘째, 가능하면 적절한 금액의 설문조사 참여에 대한 인센티브를 제공한다. 셋째, 온라인 설문조사는 자기기입식 설문조사로 가능한 한 짧은 시간 내에 끝낼 수 있도록 설계할 필요가 있으며, 응답 시간은 15분 이내가 바람직하다. 넷째, 이메일은 받는 사람이 메일을 읽고 답할 수 있는 적절한 시간대에 보내는 것이 좋다. 그렇지 않으면 이메일을 읽는 시점에 설문 조사에 응답하지 못하고 결국 조사에 참여하지 않을 가능성이 높다. 다섯째, 우편 설문조사와 비슷하게 설문조사 참여를 독려하는 확인 이메일을 보낸다. 여섯째, 설문 조사 이메일이 스팸으로 처리되지 않도록 개인 발송으로 처리하는 것이 좋다.

[그림 9-2]는 온라인 설문 참여 초대 메일의 예로, 설문조사의 목적, 설문지 작성 시간, 설문조사 참여 사이트 링크를 포함하고 있으며, 설문조사 참여에 대한 인센티 브도 포함되어 있다.

사회정책 성과 및 동향 분석틀 작성을 위한 전문가 심층조사

안녕하십니까?

██████████████은 국민의 건강과 복지 증진을 위해 인구·사회·경제 상황을 조사하고 연구·분석하며, 사회정책 및 사회보장제도를 수립·지원함으로써 안전하고 행복한 사회로 발전하는 데 이바지함을 목적으로 하는 국무총리실 소속 국가정책연구기관입니다.

우리 연구원에서 수행하고 있는 ████████████████████████ ████████████의 일환으로 '사회정책 성과 및 동향 분석틀 작성을 위한 전문가 심층조사'를 수행하고 있습니다.

1차 조사에서는 ████████████에서 <u>사회정책 주요 분야별 성과와 동향을 계량적으로 측정하고 모니터링하기 위해, 생산하거나 지속적으로 관리할 필요가 있는 지표를 취합</u>하였습니다.

이번 심층조사에서는 1차 조사에서 취합한 지표 목록을 바탕으로 ██████ ██████에서 사회정책 주요 분야별로 정책 성과를 측정하고 동향을 모니터링하기 위한 목적으로 새롭게 생산하거나 지속적으로 관리하기 위한 핵심성과지표를 파악하고자 합니다. 연구 결과는 <u>향후 사회정책 분야별 성과와 동향 DB 구축 및 정기적인 간행물 발간 등에 활용</u>될 수 있습니다.

응답은 약 20분 정도 소요될 예정이며, 조사 참여에 따른 위험 및 손실은 없습니다. 또한 개인을 식별할 수 있는 정보(연락처, 소속기관 등)는 응답에 대한 사례를 지급하는 용도 이외의 목적으로 활용하지 않을 것입니다. 응답 내용은 연구목적 이외에는 사용하지 않을 것이며, 조사가 진행되는 도중에라도 응답하기 불편한 내용은 답변하지 않으셔도 됩니다.

본 조사는 뒤로 가기 기능이 없습니다. 각 지표를 보시고 생각나시는 대로 응답해 주시면 됩니다. 응답을 완료하신 후 개인정보 제공에 동의해 주신 분들게 감사의 의미로 5만 원권 모바일 상품권을 보내 드립니다.

본 조사를 통해 수집된 개인정보와 응답하신 내용은 「통계법」제33조(비밀의 보호 등)에 의거하여 비밀이 보장되고 연구 목적 외에는 사용하지 않을 것을 약속드립니다.

2022. 7.

□ 연구 책임자

□ 연구 관련 문의

□ 조사 기관

참여하기

※ 메일이 정상적으로 보이지 않는 경우 아래 주소를 클릭하거나 브라우저에 복사해서 조사에 참여하세요.

http://isurvey.kmac.co.kr/survey/20220177/survey.asp?survey_id=E0CE87

그림 9-2 온라인 설문 참여 초대 이메일 예시

2) 면접 설문조사

면접 설문조사는 조사원(또는 면접원)이 응답자에게 대면해서 설문지를 읽어 주고 응답자의 설문지에 대한 응답을 받아 적는 설문조사방법으로 전화면접 설문조사와 구분하기 위해 대면면접 설문조사라고도 한다. 면접 설문조사에서 조사원은 설문지의 내용을 그대로 읽고 응답을 그대로 받아 적는 중립적인 매개체로서 역할을 수행하기 때문에 조사원은 응답자의 설문 문항에 대한 인식이나 답변에 영향을 미치지 않아야 한다. 조사원이 편견을 갖고 응답자와 상호작용하게 되면 답변에 영향을 미칠 수 있는데, 특히 지역별로 조사원이 책임을 맡는 경우에 조사원의 편견을 해당 지역의 특성으로 오해할 수 있어서 특히 조사원의 중립성이 중요하다.

(1) 면접 설문조사의 특징

면접 설문조사는 우편 설문조사보다 일반적으로 응답률이 높다. 과거 정부가 후원하는 설문조사는 특히 응답률이 높아서 90% 이상으로 높았으나 2000년대 들어서는 80%대로 상당히 떨어졌다. 2016년 한국종합사회조사(KGSS)는 대면면접 설문조사를 통해 자료를 수집하였는데, 응답률은 47.05%에 불과했다.

조사원이 있는 면접 설문조사는 설문 문항에 대한 '모르겠다'는 응답이나 '무응답'을 감소시키는 효과가 있다. 또한 조사원은 설문 문항 중에서 응답자에게 혼동을 일으키는 문항을 이해하는 데 도움을 줄 수 있다. 이때에도 조사원은 자의적으로 문항을 해석하는 것이 아니라 조사지침서에 따라 문항을 설명할 필요가 있다. 또한 면접 설문조사에서 응답자가 질문에 적절하지 않은 답을 하는 경우에는 조사원이 추가로 답을 확인할 수 있는 심층규명이 가능하다.

조사원은 응답자와 비슷한 옷차림이나 수수한 옷차림으로 응답자에게 깨끗하고 깔끔한 느낌을 주는 것이 좋다. 설문조사 응답자는 설문조사에 참여할 아무런 의무가 없다. 많은 경우에 설문조사를 마친 응답자에게 답례품이 주어지기는 하지만 일반적으로 답례품은 응답자가 설문조사에 참여해야만 한다는 부담을 느끼지 않을 정도의 금액이나 물품이다. 따라서 설문조사 응답자는 해당 설문조사에 선의로 참여하는 것이어서 조사원은 응답자를 기분 좋게 만드는 태도로 대하는 것이 중요하다. 이를 위해서 조사원은 응답자가 가장 편하게 느끼는 유형의 사람을 빠르게 판단하여 그 유형의 사람이 되어 설문조사를 실시하는 것이 좋다. 조사원은 응답자의 희망에 따라 때로는 응답자의 얘기를 잘 들어 주는 사람이 될 수도 있고, 때로는 가능한 한 빠른 시간 내에 설문조사를 끝내 주는 사람이 되어야 할 수도 있을 것이다.

면접 설문조사는 일반적으로 개별 가구를 방문하여 진행하는데, 조사원이 처음 가구를 방문하면 응답자가 설문조사에 응하도록 설득하는 과정을 거치게 된다. 조사원은 설문조사 대상자와 처음 만나면서부터 설문지에 응답하도록 설득하고, 최종적으로 설문을 끝낼 때까지 응답자와 끊임없이 상호작용하고, 타협하며, 임기응변을 하게 된다. 드물지만 설문조사 대상자가 욕설을 하면서 조사 참여를 거부하기도 하는데, 그 과정에서 조사원은 정서적으로 상처를 입을 수도 있다. 따라서 연구자는 조사 기간 동안 조사원들에게 적절한 정서적 지지를 제공하는 것이 필요하다.

개별 가구를 방문하여 면접 설문조사를 진행하면서 때로 응답자와 조사원이 모두 안전을 위협받는다고 느낄 수 있다. 설문조사 응답자는 모르는 사람, 특히 모르는 남자가 집으로 찾아오면 불안하게 느낄 수밖에 없다. 따라서 우리나라에서 조사원은 모두 여성을 채용하고 있는데, 특히 40대 여성들이 응답자와의 관계를 잘 형성하여 조사 업무에 많이 참여하는 편이다. 최근 우리나라에는 부부가 함께 일하는 맞벌이 가구가 많이 증가했기 때문에 낮 시간에는 집에 아무도 없는 경우가 상당히 많다. 이에 따라 설문조사를 위해 조사원이 저녁에 가구를 방문하는 경우가 크게 증가하고 있는데, 이에 대해 응답자들이 불편하게 여길 뿐 아니라 여성 조사원이 늦은 시간에 개별 가구를 방문하면서 위협을 느끼는 경우도 없지 않다. 이에 따라 조사원이 저녁에 가구를 방문하는 경우에는 미리 연락을 남겨 두고, 가구를 방문해서는 최대한 기분 좋게 조사가 마칠 수 있도록 하는 한편, 조사원은 조사를 진행하는 동안 현관을 등지고 앉는 등 혹시 발생할 위험한 상황에서 빨리 대피할 수 있도록 하는 것이 좋다.

조사원은 전체 설문지에 대해 잘 알기 위해 모든 설문 문항을 하나씩 이해하고, 설문지를 크게 읽는 연습을 할 필요가 있다. 또한 각 문항에 대한 모든 지침을 알고 있는 것이 중요하다. 조사원은 설문조사에서 설문 문항을 있는 그대로 질문하는 것이 중요한데, 조사원은 때로 풀어서 쉽게 질문하고자 하는 유혹을 느낄 수 있지만 그렇게 하는 경우에 응답자는 설문 문항을 원래 의도와 다르게 이해할 위험이 커지게 된다. 또한 개방형 질문에 대한 응답은 응답자의 답변을 정확하게 기록하는 것이 중요하다.

면접 설문조사는 주로 조사원이 개별 가구를 방문해서 조사를 실시하는 형태로 이루어지기 때문에 상대적으로 시간이 많이 걸린다. 장애인실태조사, 노인실태조사 등 국내에서 실시하는 대규모 설문조사는 대부분 면접 설문조사로 진행되는데, 전국의 가구를 방문하면서 조사를 수행하기 때문에 150~200명[1]의 조사원이 2개월 이상 걸려서 진행되는 것이 일반적이다.

---

1) 2020년 노인실태조사에서는 서울/경기/인천/강원 70명, 부산/울산/경남 27명, 대구/경북 19명, 광주/전북/전남/제주 29명, 대전/세종/충북/충남 24명 등 총 169명의 조사원이 참여했다.

(2) 조사원 교육

면접 설문조사에서 조사원의 역할이 중요하기 때문에 조사원 교육이 매우 중요하다. 조사원 교육은 일반적인 지침과 조사 관련으로 구분된다. 첫째, 일반적인 지침으로 조사 진행 시 윤리, 개인정보 보호, 태블릿 PC를 사용하는 경우에는 태블릿 PC 사용법 등이 포함된다. 조사와 관련해서 조사 개요, 조사 절차 및 유의사항, 조사표 내용, 조사 내용에 대한 자세한 설명을 담은 조사지침서([그림 9-3], [그림 9-4] 참조) 등

조사원은 가구를 방문하면 조사대상자에게 방문목적을 잘 설명하여 경계심을 없애야 한다. 또한 조사업무의 정확성은 일차적으로 응답자를 대하는 조사원의 태도에 달렸다는 것을 알아야 한다.

조사원이 직면하게 될 다양한 환경에 전부 들어맞는 한 가지의 방법이란 있을 수가 없으므로, 조사원은 여러 가지 환경에 따라 적당한 수단을 써야 하며, 인내심 및 조사요령이 있어야 한다.

따라서 조사원은 가구방문 시 반드시 다음의 절차를 준수해야 한다.

가구방문 시 유의사항

- 조사업무 수행 중에는 항상 조사원 신분증을 왼쪽 가슴에 달아야 한다.
- 각 가구를 찾아가서는 반드시 대문을 2~3번 두드리거나 벨이 있을 때는 잠시 동안만 눌러야 한다.
- 불량한 옷을 입거나 화장을 너무 짙게 하는 것도 피해야 하며, 혹시 모자를 쓰고 다니다가도 대문에 들어서기 전에 모자를 벗어야 한다. 이러한 사소한 행동에도 응답자는 대단한 호의를 갖기 때문이다.
- 조사 도중에는 조사와 관련이 없는 말은 가급적 피해야 하지만, 조사 시작 전에는 분위기를 좋게 하고 호감을 갖게 하기 위하여 다음과 같은 말을 하는 것도 좋다. 예: "꽃이 참 예쁘네요. 어떻게 이렇게 잘 키우셨습니까?" 또는 "강아지가 참 귀엽네요."
- 언어는 존댓말을 사용하되 누구나 알아들을 수 있는 쉬운 말을 써야 한다. 조사를 빨리 끝내고 싶은 생각에 말을 빨리 하면 상대방이 잘 알아듣지 못해 불쾌한 마음을 갖게 되므로 가급적 또박또박 천천히 말한다.
- 다른 집 사람 등 여러 사람이 있는 곳에서 조사하는 것은 피해야 한다.

그림 9-3 조사지침서 예시: 일반사항

[질문 1] 혼자 외출 가능 여부
□ 외출을 도와줄 동반자 없이 장애인 혼자 외출이 가능한지를 물어보고 기입한다.
□ 장애인 본인이 아니라 보호자가 응답할 경우 장애인의 입장에서 혼자 외출이 가능한지를 판단하여 응답하도록 한다.

[질문 2] 외출 빈도
□ '지난 1년'은 조사 시점을 기준으로 한다.
□ 단독 외출 및 동반자가 있는 외출을 모두 포함한다.

[질문 3] 보행 용이
□ 본 문항은 집 밖에 외출 시 장애로 인하여 이동(보행)이 어느 정도 불편한지를 물어보고 기입한다.
□ 장애인 본인이 아니라 보호자가 응답할 경우 장애인의 입장에서 집 밖에서 이동(보행)하는 데 어느 정도 불편한지를 판단하여 응답하도록 한다.

그림 9-4 조사지침서 예시: 조사내용에 대한 설명

을 다룬다. 조사원이 조사의 배경과 목적을 충분히 이해해야 실제 조사 현장에서 조사 대상자들에게 조사표의 내용을 자신감 있게 정확하게 전달할 수 있다. 이어서 조사 절차와 관련하여 조사 지역의 주민센터를 방문하여 담당공무원과 조사에 관한 협조를 요청하는 과정에 대해 교육한다. 또한 가구 방문 시 따라야 할 과정에 대해 교육하는데, 조사원 신분증을 달아야 한다거나, 연구자는 조사원이 처음 가구를 방문했을 때 조사원이 하는 소개말을 조사지침서에 포함시키기도 한다. 조사원이 조사를 시작하면서 자신을 소개하는 내용, 응답자가 응답자로 선정된 이유, 조사를 시작하기 전에 분위기를 좋게 하고 호감을 갖게 하기 위한 말 등을 포함시켜 교육한다.

조사표 내용에 대한 설명이 끝난 후 연구자는 조사원을 대상으로 시범 면접을 보여 준다. 다음에는 조사원들이 두 명씩 조를 편성하여, 한 명은 조사원, 또 다른 한 명은 응답자의 역할을 수행하고, 다시 역할을 바꿔 조사 연습을 실시한다.

면접 설문조사에서는 응답률을 높이기 위해 응답자에게 답례품을 지급하는 것이

일반적인데, 1만 원 상품권, 수건 등을 지급할 수 있다.

(3) 설문조사의 진행

직접 조사팀을 운영하는 한 국책연구원에서는 지역별로 조사를 담당하는 팀을 구성해서 파견하는데, 한 팀은 5명으로 구성되고, 그중 팀장은 일반적으로 가장 경험이 많고 리더십이 있는 조사원이 맡는다. 민간 조사업체는 조사 대상지역을 구역으로 나누어 한 구역에 조사원을 10~15명 배치하고, 구역장 한 명이 관리하고 통제하도록 하기도 한다. 팀장은 각 지역의 주민센터를 방문해서 협조 요청을 하고, 그 지역의 통장·반장을 만나 협조를 요청하는 등 주로 행정적 일을 담당한다. 뿐만 아니라 팀원들이 조사를 하는 과정에서 어려움이 있을 때 어려움을 해결하는 역할을 맡는다. 또한 매일 밤 조사가 끝난 후 팀원들이 조사를 끝낸 설문지를 검토하는 일을 맡는다. 그리고 연구진과 의사소통을 하면서 조사의 진행과정에 대한 보고를 하게 된다. 설문지와 관련하여 연구진이 판단해야 할 내용은 연구진으로부터 정확한 지시를 받게 된다.

면접 설문조사는 종이로 된 설문지로 진행하는 PAPI(Paper Aided Personal Interview) 또는 태블릿 PC로 진행하는 TAPI(Tablet-PC Assisted Personal Interview) 방식으로 진행할 수 있다. 실제로 2020년 노인실태조사는 TAPI로 진행되어 조사 진행과정에서 데이터가 바로 입력되었으며, 면접 설문조사 자료입력 과정이 전화면접 설문조사와 유사하게 단순화되고 있다.

3) 전화 설문조사

(1) 전화 설문조사의 특징

전화 설문조사는 조사원이 응답자에게 전화로 설문지를 읽어 주고 응답자의 설문지에 대한 응답을 받아 적는 설문조사로, 간편하다는 이유로 급격하게 늘어 왔다. 전화 설문조사는 면접 설문조사에 비해 비용은 훨씬 적게 들면서 응답률을 높일 수 있다는 장점이 있다. 또한 면접 설문조사와 달리 조사원이 설문조사를 하기 위해 직접

방문할 필요가 없어서 조사 시간이 감소될 뿐 아니라 응답자와 조사원의 안전에 대한 불안을 해소할 수 있다. 응답자는 면접 설문조사와 달리 얼굴을 직접 보고 대답하는 것이 아니어서 사회적으로 바람직하지 않은 대답도 비교적 솔직하게 할 수 있다. 또한 전화 설문조사는 일반적으로 한 사무실에서 진행되거나 감독자가 조사원과 응답자의 통화를 들을 수 있기 때문에 조사원의 자료수집 과정이 제대로 잘 진행되도록 통제하는 데 효과적이다. 전화 설문조사는 조사원뿐 아니라 응답자의 안전 보장에 훨씬 효과적이다. 또한 전화 설문조사는 컴퓨터 보조 전화면접(CATI)을 통해 설문조사를 하면서 직접 데이터를 입력할 수 있는 장점이 있다.

반면에 전화 설문조사의 경우 응답자가 전화를 받지 않거나 전화를 받아도 설문조사 참여를 거부하는 것이 면접(대면면접) 설문조사보다 훨씬 쉽다. 또한 설문조사를 시작한 경우에도 면접 중간에 설문조사가 오래 걸리거나 응답자가 대답하고 싶지 않은 질문을 하는 경우 쉽게 끊을 수 있다.

(2) 전화 설문조사의 유형

전화 설문조사는 크게 유선전화 조사와 무선전화 조사로 나눌 수 있는데, 유선전화와 휴대전화 사용자의 비율도 응답결과에 차이를 가져올 수 있는 요인이다. 유선전화는 가구에 하나의 번호만 있어서 표본추출단위를 가구로 볼 수 있는 반면, 무선전화 조사의 추출단위는 개인이라고 할 수 있다. 전화 설문조사의 방식이 조사결과에 영향을 미친다는 지적은 특히 선거 여론조사에서 많이 제기되고 있다. 또한 동일한 유선전화 조사 또는 무선전화 조사라고 하더라도 전화면접 또는 ARS 방식에 따라 결과가 달라질 가능성이 있다. 또한 원래 선정된 표본이 전화를 받지 않을 때 재접촉(전화 다시 걸기)을 하느냐 아니면 무한 대체걸기(다른 표본으로 대체)를 통해 응답자를 채우느냐에 따라 결과의 정확성이 영향을 받을 수 있다.

유선전화는 2000년 이후 사생활 보호 등의 이유로 등재되지 않는 번호가 증가하였고, 2008년 이후에는 전화번호부 인명편의 갱신 서비스가 중단되면서 기존 전화번호부는 사실상 표본추출틀의 역할을 하지 못하게 되었는데, 2018년 집전화 보유율은 38.4%밖에 되지 않는 것으로 추정되어 유선전화만으로는 대표성이 있는 표본을 추출하기 어렵다.

2011년 재보궐선거부터 지역번호와 국번 이외의 마지막 네 자리를 무작위로 생성하여 이를 표본추출틀로 활용하는 유선번호 RDD(무작위 전화걸기)가 활용되기 시작했는데, 유선번호 RDD의 사용은 가구 유선번호의 낮은 등재율을 다소 극복할 수 있는 장점이다. 하지만 가구원의 낮은 재택률로 인해, 주부, 고령층 등의 비경제활동인구에 과대하게 접근하게 되는 한계가 있다.

반면에 무선전화의 현황을 보면, 2018년 6,636만 대로 2017년 인구 5,136만 명보다 많았으며, 전국 만 13세 이상 가구원의 휴대전화 보유율은 98.2%였다(박인호 외, 2019: 52-53). 따라서 국민 대부분이 무선전화를 보유하고 있고, 유선전화를 보유한 가구의 비중이 급격히 낮아져서 유선전화만을 활용한 조사의 대표성이 떨어질 수밖에 없어서 무선전화 조사가 도입되었다. 하지만 휴대전화는 전화번호부가 없을 뿐만 아니라 유선전화와 달리 지역별로 차이가 없는 전화번호를 사용하고 있어서 지역구별로 거주자를 찾아낼 수 없다는 약점을 갖고 있다.

2017년 2월 「공직선거법」 개정에 따라 공표, 보도용 선거 여론조사의 경우 조사기관은 통신사에서 성별·연령별 정보가 담긴 유권자의 휴대전화 번호를 받을 수 있는데, 이때 통신사는 010으로 시작되는 전화번호를 050으로 시작되는 임의의 번호(휴대전화 가상번호)로 바꿔 제공한다. 휴대전화 가상번호는 개인정보 보호를 위해 실제 휴대전화 번호 대신 이동통신사에서 부여한 일회성 번호이다. 가상번호는 무선번호 프레임에 해당하지만 거의 모든 번호가 적격 번호들이고 이용자의 성별·연령·거주지역의 정보를 함께 제공받을 수 있어 조사수행에 효율적이다. 하지만 이는 선거 여론조사에만 사용할 수 있어서 다른 주제의 전화 설문조사에는 사용할 수 없다.

조사원 없이 실시하는 ARS 자동응답 방식은 선거여론조사에 많이 이용되는 전화 설문조사방법이다. ARS 조사방법은 비용과 시간을 절감할 수 있으며, 조사원의 개입이 없어 동일 환경의 질문이 가능하고 솔직한 응답을 받을 수 있다는 장점이 있다. 반면에 응답률이 낮고 젊은 연령대의 조사 거절률이 높으며, 무한 대체걸기가 심각한 수준이라는 단점이 있다.[2] 게다가 개별 조사원이 없어서 응답의 성실성을 확인할 수 없다는 문제도 있다(이소영 외, 2017: 10-11).

3. 다양한 설문조사방법의 비교

지금까지 살펴본 설문조사의 장점과 단점을 비교해 보면, 온라인 설문조사는 가장 비용이 적게 들고, 표본의 크기도 가장 크게 할 수 있는 설문조사이다. 또한 우편 설문조사와 온라인 설문조사는 모두 민감한 항목에 대한 익명의 응답이 가능하다는 장점이 있다. 반면에 온라인 설문조사와 우편 설문조사의 가장 큰 단점은 응답률이 낮다는 것이다. 또한 온라인 설문조사는 응답자 중에서 노년층과 빈곤층의 대표성이 떨어진다는 단점이 있다.

대면면접 설문조사는 응답률이 가장 높은 설문조사이다. 또한 대면면접 설문조사와 전화 설문조사는 모두 조사원을 활용함으로써 '모른다'는 응답, 빈칸으로 두는 응답이 적고, 혼란스러운 문항을 확인해 줄 수 있으며, 심층규명이 가능하다는 장점이 있다. 반면에 대면면접 설문조사는 시간과 비용이 가장 많이 드는 설문조사이다. 또한 조사원이 응답자와 대면으로 있기 때문에 민감한 문항에 대한 응답의 익명성이 떨어지며, 조사원의 안전성이 떨어진다는 단점이 있다. 전화 설문조사는 조사원과 응답자가 전화를 통해 의사소통을 하기 때문에 대면면접 설문조사에 비해서는 응답의 익명성은 상대적으로 높고, 조사원의 안전성은 훨씬 더 높다. 반면에 전화 설문조사는 대면면접 설문조사에 비해서는 시간과 비용이 훨씬 덜 들지만, 우편 설문조사와 온라인 설문조사에 비해서는 훨씬 더 많이 든다. 또한 전화 설문조사는 유선전화가 없는 가구가 많아지고 휴대전화가 많아지면서 대표성을 확보하는 데 점점 어려워지고 있다.

---

2) ARS 조사의 문제로 한국갤럽조사연구소, 한국리서치 등이 가입되어 있는 한국조사협회에서는 2014년 6월 이후 ARS 조사를 실시하지 않도록 하고 있다(박인호 외, 2019: 13).

표 9-3 다양한 설문조사의 장점과 단점

유형	장점	단점
우편 설문조사	• 대면면접보다 경제적이고 시간이 적게 걸린다. • 표본의 크기를 크게 할 수 있다. • 민감한 항목에 대한 익명의 응답이 가능하다.	• 온라인 설문조사에 비해 비용이 많이 들고 시간이 많이 걸린다. • 면접 설문조사에 비해 응답률이 낮다.
온라인 설문조사	• 가장 경제적이다. • 시간이 적게 든다. • 표본의 크기를 가장 크게 할 수 있다. • 자동으로 데이터가 입력된다. • 잘못된 응답을 쉽게 수정할 수 있다. • 인터넷 사용 인구가 증가하고 있다. • 민감한 항목에 대한 익명의 응답이 가능하다.	• 대표성(노년층과 빈곤층)이 떨어진다. • 면접 설문조사에 비해 응답률이 낮다.
대면면접 설문조사	• 응답률이 가장 높다. • '모른다'는 응답이 적다. • 빈칸으로 두는 응답이 적다. • 혼란스러운 문항을 확인해 줄 수 있다. • 심층규명이 가능하다.	• 시간과 비용이 많이 든다. • 민감한 문항에 대한 응답의 익명성이 떨어진다. • 조사원의 안전성이 떨어진다.
전화 설문조사	• 대면면접에 비해 비용과 시간이 적게 든다. • 조사원의 외모가 응답자의 편견에 영향을 미치지 않는다. • '모른다'는 응답이 적다. • 빈칸으로 두는 응답이 적다. • 혼란스러운 문항을 확인해 줄 수 있다. • 심층규명이 가능하다. • 조사원의 안전성을 확보할 수 있다. • 조사원에 대한 감독이 쉽다.	• 유선전화가 없는 가구가 많다. • 휴대전화가 많아졌다. • 설문조사 중간에 전화를 끊기 쉽다.

출처: Rubin & Babbie (2016: 461).

4. 설문조사의 장점과 단점

　설문조사는 설문지를 통해 자료를 수집하는 방법이다. 표준화된 설문지를 사용하여 동일한 정의를 일관되게 적용하기 때문에 가장 큰 장점은 측정의 신뢰도이며, 큰 모집단에 대한 자료를 수집하는 데 매우 유용하다. 따라서 일반화 가능성도 큰 장점이라고 할 수 있다. 또한 설문조사는 설문지에 주제에 대한 많은 질문을 포함할 수 있어서 실험설계에 비해서 유연성이 높고, 다변량 통계분석을 활용하여 여러 변수를 동시에 분석할 수 있다는 장점이 있다(Rubin & Babbie, 2016: 463).

　설문조사가 표준화된 설문지로 동일한 정의를 모든 응답자에게 적용하여 측정의 신뢰도가 높은 반면에 측정의 타당도는 떨어진다. 표준화된 문항을 사용함으로써 원래 측정하고자 했던 개념의 깊은 의미를 밝혀내기는 어렵다. 또한 다양한 응답자 중 모두에게 해당하는 표준화된 질문을 만들어 자료를 수집하게 되기 때문에 응답자의 태도, 성향, 상황, 경험에 대한 정보를 수집하는 데 최소한의 공통분모에 해당한다. 따라서 응답자에게 개별적으로 가장 적절한 질문이 제외되어 특정 내용에 대한 자세한 자료를 수집하기 어렵기 때문에 복잡한 주제를 다루는 데 피상적이다. 또한 관찰이나 심층면접과는 달리 응답자가 처한 맥락, 상황에 대한 자료를 수집하기 어렵다. 뿐만 아니라 설문지를 완성하여 설문조사를 실시하기 시작하면 설문조사 과

표 9-4 설문조사의 장점과 단점

장점	단점
• 측정의 신뢰도가 높다.	• 측정의 타당도가 약하다.
• 대규모 모집단의 특성을 기술하는 데 유용하다.	• 복잡한 주제를 다루는데 피상적이다.
• 매우 큰 규모의 표본을 사용할 수 있다.	• 사회생활의 맥락을 다루기 어렵다.
• 설문조사 결과는 실험 결과보다 일반화 가능성이 높다.	• 직접관찰에 비해 유연성이 떨어진다.
• 실험설계에 비해 유연성이 높다.	• 인위적이다.
• 여러 변수를 동시에 분석할 수 있다.	• 인과관계가 불확실하다.

정에서 설문지의 오류를 발견하더라도 연구설계를 변경할 수 없다는 점에서 직접 관찰에 비해서는 유연성이 떨어진다. 설문조사는 사회행동이 일어나는 상태에서 측정할 수 없으며, 응답자의 과거의 행동, 예상되는 행동, 가정적인 행동에 대한 정보만 수집할 수 있다. 이에 따라 설문조사는 자연스러운 상황에서 측정하는 것이 아니라 인위적이라고 할 수 있다(Rubin & Babbie, 2016: 463).

설문조사의 가장 큰 약점의 하나는 변수 간 인과관계가 불확실하다는 것이다. 설문조사의 자료 수집은 한 시점에서 이루어지는 것이 일반적이다. 따라서 동일한 설문지 내의 두 변수 간의 인과관계를 규명하고자 할 때 어떤 변수가 먼저 발생했는지 확실하지 않아서 내적 타당도가 떨어질 위험이 있다. 이를 보완하기 위해 동일한 응답자에게 여러 차례 설문조사를 하는 패널조사를 실시하는 경우도 있다.

요약

1. 설문지는 질문, 서술문, 지시문으로 구성된다.
2. 질문 유형에는 개방형 질문과 폐쇄형 질문이 있다.
3. 폐쇄형 질문의 필수요건은 응답범주의 총망라성과 상호배타성이다.
4. 질문을 만들 때는, 첫째, 문항을 명료하게 만들어야 하며, 둘째, 복수응답 유발형 질문을 피해야 하며, 셋째, 응답자가 대답할 만한 역량이 있는 질문이어야만 하며, 넷째, 응답자는 솔직한 응답이 가능해야 하며, 다섯째, 편견이 포함된 문항과 용어를 피해야 한다.
5. 수반형 질문은 앞의 질문에 특정한 응답을 한 사람들에게만 해당하는 질문이다.
6. 행렬형 질문은 동일한 응답범주를 제시하는 형태인 리커트 척도를 사용하는 질문이다.
7. 설문조사의 유형은 자기기입식 설문조사, 면접 설문조사, 전화 설문조사로 나눌 수 있다.
8. 자기기입식 설문조사에는 우편 설문조사, 집단 설문조사, 온라인 설문조사가 있다.
9. 우편 설문조사는 설문지를 우편으로 배포하고 우편으로 회수하는 방식의 설문조사이다.
10. 온라인 설문조사는 설문지를 온라인(웹링크, 페이스북, 트위터 등 소셜미디어, 이메일, 웹사이트)으로 배포하고 회수하는 설문조사 방식이다.

11. 면접 설문조사는 조사원(또는 면접원)이 응답자에게 대면해서 설문지를 읽어 주고 응답자의 설문지에 대한 응답을 받아 적는 설문조사방법으로 대면면접 설문조사라고도 한다.

12. 전화 설문조사는 유선전화 조사와 무선전화 조사, 전화면접 방식과 ARS 방식으로 나눌 수 있다.

13. 온라인 설문조사는 가장 비용이 적게 들고, 표본의 크기도 가장 크게 할 수 있는 설문조사인 반면에 응답률이 낮고, 응답자 중에서 노년층과 빈곤층의 대표성이 떨어진다는 단점이 있다.

14. 대면면접 설문조사는 응답률이 가장 높은 설문조사인 반면에 대면면접 설문조사는 시간과 비용이 가장 많이 드는 설문조사이다.

15. 설문조사는 측정의 신뢰도와 일반화 가능성이 높다는 장점이 있는 반면에 측정의 타당도와 인과관계가 불확실하다는 단점이 있다.

토의 주제

1. 사회복지의 주제를 하나 정한 후 설문지를 함께 만들어 보자. 어떤 문항을 어디에 두는 것이 좋은가에 대해 논의해 보자.

2. 설문조사가 측정의 타당도가 낮고 인과관계가 불확실한 이유는 무엇인지에 대해 논의해 보자.

참고문헌

과학기술정보통신부(2021). 2020 인터넷 이용 실태조사.

박인호, 임종호, 박민규(2019). 선거여론조사의 객관성·신뢰성 제고를 위한 조사방법론 개선방안 연구. 한국통계학회.

신광영(2003). 한국의 사회계급과 불평등 실태: 서베이 자료 분석을 넘어서. 경제와사회, 59, 32-54.

이소영, 변영학, 장우영, 조희정(2017). 유·무선 전화 비율 등 바람직한 여론조사 방법에 관한 연구. 대한정치학회·중앙선거여론조사심의위원회.

임경은(2009). 2009 인터넷 사회조사 효과 분석. 한국사회학회 사회학대회 논문집, 517-531.

전병우, 주영욱, 임병훈(2011). 대인면접조사와 비교한 온라인 서베이조사 참여자들의 인구통계적 특성과 제품구매행태에 대한 연구: 20대~40대 소비자를 중심으로. 기업경영연구, 18(2), 271-289.

최태룡(2011). 사회조사 실습과정과 지역사회 서베이 자료의 생산. 지역사회학, 12(2), 163-191.

Rubin, A., & Babbie, E. R. (2016). 김기덕, 김용석, 유태균, 이기영, 이선우, 정슬기 역. 사회복지조사방법론. Cengage Learning.

제 10 장
2차 자료분석

🔖 학습목표

- 2차 자료의 기본 개념과 주요 유형을 이해한다.
- 2차 자료 활용에서의 윤리적 사항을 확인한다.
- 2차 자료 활용에서 생길 수 있는 기술적 제한점을 이해한다.
- 우리나라의 대표적인 2차 자료(패널 자료)를 안다.

2차 자료는 그 이름에서 알 수 있듯이 처음에 수집된 목적과는 다른 목적으로 재사용되는 자료를 의미한다. 이러한 2차 자료는 주로 이전의 조사연구 활동이나 다양한 공공 및 민간 기관에서 수집된 자료로부터 유래된다. 고유한 자료를 생성하는 것은 시간과 비용이 많이 드는 과정이기 때문에 진행하고자 하는 조사연구 주제를 뒷받침할 수 있는 2차 자료를 활용하는 것은 연구수행의 수월성을 높이고 과학적 지식의 생산을 효율적으로 수행하는 데 큰 도움을 줄 수 있다. 2차 자료를 활용하면 신규 데이터를 수집하는 데 필요한 시간과 비용을 크게 줄일 수 있으며, 특히 초기 연구 단계나 예비 연구에서는 2차 자료의 효용성이 크다고 할 수 있다.

1. 2차 자료의 개념

1) 2차 자료의 정의와 배경

2차 자료는 일반적으로 원래 특정 목적을 위해 수집·활용되었으나, 그후 다른 조사연구 맥락에서 재사용되는 자료를 의미한다. 예를 들어, 어떤 지방자치단체가 지역의 인구 동향을 파악하기 위해서 수집한 행정 데이터가 이후 지역 간 특성 비교와 같이 다른 주제나 관점에서 활용될 때, 해당 데이터는 2차 자료로 활용되는 것이다. 2차 자료는 다양한 출처에서 다양한 형태로 획득될 수 있다. 여기에는 공식적인 정부 통계, 행정 조직의 내부 기록, 이전 논문, 뉴스 기사, 소셜 미디어 데이터, 웹페이지 등이 포함되며, 테이블 구조를 지닌 데이터 형식에서 텍스트, 영상, 음향 등 다양한 형식을 지닌 정형성이 높은 자료부터 비정성형이 큰 자료까지 포괄하게 된다.

현대 연구 환경에서 2차 자료의 중요성과 활용도는 조사연구를 둘러싼 다양한 환경적인 변화에 따라 지속적으로 높아지고 있다. 인터넷의 보급과 스마트 기기의 확산은 생산되는 데이터의 양을 폭발적으로 증가시켰고, 디지털 자료에 대한 접근도의 향상은 2차 자료의 활용을 더욱 촉진하고 있다. 특히 지능정보사회로의 전환은 소셜 미디어, 스마트 기기, IoT 기기 등에서 생성되는 대량의 데이터를 활용한 역사적으로 전례 없는 연구 기회를 제공하고 있다. 또한 최근에는 비정형성이 큰 대규모의 데이터도 손쉽게 가공하고 분석할 수 있는 도구가 발달함에 따라 더욱 다양한 조사연구가 가능해지고 있다.

2) 2차 자료의 유형

(1) 공식 통계 자료

공식 통계 자료는 통계청, 각종 정부기관, 지방자치단체, NGO, 연구기관, 국제기구 등에서 일정 기간에 걸쳐 수집되고 일정한 단위로 취합되어 공개된 통계 데이터

를 의미한다. 예를 들어, 국가별 GDP, 인구통계, 교육통계, 건강통계, 기초보장수급
자 통계 등이 포함되며, 통계를 생산하는 기관의 성격에 따라 통계의 종류가 달라질
수 있다. 복수의 기관에서 생산하는 공식 통계 자료를 수집해서 결합하는 것은 사회
복지조사연구에서 빈번하게 이뤄지고 있는 과정이다.

(2) 서베이 자료

특정 주제나 특정 대상자에 대해서 광범위한 설문조사나 인터뷰로 수집된 데이터
이며, 반복측정된 패널 자료 또한 다양하게 축적되고 있다. 이러한 자료는 대개 정부
소속 연구 기관이나 대학의 연구 조직에 의해 수집되고, 가공과정을 거쳐 공개되는
것이 일반적이다. 조사하고자 하는 현상과 대상 집단의 특수성이 크지 않다면 공개
되어 있는 다양한 서베이 자료를 활용하여 조사연구를 수행하는 비용과 시간 측면에
서 큰 이점이 있다.

(3) 행정 자료

정부 및 공공 기관에서 자체적으로 수집하고 관리하는 데이터로, 특정 행정 업무
와 관련된 정보가 포함되어 있다. 사회복지 서비스와 정책의 확대는 이와 관련한 광
범위한 규모의 행정 자료를 동시에 축적하게 만들고 있다. 납세, 수급권의 판정, 급
여 할당 및 서비스 제공 등의 여러 단계에서 개인과 단체의 정보가 결합되며 행정 당
국의 집행과 관련한 방대한 자료가 축적되게 된다. 이런 자료는 정형성이 높은 자료
부터 행정 공문과 같이 분석에 본격적으로 활용하기 위해서 전처리가 필요한 자료에
이르기까지 다양한 형태로 존재할 수 있다.

(4) 기타 비정형 데이터

비정형 데이터는 공식적인 기관이나 연구 조직에 의해 목적을 지니고 수집된 것
이 아닌, 비영리 단체, 기업, 개인 등에 의해 생산되고 축적된 다양한 형태의 데이터
를 의미한다. 대표적으로 소셜 미디어 데이터, 블로그, 기사문 등이 여기에 포함된
다. 이런 데이터는 일반적으로 분석 목적으로 생산된 것이 아닌 자연적인 활동과정

에서 생산, 축적된 성격을 지니고 있다. 따라서 텍스트뿐만 아니라 이미지, 동영상, 오디오 클립 등의 형태로 존재하며, 여러 형태가 결합된 경우도 있다. 이런 자료들은 질적 연구에서와 같이 축적된 형태 그대로 활용되는 경우도 있으며, 이미지 자료에 대한 이미지 프로세싱(image processing)이나 텍스트 자료에 대한 자연어 처리과정 (natural language processing)과 같이 자료에 대한 전처리 과정을 통해 양적분석의 대상이 되기도 한다.

2. 2차 자료 활용 시 주의점

1) 데이터의 품질과 신뢰성 검토

2차 자료는 연구자나 조직이 특정 목적으로 생산한 자료를 원래 생산되었던 상황과는 다른 맥락 아래에서 자료의 생산자가 아닌 입장에서 활용하는 것이기 때문에 데이터의 품질과 신뢰성에 대한 주의가 요구된다. 따라서 우선적으로 원본 데이터가 어떻게 수집되었는지, 어떤 방법론을 사용하여 처리되었는지에 대한 정확성 검토가 필요하다. 서베이 데이터라면 표집 방식은 무엇이었는지, 데이터에 오류를 별도로 처리한 바가 있는지, 그렇다면 그 방법은 무엇이었는지, 결측 구조에서 이상성이 있는지 등을 자세히 검토할 필요가 있다. 특히 데이터에 누락된 부분이나 결측치가 있고 이를 원자료에서 처리를 했다면(결측 케이스의 삭제, 값의 대체 등) 처리 방법에 따라 자료에 포함된 정보의 내용과 신뢰도가 크게 달라질 수 있기 때문이다.

2차 자료의 활용은 시간과 비용 측면에서 유리함이 있지만, 이런 장점은 조사연구의 목적에 획득된 자료가 타당성을 지닐 때만 의미가 있다. 따라서 2차 자료를 사용하여 연구를 수행할 때 해당 데이터가 실제로 연구의 목적과 질문에 적합한 정보를 제공하고 있는지 평가가 필요하다. 또한 데이터의 수집 기간, 방법, 도구 등에 있어 일관성이 유지되었는가도 중요한 평가 요소이다. 자료 수집과 가공 등에서 일관성이 떨어지는 경우, 이를 활용한 연구결과에 대한 신뢰성을 확보하기 어렵기 때문이다.

2차 자료의 품질과 신뢰성을 확인하기 위해서는 다음과 같은 전략이 필요하다. 우선 2차 자료의 출처와 원본 데이터가 어떻게 수집되었는지, 어떤 방법론을 통해 처리되었는지에 대한 문서화된 정보를 확인할 필요가 있다. 대부분의 공식 자료들은 자료의 수집과 가공에 대한 자세한 정보를 제공하는 경우가 많기 때문에 관련 내용을 확인하는 노력이 필요하다. 조사자가 별도의 노력을 통해 수집한 비정형 자료의 경우는 대상 자료의 생성 과정에 대한 정보를 확인할 필요가 있다. 자료가 일정 수준 정제된 뒤에는 기초 통계량에 대한 검토를 통해 자료의 품질을 검토할 필요가 있다. 여기에는 평균, 분포, 결측치, 이상치 검토 등과 관련한 기술통계 과정이 중요하다.

2) 원본 데이터의 접근 권한과 이용 제한

2차 자료를 활용할 때는 자료에 대한 접근 권한, 저작권 및 이용 제한과 관련된 법적 및 윤리적 이슈를 검토할 필요가 있다. 경우에 따라서는 연구가 불가능하거나 법적 책임을 물을 가능성도 있어 주의가 요청된다.

(1) 접근 권한

원본 데이터에 접근 권한을 얻기 위해서는 해당 데이터를 보유하고 있는 기관이나 개인의 승인을 받아야 하는 경우가 있다. 특히 개인정보를 포함하는 자료나 민감성 정보를 담고 있는 데이터의 경우, 데이터 제공자의 명시적인 동의 없이 접근하거나 사용하는 것은 불법 행위로 간주될 수 있어 주의가 필요하다.

(2) 저작권

대부분의 데이터는 특정 개인, 기관 또는 국가에 속한 저작물로 보호되며, 이는 공개된 자료의 경우도 마찬가지이다. 따라서 데이터를 활용할 때에는 해당 자료의 저작권자와의 요구 사항이나 라이선스 조건을 준수해야 한다. 많은 경우 저작권과 관련된 사항은 자료 사용과 관련된 동의서 등에서 관련 내용을 확인할 수 있다.

(3) 이용 제한

경우에 따라 원본 데이터에는 특정 조건하에만 사용할 수 있도록 제한이 설정되어 있을 수 있다. 예를 들면, 상업적 목적으로의 사용 금지, 데이터 수정 금지, 원본 데이터의 재배포 금지 등과 같은 조건이 그러하다. 이러한 제한 사항은 데이터 사용에 있어서 중요한 지침 역할을 하므로 반드시 준수해야 한다.

그림 10-1 대한민국 공공저작물 자유이용허락 표시기준

(4) 데이터 출처 및 저작권자 표기

2차 자료를 활용하여 연구나 보고서를 작성할 때는 반드시 해당 데이터의 출처와 저작권자를 명확하게 표기해야 한다. 이는 기본적인 연구윤리 사항일 뿐만 아니라 연구의 투명성을 높이는 데 중요한 역할을 한다.

(5) 연구윤리심의

2차 자료의 활용이라고 해도 개인의 정보나 민감한 데이터를 활용하는 경우, 경우에 따라서는 연구윤리심의위원회(IRB)의 승인을 받아야 하는 경우가 생길 수 있어 주의가 필요하다. 따라서 개인 정보 및 민감 정보가 포함된 2차 자료를 활용할 때 연구윤리심의위원회에 심의가 필요한 대상인지 확인하는 절차가 필요하다. 또한 습득된 2차 자료는 적절한 방법으로 익명화(anonymization)하거나 비식별화(de-identification)하여 개인 프라이버시를 보호하는 최선의 노력을 기울여야 한다.

3) 데이터의 구조와 분석의 기술적 문제

2차 자료 활용에는 다양한 자료 원천으로부터 유래한 자료들의 결합과정이나 비정형 자료의 활용이 활발하다. 이런 자료 결합과 비정형 자료의 가공과정에는 통계지식은 물론 데이터 과학(data science)의 지식과 기술이 요구될 때가 있다. 이러한 지식과 기술의 요구는 자료 가공과 분석 시 제약으로 작용하여 2차 자료의 활용을 억제하거나, 적절하지 않은 활용으로 이어질 가능성이 있다. 비정형성이 높은 자료를 활용하고자 하는 조사자는 다음과 같은 사항을 유념할 필요가 있다.

(1) 비정형 자료의 이해

분석 자료로 바로 활용하기 어려운 구조화되지 않은 텍스트, 이미지, 소셜 미디어 콘텐츠, 오디오 클립 등의 다양한 비정형 자료는 정형성을 지닌 데이터베이스나 테이블 형태의 데이터로 전환하기 위해서 별도의 전처리 과정이 필요하다. 이와 같은 전처리 과정은 R, Python과 같은 데이터 분석용 언어의 활용을 필요로 하는 경우가 많다.

(2) 텍스트 전처리

2차 자료 가운데는 텍스트 형태의 비정형 자료를 활용하는 경우가 많다. 기사문, 블로그, 논문 등이 이에 해당하며, 최근에는 텍스트 자료를 활용한 다양한 사회과학

연구가 수행되고 있다. 텍스트 전처리는 복잡한 과정을 포함하는데 크게 단어 분해 과정을 의미하는 토큰화(tokenization), 불용어 제거, 유사한 단어에 대한 동일화 작업 등의 과정을 필요로 한다.

(3) 시스템 성능

대량의 텍스트나 이미지 데이터를 활용하는 경우 상당한 계산능력을 요구하게 된다. 따라서 일반적인 개인용 컴퓨터로는 한계가 있을 수 있어, 클라우드 기반의 해결책이나 고성능 컴퓨팅 자원을 활용해야 하는 경우가 생긴다. 따라서 대규모 2차 자료를 활용하고자 하는 조사자는 가용한 분석 시스템 성능에 주의를 기울일 필요가 있다.

(4) 고급 분석 역량

대규모 비정형 자료의 분석에는 머신 러닝(machine learing), 자연어 처리(natural language processing), 컴퓨터 비전(computer vision) 등 고급 데이터 분석 기술이 요구된다. 따라서 이러한 기술을 활용하기 위해서는 해당 분야에 대한 심도 있는 지식과 경험을 축적할 필요가 있다.

3. 대표적인 2차 자료(패널 자료)

이 절에서는 2차 자료 가운데서 활용도가 높고 사회복지 관련 현상을 직접적으로 관찰함에 있어 유용성이 큰 대표적 패널 자료를 살펴보고자 한다. 사회복지 관련 현상을 관찰할 수 있는 다양한 패널 자료가 다양한 기관을 통해서 생산, 공개되고 있다. 동일한 표본대상을 일정한 시간 간격으로 반복하여 조사하는 패널 자료의 특성상 현상을 보다 엄밀하게 살펴볼 수 있는 장점이 있다. 다음에서 소개하는 패널 자료들은 연령, 성별, 학력, 경제적 지위 등과 같은 기본적인 인구사회학적 · 경제학적 정보를 제공하고 있을 뿐만 아니라, 각 자료의 성격에 부합하는 특화된 정보를 함께 제공하고 있다. 대표적인 패널 자료와 특징을 살펴보면 다음과 같다.

1) KoWePS

한국보건사회연구원과 서울대학교 사회복지연구소가 공동으로 조사를 수행하고 있는 한국의 대표적인 패널 자료이다. KoWePS(Korea Welfare Panel Study, 한국복지 패널조사)는 사회복지 관련 주제에 특화된 데이터로서 빈곤, 사회복지 서비스 이용 상황, 생활만족도, 건강 상태 등 다양한 주제를 포괄적으로 다루고 있다.

2) KLIPS

한국노동연구원이 생산하고 있는 한국의 대표적인 패널 자료 가운데 하나이다. KLIPS(Korea Labor and Income Panel Study, 한국노동패널조사)는 가구 및 개인의 경제 활동, 교육, 의료, 복지 등 다양한 항목에 대한 설문결과를 다루고 있으며, 특히 노동 시장에 대한 이해와 정책 제안을 위한 중요한 데이터로 활용되고 있다.

3) PSED

PSED(Korean Employment Panel for Persons with Disabilities, 장애인고용패널)는 한국 장애인고용공단이 제공하고 있는 자료로서 장애인의 고용 및 경제활동에 관한 종단 연구를 수행하기에 적합한 자료이다. 여기에는 장애인의 일반적인 특성과 더불어서 장애인 노동시장의 특성, 고용안정성, 임금, 교육 및 훈련 등과 관련된 정보를 다양 하게 확인할 수 있다.

4) KLoWF

KLoWF(Korean longitudinal survey of women & families, 여성가족패널조사)는 한국여

성정책연구원에서 실시하는 연구로서 여성의 경제활동, 가족생활, 건강상태 등 여성 관련 다양한 주제를 다루고 있다. 이 자료는 우리나라의 여성 및 가족에 관한 종단적 연구를 위해 설계된 패널 조사로서 여성의 노동시장 참여, 결혼 및 출산, 가족 관계, 일-생활 균형 등의 다양한 주제에 관한 다양한 내용을 담고 있다.

5) KLoSA

KLoSA(Korean Longitudinal Study of Aging, 한국노인패널조사)는 한국고용정보원이 제공하는 자료로서 우리나라의 노인 인구에 대한 다양한 정보를 담고 있다. 이 자료 에는 노인의 건강 상태, 의료 서비스 이용, 가족 관계, 경제 활동, 소득 및 재산, 노후 준비, 여가 활동, 사회 참여 등에 관한 포괄적인 내용을 다루고 있다.

6) KCYPS

KCYPS(Korean Children and Youth Panel Survey, 한국아동청소년패널조사)는 한국청소 년정책연구원에서 주관하여 실시하는 조사로서 아동·청소년의 교육 및 학업 성취, 직업에 대한 태도 및 기대, 가족 및 학교 내에서의 인간관계, 심리 및 건강 상태, 여가 활동 및 사회 참여, 그리고 가치관과 인식 등에 관한 다양한 주제를 다루고 있다.

7) KHPS

KHPS(Korea Health Panel Study, 한국의료패널)은 한국보건사회연구원과 국민건강 보험공단이 공동으로 주관하여 실시하는 조사로서, 국민의 건강 상태, 의료 이용, 의 료비 지출 등 건강 관련 정보에 특화된 내용을 담고 있어서 우리나라 시민의 건강 및 의료서비스 이용 실태에 대한 조사연구를 수행하기에 적합하다.

요약

1. 조사연구를 수행할 때 기존에 생산된 자료인 2차 자료를 적절하게 활용하는 것은 연구비용과 시간을 줄일 수 있는 효율적인 방법이다.

2. 사회복지 분야를 포함한 실증 사회과학 영역에서 2차 자료의 활용은 광범위하게 이루어지고 있다. 따라서 조사자가 자신의 연구 주제와 맞는 2차 자료원을 파악하고 윤리적으로 올바르게 활용하는 역량을 키울 필요가 있다.

3. 2차 자료는 공공 기관에 의해서 생산되고 승인된 통계 자료, 연구자에 의해 생산되고 공개된 서베이 자료. 행정 자료 등이 있으며, 최근에는 다양한 형태의 비정형 자료가 분석에서 활용되고 있다.

4. 2차 자료를 활용할 때는 사전에 허락된 이용 범위와 활용 목적에 대한 이해가 필요하며, 2차 자료를 다룰 때 요구되는 기술적 준비 사항 등에 대해서도 사전 검토가 필요하다.

토의 주제

1. 사회복지 조사연구에서 광범위하게 활용되고 있는 한국복지패널과 한국노동패널의 설문지를 구해 보자. 문항 구성을 보면서 두 조사에서의 공통적인 내용과 각각 강조점을 두고 있는 설문 내용이 무엇인지 논의해 보자.

2. 정형 데이터와 비정형 데이터의 차이를 살펴보자. 사회복지 분야에서 활용 가능한 비정형 데이터에는 어떠한 것들이 있을지 생각해 보자.

3. 조사연구와 사회복지실천 과정 중 예상하지 못한 개인정보의 유출과 개인 식별 문제를 막기 위해서 어떤 노력을 기울일 수 있을지 생각해 보자.

참고문헌

Feldman, R., & Sanger, J. (2007). *The Text Mining Handbook: Advanced Approaches in Analyzing Unstructured Data*. Cambridge University Press.

Hasan, A. (2021). Ethical considerations in the use of secondary data for built environment research. In *Secondary Research Methods in the Built Environment*. Routledge.

Rassel, G., Leland, S., Mohr, Z., & O'Sullivan, E. (2020). *Research Methods for Public Administrators* (7th ed). Routledge.

Smith, E. (2008). Pitfalls and promises: The use of secondary data analysis in educational research. *British Journal of Educational Studies, 56*(3), 323-339.

제11장

질적연구방법

🔖 **학습목표**

• 양적연구와 대비되는 질적연구의 특성을 이해한다.

• 질적연구의 주요 유형을 알고 유형별 특성을 이해한다.

• 질적연구의 과정을 이해한다.

• 신뢰성 있는 질적연구의 기준을 알고 엄격성 확보를 위한 방법들을 알아본다.

　사회복지조사의 방법은 크게 양적연구방법과 질적연구방법으로 나뉜다. 양적연구방법이 주로 많은 사람으로부터 수집된 자료들을 수치화하여 분석함으로써 대푯값을 도출하는 데 관심이 있다면, 질적연구방법은 특정한 현상에 대한 심층적인 이해를 하고자 하며 현상을 경험하는 개인들의 독특한 상황적 맥락을 자세히 묘사하는 데에 관심을 가진다.

　이 장에서는 질적연구방법의 특성을 알아보고 사회복지조사에서 많이 활용되어 온 질적연구방법의 5가지 유형을 소개하고자 한다. 또한 질적연구 과정의 각 단계에 대해 알아보고, 질적연구방법에서 신뢰성과 엄격성을 높이기 위해 강조되는 원칙들을 살펴본다.

1. 질적연구방법의 개념

질적연구에서 말하는 '질(quality)'이란 현상에 대한 경험자들의 의미를 말한다(유기웅 외, 2018). 질적연구는 특별한 현상에 대해 관심을 가지고, 이러한 현상을 경험한 사람들의 이야기를 통해 개인의 생각이나 감정, 그로 인한 영향 등을 자세하고 심층적으로 탐구하는 연구방법이다. 따라서 현상에 대한 심층적 이해를 위해 당사자 외에도 관련된 사람들의 이야기, 현상에 관련된 기록물 외에 연구자의 관찰기록 등 자료를 다각적으로 수집하고 분석한다.

질적연구는 '이야기되거나 글로 표현된 말이나 관찰 가능한 행위를 바탕으로 기술적 자료(descriptive data)를 생산해 내는 연구'라고 할 수 있다(Sherman & Reid, 2003). 질문의 생성부터 '어떤' 현상이 '어떻게' 나타나게 되었는지, 현상을 경험하는 참여자들의 생각과 행동, 부여하는 의미 등을 탐구하고자 하며, 연구참여자의 자연적 삶의 상황에서 자료를 수집한다. 자료는 참여자들이 구술한 이야기, 연구자에 의해 작성된 관찰노트, 그리고 관심의 초점이 되는 현상에 대한 기록물 등으로 이루어지게 된다. 자료를 분석할 때에는 특정한 주제로부터 보편적 주제로까지 귀납적으로 패턴이나 주제를 구성하고 자료에서 출현하는 의미에 대해 연구자의 해석을 거치며, 질적연구의 보고서는 탐구한 현상에 대해 독자가 최대한 잘 이해할 수 있도록 구성하는 융통적인 구조를 가진다. 질적연구자는 복잡한 상황에 대한 풍부한 묘사를 중요시하며 개별적 의미에 초점을 두고 귀납적인 방식으로 접근하는 것을 선호한다(Creswell & Creswell, 2022).

김인숙(2016)은 질적연구방법의 가장 큰 특징을 '경험 이면의 의미'를 탐구하는 것이라고 보았다. 이때 의미란 미시적 차원에서 사람들이 하는 경험의 심리내적 현상들을 밝혀내는 것만 뜻하는 것이 아니다. 누군가의 행동이 가지는 의미를 이해한다는 것은 개인이 그런 감정이나 동기를 가지게 된 원천에 대해 어떤 느낌인지를 아는 것만이 아니라, 이런 감정이나 의도가 타당해지는 "상황"을 이해해야 하는 것이다. 거시적 구조와 제도는 개인들이 경험하는 일상의 미시적 상호작용 세계 속에 함축되어 있으므로 개인의 일상경험들을 분석함으로써 사회적 행위자의 주관적 의미로부터 사회구조와의 연결성을 도출해 낼 수 있다. 이런 점에서 질적연구자는 연구참여자들의 일상 경험을 자료로 하여 행위와 구조 사이의 거리를 메꾸고 연결하여 스토리를 재구성해 내는 사람이라고 할 수 있다(김인숙, 2016). 예를 들어, 국민기초 수급자들이 복지서비스를 받는 과정에서 무시당하는 경험을 한다고 했을 때, 무시당하는 경험 자체는 심리적이고 미시적인 것에 불과하지만, 이 경험이 일어나는 맥락을 들여다보면 복지공무원의 태도나 수급자들을 바라보는 일반국민들의 태도, 수급자에게 급여를 전달하는 방식 등 무수히 많은 것들과 연결되어 있음을 알게 된다. 경험의 의미는 수급자의 경험 속에서 다양한 것들이 어떠한 연관성을 가지는지에 따라 달라지게 되는데, 무시당하는 경험이 우리 사회의 '사회적 배제'가 작동한다는 의미가 될 수도 있고, 반대로 복지수급 자체가 수급자들을 '사회적 규범에 동화'하게 만든다는 의미일 수도 있는 것이다. 이와 같이 질적연구에서는 연구참여자들의 일상적 경험에 대한 이야기를 분석하고 관련된 상황적 맥락을 살펴봄으로써 경험의 의미를 구성해 내며, 이를 위해서는 다각적인 자료수집, 세밀하고 풍부한 묘사, 연구자의 해석이 중요함을 알 수 있다.

사회복지분야에서 질적연구에 대한 관심을 가지게 된 이유는 여러 가지가 있다. 임상적 사례연구는 사회복지의 태동기부터 활용되어 온 익숙한 방법으로, 개별사례의 구체적인 상황적 맥락을 살펴본다는 점에서 질적연구의 방법을 따른다고 볼 수 있다. 또한 양적연구에서 느끼는 한계점에 대한 지각이 질적연구방법에 대한 관심을 더욱 높였다. 양적연구의 통제적이고 환원적 속성은 종종 연구의 맥락을 무시하게 되고, 이로 인해 중요한 요인들이 간과되는 경우가 발생하게 되었다. 예컨대 양적평가에서는 수치화된 최종 결과 점수에 초점을 둠으로써 실제로 현장에서 어떤 상황이 벌어지고 있으며, 실천가가 프로그램이나 개입을 통해 무엇을 이루었는지를 보여 줄 수 있는 자료들이 무시되었다는 문제제기가 있었다. 이에 측정가능한 실천결과에 대한 연구 못지않게 실제로 실천과정에서 어떤 일들이 일어나는지에 대한 질적 분석이 필요하다는 인식이 생겨나게 되었다. 사회복지 실천과정에서 클라이언트가 느끼는 주관적 변화와 상호작용적 경험에 대해 알고자 하는 지적 욕구가 높아지면서 척도에 의한 양적 측정보다 의미에 초점을 둔 질적 분석에 대한 관심이 높아졌다는 것도 하나의 이유이다. 오늘날 많은 사회복지 연구자들은 질적연구방법과 양적연구 방법을 상호보완적으로 함께 활용할 필요성에 대해 공감한다.

1) 질적연구의 특징

질적연구방법은 한마디로 정의하기 어렵다. 여러 학자들은 다양한 접근으로부터 질적연구의 특징을 중심으로 질적연구를 정의하고자 하였다. '자연주의적 탐구'를 비롯한 일군의 연구방법을 질적연구방법이라고 통칭하기도 하고(Padgett, 2024), 연구대상자의 해석을 탐구하는 연구방법, 즉 연구대상자의 관점을 이해하고 현상을 경험된 의미와 관찰된 변이들로 규정하여 현장으로부터 이론을 개발하고자 하는 연구방법이라고 설명하기도 한다(Elliott, Fischer & Rennie, 1999).

이렇듯 질적연구의 철학적 배경에 따라 강조점이나 접근방식이 다르게 나타나게 된다. 따라서 질적연구를 한마디로 정의내리는 대신, 질적연구의 특징을 살펴보는 것이 더 도움이 될 수 있다. 질적연구의 핵심적 특징에 대해 여러 학자가 공통적으로 이야기한 것을 살펴보면 다음과 같다(Creswell & Creswell, 2022).

첫째, 자연스러운 상황에서의 자료수집을 중시한다. 질적연구에서는 연구참여자들을 통제된 실험실 상황으로 부르는 것이 아니라, 연구자가 연구참여자들의 삶의 공간 안으로 들어가서 이들과 상호작용하면서 행동을 관찰하고 자료를 수집한다. 연구참여자들을 대상으로 한 면접 등 자료수집 역시 연구참여자가 편안하게 여기는 장소에서 이루어지도록 하며, 설문지와 같은 측정도구에 응답하도록 요청하지 않는다. 연구자가 관심을 가지는 연구문제가 전체 방향과 초점을 안내하기는 하지만, 구체적인 구술내용은 연구참여자가 자유롭게 자신의 경험을 충분히 이야기하도록 하는 방식을 취한다.

둘째, 자료수집의 주요한 도구로 연구자 자신을 활용한다. 구조화된 설문지 등 검사도구를 사용해서 자료를 수집하는 양적연구와 달리 질적연구에서는 연구자 자신이 문서를 조사하고 행동을 관찰하고 연구참여자를 면접해서 자료를 수집한다. 따라서 질적연구자는 자료수집도구로서 자신이 가지는 중요성을 인식하고 민감한 관찰도구로서 자신을 활용하기 위해 주의를 기울여야 한다. 또한 질적연구자는 수집된 원자료로부터 의미있는 범주나 주제를 도출할 수 있는 분석역량을 갖추어야 한다. 이러한 점에서 볼 때 질적연구에서는 특히 연구자의 자질이 매우 중요하다.

셋째, 면접이나 관찰, 문서자료 등 자료수집의 원천과 형태를 다각화한다. 질적연구에서는 미리 결정된 척도나 도구를 사용하지 않기 때문에 그로 인한 제약을 받지 않는다. 따라서 다양한 출처로부터 자료를 수집할 수 있고, 아이디어를 자유롭게 공유할 수 있는 개방적 형태의 자료를 얻을 수 있다. 이렇게 다각적인 자료를 수집하고 분석하기 때문에 연구대상 현상에 대한 전체적이고 풍부한 묘사가 가능해진다.

넷째, 귀납과 연역을 오가는 복합적인 추론과정을 거친다. 질적연구자는 수집된 자료를 분석함에 있어 기초단위에서부터 점차적으로 추상적인 단위로 자료를 구조화하면서 범주나 주제를 형성하고, 형성된 주제와 수집된 자료 사이를 지속적으로 오가며 전체적인 주제를 확정해 나간다. 주제가 확정이 되면 다시 이러한 주제를 명확하게 보여 줄 수 있는 자료와 연결시켜 해석하면서 추가적 자료수집이 필요한지를 연역적으로 검토하게 된다.

다섯째, 연구과정이 유연하다. 질적연구의 연구계획은 초기에 세부적으로 규정하기 어려우며, 연구가 진행되면서 변경될 수 있다. 질적연구의 저변에 깔린 목적이 연구참여자로부터 연구문제나 현상에 대해 배우고자 하는 것이기 때문에, 자료수집 과정에서 새롭게 발견되는 정보에 따라 질문이 바뀌기도 하고, 자료수집 방법이 변경되거나 관찰대상이 바뀔 수도 있다.

2) 언제 질적연구방법을 활용하는가

앞서 살펴본 질적연구방법의 특징을 고려할 때, 언제 질적연구를 하는 것이 가장 적절할까? 먼저, 질적연구는 많이 알려지지 않은 어떤 문제나 이슈를 탐색할 때 유용하다. 현상에 대한 선행지식이 많이 축적되지 않아서 무엇을 보아야 할지 쉽게 확인되지 않거나 현상과 관련된 변수를 설정하는 이론이 없을 때, 이론개발의 필요성이 있을 때 질적연구방법을 활용하게 된다.

둘째, 이슈에 대한 복합적이고 상세한 이해가 필요할 때, 즉 연구문제의 성격이 '무엇이 어떻게 일어나는지'를 살펴보는 데 목적이 있을 때 질적연구방법이 적절하다. 질적연구는 복잡한 현상이 일어나는 독특한 상황적 맥락에 초점을 두고 자세하고 풍부한 묘사를 하는 데 관심을 가지기 때문이다. 이러한 점에서 질적연구는 기술적 성격을 띠며, 집단 간 비교나 변인 간 관련성, 원인과 결과 등 영향력을 설명하려는 양적연구와 대비된다.

셋째, 연구참여자들의 시각을 강조하면서 그들의 이야기를 공유하고자 할 때 질적연구가 활용된다. 질적연구에서 연구자는 연구대상자들에 대해 판단을 내리는 전문가가 아니며, 연구참여자들의 입장에 서서 이들의 목소리를 충분히 담아내기 위해 노력한다. 질적연구자는 비록 자신의 관점을 완전히 배제하기 어렵더라도 기존의 이론과 자신의 가치를 '괄호치기' 하려는 성찰적인 노력을 통해 연구참여자의 경험과 행동을 보다 정확하게 이해하고 묘사할 수 있다고 믿는다.

넷째, 사람들의 자연스러운 상태를 연구하기 위해 질적연구방법을 선택하게 된다. 연구주제에 따라 연구참여자들이 구술하는 이야기 외에 이들을 둘러싼 상황적 맥락을 직접 살펴보고 그 안에서 연구참여자들이 어떻게 행위하는지를 관찰하는 것이 필요할 수 있다. 이를 위해서는 연구참여자들에 대한 충분한 이해가 바탕이 되어야 하며, 연구현장으로 접근하고 직접 가서 자료를 수집하는 질적연구방법이 유용하다.

2. 질적연구의 접근유형

질적연구방법에 의해 수행되는 다양한 연구는 각각 가지고 있는 구체적인 연구목적과 그 목적을 달성하기 위해 특히 강조되는 자료수집이나 분석절차 등에 따라 다양한 접근유형으로 분류할 수 있다. 어떤 유형을 사용하느냐에 따라 연구자가 밝히고자 하는 연구문제, 수행하는 연구의 형태, 사용하는 분석의 방법, 자료를 통한 추론 등에 영향을 미치므로 심사숙고하여 연구수행에 가장 적합한 것을 선택해야 한다. 이 절에서는 사회복지분야에서 많이 활용되는 대표적인 질적연구의 접근유형(문화기술지, 근거이론, 사례연구, 내러티브연구, 현상학 연구)을 살펴본다.

1) 문화기술지

(1) 연구의 초점

문화기술지(ethnography)는 문화를 공유하는 어떤 집단의 자연상태에서의 행위나 언어, 행동양식을 기술하는 문화인류학에 그 기원이 있다. 이때 문화란 사람들의 행동양식이나 언어적 습관, 상호작용과 같은 가시적인 것뿐만 아니라 그 안에 내재되어 있는 사회적 가치나 규범 등을 포함하는 것이다. 이후 사회학 분야에서도 사회 내 하위집단이 가지는 공통된 문화적 양식이나 가치 등을 연구하고자 문화기술지가 활용되었다(Creswell & Creswell, 2022).

문화가 중요한 연구대상이 되는 이유는 집단 구성원들의 행위를 심층적으로 이해할 수 있는 맥락이 되기 때문이다. 문화기술지에서는 특정 사회집단이 가지고 있는 문화적 행동이나 양식에 초점을 둔다. 그 집단 구성원들의 내부자적 관점에서 이러한 문화가 어떻게 이해되고 있는지를 탐색하고, 다양한 문화적 속성의 생산, 유지, 변화 과정을 외부자의 관점에서 담아내고자 하는 접근방법이다(유기웅 외, 2018). 연구자는 그 집단이 가지고 있는 가치, 행동, 신념, 언어의 패턴을 기술하고 해석하기 위해 오랜 기간 동안 그 집단의 삶의 현장에 들어가서 관찰과 면접을 통해 자료를 수집한다.

문화기술지의 가장 큰 특징은 장기간에 걸친 현장연구와 참여관찰을 들 수 있다. 연구자는 연구하고자 하는 집단의 일부가 되어 그들이 사는 것처럼 살면서 집단의 가치와 문화, 학습된 패턴 등을 분석하고 해석하기 때문에, 통상 연구현장으로의 진입과 장기간의 참여관찰을 수반하게 된다. 연구자는 사람들의 일상생활에 몰입된 상태에서 참여관찰을 통해 참여자들을 관찰하거나 면접을 하게 된다. 현장에서 작성되는 연구자의 관찰노트는 풍부한 묘사를 위한 중요한 분석자료가 된다.

문화기술지는 질문들을 토대로 수행하는데, 이 질문들은 연구자가 현장관찰을 통해 더 많은 질문들로 발전시켜 나갈 수 있다. 연구방법으로 문화기술지를 사용하는 연구자들은 문화형성의 토대가 되는 관례와 절차(예: 과거부터 쌓아 온 지식, 일상, 방침 등)에 대한 질문과 답변을 계속 생각해야 한다. 질문을 발전시키기 위하여 다양한 연구참여자를 참여시켜 그들의 사회질서, 이해, 상호관계를 밝힐 수 있다. 연구자는 문화 속으로 들어가 특정한 관점을 통해 관찰하고, 원래 주어진 것이 아닌 사회적 관계에서 도출된 의미와 해석에 토대를 두고 연구를 작성한다. 또한 구성원들의 정체성은 고정된 것이 아니라 진행 중이기 때문에 변화할 수 있다는 것을 이해하고 있어야 한다. 이와 같은 과정을 통해 개인의 정체성은 사회적으로 구성된 것이고, 하나의 의미만을 지니고 있는 정체성은 없다는 것(한 여자가 동시에 아내, 엄마, 여동생, 이모가 되고, 한 남자가 동시에 남편, 아빠, 남동생, 삼촌이 되는 것처럼)을 이해해야 한다. 연구자는 사회에서 요구되는 다양하고 대립되는 이들의 역할을 기반으로 연구를 수행하게 된다.

(2) 특징

문화기술지는 특정 집단의 문화에 대한 복합적이고 완벽한 기술을 발전시키는 데 관심이 있다. 문화기술지 연구자는 집단에서 이루어지는 의례, 관습적인 사회적 행동과 같은 정신적 활동의 패턴을 찾고자 한다. 이때 정신적 활동이란 언어 혹은 물질적 활동을 통해 드러나는 생각과 신념, 그리고 연구자가 관찰한 행동을 통해 드러나는 집단 내에서의 행동방식 등을 말한다. 이러한 패턴이 나타난다는 것은 이 집단이 오랜 기간 동안 이렇게 구분되어 작동하는 패턴을 발전시킬 정도로 보전되고 상호작용해 왔음을 의미하는 것이다.

문화기술지의 연구수행은 사전에 계획된 대로 진행되기보다는 맥락에 따라 자연스럽게 변화하고 새롭게 진화하는 형태를 띠게 된다. 연구대상에 대한 연구자의 이해가 축적되면서 연구문제가 더욱 명확해지기 때문이다.

이론은 문화기술지 수행에 있어서 연구자가 어디에 주의를 집중하는가에 중요한 역할을 한다. 이론을 사용하고 문화공유집단의 패턴을 찾는 것은 광범위한 현장연구에 참여할 것을 요구한다. 연구현장에 진입할 때 가능하다면 연구대상이 되는 공동체의 일원으로부터 안내를 받는 것이 좋다. 이때 이러한 중재역할을 하는 사람이 집단과의 유대가 강하면 더욱 좋은데, 연구자들이 현장에 진입해서 연구참여자들과의 신뢰관계 형성이 보다 용이해지며 질 좋은 자료를 많이 얻을 수 있기 때문이다.

현장연구에서는 주로 면접, 관찰, 상징, 인공물 그리고 다양한 자료원으로부터 자료를 수집하게 된다. 자료수집과 관련해서 문화기술지가 갖는 특성은 선택적이라는 점이다. 현장에서 연구자가 연구참여자들로부터 필요한 정보를 얻기 위해 다양한 자료수집방법이 활용될 수 있다는 점에서 특별한 제약이 없다.

수집한 자료들을 분석하는 과정에서 연구자는 내부자 관점에서 연구참여자의 의견에 의존하고 그것을 축어적 인용으로 보고하며, 그런 다음 전반적인 문화적 해석을 전개하기 위해 연구자의 외부자적 관점으로 참여자의 견해를 걸러 내면서 자료를 통합한다. 이러한 문화적 해석은 연구에서 탐구된 이론적 개념들과 관련된 주제들, 그리고 집단에 대한 기술이다. 문화기술지에서의 분석은 문화공유 집단이 활동하는 방식, 기능하는 방식의 본질, 집단의 생활양식 등을 이해할 수 있게 해 준다.

(3) 유형

문화기술지의 유형으로 많이 알려진 유형 두 가지, 실재론적 문화기술지와 비판적 문화기술지를 소개하고자 한다.

실재론적 문화기술지란 문화인류학에서 유래한 전통적 접근방식으로, 상황에 대한 객관적 이야기이며, 대체로 제3자의 관점에서 작성되고, 현장에 있는 참여자들로부터 얻은 정보들을 객관적으로 보고한다. 이러한 접근에서는 연구자는 제3자의 냉정한 목소리로 연구에 대해 이야기하며 참여자들로부터 듣거나 관찰한 바에 대해 보고한다. 문화기술지 연구자는 '사실'에 대해 모두 알고 있는 보고자로서 그 배경에 남아 있게 된다.

이와 대조적으로 비판적 문화기술지에서는 연구 안에 옹호적 관점을 포함하는 접근을 취한다. 이 접근은 권력이나 계급, 인종, 성 등의 기준으로 사람들을 주변화하는 데 기여한 현 사회에 대한 반응으로서 연구가 이루어지며, 이런 점에서 비판이론의 인식론에 근거하고 있다. 비판적 문화기술지의 주요 구성요소로는 가치개입지향, 더 많은 권위를 제공함으로써 사람들의 역량을 강화하기, 현상유지에 도전하기, 권력과 통제에 대한 관심을 언급하기 등이 포함된다(Creswell & Poth, 2022). 비판적 문화기술지 연구자는 자신의 연구를 통해 사회에서 주변화된 집단들을 옹호하고 불평등과 지배구조에 대항하고자 하는 정치적 동기를 가지며, 권력이나 역량강화, 불평등, 불공평, 지배구조, 억압, 희생양 등의 이슈에 관심을 둔다.

사회복지 분야에서 이루어진 문화기술지 연구에는 종묘공원에서 1년여 간의 기간 동안 참여관찰을 통해 이곳에서 일어나는 노인들의 상호작용을 살펴보고 노인들의 집단문화를 분석한 김소진(2009)의 연구, 그리고 노인 고독사가 발생한 한 집성촌 지역공동체를 관찰하고 지역주민들에 대한 심층인터뷰를 수행하여 주민들의 경험을 분석한 이근무와 강선경(2015)의 연구를 예로 들 수 있다.

이근무와 강선경(2015)의 연구는 고독사가 발생한 집성촌 지역사회가 어떻게 변화하며 대처하는가를 살펴본 연구로, 문화기술지의 자료수집방법이 잘 드러난다. 연구자들은 '고독사가 발생한 지역공동체의 지역주민들은 어떤 경험을 했는가?'라는 연구문제를 가지고 약 1년이라는 기간 동안 해당 지역을 11차례 방문하여 관찰하였고, 지역주민 19명과 심층면접을 통해 자료를 수집했다. 연구현장에 해당하는 마을에 대한 자세한 소개를 하고, 연구현장 진입 시 마을의 원로에게 연구 목적과 취지를 설명하고 마을 이장을 통해 연구참여자들을 소개받는 과정이 기술되어 있다. 또한 마을 주민들의 심층면접뿐만 아니라 사전 승인을 얻은 후 마을회의, 주민체육대회, 절기 행사 등에 참여하여 관찰하였다.

김소진(2009)의 연구는 노인들의 상호작용과 집단문화가 종묘공원에서 어떻게 형성되는지를 분석한 연구로, 문화기술지 연구의 결과제시 방법이 잘 나타난다. 1년간의 관찰 및 심층면접을 통해 자료를 수집하고, 스프래들리(Spradley)가 제안한 발전식 연구단계(developmental research sequence)에 따라서 ① 기술적 면담과 관찰을 통한 영역분석, ② 구조적 질문과 집중관찰을 통한 분류분석, ③ 대조질문과 선별관찰을 통한 성분분석을 거쳐 최종적으로 문화적 주제를 발견하는 방식으로 분석하여 서술하였다. 전통적으로 문화기술지 접근에서는 자료분석 절차에 대한 세부적 지침이 잘 제시되지 않았는데, 근래에 들어서는 많은 문화기술지 연구가 스프래들리의 발전식 연구단계를 원용하고 있다.

2) 근거이론

(1) 연구의 초점

근거이론(grounded theory) 연구는 1967년 글레이저(Glaser)와 스트라우스(Strauss)에 의해 개발되었으며, 그 목적은 어떤 현상이나 사건의 과정을 설명하는 이론을 생성하거나 발견하는 것이다. 이때 생성되는 이론이 그 과정을 경험한 연구참여자들로부터 나온 자료에서 창출되었거나 그 자료에 '근거하고' 있다고 하여 근거이론이라고 부른다.

근거이론 연구자들은 이론이란 현장, 특히 사람들의 행동, 상호작용, 사회적 과정 등으로부터 수집된 자료에 근거해야 한다고 주장한다. 따라서 근거이론은 개인들로부터 수집한 자료에 근거한 상호관련된 정보범주들을 통해 행동, 상호작용, 과정에 대한 일반적 이론을 창출하는 질적연구설계라고 할 수 있다.

(2) 특징

근거이론 연구자의 초점은 시간에 따라 발생하는 단계 혹은 국면을 가지는 과정 혹은 행동에 있다. 근거이론 연구에는 설명하고자 하는 '활동' 혹은 어떤 행동이 있다. 연구자는 이러한 과정 혹은 행동의 이론을 개발하고자 한다. 이론이란 연구자가 발전시킨 이해 혹은 무언가에 대한 설명을 말하며, 근거이론에서는 이러한 설명 혹은 이해가 이론이 어떻게 작동하는가를 보이기 위해 배열된 이론적 범주로 도출된다.

자료가 수집되고 분석됨에 따라 연구자는 아이디어를 써 내려가는데, 이러한 메모하기가 이론 개발의 일부가 된다. 메모에서 아이디어는 연구자가 바라보는 과정을 표현하기 위해, 그리고 이러한 과정의 흐름을 스케치하기 위해 활용된다.

자료수집은 주로 면접을 통해 이루어지며, 면접에서 연구자는 연구참여자로부터 모은 자료를 떠오르는 이론에 대한 아이디어들과 지속적으로 비교하며 분석해 나간다. 근거이론에서 자료분석은 비교적 구조화되어 있다. 개방범주를 발달시키는 것(개방코딩), 이론의 초점이 되는 하나의 범주(중심현상)를 선택하는 것 그리고 이론적 모델을 만들기 위해 부가적 범주를 상세히 열거하는 것(축코딩) 등의 형식이 있다. 이러한 범주들이 교차하면서 이론이 만들어지며(선택코딩), 이러한 이론은 다이어그램 혹은 가설이나 논의의 형태로 표현될 수 있다(Strauss & Corbin, 1990). 반면, 덜 구조화된 방식으로 자료분석이 이루어질 수도 있는데, 이때에는 범주에 내포된 의미를 꿰뚫음으로써 이론개발의 기초가 생겨난다(Charmaz, 2013).

(3) 유형

가장 유명한 두 가지 근거이론 접근은 스트라우스와 코빈(Strauss & Corbin, 1990)의 체계적 접근과 차마즈(Charmaz, 2013)의 구성주의적 접근을 들 수 있다.

스트라우스와 코빈의 체계적 분석적 절차에 따르면 연구자는 특정주제에 대한 과정, 행동, 상호작용을 설명하는 이론을 체계적으로 개발하고자 한다. 통상 범주를 포화시킬 때까지 면접자료를 수집하고자 하며, 이를 위해 현장에 여러 번 방문하며 20~30회 정도의 면접을 수행한다. 여기서 범주는 사건, 해프닝, 사례 등으로 구성된 정보단위를 대표한다. 근거이론 연구자는 자료를 수집하는 동시에 분석을 시작한다. 현장에서 자료를 수집하고, 연구실에 와서 자료를 분석한 다음, 다시 현장으로 가서 더 많은 정보를 수집하고, 이를 다시 연구실에서 분석하는 과정을 반복하는 것이다. 근거이론 연구에서는 이론적 표집방법을 활용하는데, 즉 연구자가 이론을 가장 잘 형성하도록 돕기 위하여 연구참여자를 이론적으로 선택하는 것이다. 범주들이 포화되고 이론이 복합적으로 충분히 정교화되면 자료수집을 멈춘다. 이렇게 자료수집에 의한 정보들을 가지고 비교하여 범주화시키는 과정을 지속적 비교방법이라고 한다.

연구자는 개방코딩에서 시작하는데, 이는 자료를 주요한 정보의 범주로 코딩하는 것을 말한다. 개방코딩에서 축코딩이 나타나게 되는데, 여기서 연구자는 초점이 되는 개방코딩 범주, 즉 중심현상을 확인하고 나서 자료로 돌아가 이 중심현상 주위의 범주들을 구성하게 된다. 스트라우스와 코빈(1990)은 범주들의 유형을 규정하고 있는데, 인과조건(중심현상의 원인이 되는 요인들), 전략(중심현상에 대한 반응으로 취하는 행동들), 맥락조건과 중재조건(전략에 영향을 미치는 광범위하고 구체적인 상황적 요인들), 그리고 결과(전략들을 활용한 결과)로 구성된다. 이러한 범주들은 축코딩이라고 부르는 시각적 모형 속에 자리 잡으며 중심현상을 둘러싸고 있다. 축코딩 후 마지막 단계는 선택코딩인데, 여기서 연구자는 모형 내의 범주들을 상호관련된 명제로 발전시키거나 모형 내의 범주들 간 상호관계를 기술하는 이야기를 결합하게 된다.

사회복지분야에서 이러한 체계적 절차를 따른 근거이론 연구의 예로는 소아암 부모모임 리더들의 자조집단 참여경험을 살펴본 김진숙(2005)의 연구가 있다. 김진숙(2005)의 연구는 소아암 부모들이 어떻게 자조집단의 리더로 참여하게 되는지를 탐구하였다. 중심현상은 '등떠밀려 나섬'으로 나타났다. 이러한 현상의 인과적 조건과 맥락적 조건, 중재조건, 상호작용전략, 그리고 결과로 제시되었다. 핵심범주는 '등떠밀려 나서서 모임 이끌어 가기'로 구체화되었고, 경험의 유형을 4가지로 유형화하였다. 또한 경험과정을 5단계를 거치는 것으로 제시하였다. 이 연구는 스트라우스와 코빈이 제시한 개방코딩과, 축코딩을 통한 패러다임 모형의 구성, 선택코딩을 통한 경험의 이야기 윤곽 및 경험의 유형화를 잘 보여 주고 있다.

근거이론의 두 번째 유형은 차마즈(2013)의 구성주의적 근거이론이다. 차마즈는 사회구성주의적 관점에 기반하여 질적연구에 대해 해석학적 접근을 취한다. 스트라우스와 코빈(1990)의 접근에서 제시되는 복합적 용어나 도해, 개념지도, 체계적 접근 등이 오히려 경직되고 근거이론을 손상시킨다고 하며, 연구방법보다는 개인의 관점이나 가치, 신념, 감정, 가정, 이데올로기 등을 더 강조하였다. 차마즈의 구성주의 근거이론은 유연한 지침을 강조하고, 연구자의 관점에 따라 개발된 이론에 초점을 두며, 관계 내의 경험에 대한 학습, 권력, 의사소통, 기회에 대한 시각적 위계구조 형성 등에 중점을 두었다. 또한 구성주의적 근거이론에서의 절차는 그 과정에서 연구자의 역할을 최소화하지 않는다. 연구자는 과정 전반에 걸쳐 범주들에 대해 결정을 내리며, 자료에 질문을 던지고, 개인적 가치나 경험, 우선순위들을 전개한다.

사회복지연구 중 미혼모들을 심층면접하여 출산과 양육의 경험을 살펴본 강라현 (2021)의 연구가 구성주의 근거이론으로 수행된 연구이다. 이 연구는 8명의 미혼모를 대상으로 심층면담을 수행하여 아이를 양육하는 미혼모들의 삶의 경험을 살펴보았다. 연구자는 미혼모들의 주관적 경험뿐만 아니라 속해 있는 사회의 구조 속에서 이를 해석하고자 하였기 때문에 구성주의 근거이론으로 접근했다고 하였다. 수집된 자료에 대해 초기코딩, 초점코딩, 이론적 코딩을 하고 이론적 코딩을 중심으로 서술적 이야기를 구성했다. 제시된 연구결과를 보면 스트라우스와 코빈의 체계적 접근에 비해 분석과정이 더 유연함을 알 수 있다. 또한 이론적 코딩에서 연구참여자들의 이야기 외에도 우리 사회의 미혼모 담론이 함께 삽입되어 있어, 연구자의 해석이 상대적으로 많이 드러나는 것을 볼 수 있다.

3) 현상학적 연구

(1) 연구의 초점

현상학적 연구는 하나의 개념이나 현상을 경험한 여러 개인을 대상으로 체험의 공통적 의미를 탐구하고자 한다. 연구자들은 모든 연구참여자들이 현상을 경험하면서 공통적으로 가지게 된 것을 묘사하는 데 초점을 둔다. 현상학의 기본 목적은 현상에 대한 개인의 경험들을 보편적 본질에 대한 기술로 축소하는 것이다. 이러한 목적을 달성하기 위해 질적연구자들은 현상을 확인한다. 이어서 연구자는 현상을 경험한 사람들로부터 자료를 수집하고 모든 개인들에게 나타나는 경험의 본질에 대한 복합적인 기술을 전개하게 된다. 이러한 기술은 그들이 '무엇'을 경험했는지와 그것을 '어떻게' 경험했는지로 구성된다(Moustakas, 1994).

(2) 특징

현상학적 연구는 단일한 개념 혹은 아이디어의 형태로 표현되고 탐구되는 '현상'을 강조한다. 따라서 현상을 탐구하기 위해 그러한 현상을 온전히 경험한 개인들과 현상을 탐구하게 되며, 이때 연구참여자는 3~4명 혹은 10~15명 정도로 규모가 다양할 수 있다. 현상학 연구에서는 기본적 아이디어에 대한 현상학적 논의가 이루어 지는데, 개인들의 생생한 체험 그리고 체험들이 현상에 대한 주관적 경험과 다른 사람과 공통되는 객관적인 경험 모두를 갖는 방식 등을 중심으로 논의가 진행된다. 이 러한 점에서 현상학은 주관적-객관적 관점을 거부하며, 이러한 인식론적 입장 때문에 질적연구와 양적연구의 연속선상의 어느 지점에 위치하는 것으로 보기도 한다.

현상학 연구에서 중요한 개념 중 하나가 '괄호치기'이다. 연구자는 현상과 관련된 개인적 경험을 논의하면서 연구로부터 자신을 괄호치기 한다. 이것은 현상과 관련된 개인적 경험을 확인하고 연구참여자의 경험에 초점을 맞출 수 있도록 개인적 경험을 부분적으로 한쪽에 치워 놓는 것을 말한다. 지오르기(Giorgi, 2009)는 괄호치기란 경험을 밝히는 과정에서 과거지식이 관여하지 않도록 하는 것이라고 하였다.

자료수집은 그 현상을 경험한 개인들에 대한 면접이 전형적이며, 어떤 현상학적 연구는 시, 관찰, 문서와 같은 다양한 자료원을 수반하기도 한다. 자료의 분석은 협소한 분석단위(예: 중요한 진술)로부터 더 넓은 분석단위(예: 의미단위)까지, 그리고 개인들이 '무엇을' 경험했는지와 '어떻게' 경험했는지를 요약한 상세한 기술에 이르기까지 진행되는 체계적인 절차를 따라 이루어진다. 마지막으로 개인들이 '무엇을' 경험했는지와 '어떻게' 경험했는지를 통합하여 개인들의 경험의 본질을 논의하는 기술적인 구절로 현상학 연구가 끝이 난다. '본질'은 현상학적 연구의 궁극적 측면이다.

(3) 유형

반 매넌(van Manen, 1997)의 해석학적 현상학과 무스타카스(Moustakas, 1994)의 경험적, 초월론적 또는 심리학적 현상학이 있다.

반 매넌은 교육학 배경을 가지고 있는데, 그의 접근은 건강관련 문헌에서 자주 인용된다. 현상학이 체험의 순수한 기술을 의미한다면 해석학은 '텍스트'나 상징 형식을 통한 경험의 해석을 지향한다는 점에서 다르다. 반 매넌의 해석학적 현상학에서는 체험에 대한 기술뿐만 아니라 연구자가 체험의 의미에 대해 해석하는 해석과정을 중시하였다. 연구자는 현상에 대해 진지한 관심을 가지고, 체험의 특성을 구성하는 본질적인 주제들을 찾아낸다. 그리고 연구주제와 강력한 관계를 유지하고 글 전체에 대한 부분들 간의 균형을 맞추면서 현상에 대해 기술해 나간다. 이런 점에서 해석학적 현상학은 기술일 뿐만 아니라 연구자가 체험의 의미에 대해 해석하는 해석과정이다(van Manen, 1997).

이러한 해석학적 현상학 연구의 예로 북한 출신 사회복지사의 실천경험을 살펴본 이민영 등(2016)의 연구가 있다. 이민영(2016)의 연구는 북한 출신 사회복지사의 실천경험을 살펴보며, 본질적 주제를 '두 길 사이를 가로놓으며, 함께 살아냄'이라고 하였다. 주제분석을 통해 '두 길'에 대한 4가지 주제(두 길 사이에 들어섬, 두 길을 가로놓음, 두 길 사이에서 어긋남, 두 길 사이에서 살아냄)를 도출하였다. 이렇게 '두 길'을 중심으로 하는 주제분석의 명명은 자신의 원문화인 북한을 벗어나 남한 주류사회에 살아가는 연구참여자들의 경험을 나타내기도 하며, 동시에 서비스 수혜자 당사자였다가 다시 전문성을 갖춘 서비스 제공자로서의 경험도 담아 내고 있는 비유로 볼 수 있다. 이렇게 해석학적 현상학에서는 경험의 본질을 기술할 때 비유나 상징을 활용한다.

무스타카스(1994)의 초월론적 혹은 심리학적 현상학은 연구자의 해석에 대해서는 초점을 덜 두는 반면, 연구참여자의 경험에 대한 기술에 더 초점을 둔다. 또한 '판단중지'[후설(Husserl)의 에포크(epoche)]에 초점을 두는데, 즉 연구자는 자신의 경험을 최대한 가두고 현상에 대한 신선한 관점을 가지기 위해 노력한다. 무스타카스가 제시한 연구절차는 연구할 현상 확인하기, 자신의 경험 괄호치기하기, 현상을 경험해 온 여러 사람으로부터 자료 수집하기 등으로 구성된다. 연구자는 정보들을 의미 있는 진술이나 인용문들로 줄임으로써 자료를 분석하고, 이러한 진술들을 주제로 결합한다. 이러한 절차를 따르면서 연구자는 사람들의 경험에 대한 조직적 기술과 그들의 경험에 대한 구조적 기술, 그리고 경험의 전반적인 본질을 전달하기 위한 조직적, 구조적 기술의 결합을 전개한다.

김분한 외(1999)의 연구는 현상학적 전통에서 자료분석방법을 제시한 지오르기와 콜라이치(Colaizzi), 그리고 반 캠(van Kaam)의 방법을 비교하여 설명한다. 암환자 가족 3명을 대상으로 질병경험에 대해 심층면담한 자료를 가지고 43개의 의미 있는 진술문을 추출한 다음, 분석할 때 3가지 다른 방법으로 분석하여 제시하여 각 방법의 차이점을 더 잘 이해할 수 있게 나타내 주었다. 지오르기의 방법은 상황적 구조적 진술에서 연구참여자 개개인의 독특성을 상세하게 설명하고, 일반적 구조적 진술에서 전체 연구참여자의 경험을 통합하는 방식이다. 같은 가족이라도 남편과 딸, 맏며느리가 느끼는 개별적 반응이 다름을 알 수 있다. 콜라이치 방법은 개인별 특성보다는 전체 연구참여자의 공통점을 도출하는 데 초점을 둔다. 원자료에서 의미 있는 문장을 찾아낸 후 의미 있는 진술로 추출하여 연구자의 언어로 의미를 구성하고, 구성된 의미를 주제묶음 또는 범주로 조직한 다음, 결과를 통합해서 현상의 본질을 나타내는 진술을 한다. '부정적 대처'의 범주와 '긍정적 대처'의 범주가 나타났다. 가족구성원 전체의 경험을 도출하였기 때문에 구성원별 경험은 파악하기 어렵다. 반 캠의 방법은 의미 있는 진술의 빈도와 순서를 찾아낼 수 있는 양적 특성을 가지고 있다. 또한 전체 참여자의 경험을 도출한다는 점에서는 콜라이치의 방법과 유사하지만 콜라이치의 방법에서 주제는 연구참여자의 언어를 빌어서 기술하는 반면, 반 캠의 방법에서는 참여자의 의미 있는 진술에서 부주제를 선정하고 이를 다시 통합하여 주제 및 범주로 조직한다. 또한 주제를 제시할 때 참여자의 표현 그대로가 아니라 연구자의 정련된 언어로 기술한다는 점에서 지오르기의 방법과도 차별화된다. 반 캠의 방법으로 분석한 가족경험은 '가족기능의 변화'와 '부담감'의 두 가지 범주로 나타났다. '기능 변화'의 주제로는 '긍정적 태도' '역할 갈등' '부정적 태도' '적극적 태도' '수동적 태도'가 있었고, '부담감'의 주제로는 '심리적 부담감' '신체적 부담감' '경제적 부담감'이 도출되었다. 반 캠 방법의 강점은 구성원 전체가 경험하는 내용의 빈도수에 따라 우선순위를 알 수 있다는 점이다. 이렇게 경험에 대한 기술방식, 의미의 구성, 주제와 범주에 대한 명명과정 등에서 연구접근에 따라 서로 다른 차이가 있고, 연구자의 주관적 견해가 반영됨을 알 수 있다.

사회복지분야에서 이루어진 현상학적 연구 중 콜라이치의 분석방법을 따른 연구의 예로 미혼 양육모의 양육 결정의 체험을 분석한 김혜선과 김은하(2006)의 연구가 있다. 이 연구는 미혼모 시설에 거주하고 있는 미혼 양육모 7명을 대상으로 양육결정을 한 경험이 무엇인지 심층면접하였다. 수집된 자료에서 의미있는 진술을 추출하여 일반적 형태로 재진술하고 구성된 의미를 22개의 주제와 7개의 주제묶음으로 구성하였다. 연구자는 미혼모의 양육결정 체험의 의미가 '회생'이라고 하였다.

반면, 김은덕과 김혜미(2022)의 연구는 북한이탈주민이 한국사회에서 경험한 차별에 대해 지오르기의 현상학적 방법으로 분석한 연구이다. 김은덕과 김혜미(2022)는 북한이탈주민이 남한에서 경험하는 차별의 본질적 의미를 이해하고자 하였다. 즉 이들의 차별경험이 무엇을 의미하는지, 무엇이 이들을 차별받게 하는지, 차별경험이 어떻게 나타나는지, 이러한 차별경험이 그들을 어떻게 변화시키는지를 밝히고자 하였다. 이를 위해 북한이탈주민 3명을 대상으로 심층면접한 자료를 지오르기의 기술적 현상학적 연구방법에 따라 분석하였다. 상황적 구조 진술에서 각 연구참여자들의 개별적 상황에 대해서 기술하였고, 일반적 구조 진술에서 차별의 원인과 결과에 대한 일반적 구조를 모형화하여 제시하였다. 차별의 원인은 남한 사람들의 문화 우월감으로 나타났고, 차별의 결과는 북한이탈주민들의 문화열등감으로 나타났으며, 이에 따라 북한이탈주민들은 스스로 차별을 받아들이며, 같은 북한이탈주민들을 차별하는 것으로 드러났다.

4) 사례연구

(1) 연구의 초점

사례연구는 경계를 가진 체계인 '사례'에 대해 그 특정한 현상의 복잡성과 다양성을 깊이 있게 이해하고자 할 때 활용된다. 즉, 범위가 한정된 연구의 풍부한 묘사(thick descriptions)를 위해 활용되는 연구방법이다(Stake, 1995). 사례연구의 대상은 단일한 사례일 수도 있고 복합적 사례(다수 사례)가 될 수도 있다. 이때 사례의 경계가 연구의 범위를 한정짓는다. 연구자는 한정된 범위의 대상에 대한 풍부한 묘사를 위해 연구질문과 관련된 자료수집을 극대화하고자 하며, 다양한 정보원(예컨대 관찰, 면접, 시청각자료, 문서와 보고서 등)으로부터 상세하고 심층적인 자료를 수집한다(Creswell & Creswell, 2022).

(2) 특징

사례연구는 기술하고 분석할 특정 사례를 확인하는 것에서 시작한다. 사례는 개인, 지역사회, 의사결정과정, 사건 등이 될 수 있다. 하나의 사례가 선택될 수도 있고 다양한 사례를 서로 비교할 수도 있다. 일반적으로 정확한 정보를 얻기 위해 현재 진행 중인 실제 사례를 연구한다. 사례 확인의 핵심은 사례가 경계를 갖는다는 점이다. 예를 들어, 사례가 일어난 특정 장소나 사례의 시간 같은 것이 사례의 경계를 정하게 된다. 때로는 사례에 참여한 특정한 사람이 경계로 정의될 수도 있다.

사례연구의 목적은 독특한 사례, 상세히 알려질 필요가 있는 사례를 설명하기 위한 연구로 수행될 수 있으며, 이를 본질적 사례연구라고 한다. 이에 반해, 사례연구의 목적이 특정한 문제를 이해하기 위해 선택된 경우, 이를 도구적 사례연구라고 부른다. 좋은 질적 사례연구의 특징은 사례에 대한 철저하고 상세한 이해를 제시하는 것이다. 이를 위해 연구자는 여러 형태의 질적 자료를 수집, 통합하게 된다.

사례연구에서 자료분석의 방법은 다양할 수 있다. 사례 안에 복합적 단위들이 있을 때 단위에 대한 분석을 하기도 한다. 반면, 전체 사례를 보고할 수도 있다. 사례기술의 핵심은 사례주제를 발견하는 것이다. 이러한 주제는 각 사례에서 연구하는 특정 상황이나 문제를 나타낸다. 사례에 대한 기술 그리고 사례연구에서 드러난 주제에 대한 기술로 사례연구 결과가 완성된다. 사례주제를 정리할 때에는 연대순으로 하기도 하고, 사례 간 유사점과 차이점에 따라 사례를 넘나들면서 분석할 수도 있다. 사례연구는 보통 사례로부터 도출된 전반적 의미에 대한 연구자의 결론으로 마무리된다. 이것을 '주장' 혹은 '패턴' '설명' 구축이라고 한다.

사회복지분야에서 김문근(2007)의 연구는 「정신보건법」상의 강제입원조항이 어떻게 정신질환자의 인권을 침해하는 기제로 작동하는지를 단일 사례를 분석함으로써 보여 주었다. 보호의무자에 의해 정신병원에 강제입원되었던 개인이 소송을 제기한 최초의 사례로서 이에 대한 언론보도, 판결문, 후속적인 법원의 심리과정 등이 전개되는 과정에서 정신보건법에 의한 입원이 가지는 문제점이 잘 드러나는 희귀한 사례였다. 이 연구에서는 특히 연구참여자의 진술뿐 아니라 여러 방송매체와 법원기록에 나타난 내용을 분석하여 다양한 출처의 정보를 활용하는 사례연구의 특징이 잘 나타난다.

복수사례연구의 예로는 단일기관에 속한 여러 명의 연구참여자를 인터뷰하여 분석한 하경희(2020)의 연구를 들 수 있다. 이 연구는 정신장애인 동료지원서비스에 관심을 두고 이러한 서비스를 상당기간 동안 운영해 온 한 기관에서 서비스 이용자와 서비스 제공자를 모두 면접하고 기관의 기록물을 함께 분석하였다. 이 연구에서는 사례의 맥락이 되는 시설의 동료지원 서비스에 대하여 설명하고, 다수사례연구의 결과에서 많이 이루어지는 사례 내 분석과 사례 간 분석이 잘 제시되어 있다.

5) 내러티브 연구

(1) 연구의 초점

내러티브란 이야기, 즉 비교적 긴 개인의 경험이나 역사적으로 전해 내려온 이야기를 정리한 것을 지칭한다. 연구방법으로서 내러티브는 연구자가 개인의 삶을 연구하고자 1명 또는 그 이상의 개인에게 그들의 삶에 대한 이야기를 제시해 달라고 요청하는 연구설계(Riessman, 2008)로, 인문학 분야에 뿌리를 두고 있다. 인간은 자신이 경험했던 것들에 '이야기'라는 구조를 부여함으로써 그 경험의 의미를 이해하게 된다고 한다. 실제로 어떤 개인의 삶에 큰 의미를 부여한 사건들은 이야기의 형태로 기억되고, 이야기를 통해 타인에게 전달된다(유기웅 외, 2018).

내러티브 연구자들은 개인이 살아온 경험에 관한 이야기들을 수집한다. 이러한 이야기에는 이야기를 하는 사람의 관점과 이야기 속 등장인물들의 다양한 경험, 그리고 이야기가 벌어지는 사회적·문화적 배경이 모두 다 담겨 있어 개인의 삶이 가지는 복잡성이 통합적으로 그려져 있다. 내러티브 연구자는 이러한 이야기를 듣고 분석하고 정리하면서 이야기를 하는 화자의 경험과 그 의미를 이해하고자 한다. 개인의 삶에 대한 정보들은 연구자에 의해 이야기식 연대기로 재진술되며, 종종 연구의 마지막 부분에서는 연구참여자 개인의 삶으로부터 나온 관점과 연구자의 삶에서 나온 관점이 결합된 협동적 이야기가 제시된다(Creswell & Creswell, 2022). 이러한 내러티브 연구의 접근방식은 개개인의 표현이나 이해의 다양성을 인정하므로 하나의 목소리로 압축해서 표현하기 어려운 지식을 생산할 수 있게 해 준다.

(2) 특징

내러티브 연구자들은 개인이나 문서 등으로부터 개인이 살아온 경험, 이야기된 경험에 관한 '이야기'를 수집한다. 이러한 이야기들은 연구자에게 구술한 이야기로부터 나올 수도 있고, 연구자와 참여자가 함께 구성한 이야기로부터 나올 수도 있다. 이야기가 연구자와 참여자들의 대화 혹은 상호작용을 통해 나온다는 점은 내러티브 연구의 강력한 협력적 특징이다.

내러티브 이야기들은 개인적 경험을 알리고 또한 개인의 정체성과 스스로를 보는 방식을 해명하기도 한다. 이러한 내러티브 이야기들은 자료수집의 가장 기본적인 형태인 면접을 통해서뿐만 아니라 관찰, 문서, 사진, 기타 질적 자료 등 다양한 형태의 자료를 통해 구성된다. 내러티브 이야기들은 연구참여자들이 연대순으로 말하지 않았더라도 연대순으로 다시 정리되는 경우가 일반적이다. 개인의 경험과 삶에 대해 이야기할 때 시간의 변화가 있을 수 있고, 과거나 현재 혹은 미래에 대해 이야기할 수 있기 때문이다.

(3) 분석

내러티브 연구에서 자료분석의 가장 큰 특징은 자료를 세분화하여 이해하기보다 자료를 전체 이야기의 배경 안에서 분석한다는 것이다. 즉, 세분화된 자료와 자료를 비교분석하는 것이 아니라, 이야기 안에 포함된 하나의 사건의 의미를 이해하기 위해서 그 사건의 현재, 과거, 미래의 맥락을 고려하여 이해하고자 하며, 따라서 통상 한 사람의 이야기와 다른 사람의 이야기를 비교하여 분석한다.

내러티브 이야기들은 다양한 전략을 사용하여 분석된다. 이야기된 내용에 관해 분석이 이루어질 수도 있고(주제분석), 스토리텔링 특성에 대해 분석할 수도 있고(구조분석), 혹은 이야기의 대상에 관해서 분석할 수도 있다(대화/행위 분석). 또한 내러티브 이야기들은 특정 장소 혹은 상황에서 발생하므로, 이야기를 내용 그대로 해석하기보다 이야기를 둘러싼 사회적·정치적·문화적 맥락과 연결하여 이해하는 것이 중요하다.

내러티브 분석을 할 때 개인이 가진 경험의 의미를 묘사하고 이해하기 위해서는 시간적 · 공간적 · 개인-사회적 차원을 고려하는 것이 중요하다(Clandinin & Connelly, 2000). 연구자는 삼차원적 탐구공간에 위치한 당사자의 내러티브를 어떠한 틀로 재구성할지 결정하기 위해 내적지향(inward), 외적지향(outward), 과거지향(backward), 미래지향(forward)의 네 가지 방향성을 고려해야 한다. 내적지향은 개인이 갖는 내재적 조건 및 상호적으로 '느낌, 희망, 심미적 반응, 도덕적 성향' 등을 말하며, 외적 지향은 개인의 주변을 둘러싸고 있는 환경의 조건 및 상호작용을 의미한다. 과거지향과 미래지향은 시간의 연속성을 의미하는 것으로 과거, 현재, 미래의 시간 속에서 일어나는 연속적인 경험들을 모두 포함하게 된다.

클랜디닌과 코넬리(Clandinin & Connelly, 2000)가 제안한 분석방법을 보면, 첫째, 연구자가 분석을 시작하기 전에 자기 자신의 경험에 대한 내러티브를 구성해 보도록 한다. 연구주제와 관련해서 연구자가 지금의 관점을 형성하게 만든 과거의 사건이나 경험에 대한 개인적-사회적 의미, 경험이 이루어졌던 환경적 맥락 등을 성찰하고 탐구하는 것이다. 둘째, 내러티브의 시간적 연속성을 분석한다. 연구참여자들의 과거의 삶을 분석하여 성장 배경이나, 어떤 이유로 무엇을 했는지 등을 분석함으로써 그들의 내러티브를 보다 잘 이해하고자 하는 것이다. 셋째, 내러티브의 개인적-사회적 의미에 대해 분석한다. 개인의 삶은 사회적 · 문화적 · 역사적 배경에 영향을 받으며, 한 개인의 삶은 사회적으로 다양한 의미를 갖게 되기 때문이다.

연구자는 연구참여자와 적극적인 상호작용을 하면서 연구참여자의 이야기를 이해가 되는 틀로 재구성한다. 이야기 재구성은 이야기들을 몇 가지 일반적 틀로 재조직하는 과정이다. 이 틀은 이야기의 수집, 주요 요소(시간, 장소, 구조, 장면 등)로 분석, 연대기 순으로 배치하는 등의 과정을 통해 이야기를 다시 쓰는 것으로 구성될 수 있다. 재구성의 과정에서 연구자는 아이디어들간의 인과적 연결을 제공한다. 이렇게 연구자와 연구참여자 간에 이루어지는 상호작용적 관계는 내러티브 연구에서 매우 핵심적인 특징이다. 이 과정에서 당사자들은 분석에 대한 타당성 검증을 추가하면서 이야기들의 의미를 협의한다. 연구참여자의 이야기 안에, 자신의 인생에 대한 통찰을 얻은 연구자의 이야기가 뒤섞여 있을 수 있다. 또한 이야기 안에는 이야기 줄거리를 극적으로 바꾸게 한 사건이나 전환점 등이 있을 수 있다.

국내에서 이루어진 내러티브 탐구의 예로는 배영미와 서홍란(2017)의 연구가 있다. 이들은 아내학대 생존자들이 쉼터에서 학대피해 여성을 대상으로 원조를 제공하는 경험을 어떻게 성찰하는지에 관심을 가지고 과거에 피해자로서 쉼터 서비스를 이용한 경험이 있으면서 실천가로서 쉼터에서 1년 이상 일하고 있거나 일한 경험이 있는 아내학대 생존자 3명을 연구대상으로 하였다. 심층면접을 통해 자료를 수집하였고, 연구참여자들의 구술 내용 외에 연구메모와 일지, 연구참여자가 기관 소식지 등에 발표한 글을 분석자료로 활용했다. 연구결과에서 연구참여자들의 삶의 이야기를 개별 연구참여자별로 기술한 후, 학대피해여성 원조경험에 대한 내러티브를 원조를 하게 된 동기, 원조활동의 의미, 원조경험에 대한 성찰로 구성하여 제시하였다. 연구참여자들은 원조활동을 시작하면서 삶의 전환점을 맞이하게 되었고 미래에 대한 희망을 품게 되었다고 하였으며, 연구자는 이를 자신에 대한 정체성과 삶에 대한 내러티브가 변화되고 있음을 나타낸다고 보았다.

3. 질적연구의 과정

1) 연구주제의 선정(연구의 목적)

질적연구를 수행하는 가장 첫 단계는 연구주제를 정하는 것이다. 질적연구를 활용하는 것이 보다 적절한 연구주제가 있다. 로플랜드와 로플랜드(Lofland & Lofland, 1995)는 질적연구의 대상으로 실천(다양한 유형의 행위), 이야기(다양한 형태의 사건), 접촉, 역할(직업, 가족역할, 등 사람들이 차지하는 지위와 그에 관련된 행위의 분석), 관계(둘 또는 여러 사람 사이의 관계와 역할행위 등), 집단(친구집단, 운동팀, 업무집단 등 소규모 집단), 조직 및 부락(동네, 빈민가 등 소규모 사회), 사회적 세계, 생활양식 혹은 하위문화 등을 연구할 수 있다고 하였다. 잘 알려지지 않은 주제에 대한 탐구, 민감하고 정서적으로 깊이 있는 주제, 실제로 어떤 삶을 살고 있는 사람들의 시각에서 '살아 있는 경험'을 이해하고자 할 때(경험의 의미 도출), 프로그램과 개입이라는 블랙박스의 내면을 이해하고자 할 때, 양적연구에서 발견한 내용을 설명하기 어려울 때, 그리고 연구와 적극적 행동을 하나로 묶고자 하는 경우에도 질적연구방법을 활용하는 것이 좋다(Padgett, 2017). 이렇게 질적연구의 주제를 정하면 연구자가 연구하고자 하는 주제가 무엇인지, 어떻게 이해하고자 하는지에 따라 질적연구의 접근유형을 결정한다.

2) 표집

연구주제와 접근유형이 결정되면, 질적연구자는 탐구하고자 하는 현상을 가장 잘 보여 줄 수 있는 연구참여자를 찾게 된다. 양적연구에서의 표집이 전체 모집단에 대한 대표성을 확보하여 일반화의 가능성을 높이는 것이 주요한 관건이라면, 질적연구에서의 표집은 연구하고자 하는 개념이나 이론을 밝히기 위해 이루어진다. 이렇게 연구자가 관심을 둔 현상에 대한 정보를 가지고 있는 연구참여자를 대상으로 한다는 점에서 질적연구의 표집은 의도적 표집으로 분류된다. 표집은 대체로 연구초반에 많이 활용되지만, 질적연구에서는 연구 후반에 자료분석에 기반해서 추가정보를 얻기 위해 일부 표집을 하기도 한다(Padgett, 2024). 의도적 표집은 주요한 의도가 무엇이냐에 따라 여러 유형으로 세분할 수 있다.

(1) 기준 표집

기준 표집(criterion sampling)이란 연구자가 연구하고자 하는 초점에 맞추어 미리 결정한 어떤 기준점을 넘어서는 사례들을 선정하는 것이다. 이 방법은 민속지학 연구나 현상학적 연구에서 많이 활용되는 표집방법으로서, 연구대상인 현상에 대하여 중요한 정보를 줄 수 있는 좋은 사례들을 선정하기 위해 사용한다. 예를 들면, 직업재활훈련 프로그램에 1년 이상 꾸준히 참여한 사람들을 선정하는 경우를 들 수 있다. 이때 직업재활 훈련 프로그램 참여경험에 대하여 다양한 정보를 제공하려면 최소한 1년 이상은 프로그램에 참여했어야 한다는 기준을 적용하여 사례를 선정한 것이다. 이러한 방법을 변형하여 해당분야 전문가들에게 연구기준에 부합하는 사람들을 지명하도록 하여 연구참여자를 선정하기도 한다.

(2) 전형적 사례 표집

전형적 사례 표집(typical case sampling)이란 연구대상집단의 평균적인 특성을 가진 구성원을 표집하는 것으로, 예를 들어 자폐아동 부모의 특성을 대표한다고 생각되는 자폐아동 부모를 표집하는 것이다.

(3) 극단적 또는 일탈적 사례 표집

극단적 또는 일탈적 사례 표집(extreme or deviant case sampling)이란 연구하고자하는 현상이 매우 특이하게 표출되는 사례, 현상의 '가장 바깥쪽 경계'에 해당하는 사례를 선정하는 것이다. 예를 들어, 어떤 기관에서 시행된 직업재활 훈련 프로그램 참여자의 대다수가 통상 1년 이상 취업상태를 유지하지 못하는 패턴을 보이는 데 반해 참여자 중 한두 명이 5년째 지속적으로 한 곳에서 고용상태를 유지하고 있을 경우, 이러한 사례를 극단적 사례라고 할 수 있다.

(4) 최대변이 표집

최대변이 표집(maximum variation sampling)은 다양한 사례들로부터 추출한 공통적 유형이 결국 그 집단의 핵심적인 경험이나 양상을 파악하는 데 중요하다고 보고 작은 표본 내에 다양한 속성을 가진 사례들을 골고루 확보하고자 하는 표집방법이다. 연구자는 선정된 연구참여자들의 다양한 특성들을 기록하고 중요한 공통적 패턴을 확인한다. 예를 들어, 직업재활프로그램 참여자 중 고용기간이 아주 짧은 사람, 중간인 사람, 매우 긴 사람을 골고루 표집하는 것을 들 수 있다.

이러한 표집방법은 다양한 경험을 가진 참여자들을 선정함으로써 각 사례의 독특성을 자세히 묘사하고 경험의 다양성을 이해할 수 있게 해 준다. 또한 다양한 참여자들의 경험에서 전반적으로 나타나는 핵심요소와 공통된 주제나 양상도 파악할 수 있다. 이러한 최대변이 표집 전략은 결과물을 전체 집단에 일반화시키기 위한 것이라기보다는 연구참여자들이 경험하는 다양한 경험의 변이와 그 안에서 나타나는 중대한 공통유형을 설명해 주는 정보를 찾는 데 목적이 있다.

(5) 동질적 표집

동질적 표집(homogeneous sampling)은 말 그대로 표본의 동질성을 중심으로 하는 표집방법으로, 최대변이 표집과 대조된다. 특정 하위집단을 심층적으로 이해하고 묘사하고자 할 때 주로 활용된다. 직업재활프로그램 참여자 중 고용기간이 매우 짧은 사람만을 선정하는 것을 예로 들 수 있다.

(6) 이론적 표집

이론적 표집(theoretical sampling)은 근거이론을 주창한 글레이저와 스트라우스가 제시한 방법으로, 연구자의 연구문제나 이론적 입장과 분석틀, 도출하고자 하는 설명을 염두에 두고 탐구할 집단이나 범주를 선택하는 것을 말한다. 이론적 표집은 연구자의 이론이나 설명을 도출해내고 검증하는 데 도움이 되는 특징이나 범주들을 포함하므로, 이론적으로 의미를 부여할 수 있는 표본을 구성하는 데 중점을 둔다. 이때 지속적 비교를 통해 범주들을 수정해 나가는 과정에서 속성과 차원에 따라 조건을 변화시키면서 장소나 사람, 사건을 찾아 표집한다. 따라서 이론적 표집은 연구를 시작하기 전에 미리 결정된다기보다는 연구과정을 통해 발전하는 것으로 볼 수 있다. 이렇게 유사성과 차이에 대한 속성에 따라 개념을 비교할 기회를 최대화하는 것은 연구자가 범주의 밀도를 높이고 이들을 차별화하고, 그 변화가능성의 범위를 구체화할 수 있게 한다.

이러한 점에서 이론적 표집은 누적적이다. 각각의 추출된 사건은 이전의 자료수집과 분석으로부터 이루어지며, 거기에 추가된다. 게다가 표본추출은 분석자가 진화하는 이론에 의해 인도되기 때문에 시간이 지남에 따라 더 구체화된다. 처음의 표집에서 연구자는 가능한 한 많은 범주를 만들어 낸다. 일단 몇 개의 범주를 얻게 되면, 이러한 범주를 발전시키고 밀도를 더하고 포화시키는 것을 목적으로 표집이 이루어진다. 이러한 과정은 새로운 개념이나 분류, 이론이 더 이상 나타나지 않는 '포화'가 이루어질 때까지 반복된다.

(7) 확증적 또는 비확증적 표집

확증적 또는 비확증적 표집(confirming or disconfirming sampling)이란 초기 분석에서 형성된 유형이나 이론의 타당성을 검증하기 위해 이론적 표집을 한 단계 더 발전시킨 표집이라고 볼 수 있다. 이미 나타난 유형이나 이론과 일치하는 사례를 통해 결과물을 확인하고 보충하며 신뢰도와 깊이를 더해 주기도 하고, 잘 맞지 않는 사례를 선정하여 탐색함으로써 기존의 유형과 다른 유형을 발견하고 경쟁적 해석을 할 수 있게 되며, 분석결과를 수정 보완할 수도 있다.

이상에서 살펴본 여러 표집방법은 모두 질적연구의 초점이나 목적에 따라 연구자가 연구참여자를 선택한다는 점에서 의도적 표집이라고 할 수 있다. 이러한 의도적 표집은 양적연구에서 말하는 편의표집과는 다르다. 편의표집이 접근가능한 응답자를 선정하는 것이라면, 의도적 표집은 접근가능성이 아니라 연구목적을 중심으로 연구참여자를 선정하기 때문이다.

이밖에 질적연구에서 많이 활용하는 표집방법으로 눈덩이 표집(snowball sampling)이 있다. 눈덩이 표집이란 연구에 부합되는 사례를 잘 알고 있는 사람으로부터 사례를 소개받아서 연구참여자를 모집하는 방법이다. 연구자는 모르는 연구참여자들의 인적 네트워크 등을 활용해서 표본을 늘려 간다는 의미에서 눈덩이 표집이라고 불린다. 주로 사회적으로 잘 알려져 있지 않고 드러나지도 않아서 연구자의 힘만으로 접근하기 어렵고 협조를 구하기도 어려운 경우에 활용된다. 예를 들어, 학교밖 성소수자 청소년을 대상으로 하는 경우와 같은 것이다. 눈덩이 표집은 연구자의 의도성이 덜 작용한다는 점에서 편의표집에 좀 더 가깝다고 볼 수 있다.

3) 질적자료의 수집

질적연구에서는 자료가 참여자와의 상호작용을 통해 창출된다고 본다. 즉, 상호작용 자체가 자료의 출처가 되기도 하는 것이다. 연구자는 자료의 창출과정에서 단순히 가치중립적인 자료수집가의 역할만 수행하는 것이 아니라 보다 적극적이고 반

향적이어야 하며, 이러한 과정을 통해 보다 좋은 자료를 수집할 수 있게 된다. 이 과정에서 연구자는 자신의 역할을 주의 깊게 점검해야 한다(Mason, 2010). 질적연구에서 가장 많이 활용되는 대표적인 자료수집방법은 면접과 관찰이라고 할 수 있다.

(1) 면접

면접은 질적연구에서 가장 많이 사용되는 자료수집의 방법이다. 질적연구의 면접은 통상 심층적이고 반구조화된 형태로 이루어진다. 질적연구에서의 면접의 특징을 보면, 공식적 질의응답의 형식보다는 비공식적인 대화 혹은 논의의 형태로 이루어지는 경우가 대부분이다. 면접의 주제도 화제를 중심으로 하며, 개인의 생애에 대한 전기적 방식, 이야기하는 방식을 취한다. 연구자가 질문의 구조화된 목록 없이 다루고자 하는 일정 범위의 화제나 주제만을 가지고 이루어진다.

면접을 잘 수행하기 위해서는 충분한 준비가 필요하며, 면접의 구조와 흐름을 갖추는 데 많은 노력을 기울여야 한다. 특히 현장관찰 중 즉석에서 이루어지는 면접과 달리 심층면접은 대부분 일정과 장소에 대한 사전준비가 필요하다. 면접을 성공적으로 진행하기 위해 준비해야 할 사항을 살펴보면 다음과 같다.

첫째, 연구자는 가능한 한 자신의 입장을 명확하게 할 필요가 있으며, 연구자의 입장은 분리와 결합이라는 일련의 연속선상에서 움직여야 한다. 면접의 방향을 제시하고 흐름을 조절하는 사람은 반드시 면접자여야 한다. 면접자와 연구참여자의 역할은 분명히 달라야 하고 상호 보완적이어야 한다. 면접자가 분명히 해야 할 입장 중 하나는 과연 어느 수준까지 연구대상과 친밀한 관계를 형성할 것인지를 결정하는 것이다. 적절한 수준까지의 '연구대상과의 결합'은 연구참여자로 하여금 자신을 드러내는 것을 좀 더 쉽게 할 수 있게 도와주며, 대화하는 것처럼 편하고 자연스럽게 면접을 이끌어 갈 수 있다.

둘째, 면접지침을 사전에 미리 만드는 것이 도움이 된다. 면접지침에는 연구자의 관심 영역에 초점을 둔 첫 시작 질문이 포함되어 있어야 한다. 주된 영역을 모두 다룰 수 있을 만큼 충분히 상세해야 하지만, 그렇다고 지나치게 까다롭거나 엄격한 것은 바람직하지 않다.

셋째, 연구자는 특정 대답을 이끌어 내거나 혹은 연구참여자로 하여금 특정 감정을 가지게 만드는 식의 질문을 해서는 안 된다. 좋은 질적연구자는 심층탐구를 위한 추가적 질문(probes)을 적절히 활용할 수 있어야 한다. 질적면접에서 귀중한 정보를 순간적인 추가질문을 통해 얻게 될 수도 있다. 따라서 연구자는 항상 마음을 열어 놓고 주의를 기울일 수 있어야 한다. 만약 어떤 실마리를 얻었다고 생각되면 연구자는 "조금 전에 ~라고 하셨는데, 혹시 그것에 대해 좀 더 말씀해 주실 수 있을까요?"라는 식으로 질문할 수 있다.

넷째, 로플랜드와 로플랜드(1995)는 면접지침서에 겉표지와 면접자 소견을 첨부할 것을 적극 권유한다. 겉표지에는 표준화된 양식에 따라 면접이 실시된 날짜, 시간, 장소 및 연구대상의 인구학적 특성을 기록하는 것이 좋다. 면접자 소견서에는 연구참여자에 대한 면접자의 관찰 내용과 면접현장에 대한 느낌을 기록한다. 또한 필요하다면 면접에 대한 면접자 자신의 반응, 염려되는 점, 느낌 혹은 나중을 위한 어떤 생각 등을 간략하게 기록해 두는 것도 좋다.

다섯째, 관찰자료는 면접자료를 보완해 줄 수 있는 귀중한 자료로 질적연구에서 매우 중요하다. 관찰 내용은 면접 내용에 감정을 불어넣어 줌으로써 기록 내용을 보다 풍부하게 할 뿐 아니라 보다 많은 정보를 제공해 줄 수 있게 한다.

마지막으로, 면접자와 연구참여자 간에 신뢰관계를 형성하고 증진시킬 수 있는 방법을 모색할 필요가 있다. 예를 들어, '기분이 좋게 하는 질문'으로 면접을 시작하거나 끝맺는 것과 같은 것이다. "보통 하루를 어떻게 보내시나요?"와 같은 질문들은 연구참여자가 긴장을 푸는 데 도움을 주며, 심문을 받는 것이 아니라 대화를 나누는 것 같은 느낌을 줄 수 있다.

일반적으로 질적연구에서의 면접은 연구참여자와 일대일로 이루어지는 경우가 많지만, 때로 소집단 면접이 이루어질 수도 있다. 특히 포커스집단(focus group) 면접이 대표적인 예이다. 이렇게 집단으로 면접이 이루어질 경우, 개인을 대상으로 한 면접과는 또 다른 전략이 필요할 수 있다.

포커스집단은 직접적으로 관련이 없는 약간 명의 사람들로 하여금 집단을 형성하게 하고, 어떤 제품이나 인물, 사건에 대해 토론을 하게 하는 것을 말한다. 마케팅이나 여론조사 등의 영역에서 많이 쓰여 왔고, 사회복지분야에서는 욕구조사, 조직의 변화에 대한 연구, 클라이언트나 직원들이 특정 정책이나 실천에 대해 어떻게 생각하는지를 연구하는 데 유용한 방법이다. 포커스집단의 크기는 다양한 의견이 나올 수 있을 만큼 충분한 크기여야 하면서 동시에 모든 사람이 토론에 참여할 수 있을 정도로 적절하게 작아야 하는데, 일반적으로 7~10명을 이상적으로 본다(Krueger, 1994). 포커스집단을 구성할 때에는 어느 정도 공통된 관심사를 가진 사람들로 구성하는 것이 좋다. 또한 유사한 배경을 지닌, 그러나 개인적으로는 서로 잘 모르는 사람들로 구성되는 것이 바람직하다. 서로 잘 아는 경우 자칫 습관적인 상호작용이 나올 수 있어 참신하고 새로운 의견을 얻지 못할 수도 있기 때문이다.

포커스집단 면접에서는 일반적으로 개방적 질문을 던지는 역할을 하는 리더가 필요하다. 토론의 방향이나 구조는 주제의 범위가 얼마나 넓은지 좁은지에 따라 결정된다. 집단 리더는 민감하고 융통성 있고 공감할 수 있어야 함과 동시에 집단활동에서 흔히 나타날 수 있는 문제가 발생하지 않도록 하는 노력이 필요하다. 오늘날에는 전문 조사연구기관에서 포커스집단 리더의 역할을 하며, 자료수집을 수행하는 면접 전문가를 활용하기도 한다.

포커스집단 면접은 시간과 자원을 절약할 수 있으며, 집단이라는 자극을 통해 개개인으로부터 풍부한 정보를 끄집어낼 수도 있다. 사회복지연구에서 포커스집단 면접은 특히 조직에 관한 연구나 사회적 관계망이 어느 정도 이미 형성되어 있는 실천현장에서의 전문성과 관련된 이슈를 연구하는 데 적합할 수 있다. 그러나 포커스집단 면접이 가지는 제한점도 존재한다. 개인의 이야기보다는 어떤 의견을 도출해 낼 때 보다 적합하며, 매우 민감한 주제를 다루는 데에는 적합하지 않다는 것이다. 또한 많은 인내심과 기술을 요하는 방법으로, 특히 집단 구성원들이 협조적이지 않을 때 포커스집단을 다루는 것이 매우 어려울 수도 있다. 그러나 이러한 제한점에도 불구하고 포커스집단 면접은 조직에 관한 연구나 프로그램 평가 등에서 널리 활용되는 방법이다.

질적면접을 할 때 뜻하지 않은 문제 상황이 발생할 수 있다. 예를 들어, 연구자가 면접의 주도권을 잡고자 하는 마음에서 경청보다 상대방의 말을 끊거나 방해하는 경우, 혹은 면접이 순조롭게 진행되지 못하는 경우 등이다. 경험이 많은 질적연구자는 주제가 끊이지 않고 자연스럽게 이어질 수 있게 하면서 적절한 순간에 추가적 질문을 던질 수 있다.

대화의 흐름이 자꾸 다른 곳으로 새거나 대화가 불가능해지는 경우도 있을 수 있다. 예를 들어, 연구참여자가 뭔가를 숨기는 듯한 느낌을 주거나, 질문에 대해 한 마디 정도의 짧은 대답만을 하면서 무표정한 얼굴로 다음 질문을 기다리는 경우 같은 것이다. 비협조적인 연구참여자를 만나는 것은 질적연구자에게 있어 매우 좌절되는 일이 될 수 있다. 이러한 상황이 벌어질 때 가장 좋은 대처방법은 냉정을 유지하면서 타협적 태도를 취하고, 필요하다면 잠시 뒤로 물러설 수 있는 여유를 가지는 것이다.

성공적인 면접이 진행되는 동안 연구자는 일반적이어야 하는 것과 구체적이어야 하는 것, 그리고 시각을 한곳에 집중시킨 상태를 유지하는 것과 보다 심층적으로 파고들어야 하는 것 간의 균형을 유지해야 한다. 물론 이는 많은 시간과 기술을 필요로 한다. 결국 성공적인 면접이란 면접자가 관찰, 경청, 추가질문, 정보를 그 즉석에서 종합해 낼 수 있는 능력을 발휘해 귀중한 정보를 많이 얻어 내는 면접을 말한다. 대화가 이리저리 왔다갔다한다고 해도 목표를 잃어서는 안 되며, 방향성을 가지고 앞으로 나아가야 한다.

질적연구의 특성상 질적면접에서는 많은 경우 감정이 실린 정보를 주고받게 된다. 대부분 연구참여자들은 자신의 말을 공감해 주고 비심판적 태도로 듣고자 하는 연구자에게 자신의 이야기를 하는 것을 좋은 기회로 생각하기 때문이다.

연구윤리심의위원회(IRB)에서는 자칫 민감한 주제에 대한 연구가 연구참여자에게 연쇄반응을 불러일으켜 감정의 혼란과 해악을 줄 수도 있음을 경고한다. 이러한 위험을 예방하거나 줄이기 위해 질적면접을 수행할 때 강한 감정적 반응을 보이는 연구참여자가 있다면 관심을 표명하면서 연구대상을 진정시킬 수 있다(Weiss, 1995). 질적면접자는 어떤 경우에도 강한 감정을 불러일으키는 것을 피해야 하며 만일 연구대상이 그러한 감정을 갖게 되는 경우 연구대상으로 하여금 자신의 감정을 안정적으로 표출할 수 있는 기회와 여유를 갖게 해 줘야 한다.

사회복지연구자는 연구대상의 감정적 측면에 대해 특히 관심을 기울이게 되는데, 그 이유는 연구대상 가운데 힘들고 고통스러운 과거 경험이나 개인적 배경을 가지고 있는 경우가 많기 때문이다. 면접과정에서 연구자는 연구대상에 대한 자신의 인간적인 관심이나 공감을 일부러 억제할 필요는 없지만, 임상실천가나 친구와 같은 입장을 취해서는 안 된다. 만일 연구대상이 도움을 청하거나, 도움이 필요하다고 판단될 경우에는 일단 면접을 마친 후에 연구대상을 상담이나 다른 서비스 자원과 연결해 주는 것이 좋다.

(2) 관찰

관찰에는 참여관찰과 비참여관찰이 있다. 어떤 방법을 선택할 것인지는 연구자의 연구목적에 따라 달라진다. 참여관찰은 관계의 강도가 가장 높은 관찰방법으로서, 주로 문화인류학에서 많이 사용되어 왔다. 아마존의 원주민 마을이나 알래스카 원주민 부락에서의 삶이 그 예가 될 수 있다. 어떤 경우에는 연구현장의 특성상 관찰 시 참여를 극소화할 때도 있다. 공공장소에서의 비침습적 관찰이 그 예라고 할 수 있다. 연구대상의 반응성에 관심을 가지는 경우에는 연구자의 참여를 가능한 한 최소화하고자 하게 된다.

문화기술지 연구자들은 관찰을 할 때 처음에는 성긴 그물을 던져 놓고 연구에서 사용하게 될 분석적 주제가 명확해질수록 관찰의 초점을 좁혀 나가는 것이 좋다고 조언한다. 한 가지 중요한 것은 연구자가 가능한 한 기존의 생각이나 이론 등을 멀리하려는 노력을 해야 한다는 점이다. 즉, 관찰하는 현상에 대해 선입견을 가지게 되는 것을 경계해야 함을 의미한다.

관찰을 하면서 작성하는 현장기록은 이후에 분석을 위한 자료가 된다. 연구자가 관찰한 바를 기록하는 것은 면접이나 추가관찰을 해서 보다 구체화된 연구의 초점을 이끌어 내는 중요한 자료를 제공해 주기 때문이다. 따라서 관찰내용의 기록은 관찰을 하면서 혹은 그 직후에 최대한 빨리 하는 것이 좋다.

그러면 무엇을 기록할 것인가? 일반적으로는 가능한 한 많은 내용을 기록(thick description)하는 것이 좋다고 알려져 있다. 즉, 해석을 통해 걸러 내는 것 없이 가능한 한 많은 내용을 기록하는 것이다. 현장관찰의 초기 단계에서 관찰해야 하는 것에는 물리적 공간, 행위자, 행위, 상호작용, 관계 그리고 느낌이나 감정의 표현 등을 들 수 있다. 만약 제한된 물리적 공간 안에서의 관찰이라면 공간의 지도를 그려서 배경을 설정하고 그 배경 안에서 어떤 일이 일어나고 있는지를 기록하는 것이 도움이 될 수 있다.

어떻게 기록할 것인가? 기억력의 한계를 고려했을 때 가급적 빨리 기록하는 것이 좋다(늦어도 24시간 내). 사람이 많은 공공장소라면 연구자의 존재가 눈에 별로 띄지 않기 때문에 그 자리에서 기록할 수도 있다. 그러나 그렇게 하기 어려운 상황이라면 일단 기억력에 의존해서 머릿속에 기록하고, 그 다음으로는 짧게 메모를 하거나 녹음기를 사용해서 녹음하는 것이 좋다. 그리고 관찰을 마친 후 그날 관찰한 내용을 그날 즉시 보다 자세히 기록으로 옮기는 것이 필요하다.

로플랜드와 로플랜드(1995)는 관찰 내용을 기록하는 방법에 대하여 다음과 같은 지침을 소개하고 있다. (1) 관찰한 행위나 사건에 대한 서술은 명확하고 구체적이어야 한다. (2) 관찰한 실제 사건과 비교해 볼 때 어느 정도의 정확성을 유지할 수 있는지를 기준으로 관찰자료의 수준 또는 종류를 구분할 필요가 있다. 1차 자료란 관찰대상이 직접 말로 한 설명과 같은 수준의 자료로, 관찰이 이루어지는 동안이나 그 직후에 바로 기록하는 것이 좋다. 2차 자료란 대화 내용을 알기 쉽게 바꿔 말하는 수준의 자료로 실제로 대화가 있고 난 후에는 기억력에 의존하기 때문에 정확도가 떨어진다. 새로운 방향에 관한 생각이나 추론 등은 정확도가 더 떨어지는 자료라고 할 수 있으며, 일정 기간마다 한 번씩 분석적 메모의 형태로 기록된다. 가장 추상적 수준의 자료로는 개념 형성이나 이론 개발이 있는데, 예를 들어 어떤 근거를 바탕으로 만들어지는 의미 있는 설명틀을 개발하는 것을 말한다. (3) 연구자 자신을 관찰한 내용 또한 기록해야 한다. 예를 들어, 연구자의 느낌, 감정, 걱정, 관심 등을 말한다. 이러한 연구자 자신에 관한 내용은 괄호를 사용해서 현장기록 내의 다른 내용들과 구분하거나 혹은 현장기록과 완전히 별개의 일기장 등에 기록하기도 한다. 연구자 자신의 반응이나 느낌을 기록하는 것은 2가지 목적에서 필요하다. 첫째, 연구자가 자신의 감정을 발산할 수 있는 통로를 가진다. 둘째, 연구자 자신이 어떤 편견을 가지고 있는지의 여부를 확인할 수 있으며 자신의 편견을 통제할 수 있는 방안을 모색할 수 있게 해 준다. (4) 균형을 유지하고자 노력해야 한다. 너무 세세한 것에 얽매이는 것은 피해야 하지만 그렇다고 강박적 성향을 완전히 잃어버려서도 안 된다.

현장기록은 일반인의 눈에는 지나치게 길고 지루하게 느껴지는 것이 보통이다. 때로는 최대한 많은 기록을 해야 한다는 점이 부담스러울 때도 있다. 그럼에도 불구하고 아무것도 놓치지 않으려면 유일한 방법은 적어도 초기에는 어느 정도의 강박감을 가지고 모든 것을 기록하는 수밖에 없다. 시간이 지남에 따라 연구자는 각자 나름대로 효과적인 기록방법과 보다 정확하고 생산적인 메모 작성 방법을 개발할 수 있게 된다.

(3) 문서 또는 기존 자료

사회복지연구에서 다양한 종류의 문서나 보존 자료들은 중요한 자원으로 활용될 수 있다. 법원의 기록, 사례기록, 회의록, 기관소개서, 원고, 인구조사 자료, 일기, 편지 등을 예로 들 수 있다. 이메일이나 인터넷으로부터도 연구자료를 얻을 수도 있다. 질적연구자들은 문서를 면접과 관찰을 통해 얻은 자료를 보완하고자 하는 목적에서 활용하는 경우가 많다.

문서자료는 연구자에게 개개인의 삶이나 중요한 조직이나 단체의 역사 혹은 그보다 더 광범위한 사회적 추세나 경향 등에 대한 정보를 제공해 줄 수 있다. 일반적으로 내용분석이라고 알려져 있는 문서 내용을 분석하는 접근방법은 질적연구에서만 사용되는 것은 아니다. 질적연구자들은 일반적으로 문서를 면접기록이나 현장기록과 같은 원자료로 생각한다.

문서는 처음부터 연구를 목적으로 만들어진 자료가 아니라는 단점을 가진다. 때로 부정확한 문서가 있을 수도 있고, 불완전할 수도 있다. 문서나 기록에 의존하는 연구는 '주어진 자료'라는 한계 속에서, 활용할 수 있는 자료의 질이 이미 정해진 상태에서 이루어질 수밖에 없다는 한계가 있으므로 연구자는 이를 반드시 이해하고 있어야 한다.

지금까지 살펴본 여러 질적자료수집의 방법들은 각각의 장단점을 가진다. 예를 들어, 민속지학 관찰자나 면접자는 연구참여자의 있는 그대로의 자연스러움에 일정정도의 손상을 입힐 수밖에 없다. 이에 비해 문서나 기존 자료는 반응성이 없다는 장점을 지닌다. 또한 문서의 활용은 시간이나 감정적 비용의 부담이 훨씬 적다는 점도 강점으로 들 수 있다. 반면에 면접이나 관찰은 연구자에게 어떤 자료를 언제 어떻게 수집할 것인지를 결정하는 권한을 부여해 준다는 강점을 가진다. 따라서 연구참여자의 실제 세계를 반영하는 자료를 얻기 위해서는 반응성을 감수할 수밖에 없을 때가 많다. 면접이나 관찰이 가지는 강점 중 분명한 것은 왜곡을 최소화한다는 것이다.

자료는 수집되는 과정 중에서 분석하는 것이 좋다. 그렇게 함으로써 연구의 진행에 따라 자료수집의 방향성을 제시해 줄 수 있다. 이는 특히 질적연구가 가지는 유연성으로, 양적연구의 엄격한 자료수집 절차와 대조적이다. 좋은 질적연구를 위해서 연구자는 자료수집과 분석을 상호 교차적으로 수행하면서 그 다음에 선정되는 사례의 자료수집 과정에 대한 생각과 방법을 발전시킬 수 있다. 질적연구에서 언제 자료수집을 마칠 것인가는 수집된 자료의 양과 질에 따라 좌우된다. 자료수집에서 포화상태에 다다랐다는 느낌이 들 때(즉, 더 이상의 관찰, 면접 또는 문서고찰이 새로운 정보를 더 이상 주지 못하고 불필요한 것을 반복한다는 느낌을 줄 때) 자료수집을 끝낼 수 있다.

질적연구에서의 자료수집이 가지는 특성은 일정에서의 융통성과 현장으로 돌아올 수 있다는 가능성을 들 수 있다. 오랜 기간 동안 관계를 형성하고 유지하는 질적연구의 특성상 연구자는 일반적으로 연구참여자와 한 번 이상의 만남을 갖게 된다. 따라서 연구현장을 떠날 때 다시 돌아올지도 모른다는 가능성을 열어 두고 연구참여자에게 후속면접이나 전화통화가 필요할 수 있다는 점을 이해시키는 것이 중요하다. 많은 연구자가 연구가 끝난 후에도 상당히 오랜 기간에 걸쳐서 연구대상들과 꾸준히 관계를 유지하기도 한다.

대부분의 질적연구에서는 면접과 관찰을 함께 사용한다. 특히 대단위 질적연구를 하고자 할 때 관찰자료 없이 면접자료만을 수집하는 것은 좋지 못하다. 면접대상에 대한 관찰, 면접 장소와 거시적 맥락, 연구자 자신 이 모든 것들은 면접자료에 필요한 깊이와 넓이를 더해 준다.

4) 질적자료분석

질적연구에서 자료의 분석을 위한 접근방법은 인식론적 입장에 따라 매우 다양하다. 예컨대, 사회학은 근거이론이라는 체계적 접근방법을 만들어 내고 자료분석의 절차들을 구조화한 반면, 문화인류학의 경우 정형화된 연구방법론을 표방하지 않고 있다. 이러한 다양성에도 불구하고 질적연구의 자료분석은 귀납적이고 체계적으로 이루어진다고 할 수 있다. 양적연구가 자료를 수집하기에 앞서 자료를 어떻게 단순화할 것인지를 결정한다면, 질적연구자는 자료를 수집한 이후에 자료를 단순화한다는 점이 다르다. 일반적으로 질적연구에서는 자료분석 절차나 과정을 양적연구에서만큼 자세히 설명하지 않는다.

질적자료에는 녹음테이프와 현장노트, 문서자료 등의 원시자료가 있고, 면접내용에 대한 기록과 연구자의 의견기록에 해당하는 부분 처리된 기록이 있다. 그다음 단계로는 코드 또는 범주가 있는데, 이는 원시자료와 부분 가공된 자료에서 얻어진 추상화된 의미단위라고 할 수 있다. 이 단계에서는 또한 분석적 메모가 결과물로 만들어지기도 한다.

경우에 따라 연구자는 코드와 개념들 간의 관계를 시각화하기 위해 도표나 표, 모형, 지도 등을 활용할 수 있다. 또 어떤 연구자들은 범주나 중심주제를 설명하기 위해 사례연구나 삽화들을 수집하기도 한다. 원자료를 처리된 자료로 전환하는 전 과정에 걸쳐 연구자는 저장과 인출을 위한 목차 체계를 만들고, 분석과 관련된 결정내용을 일지에 기록하여 문서화하고, 현장에서의 개인적 관찰과 경험을 현장기록이나 일기를 이용해서 기록해야 한다.

(1) 자료의 관리

질적연구에서 수집되는 막대한 양의 자료들을 잘 관리하여야 가장 효율적으로 자료를 인출하고 분석할 수가 있다. 이를 위해서는 모든 현장기록이나 면접기록, 일기, 메모에는 매번 기록이 이루어질 때마다 기록 날짜와 시간, 장소가 반드시 기록되어야 한다.

주제나 자료의 종류별 파일 외에 연구참여자별 파일을 따로 가져야 할 수도 있다. 그리고 정보를 제공해 준 사람의 비밀보장을 위해 가명이나 코드번호 등을 사용하여 익명성이 보장될 수 있도록 세심한 주의를 기울여야 한다.

(2) 녹음된 면접내용을 기록으로 옮기기

녹취록을 작성하는 작업은 가능한 한 빨리 하는 것이 좋다. 중요한 것은 녹음내용을 기록으로 옮기는 데 있어 기본적인 규칙들을 정하고 그러한 규칙들을 지속적으로 지키는 것이다. 예를 들면, 한숨소리, 웃음소리 등을 어떻게 기록할 것인지와 같은 것이다.

말을 글로 옮겨 적다 보면 이해하기 힘든 경우가 종종 있다. 그럼에도 불구하고 면접대상이 한 말은 그대로 기록되어야 하며, 고쳐지거나 바뀌어서는 안 된다. 잠재적인 왜곡의 위험이 있기 때문이다.

(3) 코딩

코딩이란 개별화된 자료들을 분류하고 범주화하는 것으로, 많은 질적연구자가 모든 자료를 한줄 한줄 코딩하는 것에서 시작한다. 질적자료를 코딩한다는 것은 의미를 가진 단위인 개개의 정보들을 파악하고 이들을 최종보고서에서 제시하게 될 개념이나 주제와 연결 짓는 작업이라고 할 수 있다. 자료분석의 목적은 자료를 통해 어떤 유형을 발견하는 것이고, 그 유형은 사람들의 사회생활에 대한 이론적 이해를 가지게 해준다. 코딩과 개념을 연결하는 것은 이런 과정에서 매우 중요하다.

연구자는 의미를 가진 단위를 찾기 위해 기록된 내용을 여러 번 반복해서 읽는 것에서 출발한다. 이 단계에서는 개방코딩을 하는 것이 가장 바람직하다. 개방코딩이란 질적자료분석의 가장 기초적 단계로서 자료를 세밀하게 검토해서 현상을 명명하고 분류하는 것이다. 자료를 작은 조각들로 분리해서 자세히 검토하고 유사점과 차이점을 비교하며, 자료 안에 나타나는 현상에 대한 질문을 제기하기도 하는 과정이다(Strauss & Corbin, 1990). 이때 기존의 개념에 의지해서 자료를 이해하려는 유혹을 뿌리쳐서 연구자의 시각이 고정화되지 않도록 해야 한다. 코딩이 진행되면서 연구자는 필요한 자료와 그렇지 않은 자료를 분리할 수 있게 된다. 반복적으로 기록을 읽는 과정에서 연구자는 처음에 읽었을 때와 다른 느낌과 깨달음을 얻게 되며, 어떤 정보들은 개념적인 틀이 형성된 후에야 비로소 의미를 가진 단위가 되기도 한다.

지속적 비교분석은 가장 많이 사용되는 코딩방법으로, 근거이론에서 많이 활용된다. 이는 처음에는 귀납적으로 접근했다가 연역적으로 옮아가고, 다시 귀납적 접근으로 되돌아가는 반복적 특성을 가진다. 중심주제가 나타나게 되면(귀납적 단계), 연구자는 이러한 주제들에 일치하는 방식으로 자료가 코딩되었는지를 확인하게 되고(연역적 단계), 자료를 자세히 검토하는 과정에서 종종 새로운 코드가 나타나기도 한다(귀납적 단계). 구체적 예를 들면, 연구자가 녹취록을 절반 이상 분석한 상태에서 새로운 코드나 범주를 발견하게 되면, 녹취록을 처음부터 다시 살펴보면서 새로운 코드나 범주가 존재했는지를 검토해야 한다. 이처럼 처음 단계에서는 가늘고 섬세한 빗을 가지고 촘촘하게 자료를 훑어보다가 범주의 윤곽이 점차 뚜렷해지게 되면 좀 더 추상적인 단계로 나아갈 수 있다.

코딩된 발췌록이 많아질수록 하위범주의 필요성이 높아지게 된다. 범주와 하위범주들이 늘어날 때마다 연구자는 개념들을 지속적으로 정교화하며 다듬어 나갈 수 있고, 이러한 개념들을 확인하기 위해 자료를 검토해야 한다. 이러한 코딩의 과정은 포화상태에 이르게 될 때까지 지속된다. 포화상태란 더 이상의 반복이 불필요하다고 생각될 때, 즉 새로운 정보들이 이미 알고 있는 범주 분류에서 벗어나지 않고 모순된 사례들이 더 이상 나타나지 않게 될 때를 말한다.

(4) 코드에서 주제로

원자료로부터 코드를 도출해 낸 다음 연구자는 중심주제 형성을 위해 코드 또는 범주들 간의 관계를 찾고자 노력하게 된다. 주제란 모든 자료를 가로지르는 어떤 공통적인 것으로서 인간경험의 유형을 포착해 내는 것이다. 경우에 따라 주제는 처음부터 너무도 뚜렷하게 연구자 앞에 나타날 수도 있는 반면, 오랜 시간에 걸쳐 천천히 그 모습을 드러낼 수도 있다. 연구자는 특정 주제에 해당하는 다양한 범주들을 구별하고자 색을 달리하여 코딩을 하기도 한다.

코드로부터 주제로의 이동은 더 높은 수준의 개념화와 추상화를 필요로 한다. 일단 코드들 간의 연관성이 발견되면 모든 연구참여자들에게 공통적으로 해당되는 주제가 형성되기 시작한다. 분석결과가 어떻게 나타나는가와 상관없이 최종적으로 이루어져야 하는 추상화작업은 자신의 연구를 기존의 지식기반과 연결시키는 것이다. 과연 연구결과가 기존의 연구결과들과 일치하는가? 우리가 가진 지식의 범위를 넓혀 주는가? 기존의 생각들이 잘못되었음을 폭로하는가? 등과 같은 것이다. 내부자적 관점이 질적연구에서 매우 중요한 부분임에는 틀림이 없지만, 질적연구의 궁극적인 가치는 외부자적 분석, 즉 연구자의 관점에서 연구결과의 의미를 해석하는 것을 할 수 있는지의 여부에 달려 있다고 보아야 할 것이다. 질적 자료분석의 모든 단계에서 연구자는 추상적이고 관념적으로 사고할 수 있어야 한다는 것을 잊어서는 안 된다. 새로운 생각을 받아들이고 그러한 생각의 실질적 내용을 반영할 수 있는 이름을 찾아내는 능력을 기르는 것이 중요하다. 그것이야말로 질적 탐구의 핵심이라고 할 수 있다.

5) 질적연구의 글쓰기

질적연구에서는 특히 분석된 결과를 어떻게 정리해서 글로 서술하는지가 중요하다. 연구결과를 수치로 제시하는 양적연구와 달리 질적연구는 연구자가 글쓰기를 통해 결과를 제시하기 때문이다. 따라서 질 높은 질적연구의 완성을 위해서는 질적연구자의 글쓰기 능력이 매우 중요하다.

질적연구에서 결과를 제시하는 가장 일반적 방법은 연구의 결과를 범주 혹은 주제로 표현하는 것이다. 연구 결과를 기술할 때 가장 중요한 것은 그 결과를 뒷받침할 수 있는 증거자료, 예를 들면 면접 전사자료의 인용문, 관찰노트, 현장메모, 수집된 문서나 기록물 등을 효과적으로 제공하는 것이다. 적절한 증거자료의 양은 연구자의 판단에 따라 달라지지만, 대체로 하나의 결과를 뒷받침하기 위해 2~3개 정도의 서로 다른 증거자료를 보여 주는 것이 일반적이며, 제시되는 인용문은 3~5줄 정도가 적당하다(유기웅 외, p. 351).

분석결과 나타난 범주들과 각 범주를 이루는 여러 속성들은 표를 통해 제시하고, 여러 범주 간의 관계는 그림을 통해 보여 주는 것이 한눈에 결과를 이해하기 쉽게 해 준다. 표나 그림을 제시할 때에는 그에 대한 설명이 본문에 서술되어야 한다.

질적연구에서 글쓰기의 주요 목적은 연구참여자를 만족시키고 독자의 관심을 끌 수 있도록 이해하기 쉬운 형태로 결과를 보여 주는 것이다. 따라서 글쓰기에서 중요하게 고려해야 할 점은 질적 자료의 깊이와 풍부함을 어떻게 전달할 것인가 하는 점이다. 연구참여자의 다층적이고 복잡한 기술에 대해 연구자는 공정성을 가지고 이야기를 지적이고 일관된 방식으로 풀어내야 한다. 연구자는 연구결과를 분명하고 흥미롭게 전달하기 위해서 연구의 목적과 독자, 그리고 자료를 세밀하게 검토하고 가장 적합한 체계를 결정해야 한다(Ritchie et al., 2014).

연구자는 연구결과를 제시할 때 분석과 조사를 계속하면서 원자료에 나타나는 미묘한 특징이나 세부묘사와 자료의 범주화, 설명과 해석 사이의 명확성과 균형을 갖추는 것이 필요하다. 질적연구의 강점이 연구현상이나 주제의 범위와 다양성을 확인하는 것에 있으므로 결과를 제시할 때 주된 결과만 제시하지 않고 자료 전체를 포함할 수 있도록, 반복되는 주제뿐 아니라 비정형적인 주제도 보고하고 설명하는 것이 좋다.

4. 질적연구의 평가

질적연구는 연구방법이 유연하기 때문에 과학적 엄격성에 대한 의문 제기를 많이 받는 편이다. 어떤 질적연구가 얼마나 잘 된 연구인지를 평가하는 것과 관련하여, 학자마다 '타당성' '진실성' '엄격성'과 같이 다른 용어를 사용한다. 질적연구의 타당성에 대한 논의와 관련해서 크레스웰은 '질적연구에서 연구자와 참여자가 잘 기술한 결과들의 정확성 정도를 파악하려는 시도'가 타당성이라고 정의하면서 질적 타당성에는 많은 유형이 있으므로 연구자들이 자신의 용어와 전략을 사용할 것을 제안하였다(Creswell & Poth, 2022). 여기에서는 링컨과 구바(Lincon & Guba, 1985)가 양적연구에서 말하는 내적타당도, 외적타당도, 신뢰도, 객관성 등에 비견될 수 있는 질적연구의 평가기준으로 제시한 진실성(trustworthiness) 기준을 살펴보기로 한다. 여기서 말하는 진실성이란, 질적연구자가 독자(혹은 청중)로 하여금 자신의 연구결과가 주목할만한 가치가 있음을 설득하는 것으로, 연구의 질이나 수준을 평가하는 기준이 된다.

1) 연구의 평가 기준

(1) 신빙성

신빙성(credibility)은 양적연구의 내적타당도에 상응하는 개념으로 링컨과 구바(1985)가 제안한 개념으로, 수집된 자료가 정확하며 연구하고자 하는 현상을 잘 대표하는가를 말한다. 즉, 연구의 결과가 신뢰할 수 있는가와 관련된 것이다. 이러한 신빙성을 높이기 위해서 링컨과 구바(1985)는 장기간의 관계형성, 지속적 관찰, 그리고 삼각화를 제안하였다.

장기간에 걸친 관계형성이란 연구에 충분한 시간을 투자한다는 개념으로, '문화'를 학습하거나, 왜곡으로 인한 잘못된 정보를 점검하거나, 신뢰를 형성하기 위하여 충분한 시간을 투자해야 한다는 것이다(Lincoln & Guba, 1985, p. 301). 질적연구는 양적연구와 달리 현장에서 장기간에 걸쳐 연구자와 연구참여자간에 관계를 형성하게 된다. 이러한 오랜 관계형성은 연구참여자의 반응성이나 거짓말이나 은폐 등을 막는 데 도움이 되며, 또한 연구자의 편견을 줄이는 데 기여할 수 있다. 연구대상을 지속적으로 접촉하고 관찰하기 위해 연구자는 지역사회 정보제공자를 확보하는 노력을 기울인다.

지속적 관찰(persistent observation)의 기술은 연구의 중요한 핵심을 살리는 데 도움이 된다. 장기간에 걸친 관계형성이 연구자로 하여금 연구하고자 하는 현상에 영향을 미치는 다양한 요소에 노출시키고자 하는 것이라면, 지속적 관찰의 목적은 상황

속에서 연구대상이 되는 문제나 이슈에 가장 관련성이 높은 특징이나 요소들을 확인
할 수 있게 하기 위함이며, 그러한 요소들에 초점을 맞추어 보다 자세하게 탐구하기
위한 것이다. 장기간 관계형성이 기회나 범위(scope)에 도움을 준다면 지속적 관찰
은 깊이를 더해 준다.

삼각화(triangulation)란 다양한 정보 출처를 활용하여 보다 명확하고 심층적인 관
찰이 이루어지도록 하는 것을 말한다. 삼각화에는 여러 이론과 관점을 활용하는 방
법, 한 명 이상의 관찰자를 두어 간주관성을 확보하는 방법, 한 가지 이상의 자료 출
처를 사용하는 방법 등이 있다.

(2) 이전가능성

질적연구에서 이전가능성(transferability)은 양적연구에서의 외적타당도에 대응되
는 개념이지만, 이를 정립하는 방식은 양적연구와 매우 다르다. 양적연구에서 외적
타당도는 연구결과를 모집단에 일반화할 수 있는가와 관련되지만, 질적연구에서는
표본의 크기가 작고 일반화를 목적으로 하지 않는다. 질적연구에서 이전가능성이란
연구에서 발견된 결과가 다른 시간이나 인물, 상황에 얼마나 적용가능한지와 관련된
것이다. 이는 질적연구 결과가 단순히 특정한 상황에만 적용되는 한정적 결과가 아
니라 보다 일반적인 통찰력과 이해를 제공하는 데에 중요한 요소이다.

(3) 의존가능성

질적연구에서 의존가능성(dependability)은 양적연구의 신뢰도와 유사한 개념으
로, 다른 연구자들이 동일한 연구를 수행할 때 비슷한 결과를 얻을 수 있는가와 관련
된다. 질적연구에서 의존가능성을 높이기 위해서는 연구의 절차와 분석과정에 대해
심층적이고 자세하게 기술해야 한다. 양적연구에서 타당도가 높으면 신뢰도가 자연
스럽게 높은 것처럼, 어떤 질적연구가 신빙성이 있다는 것을 밝힐 수 있다면 따로 의
존가능성을 증명할 필요가 없다.

(4) 확증가능성

링컨과 구바(1985)가 제안한 확증가능성(confirmability)은 연구결과가 연구과정과 수집된 자료에 기반하여 생성되었으며, 주관적 편향이나 연구자의 개인적 견해에 의해 왜곡되지 않았음을 보장하는 것을 의미한다. 양적연구에서 객관성의 개념과 유사하다고 할 수 있다.

확증가능성을 높이기 위한 전략으로는 반성적인 태도와 성찰, 다중적 관점의 고려, 그리고 원자료의 보존 등이 있다. 반성적 태도란 연구자가 자료수집과 분석과정에서 자신의 주관적 의견이나 선입견을 최대한 배제해야 함을 말한다. 즉 연구자 자신의 관점이나 인식이 수집되는 자료나 연구결과에 영향을 미치지 않도록 노력해야 한다는 것이다. 성찰은 연구자가 연구진행의 전 과정에서 자신의 역할에 대해 성찰하고 연구과정에서 내린 의사결정에 대해 어떠한 요소로부터 영향을 받았는지를 고려해야 함을 의미한다. 다중적 관점의 고려는 특히 연구결과와 결론에 있어서 가능한 한 다양한 사람들의 관점과 의견을 고려하여 논의를 이끌어내야 함을 말한다. 다양한 사람들의 의견을 반영하는 것이 확증가능성을 높이는 데에 도움이 된다.

마지막으로 원자료의 보존이란 연구과정에서 수집된 원시자료들을 잘 보존하여 필요시 다른 연구자들이 검토하고 재분석할 수 있도록 한다는 의미이다.

링컨과 구바가 제시한 이상의 기준들은 많은 연구에서 질적연구의 질을 평가하는 기준으로 인용된다.

2) 질적연구의 엄격성을 높이기 위한 전략

많은 질적연구자들이 질적연구의 엄격성을 높이고 결과의 확실성을 높이기 위한 다양한 전략들을 제안하였다.

(1) 감사자료 남기기(audit trail)

연구자는 다른 사람들이 자신의 연구결과를 살펴볼 수 있도록 감사자료를 남겨 둘 필요가 있다. 이는 자료수집 및 분석의 모든 과정을 기록으로 남기고 이를 공개하는 것을 말한다. 감사자료에는 원자료, 즉 현장기록, 면접이나 관찰기록 외에 연구자가 자료수집부터 분석, 코딩의 전 과정에서 어떤 결정을 내렸는지를 보여 주는 일지나 메모 등이 해당한다.

(2) 연구과정에 대한 외부자적 점검: 동료 debriefing

질적연구과정에서 동료집단의 조언과 지지는 새로운 생각을 제공해 주거나 서로에게 도움이 되는 의견을 교환하는 등 많은 도움을 준다. 또한 연구자가 편견에 빠지지 않도록 하는 기제로 작용하기도 하고, 연구자로 하여금 전 과정에서 정직성을 유지할 수 있게 도와준다. 이러한 점에서 동료 지지집단은 연구의 엄격성을 높이는 데 기여하게 된다.

(3) 수집되는 정보가 많아지면서 잠정적 가설을 정교화하는 활동: 예외적 사례분석

자료분석과정에서 연구자는 잠정적 가설을 정교화하기 위해 노력한다. 이에 해당하는 것으로 예외적 사례분석을 들 수 있다. 예외적 사례분석이란 연구자의 해석과 일치하지 않는 사례를 드러내 보여 주는 것으로, 자료분석 과정에서 연구자가 스스로에게 자기 자신의 결점을 찾아내는 역할을 부여하는 것이라고 볼 수 있다. 예외적 사례분석에서 나타나는 이러한 불일치는 연구자로 하여금 새로운 관점에 눈뜨게 하는 효과를 가져오기도 하며, 기존에 가지고 있었던 잠정적 가설을 수정하거나 보완할 수 있게 해 준다.

(4) 근거의 적정성 점검

근거의 적정성 점검(referential adequacy)이란 원자료에 비춰 예비적 결과와 해석을 점검하는 활동을 말한다. 근거의 적정성이란 연구결과가 자료와 연구참여자들의 경험이나 관점, 의미를 얼마나 정확하고 적합성이 높게 제시하는가와 관련된다. 이를 위해 수집된 질적자료와 연구자의 해석이 잘 연결되는지를 점검하여야 한다. 이러한 활동은 질적연구에서 자료의 분석과 해석이 연구참여자의 목소리와 경험에 근거하는 것이 중요함을 강조하는 접근으로, 연구자의 선입견으로 인한 영향을 최소화하고자 하는 것이다.

(5) 연구참여자를 통한 재확인

연구자는 자료분석과정에서 자신의 코딩 및 해석의 관련성 여부를 확인하기 위해서 종종 연구참여자에게 돌아갈 수 있다. 연구대상을 통한 재확인이란 연구자가 수시로 연구현장을 다시 찾아가서 자신의 연구가 올바른 방향으로 나아가고 있는지를 연구참여자를 통해 확인하는 것을 말한다. 그러나 연구참여자가 원치 않는 경우도 있는 등 이는 쉬운 일이 아니다. 연구참여자를 통한 재확인 과정에서 시각의 차이를 발견하게 될 경우, 연구자는 자신의 해석에 대해 다시 한번 점검해 보아야 한다. 이 과정을 거쳐 자신이 본래 가졌던 견해를 고수할 수도 있고, 자신의 수집한 자료의 일부를 사용하지 않길 하거나 혹은 해석을 수정하게 될 수도 있다.

요약

1. 질적연구는 특정 현상에 대한 심층적 이해를 목적으로 한다.

2. 질적연구는 자연스러운 상황에서 자료수집을 중시하고, 주요한 연구도구로 연구자 자신을 활용하며, 자료수집의 원천과 형태가 다양하다. 귀납과 연역을 오가는 복합적 추론과정을 거치며, 연구과정이 유연하다는 특징을 가진다.

3. 질적연구는 어떤 문제를 탐색하거나 복합적이고 상세한 이해가 필요할 때, 연구참여자들의 시각을 공유하고자 할 때, 자연스러운 상태를 연구하고자 할 때 활용된다.

4. 질적연구의 주요한 접근유형으로 문화기술지, 근거이론, 현상학적 연구, 사례연구, 내러티브 연구가 있다.

5. 문화기술지는 어떤 집단의 문화를 이해하기 위한 연구방법으로, 연구자는 상당기간 현장에서 참여관찰과 심층면접을 통해 자료를 수집한다.

6. 근거이론은 어떤 현상이나 사건이 일어나는 과정을 설명하고자 할 때 활용되며, 수집된 자료들을 범주화하고 범주들을 배열하면서 과정에 대한 이론을 생성해 낸다.

7. 현상학적 연구는 특정한 경험을 한 개인이 경험에 부여하는 의미의 본질을 탐구하고자 하며, 이를 위해 심층면접을 통해 자료를 수집하고 분석한다.

8. 사례연구는 경계가 있는 사례를 선정하여 다각적인 자료수집을 통해 사례를 풍부하게 묘사하는 연구이다. 사례는 단일사례일 수도 있고 복합사례일 수도 있다.

9. 내러티브 연구는 개인의 삶에 대한 이야기를 수집하고 연대기적으로 배열하여 연구자가 재진술하는 연구방법으로, 시간적, 공간적, 개인적-사회적 차원에 따라 이야기를 재구성한다.

10. 질적연구의 과정은 연구주제의 선정, 표집, 자료수집, 자료분석, 글쓰기로 이루어진다.

11. 질적연구를 평가하는 기준으로 신빙성, 이전가능성, 의존가능성, 확증가능성을 들 수 있다. 질적연구의 엄격성을 높이기 위해서 감사자료 남기기, 외부자적 점검, 예외적 사례분석, 근거의 적정성 점검, 연구참여자를 통한 재확인 등의 전략이 활용된다.

🤝 토의 주제

1. 양적연구와 질적연구의 특징과 차이점을 비교해 보자.

2. 질적연구의 유형별(문화기술지, 근거이론, 현상학적 연구, 사례연구, 내러티브 연구)로 적합한 사회복지 연구주제를 하나씩 선정하고, 적합하다고 생각한 이유를 토의해 보자.

3. 유사한 연구참여자들을 대상으로 다른 질적연구 유형을 적용한 논문을 찾아서 연구의 목적이나 결과를 비교해 보자.

4. 질적연구의 진실성과 엄격성을 높이기 위한 전략을 논의해 보자.

참고문헌

강라현(2021). 미혼모들의 출산과 양육경험에 대한 구성주의 근거이론 연구. 한국가족복지학, 68(1), 387-425. DOI https://doi.org/10.16975/kjfsw.68.1.12

김기덕, 김용석, 유태균, 이기영, 이선우, 정슬기 역(2008). 사회복지조사방법론. 센게이지러닝 코리아.

김문근(2007). 정신보건법상의 강제입원 조항과 인권침해기제에 관한 질적사례연구. 사회복지연구, 33, 123-158.

김분한, 김금자, 박인숙, 이금자, 김진경, 홍정주, 이미향, 김영희, 유인영, 이희영(1999). 현상학적 연구방법의 비교고찰-Giorgi, Colaizzi, van Kaam 방법을 중심으로-. 대한간호학회지, 29(6), 1208-1220.

김소진(2009). 노인들의 집단문화에 대한 문화기술지 연구-종묘공원 노인들의 일상생활을 중심으로-. 사회복지연구, 40(3), 349-375.

김영순(2022). 질적연구와 문화기술지의 이해. 패러다임북.

김은덕, 김혜미(2022). 북한이탈주민이 한국사회에서 경험한 차별에 대한 현상학적 연구. 복지와 문화다양성 연구, 4(1), 115-144.

김인숙(2016). 사회복지연구에서 질적방법과 분석. 집문당.

김진숙(2005). 소아암 부모모임 리더들의 자조집단 참여 경험. 한국사회복지학, 57(2), 405-434.

김태성, 김기덕, 이채원, 홍백의(2015). 사회복지조사론. 청목.

김혜선, 김은하(2006). 미혼 양육모의 양육 결정 체험: 현상학적 연구. 한국사회복지학, 58(1), 373-393.

박순용(2006). 연구자의 위치와 연구윤리에 관한 소고: 문화기술지연구를 중심으로. 미래교육연구, 19(1), 1-29.

배영미, 서홍란(2017). 아내학대 생존자의 쉼터에서의 원조경험에 관한 내러티브 탐구. 한국사회복지질적연구, 11(1), 31-58.

유기웅, 정종원, 김영석, 김한별(2018). 질적 연구방법의 이해(개정판). 박영스토리.

이근무, 강선경(2015). 노인고독사가 발생한 마을공동체 문화기술지 사례연구. 한국노년학, 35(2), 509-524.

이민영, 윤민화, 김성남(2016). 북한출신 사회복지사의 실천경험에 관한 현상학적 연구-"둘

길 사이를 가로놓으며, 함께 살아냄"-. 한국가족복지학, 51, 7-40.

하경희(2020). 지역사회에서의 정신장애인 동료지원서비스에 대한 질적 사례연구. 한국사회 복지질적연구, 14(1), 5-37.

홍현미라, 권지성, 장혜경, 이민영, 우아영(2008). 사회복지 질적연구방법론의 실제. 학지사.

Charmaz, K. (2013). *Constructing Grounded Theory*. 박현선, 이상균, 이채원 공역. 근거이론 의 구성: 질적 분석의 실천 지침. 학지사. (원저는 2006년에 출판).

Clandinin, D. J., & Connelly, F. M. (2000). *Narrative Inquiry: Experience and Story in Qualitative Research*. Jossey-Bass.

Creswell, J., & Creswell, D. (2022). 정종진, 김영숙, 류성림, 박판우, 성용구, 성장환, 유승희, 임남숙, 이청환, 장윤선, 하재복 역(2022). 연구방법: 질적 양적 및 혼합적 연구의 설계(5판). 시그마프레스. (원저는 2018년에 출판)

Creswell, J. W., & Poth, C. N. (2022). *Qualitative Inquiry and Research Design* (4th ed.) 조홍식, 정선욱, 김진숙, 권지성 역. 질적 연구방법론: 다섯 가지 접근. 학지사. (원저는 2018년에 출판)

Denzin, N. K., & Lincoln, Y. S. (Eds.) (2018). *The SAGE handbook of qualitative research* (5th ed.) Sage.

Elliott, R. (1995). Therapy process research and clinical practice: Practical strategies. In M. Aveline & D. A. Shapiro (Eds.). *Research Foundations for Psychotherapy Practice*, pp. 49-72. Wiley.

Elliott, R., Fischer, C., & Rennie, D. (1999). Evolving guidelines for publication of qualitative research studies in psychology and related fields. *British Journal of Clinical Psychology, 38*, 215-229.

Giorgi, A. (1994). A phenomenological perspective on certain qualitative research methods. *Journal of Phenomenological Psychology, 25*(2), 190-220.

Giorgi, A. (Ed.) (2004). *Phenomenology and Psychological Research*. 신경림, 장연집, 박인숙, 김미영, 정승은 역. 현상학과 심리학 연구. 현문사. (원저는 1991년에 출판)

Giorgi, A. (2009). *The descriptive phenomenological method in psychology: A modified Husserlian approach*. Duquesne University Press.

Krueger, R. A. (1994). *Focus Groups: A Practical Guide for Applied Research*. Sage.

Lincoln, Y. S. (1995). Emerging criteria for quality in qualitative and interpretive research. *Qualitative Inquiry, 1*(3), 275-289.

Lincoln, Y. S., & Guba, E. G. (1985). *Naturalistic Inquiry*. Sage.

Lofland, J., & Lofland, L. H. (1995). Developing analysis In J. Lofland, D. Snow, L. Anderson, & L. H. Lofland (2006), *Analyzing social settings: A Guide to Qualitative Observation and Analysis* (4th ed.) (pp. 183-203). Wadsworth.

Marshall, C., & Rossman, G. B. (2006). *Designing Qualitative Research* (4th ed.). Sage.

Mason, J. (2004). *Qualitative Researching*. Sage. 김두섭 역. 질적 연구방법론. 나남. (원저는 1996년에 출판)

Mason, J. (2010). *Qualitative Researching*. 김두섭 역. 질적 연구방법론(2판). 나남. (원저는 2002년에 출판)

Moustakas, C. E. (1994). *Phenomenological Research Methods*. Sage.

Padgett, D. K. (2024). *Qualitative Methods in Social Work Research: Challenges and Rewards*. Sage. 유태균, 이선혜 역. (2024). 사회복지 질적 연구방법론. 나남. (원저는 2017년에 출판)

Riessman, C. K. (2008). *Narrative Methods for the Human Sciences*. Sage.

Ritchie, J. Lewis, J., Nicholls, C.M., & Ormston, R. (2017). *Qualitative Research Practice: A Guide for Social Science Students and Researchers*. 이병숙, 강성례, 박영례, 박은영, 손행미, 어용숙, 전성숙, 황경성 역. 질적연구의 이론과 실제(2판). 정담미디어. (원저는 2014년에 출판)

Rubin, A., & Babbie, E. (2019). *Essential Research Methods for Social Work (4th ed.)* Cengage Learning. 유태균 역. 에센스 사회복지조사방법론(4판). 센게이지러닝 코리아.

Rubin, A., & Babbie, E. R. *Research Methods for Social Work* (6th ed.) Cengage Learning.

Saldana, J. (2012). *The Coding Manual for Qualitative Researchers*. 박종원, 오영림 역. 질적 연구자를 위한 부호화 지침서. 신정. (원저는 2009년에 출판).

Sherman, E., & Reid, W. J. (Eds.) (2024). *Qualitative Research in Social Work*. Columbia University Press. 유태균, 이선혜, 서진환 역. 사회복지 질적 연구방법의 이론과 활용. 나남. (원저는 2017년에 출판)

Stake, R. E. (1995). *The Art of Case Study Research*. Sage.

Strauss, A., & Corbin, J. (1990). *Basics of Qualitative Research: Grounded Theory Procedures and Techniques.* Sage.

van Manen, M. (1997). From meaning to method. *Qualitative Health Research, 7*(3), 345–369.

Webster, L., & Mertova, P. (2017). *Using Narrative Inquiry as a Research Method: An Introduction to Using Critical Event Narrative Analysis in Research on Learning and Teaching.* 박순용 역. 연구방법으로서의 내러티브 연구. 학지사. (원저는 2007년에 출판).

Weiss, R. S. (1995). *Learning from Strangers: The Art and Method of Qualitative Interview Studies.* Free Press.

Yin, R. (2011). *Qualitative Research from Start to Finish.* Guilford Press. 박지연, 이숙향, 김남희 공역. (2013). 질적연구: 시작부터 완성까지. 학지사.

Yin, R. (2018). *Case Study Research and Applications: Design and Methods.* (6th ed.). Sage.

Zeegers, M., & Barron, E. (2019). *Milestone Moments in Getting your PhD in Qualitative Research.* 이미숙 역. 질적연구를 활용한 학위논문작성법. 학지사. (원저는 2015년에 출판)

제 **12**장

양적자료분석

학습목표

- 양적자료분석에서 기술통계와 관련된 핵심 개념을 이해한다.
- 추정통계의 기본 개념을 이해한다.
- 자료 시각화의 기본과 주요 원칙을 이해한다.
- 대표적인 통계 결과 왜곡 사례를 이해한다.

양적자료분석은 관찰대상이나 연구주제에 대해 수량화된 정보를 취급하는 분석 방법론으로, 수치나 정량적인 데이터를 기반으로 한다. 이러한 분석은 데이터의 수집부터 시작해 정제, 가공 및 최종 해석에 이르는 일련의 과정을 포함한다. 특히 데이터를 수집하고 이를 적절하게 가공하기 위해서는 통계학적 지식과 기술적 능력이 필요하며, 이 과정에서 기술통계(descriptive statistics)와 추론통계(inference statistics)를 활용하여 데이터의 패턴이나 특성을 파악한다. 분산분석, 회귀분석, 유형화분석과 같은 다양한 통계적 기법을 사용하여 데이터의 특징과 내재된 패턴을 찾아낼 수 있다.

또한 양적자료분석은 사회과학의 여러 분야에서 광범위하게 활용되고 있으며, 특히 사회복지학에서도 절대적으로 중요한 위치를 차지하고 있다. 이런 분석 방법은 사회현상이나 사회문제에 대한 깊은 이해를 돕기 위해 필요하며, 연구자에게 과학적 근거를 바탕으로 한 정확한 해석과 예측의 기회를 제공한다. 결과적으로, 양적자료분석은 사회과학연구에서 현상의 본질을 파악하고 이를 과학적으로 해석하는 데 있어 중추적인 역할을 수행하게 된다.

1. 양적자료분석의 개념

1) 기술통계

　　기술통계는 수집된 데이터의 전반적인 특성을 요약하는 과정을 의미하는 것으로서 주로 중심경향성, 분산, 빈도 분포 등을 파악하여 데이터에 대한 검토를 수행하게 된다. 기술통계의 의의는 크게 세 가지로 생각해 볼 수 있다. 첫째, 조사자는 기술통계에 대한 검토과정을 통해 수집된 자료가 지니고 있는 특성을 빠르게 이해할 수 있게 된다. 둘째, 기술통계는 자료에 포함된 이상치(outlier), 결측값(missing value), 데이터의 편향성(bias) 등에 대한 검토를 통해 데이터의 품질을 평가할 수 있게 된다. 수집된 데이터의 품질은 연구의 신뢰성과 타당성에 직접적인 영향을 미치기 때문에, 초기 단계에서 데이터의 문제점을 파악하고 수정할 수 있는 기회가 반드시 보장될 필요가 있다. 셋째, 기술통계는 복잡한 통계적 분석을 수행하기 전에 데이터의 전반적 특성과 구조를 이해하는 데 필요한 기초 정보를 제공한다. 이는 추후 회귀분석이나 분산분석과 본격적인 분석에 필요한 올바른 방법론의 선택과 그로 인한 해석의 정확성 보장에 중요한 기여를 하게 된다. 이처럼 기술통계는 데이터 분석의 시작점이며, 연구자가 데이터를 올바르게 이해하고 해석하는 데 필수적인 과정임을 조사자는 명확하게 이해할 필요가 있다.

(1) 중심경향성

중심경향성은 평균과 같이 관찰 대상 집단의 전체적인 특성이나 경향을 요약하여 나타내는 값을 의미한다. 즉, 측정된 값의 '중심'이 어디에 위치하는지를 파악함으로써 조사대상 집단이 어떤 특성을 지니는지 간명하게 이해할 수 있게 해 주는 정보로 이해할 수 있다. 특히 비교하고자 하는 여러 집단이 있는 경우 각 집단의 중심경향성을 견주어 봄으로써 집단 사이의 차이점을 파악할 수 있게 되는 것이다. 한편으로, 중심경향성은 추후 수행되는 통계적 분석결과를 이해하는 하나의 참조점으로 활용될 수 있으며, 이를 통해서 분석결과에 대한 이해와 해석을 보다 정확하게 할 수 있는 가능성을 제공한다.

① 평균

평균(mean)은 비율변수나 등간변수로 측정된 자료에 대해서 적용하며, 데이터 집합의 모든 값을 합한 후, 그 합계를 데이터의 개수로 나눈 값이다. 수학적으로 표현하면, n개의 데이터 값이 $(x_1, x_2, \dots, x_n)$일 때, 평균 $\bar{x}$는 다음과 같이 계산된다.

$$\bar{x} = \frac{x_1 + x_2 + \cdots + x_n}{n}$$

가장 널리 활용되는 중심경향성 지표로서 평균이 가진 가장 큰 장점은 직관적이라는 점이다. 평균은 데이터 집합의 중심적인 값을 쉽게 파악할 수 있도록 해 주기 때문에 일반적으로 사람들이 가장 친숙하게 사용하는 지표라고 할 수 있다. 또한 평균은 다양한 통계적 기법과 모델링에서 중요한 역할을 수행하게 되는데, 표준편차나 분산과 같은 산포 수준에 대한 분석에서도 평균이 기반이 된다.

그러나 평균은 몇 가지 제한점이 있을 수 있기 때문에 해석에 주의할 필요가 있다. 먼저, 평균은 데이터에 극단적으로 크거나 작은 값(이상치)이 포함되어 있을 경우, 이러한 값들의 영향을 크게 받게 되어 중심경향성을 드러내는 지표로서 왜곡된 정보를 줄 수 있다. 사회복지연구와 관련해서는 대표적으로 소득과 재산에 관한 연구에서 이와 같은 왜곡이 발생할 수 있다. 소수의 고소득자나 대규모 재산가가 포함된 표본에서는 이들의 값이 평균을 크게 올리게 될 수 있기 때문이다. 이런 경우 평균보다 중위값(median)이 더 대표적인 지표로 활용될 수 있다. 아울러 교육 영역의 조사연구에서도 학생들의 성취도나 시험 점수를 분석할 때, 극단적으로 높은 점수나 낮은 점수를 받은 소수의 학생들이 평균 점수의 왜곡을 일으켜 프로그램 설계에 문제를 일으킬 수도 있다.

또한 평균은 데이터가 한쪽으로 치우친 분포(skewed distribution)를 가질 경우, 실제 데이터의 중심을 정확히 반영하지 않을 수 있기 때문에 해석에 주의할 필요가 있다. 따라서 평균과 더불어서 산포 수준에 대한 정보와 분포 형태에 대한 검토가 필수적으로 따라올 필요가 있다.

② 중위값

중위값(median)은 비율변수나 등간변수로 측정된 자료에서 값의 크기 순서대로 나열했을 때 중앙에 위치하는 값을 의미한다. 만약 데이터의 개수가 짝수라면, 가장 가운데에 있는 두 개의 값의 평균이 중위값이 된다. 중위값 활용의 장점은 이상치에 대한 저항력이 있다는 점을 들 수 있다. 즉, 극단적으로 크거나 작은 값이 데이터 세트에 포함되어 있더라도 그 영향을 받지 않는다는 점에서 안정적인 중앙집중치로서의 성격을 지니게 된다. 이런 이유로, 중위값은 소득이나 재산 등과 같이 극단치가 있을 가능성이 큰 데이터 세트에서 중심경향성을 측정하는 데 유용하다. 또한 중위값은 평균과 유사하게 해석에서의 직관적 성격이 큰데, 중위값은 말 그대로 데이터 세트의 '중간'에 위치하는 값이기 때문에 직관적으로 이해가 쉽다는 장점이 있다.

다만, 중위값은 데이터 세트의 중간값만을 사용하기 때문에, 자료의 특성을 이해하기 위해서는 전반적인 산포 수준이나 분포의 양상에 대한 추가적인 정보가 필요하다. 아울러 중위값은 모수추정이 필요한 통계 모델링에서 평균에 비해 덜 유용할 수 있는데, 이는 중위값이 특정 모수를 추정하는 데 사용되는 통계적 방법들에서 일반적으로 활용되지 않기 때문이다.

③ 최빈값

최빈값(mode)은 연속변수 자료에서 가장 자주 나타나는 값을 의미하는 것으로 주로 명목변수에서 활용된다. 정의상 최빈값은 하나 이상의 값이 있을 수 있으며, 그럴 경우 이를 '다중 최빈값'이라고 표현하기도 한다. 최빈값은 자료에서 가장 많이 나타나는 데이터를 명시적으로 제시함으로써 자료 특성을 명확하게 드러내는 장점이 있으며, 비모수형 자료(명목변수)의 중심경향성도 드러낼 수 있다는 점에서 유용하다. 다만, 최빈값이 여러 개가 있을 경우는 해당 값의 제시만으로는 자료의 성격을 분명하게 이해하기 어려운 경우가 있기 때문에 전반적인 값의 분포를 아울러 검토할 필요가 있다. 또한 최빈값은 값의 분포가 비교적 균질적이거나 표본의 수가 적은 경우 부분적인 값의 변동에도 변화가 빈번히 발생할 가능성이 있기 때문에 강건성이 떨어질 가능성이 있다.

④ 절사평균

절사평균(truncated mean)은 수집된 자료의 최소값과 최대값 또는 특정 비율의 하위 및 상위 데이터를 제거한 후 나머지 데이터의 평균을 구하는 방법이다. 이 방법은 특히 이상치의 영향을 줄이기 위해 사용되는 것으로서 5%의 절사평균은 데이터의 상위와 하위 5%를 제거하고 중간 90%의 평균을 계산하는 것을 의미한다. 절사평균은 이상치나 극단적인 값의 영향을 크게 줄일 수 있어, 데이터 세트의 전반적인 경향을 더 잘 나타낼 수 있는 장점이 있다. 일반적으로 절사평균은 단독으로 활용하기보다는 평균과 함께 제시하여 평균의 안정성을 드러내는 보조적인 정보로 활용될 때가 많다.

(2) 산포 수준

산포 수준을 검토하는 것은 기술통계에서 중요한 부분이다. 데이터의 산포 수준은 중심경향성만큼 중요하다. 중심경향성은 데이터의 '평균적' 특성을 나타내지만, 산포는 측정 자료의 안정성과 변동성을 보여 준다. 예를 들어, 두 집단의 평균이 같다고 해도, 한 집단의 데이터는 굉장히 균일하게 분포되어 있을 수 있으며, 다른 집단은 굉장히 넓게 퍼져 있을 수 있다. 현상에 따라 이 두 분포는 각각 다른 이론적 · 실천적 의미를 지닐 수 있다. 이러한 차이는 산포 수준에 대한 검토를 통해 파악할 수 있다. 일반적으로 큰 산포도는 특정 데이터 세트 내에서 이상치나 특잇값이 존재할 가능성을 나타낸다. 이상치는 분석결과를 왜곡시킬 수 있기 때문에, 산포 수준을 통해 그 존재를 확인하고 적절하게 처리하는 것이 중요하다. 산포 수준을 검토하는 방법은 중심경향성과 마찬가지로 다양한 방법이 있으며, 자료 특성에 따라 분석과 해석에서 고유한 장점을 지니고 있다.

① 범위

산포도를 측정하는 데 있어 범위는 주요 척도 중 하나이다. 범위(range)는 측정치의 가장 큰 값과 가장 작은 값 사이의 차이로 정의된다. 범위가 지니는 장점은 계산의 간명성과 직관적으로 데이터의 전반적인 퍼짐 정도를 파악할 수 있다는 것이다.

다만, 범위의 해석에서 몇 가지 고려할 사항이 있다. 첫째, 범위는 이상치에 매우 민감하게 반응한다. 즉, 단 하나의 이상치만으로도 범위가 크게 왜곡될 수 있으므로 이상치가 있을 경우 데이터의 실제 산포를 정확하게 표현하지 못할 수 있음을 고려할 필요가 있다. 둘째, 범위는 오로지 데이터의 최대값과 최소값만을 고려하기 때문에 데이터 세트의 중간 범위에 있는 값들에 대한 정보를 완전히 무시하는 경향이 있다. 이는 데이터의 전체적인 분포나 중심경향성을 완벽하게 반영하지 못하는 경우가 있을 수 있음을 의미한다. 따라서 일반적인 조사연구에서 범위만으로 데이터의 산포를 제시하는 경우는 드물며, 다른 산포 척도와 결합하여 사용하는 것이 일반적이다.

② 분산

분산(variance)은 데이터 세트의 각 값이 평균 주변에 어떻게 분포하고 있는지 나타내는 통계적 지표로서, 수식은 다음과 같다.

$$분산(V) = \frac{\sum_{i=1}^{n}(x_i - \bar{x})^2}{n}$$

여기서, x_i는 각 데이터 포인트를 의미하며, $\bar{x}$는 데이터의 평균을, n은 전체 데이터 포인트의 수를 의미한다.

분산은 데이터의 산포 정도를 정량적인 수치로 요약해서 제시할 수 있으며, 다양한 통계분석에서 핵심적으로 활용되는 값이다. 다만, 분산에 대한 해석에서 유의할 점은 계산결과가 원 데이터의 제곱 단위로 표현됨에 따라 직관적으로 해석하기 어려운 점이 있어, 표준편차(분산의 제곱근)를 활용하는 경우가 많다는 점이다. 아울러 분산 또한 이상치에 매우 민감하다는 점을 고려할 필요가 있다. 소수의 이상치로 인하여 전체 분산의 값이 크게 변할 수 있기 때문에, 이상치가 포함된 데이터에서는 분산에 대한 해석을 주의할 필요가 있다.

③ 표준편차

표준편차(standard deviation)는 데이터 집합의 산포도를 측정하는 통계적 지표 중 하나로, 분산의 양의 제곱근으로 정의된다. 수식으로 표현하면, 표준편차 σ는 다음과 같이 나타낼 수 있다.

$$\sigma = \sqrt{\frac{\sum_{i=1}^{n}(x_i - \bar{x})^2}{n}}$$

표준편차의 가장 큰 장점은 직관성에 있으며, 원 데이터와 동일한 단위를 사용하기 때문에 분산에 비해 해석하기가 더 쉽다. 표준편차는 다양한 통계적 분석에 활용되며, 정규분포와 관련된 분석에서 중요한 역할을 한다. 표준편차를 통해서 데이터가 중심에서 얼마나 펼쳐져 있는지 그 평균적인 거리를 직접적으로 파악할 수 있다.

그러나 표준편차 역시 이상치에 대한 민감성을 지니고 있어 해석에 유의할 필요가 있다. 편차와 마찬가지로 데이터 집합에 이상치가 포함되어 있다면, 표준편차는 크게 왜곡될 수 있기 때문이다. 또한 데이터가 정규분포를 따르지 않는 경우에는 표준편차만으로 산포 정도를 정확히 파악하기 어렵다. 이런 이유로, 데이터의 분포 형태를 고려하여 표준편차를 해석하는 것이 중요하다.

(3) 분포 형태

① 편포

편포(skewness)는 분포의 비대칭도를 측정하는 지표로서, 측정된 값이 얼마나 한쪽 방향으로 치우쳐 있는지를 나타낸다. 편포를 수식으로 표현하면 다음과 같다.

$$\text{Skewness}(X) = E\left[\left(\frac{X-\mu}{\sigma}\right)^3\right]$$

여기서 $E[\ ]$는 기댓값(평균)을 나타내며, μ(mu)는 변수의 평균, σ(sigma)는 표준편차를 의미한다.

편포의 해석은 다음과 같다.

편포=0: 분포가 완벽하게 대칭
편포<0: 왼쪽으로 치우친 분포(긴 왼쪽 꼬리)
편포>0: 오른쪽으로 치우친 분포(긴 오른쪽 꼬리)

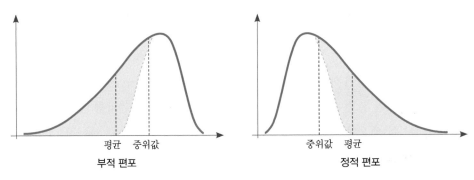

그림 12-1 부적 편포와 정적 편포 예시

예를 들어, 조사론 수업의 중간고사 결과 편포가 .7로 나왔다고 가정해 보자. 이 경우, 편포가 0보다 크므로 시험 점수의 분포가 오른쪽으로 치우쳐 있음을 의미한다. 즉, 학생 대다수가 평균 점수 아래에서 점수를 받았으며, 몇몇 학생들이 매우 높은 점수를 받아 분포의 오른쪽 꼬리를 길게 만든 상황인 것이다. 편포가 알려 주는 이런 정보는 수업의 난이도 조정이나 강의 방식의 변화를 꾀하도록 하는 피드백을 제공한다. 일반적으로 대부분의 사회과학현상은 일정 수준의 편포를 보이는 경우가 많기 때문에, 조사자는 자신이 관찰한 현상의 분포적 특성을 편포를 통해 확인할 필요가 있다.

② 단봉 혹은 다봉 분포

데이터의 분포에서 가장 높은 빈도를 갖는 데이터 포인트나 값이 한곳에만 존재할 때 이를 단봉(uni-modal) 분포라고 하며, 두 개 이상의 다른 빈도 또는 중심이 있는 경우를 다봉(multi-modal) 분포라고 칭한다. 분포의 단봉 혹은 다봉성은 히스토그램이나 도수분포표 등을 통해서 확인할 수 있다. 일반적으로는 단봉 분포를 보이는 경우가 많으나, 특수한 경우 다봉 분포를 보이는 현상도 있다. 다봉 분포를 보이는 경우 표본에 특수성이 높은 상이한 집단이 다수 포함되어 있을 가능성을 시사하게 된다. 예를 들어, 통계 시험의 결과 낮은 점수대에 다수의 사례가 몰려 있는 큰 봉우리가 있고, 고득점대에 그보다는 규모가 작지만 사례가 집중된 경우를 생각해 볼 수

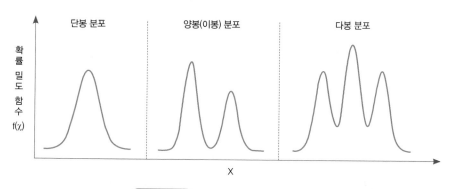

그림 12-2 단봉, 쌍봉, 다봉 분포 예시

있다. 이런 경우 수강생이 통계 과목 공부를 포기한 집단과 끝까지 노력한 집단으로 크게 양분되어 있음을 유추해 볼 수 있을 것이다.

③ 이상치

이상치(outlier)는 일반적인 관측값 범위에서 크게 벗어난 데이터 포인트를 의미한다. 이러한 값은 측정오류, 기록오류 또는 특이한 사례 때문에 발생할 수 있다. 양적자료분석에서 이상치에 대한 검토는 중요성이 매우 높다. 우선, 이상치는 데이터의 품질을 검토하고 상향하는 데 중요한 정보가 될 수 있다. 이상치가 잘못된 데이터 입력이나 측정오류의 결과로 발생한 경우 자료의 질을 높이기 위해서 이에 대한 사전 검토가 필수적이다. 또한 이상치는 평균, 분산, 상관관계와 같은 통계분석 결과에 왜곡을 일으킬 수 있다. 따라서 이상치를 적절히 처리하지 않으면 잘못된 분석결과와 해석을 유도할 수 있기 때문에 주의가 필요하다. 아울러 머신러닝 및 통계적 모델링에서 이상치는 예측과 관련된 분석모형의 성능을 저하시킬 수 있다. 왜냐하면 이상치로 인해 모델이 특이한 사례에 과도하게 적응하게 되면, 일반화 수준이 떨어져 예측력이 낮아질 수 있기 때문이다.

이상치를 판별하는 가장 고전적인 방법은 상자그림(Box Plot)을 활용하는 것이다. 박스앤휘스커 그림(Box-and-Whisker Plot)이라고도 불리는 상자그림은 데이터의 사분위수를 기반으로 상자를 그리며, 이를 통해 이상치를 시각적으로 확인할 수 있다. 이상치는 일반적으로 상자의 위쪽 또는 아래쪽에서 동떨어진 점으로 나타난다. 상자그림은 다음의 4가지 요소로 구성된다.

- 중앙 상자: 데이터의 1사분위수(Q1)와 3사분위수(Q3)를 나타낸다. 상자의 상단과 하단은 각각 Q3와 Q1을 의미하며, 상자 내부의 가로선은 중위값(또는 2사분위수, Q2)을 나타낸다.
- 수염: 수염(whiskers)은 상자의 위쪽과 아래쪽에서 튀어나온 선이다. 일반적으로, 상단 수염은 Q3 + 1.5IQR(사분위 범위)까지, 하단 수염은 Q1 − 1.5IQR까지의 값을 나타낸다. IQR은 Q3에서 Q1을 뺀 값으로, 데이터의 중간 50%의 범위

그림 12-3 상자그림의 구성

를 나타낸다.

• 이상치: 수염의 바깥쪽에 위치한 개별 데이터 포인트들은 이상치로 간주된다. 이러한 값들은 전체 데이터 분포에서 크게 벗어나 있음을 나타낸다.

• 중위값: 경우에 따라 상자그림에 데이터의 중위값을 추가적으로 표시하기도 한다. 이는 상자 내부에 점 또는 가로선과 같은 특정 기호로 나타낼 수 있다. 분석 프로그램에 따라서는 중위값 대신 평균을 제시하는 경우도 있으니 확인이 필요하다.

이상치는 검토하는 방법 가운데 Z-점수 변환이 있다. Z-점수는 개별 관측값이 평균에서 얼마나 떨어져 있는지를 표준편차 단위로 표시하는 것으로 식은 다음과 같다. 일반적으로 z값의 절대값이 2~3을 초과하는 관측값은 이상치의 성격을 가지므로 주의가 필요하다.

$$z = \frac{X - \mu}{\sigma}$$

여기서 (z)는 z값(z 점수), (X)는 관측값, (μ)는 평균, (σ)는 표준편차를 각각 의미한다.

이 외에도 이상치 검토에는 IQR(Interquartile Range)을 활용하는 경우가 있다. IQR은 Q3(3사분위수) − Q1(1사분위수)으로 계산되는데, (Q1 −1.5 * IQR) 미만이나 (Q3 + 1.5 * IQR) 초과하는 값은 이상치의 성격을 가지는 것으로 해석할 수 있다.

2) 추정통계

조사자가 수집된 자료를 통해서 궁극적으로 알고자 하는 것은 표본이 대표하는 모집단의 성격을 이해하는 것이다. 추정통계는 표본 데이터를 기반으로 전체 모집단의 특성이나 패턴을 추론하는 과정이다. 추정통계의 주요 방법은 광범위한 내용을 포함하고 있으며, 통계분석 모형은 모두 모수를 추정하기 위해서 수행되는 것이다. 추정통계에서 중요한 점은 표본의 크기와 특성에 따라 추정의 정확성이 달라진다는 점이다. 또한 표본이 모집단을 잘 대표하지 않는 경우, 즉 편이(bias)가 있는 경우에 추정이 왜곡될 수 있다. 따라서 모집단에 대한 대표성을 확보할 수 있는 표본추출 방법과 표본 크기 결정이 추정통계에서 매우 중요하다. 추정통계의 내용은 자료분석론이나 통계학 교과목에서 본격적으로 다뤄지는 것으로 여기서는 기초적인 개념만을 살펴본다.

(1) 점추정

점추정(point estimation)은 모집단의 특정 모수를 단일값으로 추정하는 방법을 말한다. 추정하고자 하는 모수는 일반적으로 평균, 분산, 비율 등이 포함된다. 점추정의 주요 목적은 모집단의 모수를 가장 잘 대표하는 하나의 값으로 이를 추정하는 것이다. 일반적으로 표본의 평균이나 분산을 활용해 모수를 추정하는 것이 일반적이다.

(2) 구간추정

구간추정(interval estimation)은 모집단의 모수를 추정할 때, 하나의 단일 값(점추정) 대신 신뢰도를 함께 고려하여 값의 범위로 추정하는 방법을 의미한다. 구간추정의 핵심은 "특정 확률로 모수가 이 범위 안에 있을 것이다."라는 주장을 할 수 있다는 점에 있는데, 이때 활용하는 확률을 '신뢰수준' 또는 '신뢰도'라고 한다. 구간추정은 점추정에 비해서 추정결과에 대한 더 많은 정보를 제공한다는 장점이 있다. 즉, 추정치의 확실성의 범위를 알려 주기 때문에 연구자는 그 범위 내에서의 가능성을 고려할 수 있게 된다. 또한 구간추정은 확률값으로 결과의 신뢰성에 대한 정량적인 정보를 제공한다는 점에서 과학적 엄밀성이 높다고 할 수 있다.

평균에 대한 구간추정을 수행하는 과정은 다음과 같다.

① 모집단 분포의 성질 결정: 대부분의 조사연구에서는, 중심극한정리에 따라, 큰 표본의 경우 표본 평균의 분포는 정규 분포에 가까워짐을 알고 있으며, 이를 활용하게 된다.

② 신뢰수준 결정: 90%, 95%, 99% 등 원하는 신뢰수준을 선택하게 된다. 일반적으로는 95% 신뢰수준을 선택하게 된다. 95% 신뢰수준의 의미는 모집단을 대상으로 동일한 방법으로 무수히 많은 표본을 추출하여 각각의 표본에 대한 신뢰구간을 구한다면, 그중 약 95%의 구간이 실제 모집단의 모수(평균)를 포함하고 있을 것이라는 것을 의미한다.

③ 추정하고자 하는 통계량과 표준 오차 선택: 예를 들어, 평균을 추정할 경우 표본 평균과 그것의 표준 오차를 사용하게 된다.

④ 신뢰구간 계산
  - 평균의 경우, 신뢰구간 = 표본 평균 ± (z-점수 * 표준 오차)
  - 비율의 경우, 신뢰구간 = 표본 비율 ± (z-점수 * $\sqrt{[p(1-p)/n]}$)

  (p는 특정 범주에 속하는 비율을 의미함)

예를 들어, 한 대학교에서 졸업생들이 입직 후 초기 연봉에 대한 조사를 진행했다고 가정해 보자. 전체 모집단은 약 5,000명이지만, 조사를 위해 100명의 졸업생을 무작위로 선택하여 초기 연봉을 조사했다. 이때 조사된 100명의 졸업생의 평균 연봉은 3,000만 원이며, 표준편차는 500만 원이라고 한다면, 전체 졸업생의 평균 연봉은 95% 신뢰수준에서 2,902만 원에서 3,098만 원 사이에 있다고 추정하게 된다.

(3) 상관분석

상관분석은 두 변수 사이의 선형적인 관계의 강도와 방향을 측정하는 통계적 방법이다. 상관계수는 −1에서 1 사이의 값을 가지며, 1은 완벽한 양의 선형관계를,

−1은 완벽한 음의 선형관계를 의미하고, 0은 두 변수 사이에 선형관계가 없음을 나타낸다. 상관분석에서 가장 널리 사용되는 상관계수는 피어슨 상관계수(Pearson correlation coefficient)이며 일반적으로 r로 표시한다. 두 변수 x와 y에 대한 피어슨 상관계수 r은 다음과 같은 수식으로 계산된다.

$$r = \frac{\sum(X_i - \bar{X})(Y_i - \bar{Y})}{\sqrt{\sum(X_i - \bar{X})^2 \sum(Y_i - \bar{Y})^2}}$$

여기서 X_i와 Y_i는 각각 X와 Y의 개별 관찰값을 의미하며, $\bar{X}$와 $\bar{Y}$는 X와 Y의 평균값을 뜻한다.

피어슨 상관계수는 등간변수나 비율변수에 활용되며, 서열변수의 경우는 스피어만 순위 상관계수(Spearman's rank correlation coefficient)나 켄달의 타우(Kendall's Tau)를 활용하게 된다. 서열성을 지닌 이분변수의 경우는 점이연 상관계수(point-biserial correlation coefficient)나 파이계수(phi coefficient)를 활용하는 경우도 있다.

상관계수의 해석에서 흔히 범하는 오류는 상관성과 인과성(causation)을 혼동하는 것이다. 즉, 두 변수 사이에 상관관계가 있더라도 하나의 변수가 다른 변수의 원인이 되어 변화시키는 것으로 단정할 수 없다는 것이다. 예를 들어, 아이스크림 판매량이 증가함에 따라 익사 사고 발생률도 증가하는 상황을 들 수 있다. 실제로 이 두 변수 사이에는 높은 상관관계가 존재하는데, 이 결과를 놓고 아이스크림 소비가 증가하면

정적 상관   부적 상관   상관관계 없음

그림 12-4 정적 상관과 부적 상관

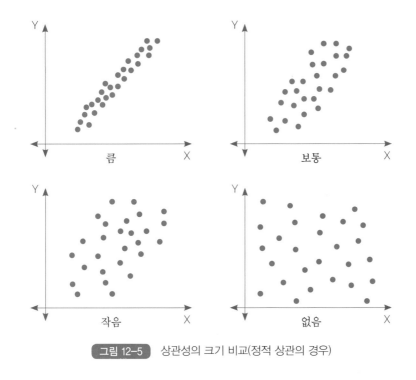

그림 12-5   상관성의 크기 비교(정적 상관의 경우)

익사 위험이 높아지는 것으로 해석하는 것은 어불성설일 것이다. 두 현상 사이에 상관성을 만드는 실제 원인은 기온이며, 여름철에는 날씨가 더워져서 사람들이 더 많이 물놀이를 하고, 아이스크림을 더 많이 구매할 가능성이 크기 때문에 상관성이 포착되는 것이다.

(4) 교차분석

교차분석(cross-tabulation, contingency table analysis)은 두 개 이상의 범주형 변수의 상관성을 파악하기 위해 사용하는 분석 기법이다. 교차분석은 데이터를 테이블 형태로 배열하고, 각 셀에는 해당 범주의 관측치 빈도를 기록한 교차표를 기본적으로 활용하게 된다. 교차분석을 통해 범주형 변수 간의 관계와 상호작용을 탐색할 수 있으며, 독립성 검정을 수행하여 두 변수 사이에 통계적으로 유의미한 관계가 있는지도 확인할 수 있게 된다. 교차분석에는 카이제곱 검정(chi-square test)을 주로 활용하는데, 검정 공식은 다음과 같다.

$$\chi^2 = \sum \frac{(O_{i}j - E_{i}j)^2}{E_{i}j}$$

여기서 ₩(O_ij₩)는 i행 j열에 있는 실제 관측치를 의미하며, ₩(E_ij₩)는 i행 j열에 있을 것으로 예상되는 관측치로, 다음의 공식을 활용한다.

₩[E_ij = ₩frac{(해당 행의 총합) ₩times (해당 열의 총합)}{전체 합계} ₩]

검정 통계량인 ₩(x^2₩) 값이 크면 두 변수 사이에 독립성이 없다는 것을 의미하며, 상관성이 크다는 근거로 활용되게 되고, 값의 크기가 확률적으로 유의미한지 판단하여 두 변수 간의 관계를 해석하게 된다.

(5) 평균비교

평균비교는 여러 집단 간의 평균 차이를 파악하기 위해 사용되는 방법이다. 가장 널리 활용되는 방법은 $t-$검정(t-test)과 분산분석(ANOVA)인데, 비교 집단이 두 개인 경우는 전자를 활용하며, 3개 이상인 경우는 후자를 활용하게 된다. 주요 방법은 다음과 같다.

- 독립 표본 $t-$검정(independent samples t-test): 두 독립된 집단의 평균을 비교하기 위한 방법이다(예: 같은 조사론 수업을 듣고 있는 사회복지전공생과 타 학과 학생의 시험 점수 평균에 차이가 있는지 확인).
- 대응 표본 $t-$검정(paired samples t-test): 동일한 집단에서 얻은 두 표본의 평균을 비교하기 위한 방법이다. 실험설계 가운데 동일집단 사전–사후 측정에서 주로 활용된다(예: 다이어트 프로그램의 효과성을 검증하기 위해서 연구참여자를 대상으로 참여하기 전과 후의 체중 평균에 차이가 있는지 확인).
- 일원 분산분석(one-way ANOVA): 세 개 이상의 독립된 집단의 평균을 비교하는 방법이다(예: 세 지역에 거주하고 있는 주민들의 주관적 삶의 만족도에 차이가 있는지

확인).

- 이원 분산분석(two-way ANOVA): 결과변수에 영향을 미칠 것으로 고려하는 설명 변수가 두 가지 이상이며, 각 변수의 영향뿐만 아니라 상호작용도 함께 고려할 수 있다(예: 수업 진행 방식과 학생들의 성별에 따라 시험 점수 평균에 차이가 있는지, 그리고 두 변수의 상호작용이 있는지를 확인하는 경우).

(6) 회귀분석

회귀분석은 하나 이상의 설명변수가 결과변수에 미치는 영향을 모형화하고 예측 하기 위한 통계적 방법이며, 사회과학 분야에서 가장 널리 활용되고 있는 분석 방 법 가운데 하나이다. 회귀분석 결과를 통해 변수 간 관계의 강도, 방향에 대한 정보 와 해당 정보의 확률적 유의미성을 확인할 수 있게 된다. 또한 설명변수의 조합에 따 른 종속변수의 값을 예측하는 데도 활용될 수 있다. 회귀분석은 변수 사이의 관계가 지닌 선형성(linearlity)에 따라 선형회귀, 비선형회귀로 구분될 수 있다. 또한 설명변 수가 단일한 경우 단순회귀(simple regression), 2개 이상인 경우는 다중회귀(multiple regression)로 구분되기도 한다. 일반적으로 결과변수가 연속변수(등간, 비율)인 경 우에 주로 활용되며, 결과변수가 명목변수인 경우는 로지스틱 회귀분석(logistic regression)을 선택하여 분석을 수행한다.

2. 시각화

시각화(visualization)는 데이터나 정보를 그래픽, 차트, 다이어그램 등의 시각적 형 태로 표현하는 과정 또는 결과물을 의미한다. 시각화는 추상적이거나 복잡한 정보 를 보다 직관적이고 이해하기 쉬운 형태로 변환하는 데 중점을 둔다. 시각화는 분석 결과를 보다 많은 사람과 공유한다는 측면에서 과학적 발견의 확산에 중요한 의의를 지닌다. 또한 사회복지 분야와 같이 정책과 프로그램의 개발과 확산에 있어 설득 과 정이 중요한 영역에서는 적절한 시각화를 통한 시민과 정책 당사자의 이해도를 높이는 노력이 중요하다. 특히 사회복지 분야에서도 대규모 자료에 기반한 빅데이터 분석에 대한 수요가 높아지는 상황에서 시각화와 시각화 결과물에 대한 해석 역량이 절실히 요구되고 있다.

1) 시각화의 의의

시각화 과정이 지니는 의의는 다음과 같이 살펴 볼 수 있다. 첫째, 데이터 시각화는 데이터의 전반적인 구조와 중요 패턴을 빠르게 파악하는 데 중요하다. 예를 들어, 시계열 데이터를 선 그래프로 표현하면 시간에 따른 변화를 쉽게 알아챌 수 있고, 히스토그램이나 상자그림, 산점도 등의 시각화 방법을 통해 데이터의 분포, 중심경향, 산포 등의 통계적 특성을 직관적으로 빠르게 이해할 수 있게 된다.

둘째, 분석결과를 다른 사람들과 공유할 때, 텍스트만으로 설명하는 것보다는 그래프나 차트를 사용하면 이해가 훨씬 쉬워진다는 장점이 있다. 시각화 도구는 복잡한 관계나 패턴을 명확하게 전달하는 데 유용하며, 특히 연구자나 이해관계자와의 효율적인 커뮤니케이션에 기여한다. 오늘날과 같이 대규모의 데이터에 기반한 연구와 복잡한 통계적 방법이 발달한 시기에는 이해하기 쉬운 시각화 결과물을 통해 전문적인 배경 지식이 없는 사람들도 이해하기 쉬움에 따라 정보에 대한 접근도를 높이고 과학적 발견의 확산에 기여할 수 있다.

셋째, 데이터 시각화는 데이터 내의 이상치나 오류를 식별하는 데 매우 효과적이다. 앞에서 살펴본 바와 같이, 데이터 분포를 나타내는 상자그림을 통해 이상치를 손쉽게 확인할 수 있다. 이상치는 분석결과를 왜곡시킬 수 있으므로, 이를 빠르게 파악하고 조치를 취하는 것이 중요하다.

넷째, 시각화를 통한 시각적 자극은 수치나 텍스트 정보보다 더 큰 강도로 기억될 가능성이 크며, 장기적으로 기억에 남을 수 있다. 따라서 데이터 시각화는 교육적 측면에서도 효과적이며, 사람들에게 데이터의 중요한 포인트나 메시지를 강조하고 싶을 때 효과적인 도구로 활용될 수 있다.

2) 시각화의 핵심 원칙

좋은 시각화를 위해서는 다음의 원칙을 고려할 필요가 있다.

- 명료성: 시각화의 주목적은 복잡한 데이터나 정보를 명확하게 전달하는 것이다. 따라서 디자인이나 색상, 모양, 크기 등의 요소는 모두 특정한 정보를 반영하여야 하며 명료한 전달에 집중해야 한다. 분석결과와 상관없는 디자인만을 고려한 요소가 포함된 시각화는 명료성이 떨어지며 해석에 혼란을 줄 수 있다.
- 정확성: 시각화된 데이터는 원래의 데이터, 분석결과와 일치하며 왜곡되거나 잘못 표현되어서는 안 된다. 연구자가 드러내고 싶은 특정 결과를 강조하기 위한 목적으로 시각화 결과를 의도적으로 왜곡하는 것은 윤리적으로 문제가 있는 행동이다.
- 간결성: 시각화 결과물에 불필요한 장식을 포함해서는 안 되며, 한 번에 드러내고자 하는 정보의 수준을 적절히 조절하여 핵심적인 내용에 독자가 집중할 수 있게 해야 한다. 필요 이상의 색상 구분, 보조선, 부가 정보(레이블 등) 등은 삼가할 필요가 있다. 특히 색상은 정보의 계층 구조, 그룹화, 강조 등을 나타내는 데 유용하지만, 너무 많은 색을 사용하거나 적절하지 않은 색 조합을 사용하면 혼란을 일으킬 수 있다. 또한 특정 색을 구분함에 어려움이 있는 독자가 있다면 예상하지 못한 혼란을 줄 수 있다.
- 적절한 시각화 방법 선택: 시각화 방법은 매우 다양하며, 유사한 종류의 시각화에도 다양한 변이가 가능하다. 따라서 데이터의 유형과 전달하고자 하는 메시지에 따라 적절한 시각화 방법을 선택할 필요가 있다. 예를 들어, 시간에 따른 변화를 보여 주려면 선그래프가, 카테고리별 비교를 위해서는 막대그래프가 적절하다.
- 상호작용성 고려: 정부나 서비스 공급 기관 등에서 디지털 플랫폼을 활용해 사회 문제나 사회복지정책과 관련된 정보를 제공하는 경우는 이제 일반적이다. 따라서 시각화 전략을 고려할 때 디지털 플랫폼에서의 상호작용을 통해 더 깊은 통

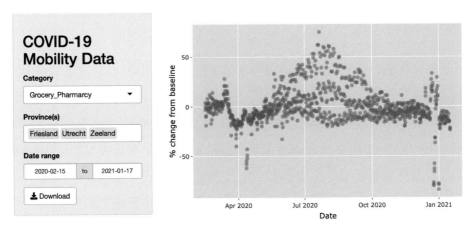

그림 12-6　Shiny App을 활용한 상호작용 시각화 예시

찰을 제공하는 기회가 있을 수도 있다. 이런 경우 플랫폼의 특성과 상호작용성
을 염두에 두고 시각화 요소를 고려할 필요가 있다.
• 대상자에 대한 고려: 시각화도 의사소통의 한 방식이라는 점에서 정보 수용자의
특성을 고려하는 것은 당연하다. 따라서 정보를 전달하고자 하는 대상 집단의
욕구와 관심사를 고려하여 어떤 메시지나 정보를 전달하려는지 명확히 하고,
수용자의 관점에서 시각화가 잘 이해되는지 고려해야 한다. 이때 대상 독자의
배경 지식이나 경험을 고려한 정보 제시가 필요하다.

3) 설득적인 시각화 전략

막대그래프, 선그래프, 산점도, 상자그림, 히스토그램과 같은 널리 활용되는 시각
화 도구에 대한 적절한 활용은 설득적인 조사연구에서 필수적이다. 이 외에도 다양
한 시각화 방식이 활용될 수 있는데, 사회복지 분야의 양적자료가 다양한 형태로 축
적되고 그 정보량이 커짐에 따라 전통적인 시각화 방법 이외에도 다양한 방법이 활
용될 수 있다. 여기서는 이와 관련한 몇 가지 사례를 살펴보고 정보를 잘 드러내는
창의적인 시각화 전략 마련에 필요한 사례를 살펴본다.

(1) 시계열 자료

관측값의 변화를 다루는 시계열 자료에 대한 시각화는 사회과학 영역에서 일반적으로 활용된다. 그런데 비교하고자 하는 시계열 자료 값에 큰 폭의 차이가 있는 경우, 동일한 그림에서 비교할 때 직관성이 떨어지거나 지면 활용에 문제가 생길 수 있다. 대표적인 상황이 연령별 자살률의 비교이다. 우리나라에서 연령별 자살률은 큰 폭의 차이가 있으며, 그 시기적 변동 폭 또한 매우 크다. [그림 12-7]은 40을 단위로 색상을 부가적으로 더하는 방식으로 시계열 정보를 제시하는 수평그림(horizon plot)을 활용한 예시를 보여 주고 있다. 이런 방식을 통해서 집단 사이의 변화를 효과적으로 비교하고, 지면을 효율적으로 활용할 가능성이 커지게 된다.

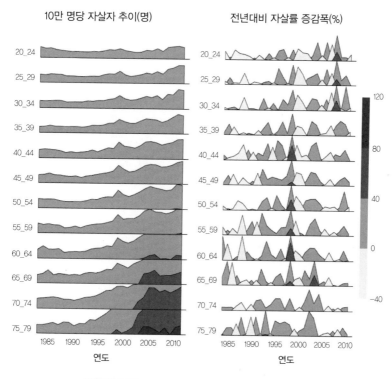

그림 12-7 시계열 변화에 수평그림 적용 예시

(2) 공간 시각화

공간 시각화는 데이터를 지도상에 표현함으로써 위치, 지리, 공간적 관계와 같은 정보를 시각적으로 제시하는 것으로 공간적 관계 및 패턴을 쉽게 파악할 수 있다. 또한 하나의 지도 위에 여러 데이터 레이어를 겹쳐서 표현함으로써 다양한 정보를 동시에 제시할 수 있다. 이를 통해 서로 다른 데이터 간의 관계나 영향을 분석하는 데 도움을 받을 수 있다. 특히 정책과 서비스 자원의 할당과 재배치와 같은 의사결정에 공간 시각화를 활용하면 특정 지역에 대한 정책이나 전략을 수립할 때 필요한 정보를 확보할 수 있다. [그림 12-8]은 특정 시점에 정서적 어려움을 경험하고 있는 청소년의 분포(좌)와 정신건강 서비스 자원의 분포(우)를 제시한 그림이다. 두 현상의 공간적 비교를 통해서 관련 문제에 대응하는 다양한 해석이 가능할 수 있다.

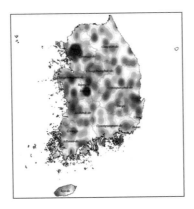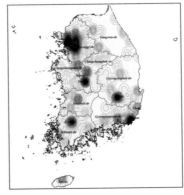

그림 12-8 공간 시각화 예시

(3) 네트워크 자료 시각화

네트워크(network, graph) 자료에 대한 시각화는 노드(node)와 링크(link)로 구성된 구조를 시각적으로 표현한 것이다. 네트워크는 복잡한 관계와 연결성을 나타내기에 적합한 도구로, 사회 네트워크, 인터넷, 생물학, 교통 시스템 등 다양한 분야에서 활용된다. 네트워크 시각화가 지니는 장점은 복잡한 연결구조를 지닌 현상을 직관적 이해가 가능한 간명한 구조로 표현한다는 점이다. 또한 중심성(centrality)에 대한 검토를 통해 중요한 노드나 연결을 식별하여 네트워크 내의 핵심 요소나 영향력 있는 요소를 파악할 수 있게 된다. 그리고 비슷한 특성을 갖는 노드들의 집단(클러스터)을 식별하여 네트워크 내의 서브집단이나 커뮤니티를 발견하는 경우도 있다. 연구주제에 따라서는 노드 간의 최단 경로나 최적 경로를 찾아 네트워크 내의 정보 전파, 교통 흐름 등을 분석하는 경로 구조에 대한 분석 또한 가능하다. [그림 12-9]는 약 40년간 특정 사회복지학 분야 논문의 공저자 구조를 시각화한 사례이다. 노드는 연구자이며, 링크는 공저 관계가 된다. 노드의 크기는 중심성에 비례하여 조절하였는데, 해당 분야 연구에서 누가 중요한 역할을 수행했는지 한눈에 확인이 가능하다.

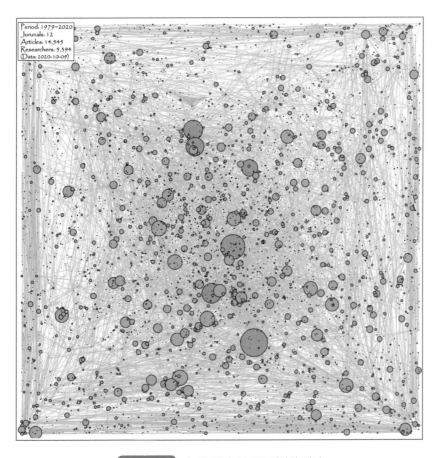

그림 12-9 논문 공저자 구조 시각화 예시

3. 통계와 거짓말

1) 왜곡된 통계의 위험성

양적자료분석과 통계적 결과들은 과학적 지식의 발전과 근거기반 정책 수립과 사회복지실천에 필수적인 역할을 하지만, 의도적 · 비의도적 왜곡이 발생한다면 큰 사회적 비용으로 이어질 수 있다. 거짓된 통계분석과 해석은 정책 수립과 관련된 의사결정 과정에 악영향을 끼쳐 예상하지 못한 부정적인 결과를 초래할 수 있다. 또한 한정된 정책 자원의 비효율적 배분을 초래할 수 있으며, 이는 개입을 필요로 하는 다수의 개인을 배제하는 문제를 야기할 수 있다. 또한 왜곡된 통계는 사회 전반에 걸쳐 불신감을 키워 중요한 사회적 자원인 신뢰(trust) 수준을 저하시킬 수 있다. 따라서 조사연구를 수행하는 연구자는 통계의 왜곡된 사용을 철저하게 조심해야 하며, 타인에 의해 수행된 통계분석 결과에 대해서도 왜곡이 없는지 주의하여 살펴볼 필요가 있다.

2) 왜곡된 통계의 주요 유형

(1) 결과의 선택적 활용

양적자료분석에서 주된 왜곡 방식은 통계분석 결과나 데이터의 일부분만을 선택적으로 고르고 강조하는 방식, 즉 체리 피킹(cherry picking)으로 이뤄진다. 이런 행위는 전체적인 맥락이나 다른 관련 데이터를 의도적으로 무시하면서 특정 주장이나 의도에 맞게 데이터를 제시하는 방식으로 시도된다. 예를 들어, 새롭게 개발된 약의 효과성을 검증하는 실험연구를 다양한 조건에서 수행하는 경우를 생각해 보자. 이때 수행된 10번의 실험설계에서 9번은 약이 별다른 효과가 없다고 나왔지만 1회의 실험에서만 긍정적인 효과가 나타났다면, 그 한 번의 긍정적인 결과만을 강조하여 약의 효과를 강조하는 것이 그와 같은 예라고 할 수 있다. 또는 실업률에 대한 연구를 수행하는 가운데, 지난 20년 동안 전반적으로 실업률이 증가하고 있었지만 최근의

특정 수년 동안의 실업률이 정체 상황이었던 것을 강조하여 '실업률은 안정적이다'
라는 주장을 하는 것도 결과의 선택적 활용으로 볼 수 있다.

(2) 부적절한 표본추출

부적절한 표본추출(improper sampling)은 연구나 데이터 분석에서 사용되는 표본
이 모집단의 특성을 편이 없이 반영하지 못하는 대표성이 결여될 때 발생하는 문제
이다. 부적절한 표본추출로 인하여 분석결과가 편향될 수 있으며, 모집단에 대한 잘
못된 이해를 바탕으로 왜곡된 결론을 내릴 위험이 증가하게 된다. 이는 결국 조사연
구에 대한 신뢰성을 저하시키며, 잘못된 정책이나 의사결정을 초래하여 사회적 비용
을 발생시킬 수 있다.

부적절한 표본추출이 흔히 관찰되는 사례는 미디어에 자주 등장하는 여론조사 결
과이다. 표집 방식의 특성(설문 시간대, 설문 방식 등)이나 지나치게 낮은 응답률로 인
하여 특정 연령대나 직업적 특성을 지닌 사람들이 응답자에 주로 포함되었다면 통
계결과에 왜곡이 발생할 수 있다. 따라서 표본을 선택할 때, 모집단의 다양한 특성을
고려하여 무작위로 추출하는 과정이 고려되었는지, 표본 크기가 충분한지, 응답률이
지나치게 낮지 않은지 세밀하게 살펴볼 필요가 있다.

(3) 상관관계와 인과관계의 혼동

조사연구에서 상관관계의 발견을 인과관계로 교묘하게 확대 해석하는 경우를 자
주 확인할 수 있다. 상관관계는 두 현상이 함께 변화한다는 사실만을 알려 줄 뿐 어
떠한 영향관계도 제시하지 못한다. 상관관계에 기반하여 인과관계를 도출하기 위해
서는 엄밀한 실험설계나 정교한 통계적 절차가 요청된다. 많은 경우 상관성을 지닌
두 현상에 공통적으로 영향을 미치는 잠재 요소의 작용이 있는 경우가 많다. 예를 들
어, 높은 빈곤율과 단위 인구당 사회복지 인력의 배치가 높은 상관성을 지니고 있다
고 해서 사회복지적 개입이 개인의 자립의지를 저하시켜 빈곤을 고착시킨다고 해석
하면 곤란할 것이다. 이런 경우 지역의 특성(지역 박탈 수준)이 높은 빈곤율과 사회복
지 인력 배치에 모두 영향을 미쳤을 가능성이 있기 때문이다.

(4) 평균의 함정

평균은 많은 양적자료분석에서 중심적인 위치를 차지하는 정보이다. 그러나 평균만 제시하면 데이터의 전체적인 특성이나 분포를 잘못 해석하는 결과로 이어질 수 있다. 평균만을 고려함으로 발생하는 실제 현상에 대한 오해나 왜곡을 '평균의 함정'이라고 부른다. 평균은 극단값에 영향을 크게 받고 데이터의 분포나 형태를 드러내지 못함에 주의해야 한다. 또한 평균을 해석할 때 분석에 포함된 사례들이 은연중에 평균과 유사한 수준을 보일 것이라는 착각을 가져올 수 있다. 특히 사회복지학에서 다루는 다수의 현상(예: 소득, 빈곤 위험, 지역 삶의 질 등)은 극단치가 존재할 가능성이 매우 높기 때문에 주의할 필요가 있다. [그림 12-10]은 평균이 60점인 한 학급의 점수 분포를 보여 주고 있다. 평균이 60점이라는 정보만을 접했을 때와는 사뭇 다른 상황임을 알 수 있다. 이런 경우 양극화, 특정 수준에서의 점수 쏠림 등의 상황에 대한 이해를 바탕으로 평균만을 고려할 때와는 다른 개입 전략을 촉발할 수 있다.

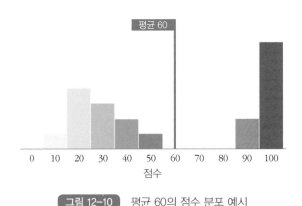

그림 12-10 평균 60의 점수 분포 예시

(5) 엉터리 시각화

통계의 왜곡은 시각화에서도 빈번히 발생한다. 잘못된 시각화 기법은 데이터의 실제 의미를 왜곡하거나 오해를 초래하게 된다. 자료에 대한 왜곡된 이해와 혼돈을 야기하는 대표적인 엉터리 시각화 사례를 살펴보면 다음과 같다.

① 축의 고의적 조작

통계의 시각적 왜곡에서 축의 고의적 조작은 그래프에서 축의 시작점, 끝점 또는 축의 간격을 일부러 조작하여 원하는 메시지나 느낌을 강조하려는 행위를 의미한다. 이러한 축의 조작은 데이터의 패턴이나 경향을 왜곡하여 표현하게 된다. 대부분의 막대그림이나 선그림에서 세로축(y축)은 0에서 시작하는 것이 일반적이나, 축의 시작을 0이 아닌 다른 값에서 시작하게 하면, 비교결과를 과장하여 표현할 수 있게 된다. 보다 악의적인 경우로서 그래프의 축 간격을 일정하게 하지 않고 임의적으로 조정하면, 일부 구간의 데이터 변화를 과장하거나 축소하여 표현할 수도 있다. [그림 12-11]은 동일 값을 가지고도 축의 조작을 통해서 결과를 과장해서 보여 주는 시각화 사례이다.

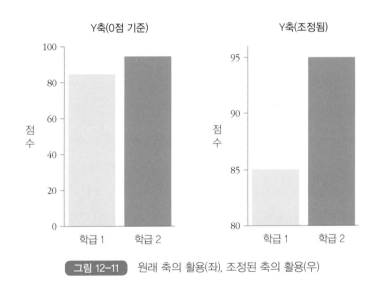

그림 12-11 원래 축의 활용(좌), 조정된 축의 활용(우)

② 비율과 절대값의 혼용

사회문제를 다룰 때는 현상 발생의 절대값과 비율값을 적절하게 활용할 필요가 있다. 자살, 범죄, 빈곤 등의 현상은 절대값으로 제시할 때와 단위 인구별 발생 비율을 보는 것 모두 고유의 의미를 지닌다. 그런데 집단 비교 등에서 의도적인 비율과 절대값의 혼용을 통해 혼란을 야기하고 전달하고자 하는 정보를 과장하거나 축소하

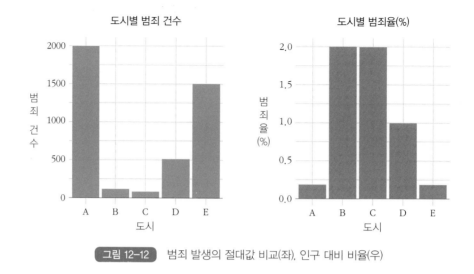

그림 12-12 범죄 발생의 절대값 비교(좌), 인구 대비 비율(우)

는 문제가 발생할 수 있다. [그림 12-12]는 인구 규모가 다른 지역 간 비교에서 절대값과 비율이 보여 주는 비교결과에서 차이가 있음을 보여 준다.

③ 불필요한 3D 효과

과학적 시각화는 시각화 결과물에 포함된 요소(크기, 색상, 점의 모양) 등이 특정한 데이터 값을 반영해야 한다. 그런데 시각화에서 불필요한 3D 그래프의 활용은 그림에 3D 효과와 관련된 요소(원근, 각도 등)를 불필요하게 추가함으로써 데이터의 해석을 왜곡하거나 혼란스럽게 만드는 것을 의미한다. 3D 효과는 그래프의 일부 영역을 강조하거나 가리기 때문에 데이터의 실제 값보다 크게 또는 작게 보이게 만들 수 있고, 간명성이 핵심인 시각화에 불필요한 복잡성을 더하게 되는 문제가 있다. [그림 12-13]은 같은 비율값에 대한 정보를 3D로 표현하는 경우 그 각도에 따라 다른 인상을 줄 가능성을 보여 준다.

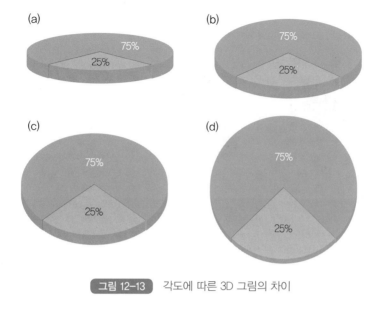

그림 12-13 각도에 따른 3D 그림의 차이

④ 적절하지 않은 색상의 활용

시각화에서 적절하지 않은 색상의 활용은 시각적 표현에서 색상을 잘못 혹은 부적절하게 사용하여 정보나 데이터의 해석을 왜곡하거나 혼란스럽게 만드는 것을 의미한다. 이와 관련해서 흔히 관찰되는 사례는 과장된 색상 대비를 활용하여 데이터값의 작은 차이를 강조하는 시도를 들 수 있다. 또는 데이터의 값이나 카테고리에 따른 색상 선택의 문제로 색상 간의 관계나 중요성을 잘못 해석하는 상황으로 유도하는 경우도 있다. 경우에 따라서는 색상의 과도한 사용을 통해 정보 전달의 명료성이 떨어지는 경우가 있다.

시각화 결과물의 색상을 고려할 때 일부 사람들이 특정 색상들을 구분하기 어려울 수 있음을 고려할 필요도 있다. 또한 색상은 문화적·사회적 배경에 따라 달리 해석될 여지가 있음도 고려해야 한다. 같은 빨간색도 어떤 문화에서는 행운으로, 어떤 문화에서는 경고로 해석할 수 있기 때문에 사회문화적 맥락의 고려가 필요한 경우도 있다. [그림 12-14]는 연속적 속성을 지니는 값(z)을 색으로 표현한 상황인데, 관측값에 따른 순차적 변동(좌)이 아닌 임의적 변동을 고려할 때(주) 발생할 수 있는 시각적 혼란을 보여 준다.

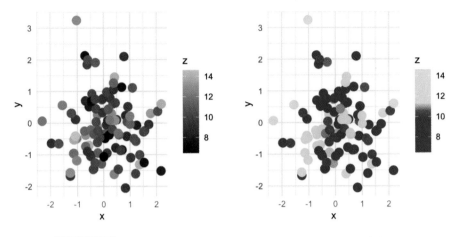

그림 12-14   순차적 색상 표현(좌)와 임의적 색상 배합에 따른 표현(우) 비교

요약

1. 양적자료분석은 현상을 수량화된 정보를 통해 관찰하고 현상 간 관련성을 탐구하는 방법으로서 질적자료분석과 구별된다.

2. 양적자료분석은 데이터 수집과 가공 과정에 대한 이해와 분석에 필요한 통계학적 지식을 요구한다.

3. 양적자료분석의 단계는 크게 기술통계와 추론통계로 나눠질 수 있으며, 사회복지 분야를 포함한 사회과학 영역 전반에 걸쳐 과학적 조사연구를 위해 각각의 과정을 필수적으로 이해할 필요가 있다.

4. 기술통계는 중심경향성과 산포 수준, 분포의 형태에 대한 정보를 주로 다루게 되며, 이상치의 발생을 포착하고 이를 적절하게 다루는 과정이 표함되는 경우도 있다.

5. 추청 통계에는 모수에 대한 점추정, 구간추정, 상관 분석, 교차 분석, 평균 비교, 회귀분석 등이 포함된다.

6. 데이터에 기반한 설득과 새로운 발견을 위해서 시각화는 필수적으로 요구되는 과정이다. 특히 최근의 다원화되고 대규모화되는 데이터 환경에서 의미 있는 패턴을 발견하는 노력으로서 다양한 시각화 전략이 요청되고 있다.

7. 양적분석결과는 조사자의 의도적, 비의도적 상황에서 왜곡된 결과 제시와 바람직하지 않은 해석으로 유도하는 경우가 빈번히 발생할 수 있다. 따라서 조사연구를 수행할 때 이런 왜곡이 발생하지 않도록 윤리적 자세와 신중함이 필요하며, 타인의 분석 결과를 검토할 때 왜곡의 요소가 없는지 비판적으로 검토하는 노력 또한 필요하다.

토의 주제

1. 「국민기초생활보장법」에서 가구의 빈곤 여부를 판단하기 위해서 중위소득을 활용하는 이유를 생각해 보자. 평균을 사용할 경우 어떤 문제가 생길 수 있을지 논의해 보자.

2. 상관성을 인과적 관계로 파악하는 것이 곤란한 상황에 대해 생각해 보자. 인과성 여부를 판단하기 위해서 상관성 이외에도 어떤 요소가 필요한지 논의해 보자.

3. 최근 뉴스 가운데 왜곡의 가능성이 높은 통계 자료 해석이나 시각화 결과를 찾아보자. 어떤 방식으로 왜곡을 유도하고 있으며, 그와 같은 왜곡에 어떤 의도가 포함되어 있는지 비판적으로 고찰해 보자.

4. 아름다우면서 통찰을 제공하는 시각화 사례를 찾아보자. 왜 그 사례를 선택했는지 이야기를 나눠 보고, 자신이 비슷한 작업을 한다면 어떤 식으로 응용해 보고 싶은지 의견을 나눠 보자.

참고문헌

Aguinis, H., Gottfredson, R. K., & Joo, H. (2013). Best-Practice Recommendations for Defining, Identifying, and Handling Outliers. *Organizational Research Methods, 16*(2), 270-301.

Albers, M. J. (2017). *Introduction to Quantitative Data Analysis in the Behavioral and Social Sciences.* John Wiley & Sons.

Comai, A. (2014). Decision-Making Support: The Role of Data Visualization in Analyzing Complex Systems. *World Futures Review, 6*(4), 477–484.

Rosenthal, J. (2011). *Statistics and Data Interpretation for Social Work.* Springer Publishing Company.

Rosnow, R. L., & Rosenthal, R. (2011). *Ethical Principles in Data Analysis: An Overview. In Handbook of Ethics in Quantitative Methodology.* Routledge.

제**13**장

조사보고서 작성

학습목표

- 조사보고서 작성의 목적과 원칙을 이해한다.
- 조사보고서의 형식과 내용을 이해한다.
- 연구윤리의 등장배경, 개념과 원칙, 연구부정행위를 이해한다.
- 학습윤리의 개념, 주요 위반 유형, 올바른 출처표기 및 인용 방법을 이해한다.
- 표절 예방을 위한 논문유사도 검사도구를 활용한다.

　　사회복지조사과정을 수행한 후 연구자는 조사결과를 공개하기 위한 작업을 해야
하는데, 그것이 사회복지조사의 마지막 단계인 조사보고서 작성이다. 조사보고서는
큰 틀에서 기본 원칙과 형식이 있기 때문에 이에 대해 살펴보고자 한다. 학부과정에
서 조사보고서를 작성하는 것은 연구자로서의 길을 맛보는 것과 같다. 따라서 연구
자가 책임 있는 그리고 바람직한 연구수행을 위해 반드시 따라야 하는 연구윤리에
대해서도 살펴본다. 하지만 이 책의 주요 독자인 학부생의 경우, 연구윤리의 연장선
상에 있는 학습윤리를 잘 알고 있는 것이 무엇보다 중요하다. 학습윤리에 대한 올바

른 이해와 수행은 자연스럽게 윤리적인 연구자로서의 마음가짐을 갖게 할 것이기 때문이다. 따라서 학습윤리에 대한 정의와 범위, 학습윤리의 주요 위반 유형을 알아보고, 윤리적인 조사보고서 작성을 위한 올바른 출처표기와 인용방법을 살펴보고자 한다. 마지막으로 소개되는 논문유사도검사를 통해 나오는 논문유사도율(또는 표절률)을 통해 자신의 조사보고서가 얼마나 진실성 있고 정직하게 작성되었는지 확인해 보길 바란다.

1. 조사보고서 작성의 목적과 기본 원칙

1) 조사보고서 작성의 목적

조사보고서 작성은 사회복지조사과정의 최종 단계로 조사 수행 후 조사결과를 알리기 위해 조사보고서를 작성하는 단계이다. 사회복지조사가 크게 새로운 주제에 대한 탐색적 목적, 현상이나 실태에 대해 정보를 제공하는 기술적 목적, 변수 간 인과관계를 밝히려는 설명적 목적으로 구분됐었던 것처럼 조사의 목적은 다양할 수 있지만, 궁극적인 목표는 과학적 지식을 추구하기 위함이다. 이때 과학적 지식은 보편타당성과 객관성이 확보된 지식이기 때문에(최성재, 2008) 모든 사회복지조사는 그 결과를 공적으로 보고하는 것을 원칙으로 해야 한다. 따라서 조사보고서를 작성하는 목적은 조사결과에 관심을 갖고 있는 많은 사람에게 그 결과를 공개함과 동시에 조사결과의 보편타당성과 객관성을 검증받는 데 있다(채구묵, 2017).

사회복지조사는 어떤 사회복지문제에 대한 해결방안을 제시하기 위해 수행된 것일 수도 있고, 그렇다면 그 결과를 공개하는 것이 반드시 수반되어야 한다. 또는 어떤 사회복지기관에서 프로그램 운영을 위해 예산을 지원받은 경우 프로그램 운영결과에 대한 평가를 받기 위한 것일 수도 있다. 이때 차년도의 예산 지급 여부에 조사보고서의 결과가 큰 영향을 미칠 수 있으므로 보고서를 잘 작성하는 것은 아주 중요하다.

2) 조사보고서 작성의 기본 원칙

조사보고서 작성에는 독자와 발표매체에 따라 형식과 문체가 달라지기 때문에 일정한 법칙이 있기보다는 자신의 조사결과를 잘 알릴 수 있는 방식으로 연구자가 결정하면 된다(채구묵, 2017; 최성재, 2008). 하지만 연구활동을 하는 학문공동체에서 관례에 따라 공통적으로 요청되는 원칙들이 있으므로 참고하자(김경동, 이온죽, 1986; Kerlinger, 1986: 최성재, 2008에서 재인용; 김경동, 이온죽, 1995; 남세진, 최성재, 1996: 채구묵, 2017에서 재인용).

- 조사보고서 작성 지침이 있다면 조사보고서를 작성하기 전에 충분히 숙지한 후, 보고서에 포함할 내용과 형식에 대한 계획을 미리 세운다. 개요를 작성해 보는 것이 하나의 방법이 될 수 있다. 조사보고서는 연구결과가 핵심이고 나머지 부분은 머리와 꼬리 부분에 해당하기 때문에 연구결과부터 개요 작성을 시작하는 것이 효율적이다.
- 조사보고서를 작성할 때에는 문체에도 신경 써야 한다. 조사보고서 문체에서 가장 중요한 것은 정확성(accuracy)과 명료성(clarity)이다. 의미가 모호한 단어와 감정적인 표현은 최대한 지양하고 간결한 문체를 통해 내용이 정확하게 전달될 수 있도록 해야 한다.
- 문장은 간결하고 짧게 직설적인 표현으로 쓰는 것이 좋으며, 주어를 명확하게 제시하여 능동태로 쓰는 것이 좋다. 전문용어(jargon) 사용을 최대한 지양하고 해당 분야의 전문가가 아닌 독자도 이해할 수 있는 용어를 사용하는 것이 좋다. 조사보고서의 문장 작성 기준을 정하기 위해 사전에 독자의 특징(예: 성별, 연령, 교육수준 등)을 파악하는 것도 하나의 방법이 될 것이다.
- 문장의 시제는 과거와 현재를 혼용한다. 이미 연구된 결과를 인용하는 경우 또는 자신이 연구를 수행한 방법과 절차에 대해 기술할 때는 과거시제를 쓰고, 자신의 연구결과를 언급할 때에는 현재형으로 기술하는 것이 좋다.
- 조사보고서에는 충분한 자료가 담겨야 한다. 예를 들어, 표, 그림, 그래프는 조

사의 필요성, 조사목적, 조사 내용을 충분히 전달할 수 있도록 적절하게 사용해야 한다.

- 분석결과를 그래프나 표로 제시할 때는 일반적으로 많이 쓰이는 양식을 따르는 것이 좋다. 기술통계와 추론통계의 분석결과를 제시할 때는 일반적으로 평균, 표준편차, 범위(최솟값과 최댓값), 사례수, 유의수준, 자유도, 검정통계치 등이 같이 제시되어야 한다.

- 출판을 목표로 하는 경우, 해당 기관, 단체, 학회에서 요청하는 편집양식(예: 문체, 주석 및 참고문헌 형식, 여백 등)을 따른다.

- 초고는 친구나 동료에게 검토를 부탁해 의견을 듣는 것이 좋고, 연구자 스스로도 한동안 두었다가 다시 검토해서 읽어 보는 것이 좋다.

2. 조사보고서의 구성

1) 조사보고서의 형식과 내용

조사보고서는 사회복지조사과정 단계를 그대로 따라가면서 단계별 내용에 대해 작성하는 것으로 생각하면 이해하기 쉽다. 컬린저(Kerlinger, 1986)는 조사보고서의 작성 기준에 대해 "조사보고서를 읽고서 다른 연구자들도 꼭 같은 조사를 반복할 수 있겠는가?"(최성재, 2008에서 재인용)라고 답하였다. 즉, 조사보고서의 구조는 조사절차를 순서대로 반영하고 있으며, 그 내용은 충분히 자세해야 한다.

조사보고서 형식과 내용은 일반적으로 다음과 같이 구성된다. 〈표 13-1〉에서 조사보고서 하위내용 중 조사과정 7단계에 포함되는 내용은 제4장 사회복지조사과정에서 자세히 다루고 있다. 여기에서는 조사보고서 작성 시 필요한 내용을 중심으로 살펴본다.

표 13-1 사회복지조사과정 7단계와 조사보고서 구성

조사과정 7단계		조사보고서 하위내용
–	1) 겉표지	① 제목 • 논문내용과 연구목적이 드러날 수 있도록 압축적이고 간명하면서도 종합적으로 표현되어야 함 • 조사할 이론적 논제나 주요 변인들, 그것들 사이의 관계가 분명하게 포함되어야 함(우측 예시 참조) • 제목이 너무 길다면 주제목과 부제로 구분해서 표기함(우측 예시 참조) • 조사계획서 작성 단계에서는 가제를 정하고, 보고서를 완성한 후 최종적으로 제목을 수정함 • 제목에 사용하는 단어는 10~12개 이내가 적절함 ② 인적사항 • 제출자 성명, 학과, 학번 표기 • 과목명, 담당교수명, 제출일자 표기	〈예시〉 〈사회복지조사론 조사보고서〉 노인복지관의 비대면 운영이 노인이용자의 우울감에 미치는 영향: 사회적 지지의 조절효과를 중심으로 제출자: ○○○(△△△학과) 학번: 2022×××× 담당교수: □□□ 제출일자: 2024.3.1

–	2) 속표지	① 목차순서
		• 내용목차, 표목차, 그림목차, 부록목차(필요시) 순으로 제시함
		• 번호와 페이지 등이 본문과 일치해야 함
		   −목차 페이지: −ⅰ−, −ⅱ−, −ⅲ− …
		   −본문부터 부록 페이지: 1, 2, 3 …
		② 내용목차
		• 보고서의 내용과 구성이 얼마나 논리적으로 구성되었는가를 보여 줌
		• 장과 절 정도까지 나타내는 것이 적당함
		• 제목의 번호를 붙이는 방식은 다양함[1] (다음은 예시임)
		   1단계: 제1장 제2장 제3장 …
		   2단계: 제1절 제2절 제3절 …	

---

1) 다른 예시는 임병우, 주경희, 조성은(2018: 315)을 참조한다.

		3단계: 1. 2. 3. ⋯ 4단계: 1) 2) 3) ⋯ 5단계: (1) (2) (3) ⋯ 6단계: ① ② ③ ⋯ 7단계: 가 나 다 ⋯
문제제기	서론	• 본 주제를 설정하고 조사를 수행하게 된 배경을 서술하고, 조사의 필요성과 조사목적, 조사질문을 서술함. 지나치게 상세하거나 전문적이고 난해한 용어나 개념을 서론에서부터 도입하지 말고 우선 탐구할 조사문제를 일반적으로 소개하는 선에서 서술하는 것이 바람직함 • 조사문제의 이론적 · 논리적 배경을 제시하기 위해 이미 연구된 관련 연구결과를 제시하고 본 조사와의 관계를 기술함 • 조사문제는 이후의 분석방법과 연계될 수 있도록 구체적으로 서술해야 함 • 조사질문은 의문문으로 제시함 　－예: "A는 B에 영향을 미치는가?"
문헌검토	문헌고찰	• 이론적 배경(틀) 제시 • 본 주제와 관련있는 기존의 연구결과를 고찰 후 정리하여 기술함 • 선행연구 고찰 결과는 본 주제를 뒷받침하는 근거로 사용될 수도 있고, 기존 연구결과의 한계를 지적하면서 본 주제의 독창성과 조사필요성을 지지하는 근거로 사용될 수도 있으며, 본 주제와 관련한 연구가 어디까지 진행되었는지 과거부터 연구된 내용을 종합적으로 정리해서 보여주는 자료로 사용될 수도 있음
문제제기	연구 모형과 조사가설	• 연구모형(연구분석틀): 조사를 통해 확인하고자 하는 변수들 간의 잠정적 관계를 그림으로 나타냄 • 조사가설 : 조사질문의 가정형임 　－예: "A는 B에 영향을 미칠 것이다."
조사설계, 조작화, 자료수집, 자료분석	조사방법 (설계)	• 조사대상 및 표집방법 • 조사기간 • 측정도구 　－주요변수에 대한 조작적 정의 　－측정도구 소개 • 자료수집방법 • 자료분석방법 및 자료분석 도구 • 발생가능한 사회복지조사의 윤리적 문제 제시, 처리과정 및 처리결과 제시
－	조사결과	• 조사대상자의 일반적 특성 • 가설검증을 위한 분석

	결론 및 논의	• 조사결과 요약 • 조사의 의의와 제한점 제시 −실천적, 학문적, 정책적 함의 −조사의 제한점 및 향후연구에 대한 제언
	참고문헌	• 조사보고서에서 실제 인용한 문헌만 제시함
−	부록	• 부록은 필요시 제시함

출처: 김창엽(2020), 서울대학교 대학원 사회복지학과(2020. 2.), 정병기(2008)를 참조하여 재구성함.

(1) 문헌검토 탐색방법

조사보고서 작성을 위해 주제를 정했다면, 주제와 관련 있는 기존 연구들과 관련 자료를 충분히 수집하고 분석해야 한다. 이를 문헌검토라고 한다. 인터넷 검색을 해 보면, 원하는 주제의 논문이나 보고서 등 관련 자료가 탑재되어 있는 경우도 있지만 대부분의 경우 구매를 해야 한다.

하지만 대학에 소속된 학생의 경우 대학에서 해당 논문이 속한 학술지나 학술DB를 구독하고 있는 경우가 많기 때문에 학교도서관을 통해 검색하면 논문을 무료로 읽어 볼 수 있다. 만약 소속 학교에 소장되어 있지 않은 국내외 학술지 수록 논문, 연속간행물, 학위논문, 특허자료, 단행본이 필요한 경우에는 소장기관에 복사를 의뢰하거나 자료를 입수하여 이용자에게 제공하는 원문복사서비스 또는 상호대차서비스를 이용할 수 있다.

문헌검토 방법은 다양하겠지만, 국내외의 논문, 학위논문, 학술대회 발표자료, 연구보고서, 정책보고서 등 다양한 자료가 검색되기 온라인 학술논문 검색 사이트를 활용하면 유용하다. 온라인 학술논문 검색 사이트 중에는 논문을 바로 볼 수 있도록 제공하는 경우도 있지만 대부분의 경우 그렇지 않기 때문에, 관련 논문을 찾은 후에는 학교도서관 홈페이지에서 논문 제목을 검색해서 논문을 찾거나 해당 논문이 수록되어 있는 학술DB를 통해서 찾을 수 있다.

학술DB와 정책보고서DB를 알아 두면 문헌검토에 유용하게 활용할 수 있다. 사회복지 분야에서 많이 이용하는 DB를 소개하면 〈표 13-2〉와 같다.

표 13-2 학술DB 및 정책보고서DB 목록

기관명	특징	웹사이트
DBPIA	• 국내 발행 학회지 약 2,000여 종의 원문 제공	www.dbpia.co.kr
e-Article	• 학술교육원에서 제공하는 총류, 철학, 종교, 사회과학, 순수과학, 기술과학, 예술, 언어, 문학, 역사 등 모든 학문 분야의 520여 개 국내 학회 및 학술단체에서 발행되는 학회지 800여 종의 원문 제공	www.earticle.net
KISS	• 국내 대학 및 학회 등 1,200개 발행기관의 학술지 1,785종의 창간호부터 최신호 원문 총 70만 편 제공 • 한국학술정보 발행 E-book 1,200종의 원문 제공	www.kiss.kstudy.com
RISS	• 전국 대학이 생산, 보유, 구독하는 학술자원 공유 • 국내외 학위논문, 학술지 논문, 학술지, 공개강의, 연구보고서 검색 가능 • 타 대학(해외는 일본, 중국, 유럽권) 소장 자료 복사 및 대출, 해외논문 구매대행 서비스 제공	http://www.riss.kr
한국사회 과학자료원 (KOSSDA)	• 국내 사회과학 전 분야의 조사자료 2,600건, 통계자료 1,900건, 질적자료 210건 제공 • 패널 자료, 반복횡단 자료, 국제비교 자료, 인터뷰 자료, 기록문서 등 소장 • 조사자료변수DB, 자료이용문헌DB 및 온라인 통계 분석 도구 NESSTAR 제공	https://kossda.snu.ac.kr/
국회도서관	• 약 680만여 장서를 포함한 2억 7천만 면이 넘는 방대한 원문 자료 제공 • 도서, 학위논문, 국내외 학술기사, 연속간행물(학술지, 신문), 인터넷자료, 외국법률번역DB, 비도서자료(전자, 오디오, 비디오, 마이크로, 지도 및 기타자료) 제공	www.nanet.go.kr
PRISM	• 행정안전부에서 관리하는 정책연구관리시스템 • 정부의 정책연구보고서 제공	https://www.prism.go.kr/homepage/

출처: 서울대학교 중앙도서관의 학술DB에 대한 설명을 참고하여 저자가 재구성함.

(2) 표, 그림, 그래프 작성 원칙

표, 그림, 그래프 작성 시 다음 사항을 유의한다(임병우 외, 2018). 표, 그림, 그래프 모두 설명하는 본문 아래에 위치시키며, 표, 그림, 그래프만 제시하지 말고 각각에 대한 설명을 간단히 넣는다.

① 표
- 표의 상단 중간에 제목을 붙인다.
- 단위는 표의 오른쪽 상단에 표기한다.
- 표가 2차 자료라면 표 아래에 출처를 표기한다.
- 표는 일관성 있게 작성한다.
- 표를 보고 내용을 이해할 수 있어야 하고 꼭 필요한 표만 포함한다.

② 그림
- 그림의 하단 중간에 제목을 붙인다.

③ 그래프
- 그래프의 하단 중간에 제목을 붙인다.
- 그래프가 2차 자료라면 그래프 아래에 출처를 밝힌다.
- 그래프 자체로 내용을 충분히 설명할 수 있어야 한다.
- 그래프는 내용의 흐름을 이해할 수 있는 형태를 선택한다.
- x축과 y축에 눈금이 표시되어야 한다.

(3) 부록

부록은 조사보고서의 맨 마지막 부분에 위치한다. 조사보고서의 본문에 넣기에는 자료의 양이 방대한 경우(예: 사례, 에피소드, 통계표 등), 참고자료와 증거자료, 설문지나 면접지, 연구참여동의서, 심층면접 발췌문 등은 부록에 포함시킨다(서울대학교 대학원 사회복지학과, 2020.2.). 부록이 있는 경우 본문에 참조를 달아 부록이 있음을 안내한다.

2) 조사보고서 평가기준

조사보고서 과제를 제출할 때 교수는 보통 평가기준을 함께 제시한다. 평가기준을 정확하게 파악하는 것이 필요한데, 그 이유는 평가기준이 보고서의 방향을 제시해 줌으로써 보고서를 어떻게 작성해야 하는지에 대한 실마리를 제공하기 때문이다. 평가기준은 대체로 다음과 같다.[2]

- 제목은 조사보고서의 내용과 조사목적을 잘 반영하고 있는가?
- 구성과 내용은 조사보고서로서 갖춰야 하는 형식을 잘 갖추고 있는가?
- 서론, 본론, 결론의 논리적 흐름이 일관적인가? 결론이 유효한가? (전반적인 구성 차원에서 검토)
- 조사보고서를 논리적·독창적·종합적으로 썼는가?
- 조사보고서 내용이 다른 사람이 이를 재현할 수 있도록 충분하고 상세한가? (검증가능성)
- 조사에서 발생할 수 있는 연구윤리 문제를 명시하고 하고 처리 내용을 명시했는가?
- 조사자가 의견을 개진할 때 편견이나 감정, 선입견은 배제하고 객관적인 근거에 입각하고 있는가?
- 본문 내 인용, 각주, 참고문헌을 정확하게 표기했는가?
- 단락 내에서의 논리적 흐름이 적절한가? 단락 내에서 그리고 단락들 사이에 사용된 연결 어구가 적절한가? (단락 차원에서 검토)
- 문장 구조, 단어 선택, 구두점, 철자가 정확한가? (문장 차원에서 검토)
- 조사보고서의 편집은 편집 규정에 따라 이루어졌는가?

---

2) 김명식 역(2013)과 서울대학교 대학원 사회복지학과(2020. 2.)를 참조하여 재구성하였다.

3. 연구윤리

좋은 글쓰기는 윤리적인 관점과 문장론적 관점에서 살펴볼 수 있다. 윤리적인 관점에서 좋은 글이란 정직한 글쓰기를 하는 것이고 정직한 글쓰기는 정직한 인용방법을 통해 실현해 나갈 수 있다(김명식 역, 2013). 문장론적 관점에서 좋은 글이란 적절한 문단구성, 올바른 문장구조, 바른 단어를 사용하고 맞춤법에 맞는 글쓰기를 한 것이다(김명식 역, 2013). 문장론적 관점에서의 좋은 글쓰기에 대한 상세 내용은 김명식역(2013)을 참고하고, 이 절에서는 윤리에 관한 내용을 중점적으로 다루고자 한다.

1) 연구윤리의 등장배경

연구윤리가 강조되고 등장하게 된 배경에는 역사적으로 발생한 다양한 사건들[3]이 있었다. 제2차 세계대전 중에 독일의 의사와 과학자들이 유대인 포로를 대상으로 잔혹한 의학 실험을 행했다는 것이 밝혀졌고, 전후에 다시는 이러한 비윤리적인 실험이 일어나지 않도록 하기 위해 1947년 독일의 뉘른베르크에서 인간을 대상으로 하는 조사연구에 적용되는 윤리적 기준을 만들었는데, 그것이 「뉘른베르크 강령(Nuremberg Code)」이다(p. 50 참고). 하지만 이후에도 비윤리적인 연구는 계속 발생했다. 1932년 미국 앨라배마주 터스키기[4]에서 빈곤 흑인 남성을 대상으로 행해진 매독 연구, 1974년의 미국 월리엄 서머린 사건,[5] 1981년 존 다시 사건[6] 등 대형 사건

---

3) 여기에서 소개하지 않은 국내외 사건들은 과학기술부와 과학기술혁신본부(2007)와 신준석 등(2012)을 참고한다.

4) 1932년 '매독이 사람에게 미치는 영향'을 연구하기 위해 미국 공중보건국에서 미국 터스키기(Tuskegee) 지역에 거주하는 가난하고 문맹의 흑인 남성을 대상으로 진행되었다. 1940년경에 매독 치료약인 페니실린이 발명되었음에도 불구하고 그 뒤로 30여 년간 생체 실험이 계속됐고, 이 실험이 언론에 공개되면서 1972년 7월 25일 중단되었다.

5) 1974년 미국 뉴욕 슬로언 케터링 연구소의 피부암 연구 면역학자인 월리엄 서머린(William Summerlin)이 흰쥐의 피부 일부를 검은색 펜으로 칠하고 마치 검은쥐의 피부 이식 실험에 성공한 것처럼 발표한 '데이터 조작' 사건이다.

들이 지속해서 터졌고, 미국에서는 1974년에 「조사연구법(National Research Act)」을 제정하고 기관생명윤리위원회(Institutional Review Boards: IRB)를 설립했다(김명식 역, 2013; 황성동, 2018).

국내에서는 2005년 황우석 사건[7]으로 연구윤리 문제에 주목하기 시작했다. 그 결과로 2006년 과학기술부가 과학연구윤리와 연구진실성을 확립하기 위한 방안을 연구하고 2007년 2월 「연구윤리 확보를 위한 지침」을 발표했으며, 이를 토대로 학회, 대학교, 연구소 같은 연구기관에서 연구윤리 지침을 만들고 윤리적인 연구행위를 강조하기 시작했다(김명식 역, 2013). 또한 2013년 복건복지부에서는 보도자료를 통해 (보건복지부, 2013. 10. 22.) 개정된 「생명윤리 및 안전에 관한 법률」에 따른 IRB 설치 의무기관인 전문연구기관(260개), 대학(340개), 의료기관(2,600개) 등 5천여 개 연구기관은 2014년부터 IRB를 반드시 설치하도록 의무화했으며, IRB를 설치·등록하지 않는 경우에는 과태료를 내도록 하였다.

2) 연구윤리의 개념과 원칙

(1) 연구윤리의 개념

연구윤리(research ethics)란 연구자가 연구수행 과정에서 지켜야 하는 원칙이나 행동양식을 말한다. 즉, 연구자가 연구를 신청하고 수행하고 그 결과를 보고하는 과정에서 "정직하고 정확하며 성실한 태도로 바람직하고 책임 있는 연구수행(Responsible Conduct of Research: RCR)을 위해 지켜야 할 윤리적 원칙 또는 행동양식"(이인재,

---

6) 1981년 존 다시(John Darsee)라는 유망한 하버드 의과대학의 심장병 연구자가 학부 시절부터 존재하지 않는 환자나 공동연구자를 꾸며 데이터를 조작하고, 연구에 참여하지 않은 수많은 명예 저자를 자신의 논문에 등록한 대표적인 '데이터 위조 및 변조, 부당한 저자표기' 사건이다.

7) 2005년 황우석 교수 연구팀이 「사이언스」에 발표한 맞춤형 인간배아복지 줄기세포에 관한 연구결과가 거짓으로 밝혀졌고, 조사과정에서 제출된 면역 염색사진, DNA 지문분석 데이터, 테라토마 분석이 모두 조작 내지 허위로 밝혀졌다. 또한 난자 취득과정에서의 대가기능 및 연구원 기증으로 인해 연구윤리가 심각하게 위배되었고, 연구에 참여하지 않은 연구자를 「사이언스」 논문의 공동저자로 등재한 것, 일부 연구비의 부적절한 관리 등이 지적되었다(김명식 역, 2013).

2017)이다. 연구윤리의 구체적인 내용은 다음과 같다.

연구윤리

연구윤리는 바람직한 연구를 수행하기 위해 연구자가 절차적 투명성과 내용적 정직성을 확보하는 것을 의미한다. 즉, 연구수행 및 결과 도출에 있어서 위조(날조, Fabrication), 변조(Falsification), 표절(Plagiarism)(일반적으로 'FFP'라고 함) 등 의도적인 연구부정행위로부터 벗어나는 것으로 연구자로서 진실성(integrity)을 확보하는 것이라고 할 수 있다. 연구자로서의 진실성은 내용의 정직성(honesty)와 연구수행 과정(절차)에서의 세심함과 정확성을 포함하는 완전함(whole) 혹은 온전함(intact) 등의 의미를 담고 있다.

출처: 이인재(2017).

---

(2) 연구윤리의 원칙과 핵심가치

연구를 수행하는 데 있어 최선의 방법은 없으며 보편적인 방법도 없지만, 책임있는 혹은 바람직한 연구수행(Good Research Practice: GRP)을 위해 연구자들이 지켜야 할 가치들은 분명히 있다(이인재, 2017).

레스닉(D. B. Resnik)이 제시한 과학윤리 원칙 12가지는 연구윤리의 원칙을 정립하는 데 유용하게 활용될 수 있다(이인재, 2017; 〈표 13-3〉 참조).

표 13-3 레스닉의 12가지 과학윤리 원칙

연구윤리 원칙	내용
정직성 (honesty)	과학자는 데이터나 연구결과를 조작, 위조, 또는 왜곡하지 말아야 한다.
조심성 (carefulness)	과학자는 연구에 있어 오류를 피해야 한다. 특히 결과 부분의 제시에 있어서 더욱 주의해야 한다.
개방성 (openness)	과학자는 데이터, 결과, 방법, 아이디어, 기법, 도구 등을 공유해야 한다.

자유 (freedom)	과학자는 어떤 문제나 가설에 대한 연구든 자유롭게 수행해야 한다.
공로 (credit)	공로는 마땅히 그것이 주어져야 할 사람에게 주어져야 한다.
교육 (education)	과학자는 예비과학자들을 교육시키고 그들이 더 나은 과학을 수행할 방법을 확실히 배우도록 도와야 한다. 더 나아가서는 대중에게까지 교육할 의무를 지닌다.
사회적 책임 (social responsibility)	과학자는 사회에 대해서 해(harms)를 끼치는 것을 피하고, 사회적 이익을 창출하도록 노력해야 한다.
합법성 (legality)	연구의 과정에서 과학자는 자신의 작업에 적용되는 법을 준수할 의무가 있다.
기회 (opportunity)	어떤 과학자라도 과학적 자원을 사용하거나 과학적 직업에서 승진할 기회가 부당하게 거부되어서는 안 된다.
상호 존중 (mutual respect)	과학자는 동료들을 존중해야 한다.
효율성 (efficiency)	과학자는 자원을 효율적으로 사용해야 한다. 이를테면, 논문 작성 시 연구를 일부러 여러 편의 논문으로 쪼개어 출간하거나 동일한 결과를 단지 미세한 수정을 통해 여러 편의 상이한 논문들에 이용하는 일을 해서는 안 된다.
실험대상에 대한 존중 (respect for subjects)	과학자는 인간을 실험대상으로 사용할 때 인권 또는 존엄성을 침해해서는 안 된다. 이는 동물을 실험으로 사용할 때도 조심스럽게 적절한 존중을 가지고 해야 한다는 것을 의미한다.

출처: 이인재(2017: 47).

교육과학기술부와 한국연구재단(2010)에서는 이와 같은 윤리원칙을 기반으로 연구자가 연구과정에서 실천해야 하는 핵심가치를 다음과 같이 소개한다.

핵심가치

① 연구에 대해 진실하게 사실대로 말한다.

② 연구방법과 연구결과를 공개한다.

③ 모든 상업적 이해관계와 기타 관련 사항을 밝힌다.

④ 연구의 바탕을 이루는 기본적 가정들을 신중하게 살펴보고 제시한다.

⑤ (나이 어린 동료 등) 다른 사람들의 연구결과를 도용하지 않는다.

⑥ (항상 기록하고 자료를 보존하여) 체계적인 방식으로 연구를 수행한다.

⑦ (피험자 등) 다른 사람에게 위해를 줄 수 있는 방법으로 연구를 수행하지 않는다.

⑧ 다른 사람의 연구를 평가할 때 공정을 기한다.

출처: 교육과학기술부 · 한국연구재단(2010); 이인재(2017: 49)에서 재인용.

3) 연구부정행위 및 처리절차

교육과학기술부에서는 2007년에 「연구윤리 확보를 위한 지침」을 제정하여 학회, 대학교, 연구소 등 각 연구기관에서 연구윤리 위반행위를 방지하고 연구윤리를 확보할 수 있도록 기본적인 원칙과 방향을 제시하고 있다. 이 「연구윤리 확보를 위한 지침」(교육부훈령 제263호, 2018. 7. 17. 일부개정) 제12조 1항에 따르면, 연구부정행위 (research misconduct)는 연구개발 과제의 제안, 수행, 결과보고 및 발표 등에서 행해진 위조, 변조, 표절, 부당한 논문 저자 표시, 부당한 중복게재 등으로 정의된다.

- 위조: 존재하지 않는 연구 원자료 또는 연구자료, 연구결과 등을 허위로 만들거나 기록 또는 보고하는 행위
- 변조: 연구재료 · 장비 · 과정 등을 인위적으로 조작하거나 연구 원자료 또는 연구자료를 임의로 변형 · 삭제함으로써 연구 내용 또는 결과를 왜곡하는 행위
- 표절: 일반적 지식이 아닌 타인의 독창적인 아이디어 또는 창작물을 적절한 출처 표시 없이 활용함으로써 제3자에게 자신의 창작물인 것처럼 인식하게 하는 행위

- 타인의 연구 내용 전부 또는 일부를 출처를 표시하지 않고 그대로 활용하는 경우
- 타인의 저작물의 단어 · 문장구조를 일부 변형하여 사용하면서 출처 표시를 하지 않는 경우
- 타인의 독창적인 생각 등을 활용하면서 출처를 표시하지 않은 경우
- 타인의 저작물을 번역하여 활용하면서 출처를 표시하지 않은 경우

• 부당한 저자표시: 연구 내용 또는 결과에 대해 공헌 또는 기여를 한 사람에게 정당한 이유 없이 저자 자격을 부여하지 않거나, 공헌 또는 기여를 하지 않은 사람에게 감사의 표시 또는 예우 등을 이유로 저자 자격을 부여하는 행위

- 연구 내용 또는 결과에 대한 공헌 또는 기여가 없음에도 저자 자격을 부여하는 경우
- 연구 내용 또는 결과에 대한 공헌 또는 기여가 있음에도 저자 자격을 부여하지 않는 경우
- 지도학생의 학위논문을 학술지 등에 지도교수의 단독 병의로 게재 · 발표하는 경우

• 부당한 중복게재: 연구자가 자신의 이전 연구결과와 동일 또는 실질적으로 유사한 저작물을 출처표시 없이 게재한 후, 연구비를 수령하거나 별도의 연구업적으로 인정받는 경우 등 부당한 이익을 얻는 행위

현재 대부분의 국내 대학은 연구부정행위가 발생하면 비정기적으로 구성되는 연구윤리진실성위원회 산하의 조사위원회를 통해 연구윤리와 진실성을 조사하고 조사결과에 대한 조치를 취하고 있다(신준석 외, 2012). 일례로, 서울대학교 연구윤리진실성위원회는 연구부정행위를 미연에 방지하고 이미 일어난 연구부정행위를 조사 · 처리함으로써 학문 연구의 진실성 추구에 기여하고자 2006년에 설치되었다. 이 위원회는 연구처장, 교무처장의 2인의 당연직 위원과 11인 이내의 위원으로 구성된다.

[그림 13-1]과 같이, 연구진실성위원회에서 행하는 조사 및 처리 절차는 '제보접수 → 예비조사 → 본조사 → 조사결과 조치'의 4단계를 거치게 된다.

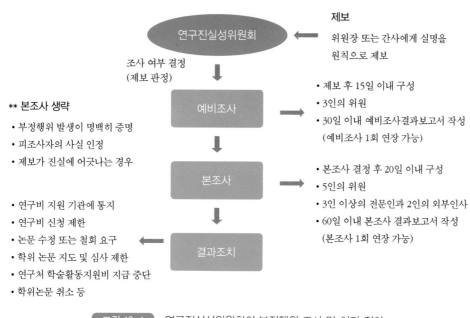

제보
위원장 또는 간사에게 실명을
원칙으로 제보

조사 여부 결정
(제보 판정)

** 본조사 생략
• 부정행위 발생이 명백히 증명
• 피조사자의 사실 인정
• 제보가 진실에 어긋나는 경우

예비조사

• 제보 후 15일 이내 구성
• 3인의 위원
• 30일 이내 예비조사결과보고서 작성
 (예비조사 1회 연장 가능)

본조사

• 본조사 결정 후 20일 이내 구성
• 5인의 위원
• 3인 이상의 전문인과 2인의 외부인사
• 60일 이내 본조사 결과보고서 작성
 (본조사 1회 연장 가능)

• 연구비 지원 기관에 통지
• 연구비 신청 제한
• 논문 수정 또는 철회 요구
• 학위 논문 지도 및 심사 제한
• 연구처 학술활동지원비 지급 중단
• 학위논문 취소 등

결과조치

그림 13-1   연구진실성위원회의 부정행위 조사 및 처리 절차

출처: 서울대학교 연구윤리팀.

4. 학습윤리

1) 학습윤리의 개념

학습윤리(academic integrity)는 연구윤리의 연장선에 있지만, 학생들이 배움의 길에서 지켜야 할 윤리라는 점에서 연구자의 연구윤리와 구분된다(신준석 외, 2012). 연구의 전 과정에서 교수와 연구자에게 요구되는 덕목이 연구윤리라면, 학습윤리란 학생이 학업수행의 전 과정에서 지켜야 할 바람직한 덕목들을 의미한다(신준석 외, 2012). 따라서 학습윤리의 적용범위는 출석, 과제물 작성 및 제출, 협동학습, 시험 등이다.

2) 학습윤리의 주요 위반 유형

여기에서는 학습윤리 중에서 글쓰기와 관련된 학습윤리를 다루고자 한다. 학습윤리 주요 위반 유형은 표절, 변조, 위조, 과제물 구매 및 양도, 중복제출, 무임승차, 대리출석 및 무단조퇴, 시험부정행위 등이 포함된다(김명식 역, 2013; 성균관대학교 중앙도서관, 2013.7.30.a; 이준웅, 2013).

(1) 표절[8]

표절이란 '의도적'이든 '비의도적'이든 일반적 지식이 아닌 타인의 아이디어나 저작물을 적절한 출처표시 없이 자신의 것처럼 부당하게 사용하는 학문적 행위를 말한다(한국학술단체총연합회, 2010). 예를 들어, 출처 없이 타인의 글 전부 혹은 일부를 사용한 경우, 출처 없이 여러 사람의 글을 짜깁기해서 사용한 경우, 출처 없이 타인의 아이디어를 그대로 모방해 사용한 경우, 출처 없이 표나 그림, 그래프, 통계자료 등을 사용한 경우 모두 표절에 해당한다(성균관대학교 중앙도서관, 2019. 7. 30.b). 그 외에도 표절은 다음과 같이 구체적인 유형으로 설명될 수 있다.

표절 유형

- **자기 표절[9]**: 자기 표절(self-plagiarism)은 한 저자가 어떤 시점에서 독창적으로 저술한 내용을 이후에 다른 시점에서 다시 활용하는 경우를 의미한다. 즉, 하나의 논문을 이 학술지와 저 학술지에 동시에 게재하는 경우 또는 한 논문의 내용을 다른 논문에서 활용하는 경우 등이다.
- **아이디어 표절**: 창시자의 공적을 인정하지 않고 전체나 일부분을 그대로 또는 피상적으로 수정해서 그의 아이디어(설명, 이론, 결론, 가설, 은유 등)를 도용하는 행위를 말한다.

---

8) '진주교육대학교 표절방지 지침 및 윤리선언서'에 포함된 표절 유형을 소개하고자 한다(김명식 역, 2013).
9) 중복게재 또는 이중게재로 이해할 수 있고 국내에서는 중복게재라는 용어로 통칭하여 사용된다(이인재, 2017; 이준웅, 2013).

- **텍스트 표절**: 저자를 밝히지 않고 타인 저술의 텍스트 일부를 복사하는 행위를 말한다.
- **모자이크 표절**: 타인 저술의 텍스트 일부를 조합하거나, 단어를 추가 또는 삽입하거나, 단어를 동의어로 대체하여 사용하면서 원저자와 출처를 밝히지 않는 행위를 말한다.
- **축약을 통한 표절**: 원전의 내용을 축약과 말 바꾸기(paraphrasing)를 이용하여 다시 서술하면서 출처를 밝히지 않는 행위를 말한다.
- **문장의 일부를 그대로 사용하는 표절**: 출처를 밝히지 않고 원전의 내용을 그대로 이용하는 행위를 말한다.
- **인터넷 표절**: 학부생들 사이에서 가장 빈번하게 나타나는 표절의 형태로, 인터넷 사이트에서 다른 사람의 리포트를 구매해서 출처를 밝히지 않고 자신의 글에 포함시키는 행위를 말한다.

출처: 김명식 역(2013: 322-324); 이준웅(2013: 383).

(2) 위조

존재하지 않는 데이터 또는 결과를 허위로 만들어 보고하거나 제출하는 행위를 말한다. 예를 들어, 설문조사를 하지 않고 응답 내용을 거짓으로 꾸미거나 통계자료를 만들어 내는 행위 등이다.

(3) 변조

조사과정이나 조사방법을 조작하거나 조사한 데이터를 임의로 변형, 삭제 또는 누락시키거나, 문헌검토 내용을 왜곡함으로써 조사 결과 또는 내용을 사실과 다르게 왜곡하는 행위를 말한다.

(4) 중복제출

이미 제출했던 과제물을 다른 수업에서 재제출하는 행위를 말한다. 예를 들어, 이미 제출한 동일한 과제물 전체를 그대로 제출하는 행위, 이미 제출한 과제물의 일부만을 수정하거나 여러 과제물을 짜깁기해서 제출하는 행위, 하나를 여러 개로 쪼개서 제출하는 행위 등이다.

(5) 과제물 구매 및 양도

과제물 판매 혹은 대행 사이트를 통해 구매한 과제물을 그대로 또는 일부 수정하여 제출하는 행위, 또는 자신의 과제물을 양도하거나 타인의 과제물을 양도받아 제출하는 행위와 같이 자신이 직접 작성하지 않은 과제물을 자신이 한 것처럼 속여 제출하는 모든 행위를 말한다.

(6) 무임승차

팀 과제 수행에 충실히 참여하지 않거나 팀 과제에서 정한 역할을 충실히 수행하지 않았음에도 과제물에 이름을 올리는 행위를 말한다.

(7) 출석 및 시험 관련 부정행위

- 대리출석: 출석하지 않은 학생의 출석 인정을 위해 다른 학생이 대신 대답하거나 이름을 적는 행위
- 무단조퇴: 출석만 확인한 후 교수의 허락 없이 강의실을 벗어나는 행위
- 시험부정행위: 다른 학생의 답안을 훔쳐보거나 자신의 답안을 보여 주는 행위, 허락되지 않은 참고자료를 몰래 보거나 대리시험을 부탁하는 행위

3) 윤리적인 조사보고서 작성을 위한 출처표기 및 인용 방법

지금까지 살펴본 학습윤리 위반 유형 중에서 조사보고서 작성과 관련 있는 것은 표절, 변조, 위조, 과제물 구매 및 양도라 할 수 있는데, 그중 글쓰기와 관련된 것은 표절이다. 표절을 사전에 예방하기 위해서는 출처표기와 인용을 바르게 하는 것이 중요하다.

다른 사람의 아이디어나 저작물을 조사보고서에서 활용하는 경우, 다른 사람의 것과 자신의 것을 명확하게 표기를 해 줘야 하는데, 그 표기는 본문에는 '인용'의 방식으로 하고 세부적인 출처는 '참고문헌'에 표기를 해야 한다.

본문인용과 참고문헌 표기 방법은 대학, 학회, 연구원, 정부부처 등 기관에 따라

다를 수 있기 때문에 조사보고서를 제출하는 기관의 지침을 따르면 된다. 만약 국외 저작물을 인용하는 경우, 사회복지학 분야에서는 일반적으로 미국심리학회 방식인 APA 양식(『Publication Manual of the American Psychological Association, 7판)』(2019) 또는 https://apastyle.apa.org/을 참조한다.

(1) 올바른 출처 표기 방법

조사보고서에서 인용한 기존 연구, 통계자료 등 자신의 것이 아닌 모든 자료에 대해서는 참고문헌에 출처를 표기해야 한다. 출처표기는 참고문헌 부분에 표기되게 되는데, 참고문헌에서는 어떤 출처에 관한 총체적인 정보(예: 저자명, 저서명 또는 논문제목, 출판년도, 출판사명 또는 학회지명 등)를 제공한다.

참고문헌에는 조사보고서에서 실제로 인용한 문헌과 비문헌 자료(예: 개인면담, 강의, 강연, 방송대담 등)에만 국한해 제시하고, 국내문헌을 국외문헌보다 먼저 제시하고, 국내문헌은 가나다 순으로, 국외문헌은 알파벳순으로 제시한다(서울대학교 대학원 사회복지학과, 2020. 2.). 참고문헌 작성방식은 단행본, 학술논문, 학위논문, 연구보고서 및 정책보고서, 번역서, 편집한 책, 편집한 책의 일부, 심포지엄/세미나/학술대회 등 발표논문, 정기간행물, 잡지, 신문, 인터넷 자료 등에 따라 다르기 때문에 연구자가 제출을 목표로 하고 있는 기관의 규정을 따르는 것이 바람직하다.

(2) 올바른 인용 방법

인용은 연구자가 자신의 주장을 뒷받침하기 위해 다른 사람의 이론이나 주장, 견해, 학설 등을 활용하는 것을 의미한다.

- 직접인용: 직접인용은 자구는 물론 철자와 구두점까지 원문 그대로 인용하는 것을 말한다. 직접인용은 인용 내용의 범위가 어느 정도인지에 따라 긴 인용과 짧은 인용으로 나뉜다. 짧은 인용의 경우 본문에서 큰따옴표(" ")를 붙여 인용하는 것이 일반적이고, 긴 인용의 경우 본문에서 인용하지 않고 별도의 문단으로 따로 떼어 내어 아래위로 한 줄씩을 띄우고 좌우 여백(2~3자 정도)을 주어 쓴다. 이때 인용

부분은 본문보다 행간을 좁히고 글자크기를 작게 하는 것이 관례이며, 인용문단 앞뒤에 큰따옴표(" ")는 붙이지 않는다(서울대학교 대학원 사회복지학과, 2020. 2.).

- 간접인용: 간접인용은 원문의 내용을 그대로 옮기는 것이 아니라 원문의 중심내용만을 요약(summary) 또는 환언(paraphrasing)의 방식으로 변형하거나 가공하여 옮기는 것이다. 요약은 원문의 요점을 압축하여 짧게 줄인 것이고, 환언은 원문 내용을 조사자가 자신의 말로 바꾸어 다시 쓰는 것이다. 따라서 간접인용을 할 때는 원문의 내용이 손상되지 않도록 유의해야 한다.

- 재인용: 재인용은 본인이 직접 원문을 읽지 않고 제3자가 읽은 내용을 인용하는 경우를 말한다(최성재, 2008). 가급적 원전(primary source)에서 인용하는 것이 바람직하지만, 부득이한 경우 다른 사람이 인용한 내용(secondary source)을 인용하게 된다면 '재인용'이라고 표시해야 한다. 보고서의 본문에서 재인용 표기를 할 때는 먼저 원문의 출처를 명기해 주고 이를 인용한 논문의 정보를 제시한 다음 '재인용'이라는 문구를 덧붙인다. 참고문헌에 제시할 때는 재인용을 한 문헌만 표기한다.
  - 예: 김○○(2019: 정△△, 2020에서 재인용)에 따르면,
  - 예: …이다(김○○, 2019: 정△△, 2020에서 재인용).

5. 논문유사도 검사도구

조사보고서를 완성한 후 조사자가 자신의 보고서에서 인용과 출처의 누락을 찾아 수정 및 보완하여 표절이나 중복게재를 예방할 수 있도록 하는 프로그램이다. 논문 유사도 검사도구는 다양하지만 많이 활용되고 있는 국내외 프로그램 한 개씩을 소개하고자 한다. 학생의 경우, 재학 중인 학교에서 구독하고 있는 프로그램을 활용하거나 담당 교수가 추천하는 프로그램을 활용할 수 있다.

논문유사도 검사결과 몇 % 이상이면 표절일까? 유사도 %에 대한 절대적인 기준은 없다(턴잇인 코리아, 2020). 학문분야에 따라, 교과목 담당 교수에 따라, 학술지에 따라 유사도율의 권고사항은 모두 다르다.

1) KCI 문헌유사도 검사 서비스

한국연구재단에서는 2014년 5월부터 문헌유사도 검사 서비스를 모든 이용자에게 무료로 제공하고 있다. KCI 문헌유사도 검사 서비스(https://check.kci.go.kr/)란 이용자가 탑재한 문헌과 KCI(한국학술지인용색인)[10]에 등록되어 있는 약 100만여 건의 국내학술지 논문을 비교하여 유사도 검사결과를 보여 주는 시스템이다. 다만, 이 시스템의 비교 데이터베이스는 KCI 보유 논문으로만 제한된다는 한계가 있다. 따라서 KCI에 등록되기 시작한 2004년 이전 논문, 스캔한 파일, 외국 논문의 경우는 논문유사도 검사에서 제외된다. 구체적인 이용 방법은 이용자 매뉴얼(https://check.kci.go.kr/common/KCI_User_Manual.pdf)을 참고한다.

2) 턴잇인

턴잇인(turnitin)은 과제와 논문에 대한 표절여부를 확인하고 관리하는 인터넷 기반의 프로그램으로 전 세계 120억 건의 웹페이지와 2,900만 건 이상의 학술저널, 턴잇인을 통해 제출한 과제와 논문, 매거진, 수천 권의 단행본, 뉴스 기사 등을 실시간으로 비교하여 사전에 표절을 예방할 수 있도록 도와준다(성균관대학교 중앙도서관, 2019. 7. 30.a). 턴잇인 프로그램은 전 세계의 대학교와 고등학교로 제공되고 있으며, 학교가 턴잇인 서비스를 구독하면 재학생들은 무료로 프로그램 이용이 가능하다. 따라서 턴잇인을 이용하기 위해서는 자신이 속한 학교에서 턴잇인을 구독하고 있는지 먼저 확인해 봐야 한다. 턴잇인은 학생이 제출한 보고서, 논문 등을 보유하고 있는 데이터베이스와 다른 웹사이트 내용들과 비교하여 표절이 있는지 확인한다. 예를 들어, 학생들이 탑재한 과제보고서를 턴잇인에 탑재하게 그 과제보고서가 턴잇인의 데이터베이스에 보관되기 때문에 학생들 간 무단 인용을 예방할 수 있다(Turnitin, 2022.8.17.). 턴잇인은 https://api.turnitin.com/ko/에서 이용할 수 있다.

---

10) KCI는 Korea Citation Index의 약자로 국내 학술지 정보이다.

요약

1. 조사보고서를 작성하는 목적은 조사결과에 관심이 있는 많은 사람에게 그 결과를 공개함과 동시에 조사결과의 보편타당성과 객관성을 검증받는 데 있다.

2. 조사보고서에는 겉표지, 속표지, 서론, 문헌고찰, 연구모형과 조사가설, 조사방법, 조사결과, 결론 및 논의, 참고문헌, 부록이 포함된다.

3. 연구윤리란 연구자가 연구를 수행할 때 지켜야 할 원칙이나 행동양식을 의미한다.

4. 연구윤리의 원칙에는 정직성, 조심성, 개방성, 자유, 공로, 교육, 사회적 책임, 합법성, 기회, 상호 존중, 효율성, 실험대상에 대한 존중이 포함된다.

5. 연구부정행위에는 위조, 변조, 표절, 부당한 저자표시, 부장한 중복게재가 포함된다.

6. 학습윤리란 학생이 학업 수행의 전 과정에서 지켜야 할 바람직한 덕목들로 출석, 과제물 작성 및 제출, 협동학습, 시험 등에 모두 적용된다.

7. 표절, 변조, 위조, 과제물 구매 및 양도, 중복제출, 협동학습에서의 무임승차, 대리출석 및 무단조퇴, 시험부정행위는 학습윤리의 주요 위반 유형에 해당한다.

8. 윤리적인 조사보고서를 작성하기 위해 출처표기와 인용을 올바르게 해야 한다.

토의 주제

1. 조사보고서 작성의 필요성과 준수해야 하는 원칙, 유의점에 대해 논의해 보자.

2. 4차 산업혁명 시대를 살아가고 있는 학부생들이 학습윤리와 연구윤리를 이해하는 것이 특히 중요한 이유에 대해 논의해 보자.

3. 한 학기 동안 조사보고서를 작성하면서 잘 적용한 학습윤리 유형과 잘 적용하지 못한 학습윤리 유형에 대해 조원들과 토론하고 공유해 보자.

참고문헌

과학기술부, 과학기술혁신본부(2007). 연구윤리 확보를 위한 지침 해설서. http://dl.nanet. go.kr/law/SearchDetailView.do?cn=MONO1200715411#none

교육과학기술부, 한국연구재단(2010). 올바른 연구 실천이란 무엇인가.

김명식 역(2013). 연구윤리와 학습윤리. 연암서가.

보건복지부 보도자료(2013.10.22.). "내년부터 5천여 개 연구기관, 기관윤리위원회(IRB) 설치 의무화". https://www.korea.kr/news/pressReleaseView.do?newsId=155857658& pageIndex=1

서울대학교 대학원 사회복지학과(2020.2.). 학위논문 작성 및 제출절차에 관한 매뉴얼.

서울대학교 연구윤리팀. 연구진실성위원회의 부정행위 조사 및 처리절차. https://snuethics. snu.ac.kr/처리절차/

성균관대학교 중앙도서관(2019.7.30.a). 연구윤리와 표절예방: Turnitin 소개. https://skku. libguides.com/RE

성균관대학교 중앙도서관(2019.7.30.b). 연구윤리 & 학습윤리. https://skku.libguides.com/ c.php?g=614295&p=4284757

신준석, 이인재, 노환진, 이원용, 최치호, 조은희, 윤태웅, 홍석영, 서이종, 손화철, 박기범, 임의주, 권태환, 이지민(2012). 함께 나누는 연구윤리 이야기-episode I. 연구윤리정보센터.

연구윤리 확보를 위한 지침(교육부훈령 제263호, 2018. 7. 17. 일부개정). https://law.go.kr/ %ED%96%89%EC%A0%95%EA%B7%9C%EC%B9%99/%EC%97%B0%EA%B5%AC%EC %9C%A4%EB%A6%AC%ED%99%95%EB%B3%B4%EB%A5%BC%EC%9C%84%ED%95 %9C%EC%A7%80%EC%B9%A8

이인재(2017). 연구윤리의 이해와 실천. 동문사.

이준웅(2013). 표절에 대한 이해와 대처방법: 진정성과 본원성 개념을 중심으로. 서이종 편저. 학문후속세대를 위한 연구윤리. 박영사, 369-401.

임병우, 주경희, 조성은(2018). 사회복지조사론. 창지사.

채구묵(2017). 사회복지조사방법론(4판). 양서원.

최성재(2008). 사회복지조사방법론. 나남출판.

한국학술단체총연합회(2010). 연구윤리지침.

황성동(2018). 알기 쉬운 사회복지조사방법론(2판). 학지사.

턴잇인 코리아(2020). Turnitin(턴잇인) 이용 매뉴얼 tutorial—교수계정용. https://www.turnitin.com/ko

Turnitin. (2022.8.17.). Turnitin. 2022년 9월 4일 검색, https://en.wikipedia.org/wiki/Turnitin#WriteCheck

 찾아보기

2차 자료 278

A

ABAB설계 177

AB설계 176

I

IRB 연구윤리 가이드라인 56

K

KCI 문헌유사도 검사 서비스 393

KCYPS 286

KHPS 286

KLIPS 285

KLoSA 286

KLoWF 285

KoWePS 285

P

PAPI 268

PSED 285

T

TAPI 268

t−검정 354

ㄱ

가설 31

가설설정 77

간접인용 392

감사자료 남기기 331

개념 31

개념구성체 타당도 116

개념화 101

개방형 질문 249

개인수준 연구설계 168

개인정보 보호법 55

개인정보노출 87

거트만 척도 132

검사−재검사법 107

공간 시각화 360

공식 통계 자료 278

과거지향 310

과도한 일반화 20

과제물 구매 및 양도 390

과학적 방법 14

관찰 320

관찰단위 223

관찰자 간 신뢰도 109

괄호치기 303

교차분석 353

구간추정 350

국내 연구윤리 53

귀납 32

그림 척도 134

극단적 또는 일탈적 사례 표집 313

근거의 적정성 점검 332

근거이론 299

기관생명윤리위원회(IRB) 59

기술적 자료 290

기술통계 340

기준 표집 312

기준타당도 114

ㄴ

난수표 230

내러티브 연구 308

내생변수 100

내용타당도 111, 112

내적일관성 방법 124

내적일관성 분석 110

내적지향 310

내적타당도 148

네트워크 자료 시각화 360

눈덩이 표본추출 242

뉘른베르크 강령 49

ㄷ

다봉 분포 347

다중기초선설계 178

다중치료설계 180

단봉 분포 347

단순무작위 표본추출 228

단일사례설계 168

단일집단 사전사후검사설계 166

대리출석 390

대립가설 79

대면면접 설문조사 272

대안법 108

대응 표본 t-검정 354

대한민국 공공저작물
    자유이용허락 표시기준 282

독립 표본 t-검정 354

독립변수 94

독립변수의 조작 158

동료 debriefing 332

동시타당도 115

동일확률선택방법 226

동질적 표집 314

동형검사법 108

ㄹ

리커트 척도 130

ㅁ

매개변수 95

머신 러닝 284

면접 316

면접 설문조사 263

모수 223

모자이크 표절 389

모집단 219

무단조퇴 390

무응답 비율 228

무응답 편의 228

무임승차 390

무작위 할당 157

무작위추출 225

무작위할당 225

문서 322

문헌검토 377

문헌고찰 75

문화기술지 295

문화적 역량 46

미래지향 310

ㅂ

박스앤휘스커 그림 348

반분법 109, 126

범위 344

벨몬트 보고서 52

변수 31

변조 389

보고된 조사결과에 의한 피해 88

보완 신뢰도 126

복수양식법 108

부정확한 관찰 20

분산 344

분산분석(ANOVA) 354

분석단위 223

불연속변수 99

불용어 제거 284

불필요한 3D 효과 366

비논리적 추론 23

비동일 통제집단설계 162

비동일집단 사후검사설계 167

비례 층화 표본추출 234

비밀 보장 89

비비례 층화 표본추출 234

비실험설계 165

비용편익 분석 207

비용효과성 분석 208

비율과 절대값의 혼용 365

비정형 데이터 279

비정형 자료 283

비체계적 오류 106

비판이론 29

비확률 표본추출 237

비확증적 표집 315

ㅅ

사례연구 306

사회복지 실재 12

사회복지조사과정 72

사회복지조사과정 7단계와
    조사보고서 구성 375

사회복지조사의 윤리 84

사회적 배제 291

사회정의 44

사후소급가설 22

산포 수준 343

삼각화 330

상관분석 351

상호관찰자 기법 109

상호배타성 250

생명윤리 및 안전에 관한 법률 53

서베이 자료 279

서스톤 척도 135

서열화 232

선별적 관찰 21

섣부른 탐구 종료 22

설문지 문항의 작성 248

설문지의 구성 253

성과평가 203

속성 31

솔로몬 4집단 비교조사 161

수렴타당도 116

수반형 질문 254

순위 척도 133

순응적 반응양식 255

스타펠 척도 132

시각화 355

시계열 자료 359

시계열설계 164

시험부정행위 390

시험재시험 방법 125

신뢰도 107, 123

신빙성 329

실증주의 25
실험설계 157
심리적 디스트레스 87

ㅇ

아이디어 표절 388
액면타당도 111
양적변수 100
양적연구 34
엉터리 시각화 364
연구 모집단 220
연구계획서 61
연구대상자용 설명문 62
연구비 지원 45
연구설계 144
연구윤리 48, 381, 382
연구윤리심의 283
연구참여동의서 62
연구참여자를 통한 재확인 333
연속변수 99
연역 32
영가설 79
예외적 사례분석 332
예측타당도 114

온라인 설문조사 259, 272
왜곡된 통계 362
외생변수 97, 100
외적지향 310
외적타당도 154
요소 219
요인타당도 117
욕구조사 197
우편 설문조사 257, 272
우편법 259
위조 389
윌리엄 서머린 사건 381
유사과학 16
유사실험설계 162
유사양식법 108
윤리적 의사결정 57
윤리적 책임 42
의도적 표본추출 240
의미 차이 척도 131
의존가능성 330
이론 30
이론적 표집 314
이분절 기법 109
이상치 348

이용 제한 282
이원 분산분석 355
이전가능성 330
이차표본추출단위 223
익명성 보장 89
인식론 13
인터넷 표절 389
일상적 지식탐구방법 18
일원 분산분석 354
일차표본추출단위 223
일회 사례연구설계 166

ㅈ

자기 표절 388
자기기입식 설문조사 256
자료 분석 및 해석 83
자료수집 82
자아가 개입된 이해 23
자연어 처리 284
재인용 392
저작권 281
전형적 사례 표집 313
전화 설문조사 268, 272
절사평균 343

점추정 350

접근 권한 281

정보통신기술의 사용과 사생활
　보호 189, 190

조사보고서 작성 84, 372

조사설계 81

조사원 교육 266

조사자 간 신뢰도 109

조사주제 선정 73

조사질문 설정 74

조작적 정의 123

조작화 101

조절변수 96

존 다시 사건 381

종속변수 94

중복제출 389

중심경향성 341

중위값 342

중재변수 95

증거기반실천 16

지속적 관찰 329

직접인용 391

질적변수 100

질적연구 34, 290, 311

질적연구의 특징 292

질적자료분석 324

집단구분 타당도 115

집단수준 연구설계 156

집락 표본추출 235

ㅊ

차고의 용 14

척도 개발과정 136

체계적 오류 103

체계적 표본추출 231

체리 피킹 362

총괄평가 196

총망라성 250

최대변이 표집 313

최빈값 343

추정통계 350

축약을 통한 표절 389

축의 고의적 조작 365

취약한 연구대상자 65

측정단위 223

측정오류 102

층화 변수 233

층화 표본추출 233

ㅋ

컴퓨터 비전 284

코딩 325

ㅌ

타당도 110, 127

턴잇인 393

텍스트 전처리 283

텍스트 표절 389

토큰화 284

통계치 223

통제변수 98

통제집단 157

통제집단 사전사후검사설계 159

통제집단 사후검사설계 160

ㅍ

판단중지 304

판별타당도 117

패널 자료 284

편의 표본추출 238

편포 346

평가조사방법 209

평가조사의 개념 188

평가조사의 목적 190

평가조사의 종류 195

평균 341

평균비교 354

평균의 함정 364

평행양식법 108

표본 221

표본오차 226

표본의 대표성 226

표본추출 단위 222

표절 388

표준편차 345

표집틀 221

프로그램의 과정 및 실행에 대한
　평가 200

ㅎ

학술DB 및 정책보고서DB 목록
　378

학습윤리 387

한국어

할당 표본추출 241

해석주의 27

해외 연구윤리 49

행렬형 질문 254

행정 자료 279

허위관계 97

헬싱키 선언 51

현상학적 연구 302

형성평가 196

혼합연구방법 35

확률 표본추출 228

확증가능성 331

확증적 표집 315

황우석 사건 382

회귀분석 355

효율성평가 206

저자 소개

이선우(Lee, Sunwoo)

University of California, Berkeley 사회복지학 박사

현 인제대학교 사회복지학과 교수

> 주요 저서 및 논문

사회복지행정론(공저, 학지사, 2022)

장애인복지론(공저, 공동체, 2021)

장애등급제 폐지와 근로능력평가 도입 방안. 사회보장연구, 36(4), 57-83. (2020)

이채원(Rhee, Chaie-Won)

Washington University In St. Louis 사회복지학 박사

현 숭실대학교 사회복지학부 교수

> 주요 논문

고주미, 이채원(2022). 죽음을 앞둔 말기암환자는 무슨 말을 남겼는가? 호스피스병동 프로그램 참여자의 구술편지문건에 대한 주제분석. 사회복지연구, 53(2), 241-276.

이채원, 박수원, 박현선(2023). 지역아동센터 종사자를 활용한 아동권리기반 문화적 다양성 강사교육 프로그램의 효과-참여형 교육방법의 적용을 중심으로-. 한국사회복지교육, 62, 77-103.

◯◑◯ **유조안**(Yoo, Joan P.)

University of Wisconsin-Madison 사회복지학 박사

현 서울대학교 사회복지학과 교수

❭ 주요 저서 및 논문

사회복지와 문화다양성(공저, 학지사, 2023)

사회복지개론(공저, 학지사, 2023)

Children's Time Use Patterns and Subjective Well-being in Asian Countries. *Child Indicators Research, 17*, 445-481. (2024)

◯◑◯ **노법래**(Roh, Beop-Rae)

서울대학교 사회복지학 박사

현 국립부경대학교 조교수

❭ 주요 논문

장애 혐오는 어떻게 생산되고 확대되는가-전장연 지하철 선전전 유튜브 댓글 속 의미연결망에 대한 그래프 마이닝을 중심으로. 한국사회복지학, 76(2), 155-178. (2024)

Exploratory Study on Spatiotemporal Clustering of Suicide in Korean Adolescents. *Child and Adolescent Psychiatry and Mental Health, 18*(1), 54. (2024)

한국 사회복지정책 연구는 어떤 변화가 있었을까? −공저자 구조(co-authorship structure)와 논문 주제어 의미 구조(semantic network)의 40년간의 변천. 사회복지정책, 50(4). 295-319. (2023)

A longitudinal regional study on the role of fundraising organizations affecting local giving levels in South Korea. *Asian Social Work and Policy Review, 18*, e12295. (2023)

조상은(Cho, Sangeun)

서울대학교 사회복지학 박사

전 한국장애인개발원 정책연구실 부연구위원

현 한경국립대학교 웰니스산업융합학부 아동가족복지학전공 부교수

> 주요 저서 및 논문

정신건강론(공저, 학지사, 2023)

스토리가 있는 옛 그림 이야기(공저, 이화, 2023)

아동척도집(공저, 나눔의집, 2014)

Health and multidimensional disability at older age in South Korea: Applying the International Classification of Functioning, Disability and Health (ICF) Framework. *Asia Pacific Journal of Social Work and Development, 28*(4), 221–235. (2018)

사회복지총서

사회복지조사론
Social Welfare Research Methods

2024년 3월 1일 1판 1쇄 인쇄
2024년 3월 10일 1판 1쇄 발행

지은이 • 이선우 · 이채원 · 유조안 · 노법래 · 조상은
펴낸이 • 김진환
펴낸곳 • ㈜ **학지사**

　　　　　04031 서울특별시 마포구 양화로 15길 20 마인드월드빌딩
대표전화 • 02-330-5114　　팩스 • 02-324-2345
등록번호 • 제313-2006-000265호

홈페이지 • http://www.hakjisa.co.kr
인스타그램 • https://www.instagram.com/hakjisabook

ISBN 978-89-997-3148-8　93330

정가 24,000원

출판미디어기업 학지사

간호보건의학출판 **학지사메디컬** www.hakjisamd.co.kr
심리검사연구소 **인싸이트** www.inpsyt.co.kr
학술논문서비스 **뉴논문** www.newnonmun.com
교육연수원 **카운피아** www.counpia.com
대학교재전자책플랫폼 **캠퍼스북** www.campusbook.co.kr